海关法评论

（第6卷）

Review of Customs Law
Volume Ⅵ

主　编：陈　晖

法律出版社
www.lawpress.com.cn

法律门 Access To Law　www.falvm.com.cn

海关法评论
(第6卷)

主　　办:上海海关学院海关法研究中心

主　　编:陈　晖

执行主编:朱秋沅

责任编辑:王　珉

撰 稿 人:(以姓氏拼音为序)

曹　坚　陈　晖　陈　宽　陈　菊　陈淑国　陈映川
冯媛媛　管伟星　郭永泉　花　蕾　何　力　洪更强
胡晓鹏　姜　铭　康　政　林　川　娄万锁　刘奇超
吕　艳　米歇尔·韦尔波　孙超英　孙益武　苏陈萍
苏　铁　苏　云　薛　培　颜　晨　王　珉　王永亮
万曙春　叶　刚　张乃根　周贤文　朱秋沅
Frank Altemöller　Hans-Michael Wolffgang
Kerstin Harden　Tom Doyle

译校人:(以姓氏拼音为序)

孙向阳　张树杰　赵世璐　徐晨理　郑继正　朱秋沅

主编絮语

上海海关学院海关法研究中心主办的,以倡导海关法律实践为基础的,以促进海关法学学科建设与学术成长为目标的、综合性的海关法学研究模式的海关法论坛,到目前已经成功举办八届。《海关法评论》是在论坛交流成果的基础上遴选结集所形成的学术性出版物,由上海海关学院海关法研究中心主办,面向国内外公开发行的年度性海关法学类专业学术刊物,至今已经连续出版了5卷,并于2013年4月被纳入中国知网中国学术辑刊全文数据库。本卷(第6卷)是在第八届海关法论坛成果基础上出版的。

第八届海关法论坛于2015年12月12日在上海举办,来自海关总署政法司、上海海关、南京海关、宁波海关、福州海关、武汉海关、杭州海关隶属湖州海关、南京海关隶属苏州海关、南京海关隶属盐城海关、复旦大学、上海交通大学、江西财经大学、杭州师范大学、上海市人民检察院第一分院、上海市徐汇区人民检察、上海市浦东新区法院自贸区法庭、上海市昊理文律师事务所、金诚同达律师事务所、致格律师事务所、海华永泰律师事务所以及上海海关学院的相关专家学者五十余名参加了论坛。本届海关法论坛分为四个单元进行,分别就“关税法律制度研究”“海关法专题研究”“知识产权海关保护制度研究”“‘一带一路’与海关法律制度研究”四个主题展开研讨交流。

“落实税收法定原则”是党的十八届三中全会决定提出的一项重要改革任务,2015年3月,全国人大常委会法工委牵头起草了《贯彻落实税收法定原则的实施意见》,并报经党中央审议通过。实施意见明确,开征新税的,应当通过全国人大及其常委会制定相应的税收法律,同时对现行15个税收条例修改上升为法律或者废止的时间作出了安排。目前,海关税收包括4个税种,即关税、增值税、消费税、船舶吨税,其中,关税和船舶吨税由海关负责征管;增值税、消费税由海关与国税部门共同征管,海关负责进口部分。现行《中华人民共和国进出口关税条例》由国务院第26次常务会议于2003年10月29日通过,2004年1月1日起施行,根据2011年1月8日公布施行的《国务院关于废止和修改部分行政法规的决定》做第一次修订,根据2013年12月7日公布施行的《国务院关于修改部分行政法规的决定》做第二次修订。现行《中华人民共和国船舶吨税暂行条例》于2011年11月23日国务院第182次常务会议通过,2012年1月1日起施行。由于现行关税条例是根据《海关法》的有关规定制定,《海关法》第5章“关税”对关税征收作出了规定,因此,关税条例上升为关税法,关税立法面临应该如何处理好与海关法、税收征收管理法之间的关系,国内关税立法和国际条约之间如何协调,关税技术性规定和关税法律规范之间关系如何处理等急需解决的问题。本卷“关税法律制度”栏目发表了武汉海关关税处郭永泉的《国家税收法定原则下的海关税收立法》,他认为按照税收法定的原则,海关税收法制的关键是制定关税法,而其中比较复杂和困难的是关税技术的法律表述。文章提出在协调海关税收立法体系的基础上,关税法应包括实体和程序性规定,可以分为总则、税率、计税依据、关税征管、税收优惠、法律救济、违法处理、特别税征管、附则9个章节,将关税要素和技术法定化,纳入关税法具体条文中,同时对现有税收征管程序进行优化。进口增值税立法是我国海关税收法定化需关注的另一个重要领域,实践中进口增值税占了海关税收的绝大部分比例,但在立法上重视不够,不仅表现在立法层次上,也表现在具体的立法实体和程序规定上。宁波海关副巡视员、一级海关业务专家(关税)苏铁的《完善本国立法视阈下的中欧进口增值税比较研究》从对欧盟进口增值税立法的全面介绍入手,对比分析,指出我国进口增值税立法层级低、征税主体概念不清晰、管辖区域缺乏规定、征税范围过窄、减免税过杂等问题,提出增值税立法应单设一章规制进口增值税、废除进口增值税系海关代征税的概念、完善进口增值税实体和程序规定等。特许权使用费是近年来海关估价中经常出现的漏报情形之一,这一方面有对特许权使用费性质认识上的差异,另一方面也有技术上的难点和发现的困难等原因,宁波北仑海关副关长苏陈萍的《关于特许权使用费征税问题的若干思考》认为与货物进出口相关的特许权使用费应纳完税价格,并就避免海关和国税双重征税提出了可操作建议。当前,我国海关特殊监管区域正处于整合升级的关键时期,存在区域发展不平衡、税收政策立法空缺、税收政策优势减弱、税收政策对产业转型缺乏支持等系列问题。国务院办公厅于2015年9月6日发布了《加快海关特殊监管区域整合优化方案》,提出整合当前的各类海关特殊监管区域,将其整合为综合保税区。周贤文的《我国综合保税区税收政策优化的若干思考》结合税收政策制定的基本原则,提出要加快我国综合保税区税收政策的立法,以法律来规范和引导区域发展,制定与功能相配套的税收政策,充分发挥税收政策的优势效应,同时结合国家供给侧改革的要求制定税收政策,引导产业转型升级和发展,达到优化我国综合保税区的税收政策的目的,有利于支持和促进产业转型升级、贸易多元化和便利化的发展。周贤文是我指导的2014级税务专业硕士研究生,该文是其硕士论文的核心部分,其硕士论文被评为优秀论文。跨国公司在全球交易中所占的比重越来越大,如何有效准确地对关联交易实施估价,是海关法律实践中十分突出的问题。上海海关学院王永亮博士和昊理文律师事务所陈菊的《论海关转移定价审查的优化》指出从国际国内看,存在多套指导审查转移定价的规则,海关审价实践中集中体现在对OECD规则的理解和运用上,表现为对转移定价规则本身合理性的审查、对转移定价实际执行的审查、对转移定价结果的审查,海关执法中存在执法不统一、与税务机关执法存在冲突、重实体轻程序、审价透明度不足等问题。我国海关法对少征漏征税款规定补征和追征的时效规定,同时还规定了海关税收违法行为的追溯时效制度,但这些规定比较原则,武汉海关学会秘书长孙超英的《完善我国海关税收征管时效法律制度研究》对此进行了较为具体和全面的研究,并提出了具体的立法建议。刘奇超和吕艳的《中国台湾地区"关税法"的历史演进与体系分析》全面介绍了我国台湾地区关税稽征的历史、关税的基本含义、"关税法"的基本内容,对比大陆关税立法,认为从立法理念来讲,应提倡税收法定主义、税收债权债务关系说,同时建议在具体立法上对关税纳税义务人、海关担保制度等八项内容做重点调整。

在"海关法专题研究"栏目发表了青岛海关法规处调研员陈淑国、中国人民大学比较法硕士研究生陈宽的《海关行政执法和刑事执法的衔接问题研究》,文章分析了行政执法和刑事执法的区别和联系,两种执法手段衔接面临的问题,包括行政执法部门无法对刑事执法部门提出复议或要求检察院立案监督、行政执法对外国人采取措施后是否办理相关的手续需要明确、缉私部门法制机构多重职能面临执法风险等,提出坚持刑事优先和谦抑原则、准确采用法律措施、及时办理转换手续,保证执法程序合法,妥善处理刑事案件在扣款物等建议。宁波海关法规处副处长管伟星的《论我国外贸市场化改革和贸易管制措施选择》,认为政府和市场的关系问题是外贸市场化改革的关键问题,我国外贸领域一方面存在政府过度干预问题,如对出口商品的质量检验不仅为他国提供"超国民待遇"服务,而且不适应对外贸易的发展需要;另一方面存在贸易管制不足,如对废品进口的管理存在许多漏洞,严重威胁自然环境,作者提出清理贸易管制措施、理顺贸易管制机制、适应外贸市场化,探索构建现代化的外贸体系的建议。"长江经济带"建设是新时期我国重大发展战略之一。根据《国务院关于依托黄金水道推动长江经济带发展的指导意见》,构建长江大通关体制是长江经济带建设的重要内容之一。上海海关学院法律系副主任娄万锁副教授的《"长江经济带"通关一体化中的海关法律问题探析》一文从海关通关一体化改革和海关与口岸其他执法部门"三互"建设两个维度,分析了长江大通关建设中存在的体制性障碍,以及海关立法、海关执法等问题;同时提出可以借鉴美国田纳西流域管理经验,完善长江大通关体制。中欧班列是中国开往欧洲的快速货物班列,目前我国有西、中、东三条通道中欧班列运行线,西部通道由我国中西部经阿拉山口(霍尔果斯)出境,中部通道由我国华北地区经二连浩特出境,东部通道由我国东南部沿海地区经满洲里(绥芬河)出境。苏州海关课题组的《"一带一路"视域下"苏满欧"国际班列海关监管创新和发展》较为全面地介绍了东部通道"苏满欧"班列海关监管制度情况。文章立足"苏满欧"班列海关监管中倡导建设"苏满欧"国际铁路大通道、全面协调通关流程、实现班列通关便利化的做法,展望"苏满欧"班列未来海铁联运、江铁联运、陆铁联运、“邮、快铁”联运、“空铁”联运发展,介绍了设立国际铁路口岸、试点简化多式联运、探索分类高效监管、引入通关一体化模式、大力发展跨境电子商务等海关监管制度创新做法,提出了统筹规划避免恶性竞争等建议,具有重要参考意义。近年来,随着政府服务理念的深入,海关在行政活动中对社会的公开承诺逐渐增多,上海海关洪更强的《海关行政承诺失当及其法律责任初探》主张将海关行政承诺纳入法律范围,认为海关行政承诺是海关在法律规定的范围内,就其自身在行政活动中应予遵守的职业道德、执法程序、执法内容和服务事项等与职权相关的自由裁量内容向社会公开,并做出承诺,自愿在违反承诺时承担相应的责任。文章还分析了海关行政承诺的原则、构成,对海关行政承诺的失当情形、后果和法律责任进行了讨论。2000年《海关法》修改增加了行政裁定制度,《海关法》第42条第1款规定:“海关可以根据对外贸易经营者提出的书面申请,对拟作进口或者出口的货物预先作出商品归类等行政裁定。”2015年6月3日海关总署首次做出了商品归类的行政裁定。上海海华永泰律师事务所律师陈映川的《商品归类行政裁定制度浅析》认为归类总规则和注释包含不明确的法律概念,海关进出口货物的商品归类属于解释法律与适用法律的行政行为,商品归类行政裁定应当属于抽象行政行为,但这并不会影响司法对行政相对人权利的保护。昆山海关胡晓鹏的《〈行政诉讼法〉证据制度的修改对海关通关查验业务的影响》,结合《行政诉讼法》修改对证据制度的完善,认为对海关通关查验提出了电子证据固定、证据固定的法律意识以及程序合法性等问题,需要海关通关查验中加以重视并采取相应措施。

在“走私法律问题”栏目发表了我的《走私犯罪最新司法解释适用中出现的问题及处理——兼论走私犯罪的特殊性和认定

规律性》。2014年8月“两高”做出走私犯罪司法解释后，原来的司法解释被废止，但在司法实践中也出现了一些新情况和新问题，2015年年底，最高人民法院、最高人民检察院和海关总署缉私局专家在上海海关学院召开了研讨会做专门研究。我认为，区别于其他犯罪，走私罪具有行政犯罪、跨境犯罪和单位犯罪突出等特点，应坚持从严对待走私罪、正确理解走私罪空白构成要件、认识走私罪的本质以及“法律不理会琐细之事”来处理新的问题。同时，还应从“宽严相济”刑事政策、罪刑法定原则、罪刑均衡原则、实质解释论、走私行为实质和市场经济活动规律来把握走私犯罪认定的规律。上海市人民检察院第一分院公诉处副处长曹坚博士的《对走私犯罪中几个常见争议问题的思考》，对如何确定核定偷逃应缴税额的时间点、关税税率变动是否影响偷逃关税数额的计算、促销赠品是否应认定为走私货物、走私珍贵动物制品案件中动物制品价值的认定、走私废物中夹带普通货物的罪数认定、单位走私与个人走私定罪量刑标准的统一、走私犯罪形迹可疑型自首的认定等若干争议问题进行了分析探讨。四川省成都市人民检察院副检察长苏云、副处长薛培的《藏赃型走私犯罪案件海关查验取证之困局及应对》，针对利用帽子、内裤、鞋子等随身物品、行李箱包或身体藏匿、携带违禁物品的藏赃型走私犯罪的海关查验取证问题进行了专门研究，认为这类案件具有封闭性、隐蔽性、即时性和典型性的特点，这类案件的处理又存在发现难、证据搜集和固定难、各类证据收集难、证据运用难等问题，并就规范查验记录形式、增强查验取证中的证据意识、完善证据收集手段、适度运用推定规则认定行为人的“明知”等提出解决对策。

在“知识产权海关保护”栏目中发表了复旦大学特聘教授、国际法研究中心主任张乃根的英文文章《“Belt & Road”—

Related IPR Customs Enforcement：China-EAEU，China-EU Cooperation》，文章探讨了“一带一路”战略和海关知识产权保护问题，作者认为在法律框架下的海关国际合作，包括知识产权海关保护，是和欧亚经济联盟、欧盟合作的重要内容，并提出应高度重视转运货物的知识产权海关保护问题。天津海关颜晨、姜铭的《自贸区知识产权海关保护制度与TPP对接机制研究》，比较了跨太平洋伙伴关系协议（Trans-Pacific Partnership Agreement，TPP）中知识产权边境保护制度和我国自贸区海关知识产权保护制度，认为TPP为知识产权边境执法设定高标准，包括TPP将知识产权边境执法的范围扩大到“过境”环节、TPP中海关判定货物侵权的标准降低、TPP缔约国“应该”赋予海关中止放行涉嫌侵权过境货物的权力等，建议立法应明确授权自贸区内实施知识产权海关保护、对自贸区内转运货物施行知识产权海关保护、针对自贸区内知识产权海关保护设定特殊规则。杭州师范大学孙益武博士的《完善知识产权海关担保制度研究》，认为尽管《海关事务担保条例》将知识产权海关担保视为海关事务担保的一种，但从性质上说，知识产权海关担保与普通海关事务担保存在较大差异，主要体现在海关事务担保要旨是用担保换取通关便利，而知识产权海关担保要旨是保护权利与防止滥用并重，从促进知识产权保护角度，总担保制度应适用于所有海关保护客体，应当允许企业自身提供信用担保和知识产权质押担保，并根据个案动态调整担保金额。从促进通关便利角度，完善反担保放行制度，将商标和著作权相关反担保放行申请交由法院裁决。

在“国际与外国海关法”栏目发表了复旦大学法学院何力教授的《从TPP关于海关的规定看海关法律规则的发展》，文章认为TPP是在WTO规则基础之上建立的一个全面而深度的大型区域一体化协定,TPP中的海关规则与WTO《贸易便利化协定》的比较,最大的共同点就是二者的目的和宗旨完全一样,都是为了促进贸易便利化而制定的。TPP在海关和贸易便利化方面的规定与WTO《贸易便利化协定》相比虽然各有千秋,但总体上看并无重大突破和明显的提升,基本上是处于同一水准上。这主要是因为海关法律规则现在已经相对稳定,技术性和便捷性就是其追求的目标。尽管如此,关税和非关税措施在TPP中仍然有所拓展。法国巴黎索邦第一大学宪法学教授米歇尔·韦尔波和上海海关学院万曙春副教授的《法国法律审查的多种方式——兼谈法国海关没收条款的合宪性审查》,介绍了法国宪法委员会的法律审查制度,该制度以前只能对法律进行事前审查,但从2008年开始可以对法律进行事后审查,涉及间接诉讼和对法律的合宪性审查等问题。2011年宪法委员会受理一起关于就《法国海关法典》中海关没收条款的合宪性先决问题审查申请,认为海关没收制度的规定侵犯了货主的财产所有权和司法救济权。从维护所有人的合法权益出发,法国宪法委员会依据人权宣言对海关没收规定做出了以上批评性的裁判,并修改海关法典相关规定,赋予所有权人救济和抗辩的权利。国际贸易单一窗口是实现贸易便利化的方式之一,在联合国、世界海关组织、亚洲发展银行等国际组织都在积极推动单一窗口在全球范围内的建立,目前50多个国家正在或即将建立单一窗口,上海海关学院王珉博士的《国际单一窗口法律机制构建:以东盟经验为借鉴》,以东盟为例,重点分析了单一窗口的法律机制和监管机制,尤其是跨境交易的有效性、强制性、保密性和信息安全等问题,建议将推进单一窗口建设、实施口岸一体化管理纳入立法,建立一个完备的法律框架,确保电子数据和信息交换的透明和安全。

在"判例研究"栏目中发表了福州海关林川、花蕾的《试论海关进出境寄递监管立法的若干问题——以海关总署第43号公告引发的行政争议为例》,通过一起中国居民通过网络海外购物快递进境,海关认为超过自由合理数量,无法以个人物品形式报关,要求其以其他形式报关,当事人不服提出行政复议的案例分析,对海关总署2010年第43号公告中存在的关于"限值""限量"的合理性、关于"每次"限值的认定标准、关于超出限值的个人物品按货物形式报关、关于"完税价格"与"限值"界定等争议问题进行了详细分析,提出要改变立法观念、强化规则意识,建议形成以《中华人民共和国海关寄递进出境货物物品监管办法》为核心的法规体系,同时加强对执法的指导。

在"域外视野"栏目发表了Tom Doyle的《边境管理的未来》一文。Tom Doyle先生著文时是世界银行国际贸易司的边境管理专家,曾在爱尔兰税务署工作多年,也曾服务于欧盟委员会、塞浦路斯政府和国际知名咨询公司埃森哲。该文是世界银行2010年出版的《边境管理现代化》一书的第二章。该文提出了"合作边境管理"的概念,认为合作边境管理的基础是贸易界与监管部门之间的关系管理,也包括运输和供应链相关伙伴方的合作参与。合作边境管理的做法改变包括政策、流程、人、信息和通讯技术、基础设施和设备等方面,该文对我国正在进行的口岸管理和单一窗口建设具有很好的参考意义。转让定价和海关估价是跨国公司关联交易中海关征税面临的十分复杂问题,2015年6月,应海关与商界的需要,世界海关组织发布了《海关估价与转让定价指南》,昊理文律师事务所冯媛媛律师的《对〈海关估价与转让定价指南〉的评析》介绍了各界关于海关估价与转让定价问题的工作进展和研究成果,对《指南》关注的两个核心问题,即运用转让定价材料审查"进口货物的销售环境"、转让定价后续调整的海关估价问题，进行了详细地介绍，认为WCO是在《WTO海关估价协定》的框架下寻找可行性方案，其态度比较谨慎，缺乏可操作性。新的欧盟海关法，即欧盟海关法典于2016年5月1日开始实施，本栏目专门发表了德国威斯特法伦威尔海姆大学(简称明斯特大学)汉斯－迈克尔·沃尔夫冈教授和克丝汀·哈尔登的《新欧盟海关法》，该文介绍了欧盟海关法修改的背景、变更和修改的主要内容，阅读该文是获悉《欧盟海关法》最新发展的一条捷径。文章首次发表于《世界海关期刊》(《World Customs Journal》)第10卷第1期。经作者授权后，由明斯特大学博士生徐晨理翻译的中文版发表于本卷中。德国哈茨大学弗兰克·阿尔特莫勒教授的《多边主义前途未卜？新地方主义，反多边主义及世界贸易组织之前景展望》，讨论了多边主义的现实和未来这一热点问题，作者认为多边贸易谈判举步维艰的原因在于多边主义自身，取而代之的将是其他形式的经济一体化，贸易自由化将得到进一步发展。该文最早是作者于2014年5月在阿塞拜疆巴库举行的"First Inaugural INCU Global Conference"上所作的报告"Trade Facilitation Post-Bali: Putting Policy into Practice"。该报告一个更详细的版本发表在相应的研讨会集册中并发表于 Global Trade and Customs Journal, Volume 10, Issue 1。

在"研究综述"栏目中发表了上海海关学院法律系朱秋沅教授的《海关法视角下跨越大型区域性经贸协议障碍研究述评》，研究分析了以TPP、TTIP等大型区域性经贸协议有关文献，分析了此类文献的主要视角、观点，并提出了在海关法方面有待进一步研究的领域。

2017年将是《中华人民共和国海关法》颁布30周年，也是上海海关学院法律系建系20周年，还是海关法研究中心成立10

周年。回顾我国海关法的发展和学术研究,像一个摆脱稚气的孩童,开始进入躁动的青春期,理想的憧憬和现实的困惑并存,这时特别需要循循善诱的引导和大家悉心的呵护。法律的生命力来源于实践,《海关法评论》倡导以海关法律实践为基础,以促进海关法学学科建设与学术成长为目标、综合性的海关法学研究模式,积极推动海关法律共同体的建立,《海关法评论》将为之不懈努力。

陈 晖

2016年5月于上海

目录
Contents

关税法律制度

国家税收法定原则下的海关税收立法　郭永泉　(3)
完善本国立法视阈下的中欧进口增值税比较研究　苏　铁　(24)
关于特许权使用费征税问题的若干思考　苏陈萍　(56)
我国综合保税区税收政策优化的若干思考　周贤文　(63)
论海关转移定价审查的优化　王永亮　陈　菊　(79)
完善我国海关税收征管时效法律制度研究　孙超英　(89)
中国台湾地区"关税法"的历史演进与体系分析　刘奇超　吕　艳　(102)

海关法专题研究

海关行政执法和刑事执法的衔接问题研究　陈淑国　陈　宽　(129)

论我国外贸市场化改革和贸易管制措施选择　管伟星　(146)
“长江经济带”通关一体化中的海关法律问题探析　娄万锁　(160)
“一带一路”视域下“苏满欧”国际班列海关监管创新和发展　苏州海关课题组　(178)
海关行政承诺失当及其法律责任初探　洪更强　(188)
商品归类行政裁定制度浅析　陈映川　(201)
《行政诉讼法》证据制度的修改对海关通关查验业务的影响　胡晓鹏　(215)

走私法律问题

走私犯罪最新司法解释适用中出现的问题及处理
——兼论走私犯罪的特殊性和认定规律性　陈　晖　(229)
对走私犯罪中几个常见争议问题的思考　曹　坚　(243)
藏赃型走私犯罪案件海关查验取证之困局及应对　苏　云　薛　培　(256)

知识产权海关保护

“一带一路”有关的知识产权海关执法：中国—欧亚经济空间，中—欧合作　张乃根　(279)

自贸区知识产权海关保护制度与TPP对接机制研究　颜　晨　姜　铭　(305)
完善知识产权海关担保制度研究　孙益武　(316)

国际与外国海关法

从TPP关于海关的规定看海关法律规则的发展　何　力　(339)
法国法律审查的多种方式——兼谈法国海关没收条款的合宪性审查　万曙春　米歇尔·韦尔波　(352)
国际单一窗口法律机制构建:以东盟经验为借鉴　王　珉　(364)

判例研究

试论海关进出境寄递监管立法的若干问题——以海关总署43号公告引发的行政争议为例　林　川　花　蕾　(379)

域外视野

边境管理的未来　Tom Doyle　张树杰　赵世璐　译　孙向阳　校　(395)
对《海关估价与转让定价指南》的评析　冯媛媛　(413)

新欧盟海关法　汉斯-迈克尔·沃尔夫冈　克丝汀·哈尔登　徐晨理 译　(427)
多边主义前途未卜？新地方主义,反多边主义及世界贸易组织之前景展望　弗兰克·阿尔特莫勒　徐晨理 译　(448)

研究综述

海关法视角下跨越大型区域性经贸协议障碍研究述评　朱秋沅　(465)

《海关法评论》稿约　(480)

上海海关学院海关法研究中心介绍　(484)

CONTENTS

Legal System of Tariff

Enactment of Customs Related Duty and Tax Legislations under the Principle of Taxation by Law …………… *GUO Yongquan*(3)

Comparative Study of Chinese Import VAT with EU from the Perspective of Recasting VAT National Legislation …… *SU Tie*(24)

Analysis on Collecting Duties and Taxes on Royalties and License Fees ………………………………… *SU Chenping*(56)

Thoughts of Optimizing the Taxation Policy Applied to the Comprehensive Bondedzones ………………… *ZHOU Xianwen*(63)

Optimizing the Customs Examination of the Transfer Pricing ………………………………… *WANG Yongliang*　*CHEN Ju*(79)

A Research of Improving the Prescription Legal System of Customs Duties and Taxes Collection in China ………………………………………………… *SUN Chaoying*(89)

Historical Evolution and System Analysis of Taiwan Tariff Act ……………………………………… *LIU Qichao*　*LÜ Yan*(102)

Study on Customs Law

A Research of the Coordination of the Customs Administrative Enforcement and Criminal Enforcement ……………………………… *CHEN Shuguo*　*CHEN Kuan*(129)

Option between the Market-oriented Reform and Trade Control in the Foreign Trade ······························ *GUAN Weixing*(146)
Analyses of the Legal Issues of the Customs Clearance Integration in Yangtze River Economic Belt ···················· *LOU Wansuo*(160)
Creation and Development of the Customs Supervision on the "Suzhou-Inner Mongolia-Europe" International Train from the Perspective of "One Belt and One Road" Initiative ······························ *Research Group of Suzhou Customs*(178)
Inappropriate Administrative Commitments by Customs and the Liability thereof ······························ *HONG Gengqiang*(188)
Analysis of the Administrative Ruling of Customs Classification ······························ *CHEN Yingchuan*(201)
Influence on and Challenge to the Customs Examination Operation during the Clearance Caused by the Amendment of the Evidence System of the Administrative Litigation Law ······························ *HU Xiaopeng*(215)

Legal Issues Relating to Smuggling

On Issues Involving New Judicial Interpretation About Smuggling Crime by "Supreme Court and Procuratorate" —On Distinctiveness of Smuggling Crime and Rules of the Determination ······························ *CHEN Hui*(229)
Thoughts to the Several Common Arguable Issues in the Smuggling Crime ······························ *CAO Jian*(243)
Predicament of the Customs Examination to Collect Evidence in the Case of the Smuggling Crime Through the Method of Hiding Illegal Goods and Countermeasures Thereof ······························ *SU Yun Xue Pei*(256)

IPRs Customs Protection

"Belt & Road"—Related IPR Customs Enforcement: China-EAEU, China-EU Cooperation ················· *ZHANG Naigen*(279)
Study of the Harmonization Regime of the System of IPR Customs Protection of the Free Trade Zones and TPP ··· *YAN Chen* *JIANG Ming*(305)
On Improvement of Guarantee System under Customs Protection of Intellectual Property Rights ························· *SUN Yiwu*(316)

International and Foreign Customs Law

Development of the Customs Law Rules in the Perspective of TPP's Customs Regulations ······························ *HE Li*(339)
The Multiple Ways of the Judicial Review in France —A Priority Preliminary Ruling on the Issue of Constitutionality of Articles 374 and 376 of the Customs Code ······························ *WAN Shuchun* *Michel Verpeaux*(352)
Construction of International Single Window Legal Mechanism: Refer to Experience of ASEAN ···················· *WANG Min*(364)

Case Study

Issues in Strengthening the Legislation on Customs Supervision and Control over Inward and Outward Mails —Administrative Appeal Caused the Implementation of the No. 43 Customs Announcement ·············· *LIN Chuan* *HUA Lei*(379)

Overseas Horizon

The Future of Border Management ………………… *Tom Doyle*(395)
Comments on WCO Guide on Customs Valuation and Transfer Pricing ……………………………………… *FENG Yuanyuan*(413)
The New European Customs Law ……………………… *Hans-Michael Wolffgang* *Kerstin Harden*(427)
A Future for Multilateralism?: New Regionalism, Counter-Multilateralism and Perspectives for the WTO ………………………………………………… *Frank Altemöller*(448)

Research Summary

Comments from the Perspective of the Customs Law on the Researches of Barriers Caused by the Mega Regional Trade and Economic Agreements ……………………… *ZHU Qiuyuan*(465)

Notice to Contributors …………………………………………… (480)

Introduction of the Center for Customs Law Studies of the Shanghai Customs College ……………………………… (484)

关税法律制度

Legal System of Tariff

国家税收法定原则下的海关税收立法

郭永泉*

[摘　要]　国家税收法定原则已在我国确立并启动实施,要求全部税种完成立法,实现税收要素和征管程序的法定性。目前海关负责征管的4个税种都还没有完成立法,依据行政法规设立,存在不符合税收法定的问题,具有法律升级需求高、税收技术难度大等特点。为此,可采取问题导向、国内法协同、国外法参考三种方法,寻求理论经验的支持。在此基础上,从立法方法、新法结构、新法本体、新法程序四个方面提出建议,争取到2020年前形成科学完备的海关税收法律体系。

[关键词]　税收法定;税收立法;海关税收;关税

国家税收法定原则是现代法治国家的根本立法要求,被推崇为税法的最高原则,世界各主要大国均将此写入宪法。随着我国全面深化改革和推进法治建设,税收法定原则得到中央高度重视和社会普遍关注,上升为党的主张和国家意志。党的十八届三中全会、四中全会均明确提出落实税收法定的要求,《中华人民共和国立法法》(以下简称《立法法》)修正案明确了税率等基本税收要素的法定条款,全国人大

---

* 郭永泉:武汉海关关税处。

作出了在2020年前全部税种完成立法的规划。而在这样的背景下,海关负责征管的4个税种都还没有完成立法,既存在很多不符合税收法定原则的问题,也面临复杂的税收要素转化为法律的巨大技术难度,其下一步立法动向令人关切。目前国内学术界已经就国内税收立法达成认识和方法上的基本一致,但是对于海关税收立法却鲜有研究,罕有论证。本文着力在这个问题上开展研究,其研究方法为"上下内外,综合成形",具体就是:上溯税收法定原则之内涵和过程,下接海关税收法制之现状和特点,对内推论海关税收的问题导向,对外寻求国内外各相关法的参考,综合提出海关税收立法的可行性建议。

一、国家税收法定原则的内涵以及在我国的确立过程

国家税收法定原则是指国家征税必须要有法律依据,没有法律依据,任何主体不得征税或减免税收,任何主体也不负纳税义务。税收法定原则发端于1215年英国《大宪章》,目前已成为大多数国家的普遍共识。美、英、法、日等国的宪法中均有税收法定的明确表述。据翟继光考察,在111个国家的宪法中,确立了税收法定条款的有85个国家,占总数的81.2%。[①] 之所以税收法定原则举世公认,是因为其有着重要的国家治理意义。税收关系着最基本的民权,需要代表人民意愿的立法机关制定法律,才能使税收的征收具有正当性,也才能保证税收征管的有效进行。

(一)税收法定原则的内涵

关于税收法定的内涵,目前学术界已经形成共识,实践中也得到认可,主要包括三大原则:一是税收要素法定,即计税依据、税率、纳税人、征税对象、征税环节时间、税收优惠等基本税收要素应当由法律规定;二是税收要素明确,即上述基本税收要素在法律中的规定应尽可能是明确、详细的,避免出现漏洞和歧义;三是征税程序法定,即征税部门严格按照法律规定的征纳程序来征收税款。从法理上讲,税收法

① 翟继光:《税收法定原则比较研究》,载《杭州师范学院学报》2005年第2期。

定是实体法定与程序法定的结合。在三大原则中,前两者是关于税收要素的实体确定,解决了税收法律与低级法规的关系以及征纳关系问题;后者是关于税收征纳的程序确定,解决了征税过程中的权力义务关系问题。

税收法定的核心内容是法律保留。也就是说,税收要素和征税程序都要由最高立法机关通过立法程序制定法律,属于各国议会保留的事项。在我国,法律特指全国人大及其常委会制定的法律,而不包括行政法规、部门规章及其他规范性文件。在税收立法上采用法律保留,其机理在于通过征税立法权的确立,对政府征税执行权形成制约,实现民权保障,这是权力分立与制衡原则在税收领域的具体体现。

(二)我国税收法定原则的演进

长期以来,制约着我国税收法定的问题在于实践中税收授权立法过于宽泛,已完成立法的税种太少。

改革开放初期,税收立法几近空白,而经济社会发展又迫切需要税法调整。这种情况下,最高立法机关分别于1984年、1985年对国务院做过两次税收立法授权,由国务院以制定条例或暂行条例的方式设立税种,并规定税收本体及程序。1984年授权目前已废止,但1985年授权仍然有效,是现行各税收条例的法律渊源。税收授权立法为我国顺利进行经济体制改革提供了制度保证和税法基础。但是随着社会主义市场经济的发展与国家治理体系的现代化,过量、不当的税收授权立法产生了消极影响,造成行政部门利益制度化,延缓了税收法定的进程。

目前,我国税收由立法机关制定法律的比例非常低。全国18个税种,仅有3个税种完成立法,即《中华人民共和国个人所得税法》(以下简称《个人所得税法》)、《中华人民共和国企业所得税法》(以下简称《企业所得税法》)、《中华人民共和国车船税法》(以下简称《车船税法》)三部实体法律,另外还有一个管总的程序法《税收征管法》(实际上只规定国内税收的征管程序)。其他15个税种都没有立法,依据较低层级的行政法规设立并开展征管,使得我国税收法律体系的权威性和公正性不足。立法税种仅占总数的17%。海关负责征管的4个税种全部没有立法。仅以形式要件论,我国税收的法律空白是巨大的,实施各税种立法的任务很艰巨。

(三)我国税收法定原则的确立

党的十八大以来,我国确立了推进国家治理体系和治理能力现代化这一总目标,实施了全面深化改革和推进依法治国的基本方略,这给税收法定原则的确立提供了时代条件、方法引导和环境支持。具体来说,税收法定原则的确立有三个标志。

一是税收法定原则写入中央重要文件。在党的纲领性文件《中共中央关于全面深化改革若干重大问题的决定》中第一次明确提出要"落实税收法定原则",同时还直接对部分税种、税制、税政的立法提出明确要求。而《中共中央关于全面推进依法治国若干重大问题的决定》要求"制定和完善财政税收等方面法律制度"。两份党的重要文件均将税收法定原则以直接表述或具体列明的方式提出。

二是税收法定原则在《立法法》中得以明确。2015 年3 月,全国人大通过了《立法法》修正案。在第 8 条进一步明确了税收法定原则,即"税种的设立、税率的确定和税收征收管理等税收基本制度"只能制定法律。这样的表述,实际上已经满足了税收法定三原则的要求。引人注目的是,我国法律中首次明确提出"税率法定"这一表述。税率是所有税种的核心要素,从根本上决定了税负水平,没有税率就不构成税收的其他要素。立法法作为"管法的法",对其他法律有规范和约束作用,所以标志着税收法定原则在我国确立下来。

三是各税种立法纳入全国人大规划和日程。面对我国各税种立法少的问题,立法机关加快了立法进程。2013 年,全国人大立法规划公布,"增值税法等若干单行税法"列入第一类立法项目。2015 年4 月24 日全国人大常委会对《税收征管法》第 33 条进行了修改,确定了"税收法定"原则。2015 年,由全国人大法工委牵头起草的《贯彻落实税收法定原则的实施意见》获得审议通过。全国人大将在 2020 年前全面完成税收立法,并进行了立法安排:第一,不再出台新的税收条例,拟新开征的税种需同步起草相关法律草案。第二,与税制改革相关的税种,将配合税制改革进程上升为法律。第三,不涉及税制改革的税种,先易后难逐步上升为法律。第四,待全部税收条例上升为法律或废止后,提请全国人大废止1985年出台的《全国人民代表大会关于授权国务院在经济体制改革和对外开放方面可以制定暂行的规定或者条例的决定》。由此,税收法定原则已经进入落实阶段。相应地,海关负责征管的各税种立法也提到了日程之上。

二、海关税收法制的现状和特点

海关税收是我国税收在进出口环节的组成部分,具体有4个税种:关税、增值税、消费税、船舶吨税。其中,关税和船舶吨税由海关作为单一主体负责征管;增值税、消费税由海关与国税部门共同征管,海关负责进口部分。目前,海关负责征管的税种都没有完成单独立法,主要依据于条例、暂行条例等行政法规以及海关规章。因此仅就目前状况,"海关税收法制"的提法更为妥当,以便与将来完成税种立法后的"海关税收法律"相区别。

(一)海关税收法制的现状

4个税种的法制状况有共性,也有很大差别。船舶吨税相对简单,执行简易法。关税、增值税、消费税都是流转税,数量巨大,征管对象多样,税率、计税依据等税收要素极其复杂,需要在分析各税种法制现状的基础上归纳其特点。

1. 关税法制

现行的关税法制横跨法律、行政法规、海关规章、国际条约四个层面。[①] 首先,从法律层面看,《海关法》单列第五章"关税",用13条明确了关税的各基本要素,包括征收机关、纳税人、征税对象、计税依据、税收优惠等。很明显,该章立足于《海关法》通篇布局,受限于以海关监管为主的立法思维,对税收特点体现得不够充分,比如这些条款基

① 成兰州:《论我国现行海关关税法律制度的改进》,对外经贸大学2003年硕士学位论文。

本不涉及征管程序,没有规定税率这一核心要素,计税依据也仅限于从价税。所以,从税收法定三原则推论,并不能说《海关法》为关税提供了法定依据,只能说提供了一种法律渊源。

其次,从行政法规层面看,除了《中华人民共和国关税条例》(以下简称《关税条例》)这个专门法规,还在原产地、反倾销、反补贴、保障措施、海关事务担保、海关行政处罚六个条例对关税有规定。《关税条例》详细规定了关税的各项要素以及征管程序,特别是将《中华人民共和国海关进出口税则》(以下简称《海关税则》)作为组成附件,使税率成为法律依据,极大地弥补了《海关法》的要素缺陷。因为税则定期调整,《关税条例》实际上成为一个机动条例,兼具原则性和灵活性。其他几个条例从适用协定税率、贸易救济税率、税款担保、违规处罚等角度,扩充了关税征管的程序规定。

再次,从海关规章层面看,诸多海关规章提供了有力的法律补充。常见的形式是"海关总署令",重要的有四个规章,即征税、减免税、归类、审价四个管理办法,通过规定技术层面的征管程序保证法律执行。

最后,从国际条约层面看,我国关税具有自定和协议两种法律特性,需要遵循国际关税协议和规则。我国缔结或参加的有关关税事务的国际条约、公约,也对关税征管特别是税率适用有着约束力。这是我国关税法律的一种特殊形式。

值得注意的是,目前海关还制定有大量执法类规范性文件,作为税收制度组成部分,虽然发挥着重要的规制和指导作用,但并不具备法律效力。

2. 进口增值税法制

增值税在数量上是我国的第一大税,经过营改增等一系列改革后,覆盖范围非常广泛。其要素和征管程序不同于其他税种,且贯穿进口和国内两种税制。① 海关征管的进口增值税与关税同时征收,并

① 郭永泉:《增值税改革下的国内税制和海关税制的协同》,载《税收经济研究》2015年第2期。

作为进项税,用于抵扣国内环节的同期销项税。目前,进口增值税的法制情况处于“两边站、两不靠”的尴尬境地。

如果按征管主体和征管环节,进口增值税应当由海关法制进行规定。但所有的海关法制条文均将其视为关税的随同税,仅规定简单的保留条款,如“进口环节海关代征税的征收管理,适用关税征收管理的规定。”(《海关法》第65条、《关税条例》第65条,通称“双65条”)其法律设计的逻辑在于:进口关税是进口增值税的计价依据,且同时征收,所以围绕关税征管程序笼统设计进口增值税的程序。这种设计在程序上可行,但法律本身却是模糊的。

如果按“道道征税、税不重征”的税负特点,进口增值税应当和国内增值税一道,由专项的增值税法制进行规定。但目前,增值税也没有单独立法,执行增值税暂行条例以及其实施细则。该条例主要针对国内增值税制定,进口增值税的规定只有7条实体规定,且散落各处;相应的实施细则在法律形式上属于国税总局令,只解释了国内增值税部分。而《中华人民共和国税收征收管理法》(以下简称《税收征管法》)只规定国内增值税的征管程序,该法第90条还规定“关税及海关代征税收的征收管理,依照法律、行政法规的有关规定执行。”又把进口增值税的征管程序排除在外。

所以,进口增值税的法律依据很不充分,非但达不到法定要求,而且处于各类法制的边缘地带。

3.进口消费税法制

消费税和增值税、关税一样,也是我国流转税体系中的主体税种。进口消费税有其特点和作用,比如实行价内税,部分商品实行从价叠加从量的复合计税,在提供财政和限制奢侈消费方面作用明显。进口消费税是在对所有货物普遍征收进口增值税的基础上选择少量消费品征收的,也以关税作为计价依据。因此,可以说进口消费税和进口增值税、关税组成了“三兄弟税种”。正因如此,进口消费税面对着与进口增值税一样的“两边站、两不靠”窘境。一方面,海关法制中以“适用关税”的简单条款笼统规定征管程序;另一方面,消费税也没有单独立法,《消费税暂行条例》仅有散落的5条规定了进口消费税的要素本体,相应的实施细则对其进行了解释,《税收征管法》也没有规定进口消费税的征管程序。从税收法定的角度看,进口消费税法制同样不完善。

4. 船舶吨税法制

船舶吨税无论是税收数量还是难易程度,都属于小税种。该税是海关对进出我国港口的国际船舶征收的一种税,主要用于航道设施的建设、维护和管理。在征收主体上,是由海关代交通部征收;在税率上,分为优惠税率和普通税率两种;在计税依据上,以船舶注册净吨位和吨税执照期限计税。这几个主要环节的法律设计难度不大。目前,船舶吨税也没有立法,执行《船舶吨税暂行条例》。该条例主体明确,简明易行,可操作性强,但没有规定法律救济的内容,在解决纳税争议方面存有一定漏洞。

(二)海关税收法制的特点

通过法制现状的分析,可以发现海关税收法制的基本特点,这也是海关税收的征管规律在法律层面的体现。

1. 海关税收法制的效力等级设置决定着征管权威和效率,立法的重点在于法律升级。海关税收全部是中央财政级别的税赋,应当由国家法律进行决定,法律依据的效力等级越高,越能体现权威性。同时,海关税收征管处在进出口环节,与海关其他管理职能、其他口岸部门管理执法、企业的运营管理紧密关联。如果没有高层级的法律依据,海关税收征管很容易和其他管理行为产生目标冲突和过程博弈,严重制约征管效率。所以,海关各税种都需要法律升级。

2. 海关税收法制中关税是主导因素,立法的关键在于《关税法》制定。在海关的税种结构中,关税数量虽不多,但却是海关的独有税种,也是国际通用的主流税种,最具有进出口环节特色,其调节和保护作用非常突出。同时,关税作为计价依据影响进口增值税、进口消费税,关税征管程序也适用于这两个税种,形成了"小马拉大车"的关联性。所以关税构成海关税收的主导,如果高效力等级的《关税法》能够尽快制定,海关税收法制体系将形成基本的导向性。

3. 海关税收的技术设置非常复杂,立法的难点在于技术的法律表述。海关税收的技术性非常强,特别是税率、计税依据和税收优惠三个要素复杂多样,堪称我国所有税种的“难中之难”。以关税为例,采取复式税则和差别税率,多达8285个税目和62个税级。每一个税目根据归类、原产地等情况不同,需要从最惠国税率、特惠税率、普通税率、协定税率、暂定税率中进行选择,个别税目还有贸易救济税率、配额税率、滑准税率、复合税率、季节税率的适用可能。进出境物品关税还适用专门的行邮税。这些税目、税率全部作为关税法规的组成部分,定期发生着调整变化。同时,关税主要是从价税,计税依据于申报的成交价格,面临着特许权使用费、跨国公司转移定价、合同结算公式定价等国际上普遍的审价难题。而我国经济社会发展的不平衡和差异化策略,又形成诸多针对特定区域、特定企业、特定用途的进口税收优惠政策。关税技术影响着其他税种,使得进口环节税的征管也变得复杂化。因此,归类、审价、原产地、减免税四大技术构成了海关税收立法的难点,如何以权威、精确的法律语言规定这些技术设置,深刻决定着海关税收征管的执法质量。

三、海关税收立法中的问题导向

根据全国人大立法规划,海关各税种都要在2020年前完成立法。但是海关税收法制的现状离税收法定仍有很大差距,多年的执法传统也形成了巨大的惯性乃至惰性,不利于税收法定的启动。同时,海关税收法制升级需求大、技术难度高,构成了立法过程中“进”与“稳”的矛盾。由此可见,海关税收立法绝不是将行政法规升格为法律、把“条例”转化为“法”这样简单的事。海关税收立法,路在何方?有三条途径:从现实中找问题、从国内成文法中找依据、从国外海关税法中找参照,可以依次简称为:问题导向、国内法协同以及国外法参考。其中最主要的是问题导向,因为海关税收立法的出发点,就在于呼应和解决现实问题。反之,通过详细分析各种问题,也可以在方法上倒推出立法的内容。经过梳理,目前需关注的主要问题如下:

(一)现有法律效力等级偏低且缺乏核心法律的支撑

目前海关4个税种都没有单独立法,立法层级偏低,执法依据散落于行政法规、海关规章甚至更低层次的文本,使得税收征管中面临许多协调问题,以多部门合作为标志的综合治税成为一种工作常态。特别是大量执法类的规范性文件,虽然为税收征管提供了可操作性和灵活性,但却背离了税收法定的精神。法律效力等级不够,执法依据散落于低层级,使得现在的海关税收法制如同“沙之塔”,外表看似坚固,但缺乏核心法律的支撑,难以在法治建设的风雨中持久屹立。其解决思路为:4个税种全部立法,行政法规、部门规章升级或保留,规范性文件废止或融入法律条文。

(二)现有各法规、规章之间缺乏衔接配套

目前海关税收法制并不能形成体系,盖因各法规、规章之间的离心力很大、兼容性不强。有的法律制度有交叉,比如海关法、关税条例、原产地条例中都有海关申报的程序规定,其重点分别倾向于监管、计税价格、原产地,彼此不能兼顾。有的法律制度又有缺失,比如进口增值税的程序不适用《税收征管法》,又被《海关法》笼统归入关税的参考系,依据不详。大部分法律的实体内容和程序分离,比如海关法只规定税收要素,却遗漏了税率和征管程序。高位法规定实体规则,低位法规定程序,使得税收征管依据很琐碎。往往一项征管工作,需要从多个法制中找依据。其解决思路为:理清税种法与法规规章的关系,法律统揽实体和程序,法规予以细化,规章分解执法操作,使各税各法形成衔接。

(三)税收要素的复杂与法律条文的简明形成矛盾

大道至简。法律是为典章,并非论文,应追求简明扼要的表述性规定。但海关税收特别是关税的技术设置非常复杂,简单描述难以表现其规则。目前有两种表述方法:一是分开层级,在高位法略述,在低位法详述,比如计税依据;二是在法律中进行授权,规定授权机构制定的法定文书作为法律附件或者另成法律章节,如税率和税收优惠。但是严格恪守税收法定原则,税收要素都要在高位法中进行详述,不主张授权;《立法法》更是明确了税率的法定要求。如遵循这样的理想化操作,我们将会见到一部卷帙浩繁、浩如烟海的《关税法》! 如将税则也罗列其间,将多达数千页之巨! 其视觉疲劳已令人望而却步,更遑论法律条文的检索和执行。其解决思路为:坚持法律的合理性和严肃性相结合,适当保留现有的分层、授权方法,实施税率授权制定,分散立法压力,避免主体税法过于冗长烦琐。

(四)海关税收的技术不能充分体现为法律效力

考察目前的海关税收法制,存在税收技术和法律效力"两张皮"的现象。一方面,税收技术在法制中体现不足。比如现有法制对归类的法律效力缺乏保障,《关税条例》只有3条规定,仅强调纳税人的义务、海关要求补充申报材料的权力,但对归类准确性没有法律强制,对海关归类也缺乏法律支持。目前,海关在执行归类程序时,主要依据海关规章以及大量内部文件,比如海关商品归类决定、归类指导意见,极容易造成纳税争议。另一方面,税收技术在法制中又有多余表述。比如将预约服务写进法规和规章:《中华人民共和国进出口货物原产地条例》(以下简称《原产地条例》)写进了原产地预确定,《中华人民共和国海关进出口货物征税管理办法》(以下简称《征税管理办法》)写进了预归类、价格预确定,而且把这些服务作为行政裁定,赋予一定的法律决定权。事实上,税收预约服务不是行政裁定。① 这样的规定极容易将纳税人如实申报的责任转移给海关,造成海关越俎代庖行使法律解释权,并且造成各海关之间的执法不统一。以上问题之症结,在于用行政手段而非法治手段处理税收技术,忽视了我国属于大陆法系的传统,过多地循用英美法系的案例法代替成文法。其解决思路为:在法律中明确技术认定的授权和效力,将所有已形成法例的技术应用结果加工为法条,撤出预约服务类条款。

(五)部分法制规定不符合税收实际情况和发展趋势

当前海关税收征管模式正在改革创新,各种先进的征管模式已经

---

① 万曙春:《海关行政裁定的行为性质辨析》,载《上海海关高等专科学校学报》2002年第2期。

或即将形成。但现有海关税收法制中很多地方不符合改革实情,也没有预留改革的空间。比如在简政放权过程中,海关涉税的审批事项已全部取消或改为内部审核,《关税条例》第48条仍规定“持有关文件向海关办理减免税审批手续”。事实上海关办理减免税属于审核确认的性质,而且目前商务部门已经不再出具鼓励项目确认书,法条中所谓审批有关文件的说法已属空言。又如,目前海关改革实行汇总征税、税单无纸化管理等模式,但由于目前法制中没有相关规定,不能形成法律支撑,改革实际上是法外探索。因此,对此问题的解决思路是,税收立法与税收改革同步,及时修订涉及改革的条款,兼容未来征管模式。

(六)税收法制的保障方式不够科学

税收的法制保障包括海关的税收保全强制、违规处罚以及纳税人的法律救济,在保证应收尽收、调节征纳关系等方面非常重要。目前的法制设计偏重于海关的执法便利,对纳税人的合法权益保护不够,主要表现为:对滞纳金的适用范围比较宽泛,将税收利息等同于滞纳金的处罚手段;追征补征的时限设置比较短,不利于挽回税款,且与纳税人的主观故意缺乏关联;目前的税收法制均将纳税人的法律救济以简单的保留条款说明,《关税条例》仅1条,而且实行税款缴纳前置程序,即在纳税争议时纳税人必须先缴税再申请复议,不同于国内外其他行政法中“复议前置”的程序。在应对欠税风险时,海关也没有在法制中得到税收保障受偿权的支持。因此,对此问题的解决思路是:在立法时充分考虑法制保障方式,改进税收利息、复议前置、追补税等法律设计,同时保障执法便利和纳税人合法权益。

四、海关税收立法中的国内法协同和国外法参考

在海关税收立法中,问题导向固然重要,但如果只强调解决问题,容易陷入法律工具主义的困境。为了使立法更具前瞻性、科学性,还必须寻求国内外相关法律的可行性参考,从中发现科学的理论借鉴、实用的经验支持。

(一)国内法协同

从国内成文法中为海关税收立法找依据,其逻辑在于:我国法律制度是一个完整的大体系,海关税收法律制度作为其中的一类,需要和其他法律制度保持协同。目前可以协同的相关法律有两类:一是如《宪法》《立法法》《刑法》等重要法律,是需遵从之法;二是国内税收领域已经完成立法的3个实体法、1个程序法,是为可参考之法。

首先看遵从之法。《宪法》是我国的根本大法,规范着最基本的法律关系,其中涉及税收的只有一条,即著名的第56条:"中华人民共和国公民有依照法律纳税的义务"。以国家最高意志设定了税收的强制性。新修订的《立法法》则规定了税收法定,强调了税率等基本要素的立法要求。《刑法》已经实施修正案第九稿,部分涉税的法律表述也有调整,比如将偷税罪改为逃避缴纳税款罪。《行政强制法》已于先前实施,规范了税收强制措施和执行的相关程序,特别规定了滞纳金是一种执行罚。《预算法》完成20年来首次修正案,对税收预算从约束性转向预期性,实行跨年度预算平衡,取消计划式的税收任务摊派,改变税收征管的目标导向,有助于避免收"过头税"等行为。这些"管总"的法律既提出了宏观原则,也规定了微观内容,都应当作为海关税收立法的要求,以遵循的方式实现协同。

其次看参考之法。国内税种中已有3个完成单独立法,辅之以《税收征管法》,构成了一个参照系。这四部税法的完善程度并不一样,参考价值也不一样。《企业所得税法》立法时间比较早,是一部包含60条内容的成熟法律,对企业所得税的各要素,比如应纳税所得额、应纳税额、税收优惠、源泉扣缴、特别纳税调整都作了详细规定,结构整齐,内容丰富,考虑问题全面,配合130条的实施条例,堪称其他税种的法律文书范本,也是关税立法在形式上最应该借鉴的。但是《个人所得税法》与之相比就要显得粗陋许多,条文仅有15条,配合48条的实施条例,也只规定了税收要素的本体,没有形成与贫富相称的征管标准,为学界和社会所诟病。《车船税法》也是仅有13条的简单法,配合27条的实施条例,规定了保险扣缴等程序设计,符合小税种特点。值得注意的是该法第2条,规定由国务院、地方政府在幅度内具体确定税额,是一种典型的"有限授权",可以为授权关税税率时所借鉴。

至于程序法《税收征管法》,从其公开征求意见的修订稿来看,在税制改革的基础上进行了很大程度创新,堪称国内税收法制建设的标志性成果。例如,建立统一的纳税人识别号制度,设置税收保障受偿权制度,引入修正申报制度,取消先缴税后复议的规定,为电子商务的税收管辖预留制度空间,明确社会税收中介的法律地位①。凡此种种,或许并不一定都符合进出口环节的税收征管特点,但其中体现的创新精神、修正能力和前瞻视野,却正是海关税收立法需要秉持的方法论。

(二)国外法参考

从国外海关税法中找参照,其逻辑在于:依托于全球经济一体化和海关合作广泛性,世界各国的海关管理方式有很多共通之处,可以互相借鉴。但是,世界各国国情有巨大差别,政治经济体制各异,参考范围应当突出海关税收的技术相关性,而不能"全盘照搬"。从世界立法的两大传统来说,大陆法系和海洋法系有很大差异。我国法律传统一直接近大陆法系,可着重考察欧盟海关的法典。

目前,欧盟关税立法经历了从1992年《欧共体海关法典》(CCC)到2008年《现代海关法典》(MCC)的变迁,当前《联盟海关法典》(UCC)已经生效并实施。欧盟关税立法思路严谨,立法技术成熟,继承性、协调性较好。② 其间若干先进之处,值得为我国借鉴:一是设定欧盟全境之内的执法统一性,在全境受理货物申报,制定海关处罚的共同准则,统一关税追溯时间期限;二是实行通关全过程的电子数据处理,确立了电子数据的法律效力;三是通过法律确立"集中清关"和

---

① 国务院法制办公室:《关于〈中华人民共和国税收征收管理法修订草案(征求意见稿)〉公开征求意见的通知》,载 http://www.chinalaw.gov.cn/article/cazjgg/201501/20150100397930.shtml,访问日期:2016年8月6日。

② 苏铁:《中欧关税立法内容差异的比较研究——基于欧盟海关立法嬗变之分析》,载《海关法评论》2014年第4卷。

“二次申报”制度,使货物申报和实际物流相分离,边境海关不再承担税收征管职责而全部自动移交属地海关;四是对待税款滞纳采取利息补偿,而非行政处罚。这些规定,有的正好切合我国海关税收征管改革的方向;有的则为解决征管程序问题提供了法律可行性。同时,吸收欧盟在海关制度区域一体化与现代化方面的成果,可以避免重复欧盟在此方面曾经出现的问题。①

五、海关税收立法的结论和建议

在税收法定原则下,海关各税种的立法势在必行。从外在因素看,税收法定已经成为党的主张和国家意志,全国人大已经安排了海关诸税种的立法计划,使得海关税收立法成为一种政治责任和法律要求,必须尽快推进。从内在因素看,税收法定为海关税收法制的升级优化提供了最可行的方法,无论是海关税收法制的特点,还是目前存在的诸多问题,都要求通过立法方式,为海关依法征管提供完备的法律依据。海关税收立法,属于法治和改革在税收领域的结合,不仅是海关法治建设的拓展,更是海关税收制度改革的载体。

在海关税收立法中,税收法定的三大原则都应得到体现,诸如税收要素、细节、程序都要法定。这些法定要求,与海关税种固有的要素复杂特点形成了明显的矛盾,造成了海关税收立法的难度。立法虽然艰难,但是如果抓住法律升级这一重点和《关税法》这一关键,以问题导向为基础,同时参考国内外的法律经验,就可以探索出立法的有效途径,以及未来海关税法的基本模式。

总的来说,海关税收立法应秉持顶层设计、全面优化的理念,兼顾宏观导向和微观细节,做到“三准则、两结合、一目标”,即围绕各税协调、量能课税、保障纳税人合法权益的准则,实现征税权力和纳税义务的结合、税收要素和征管程序的结合,保证到2020年,形成权级清晰、系统完备、科学公正、运行有效的海关税收法律体系,实现海关税收领

---

① 朱秋沅:《欧盟海关法研究综述》,载《海关法评论》2014年第4卷。

域的良法善治。具体而言,从立法方法、新法结构、新法本体、新法程序四个方面提出建议。

(一)税种怎么立法?——立法方法之建议

从整体性看,海关税收立法分为法律立法、行政法规制定、海关规章制定三个层面,以及立、改、废三个环节,由不同立法主体主导。首先,应由全国人大主导,制定《关税法》《船舶吨税法》等四部法律,其中海关可直接或间接参与《关税法》起草,经国务院审定并征求意见后由人大审议颁布;其次,由国务院制定配套的、解释性的《关税法实施条例》等行政法规,法规草案由海关受委托起草;再次,海关总署直接制定各税收技术的海关规章,以署令方式发布,形成具体的法律延伸和细节遵循;最后,增值税、消费税相应开展立法,依国内税收主管职能,由财政税务部门具体起草报审,但应保留进口部分的独立章节,充分参考海关作为征管主体的意见。在此过程中,还应调整现行法制中不合法理的条规,清理并废止现行的规定纳税人义务的所谓"规范性文件",使海关税收法律体系突出主干、四肢协调。

在具体安排上,《关税法》的立法应当赶紧加快。但这个"快"的原因,并非部分学者所谓"关税条例完善、技术条件成熟",相反,正因为关税技术复杂、现有法制不完善,所以要加快立法,将其作为标志性成果和规范性大纲,进而奠定整个海关税收法律的基础。参照全国各税种的立法规划和日程,《关税法》的立法可在2016年启动,2017年完成。届时海关税收征管改革基本完成,改革成果也可以法律形式固化,相应的《关税法实施条例》同步完成。《船舶吨税法》相对简单,可在2016年率先完成。至于《增值税法》,因为涉及营改增等一系列较大规模改革,以及营业税并入增值税的税种变化,立法时间可延后到2020年。《消费税法》也涉及征收范围、征收环节、税率等要素的调整,立法完成也要到2020年。考虑到各税种立法的"时间差",关于进口增值税、消费税征管程序的法律依据,还应当参照关税执行,并写入《关税法》。至于《海关法》中关于关税的章节,出于海关职能全面性的考虑,应保留其关于关税基本要素的规定,但必须与《关税法》协调一致。

(二)税法什么面貌?——新法结构之建议

海关税收在完成立法的同时,法律体系也需要相应更新,使各法律的结构层次更加清晰。首先是关税的法律结构。新制定的《关税法》将是包括实体和程序在内的综合法,汇集各法律法规的关税重点内容,其结构可综合现行《企业所得税法》和《关税条例》的优点,分总则、税率、计税依据、关税征管、税收优惠、法律救济、违法处理、特别税征管、附则等9个章节,言简意赅地设定关税的实体要素和征管程序,并对行邮税、进口环节税的征管专门说明。关税立法后,现《关税条例》《征税管理办法》内容全部并入《关税法实施条例》,对法律进行解释和细节规定,侧重于征管程序。现《原产地条例》等行政法规、《审价管理办法》等海关规章可予保留,但涉及关税的本体规定的,应全部摘入《关税法》及其实施条例中,实现法律效力的升级。其次是船舶吨税的法律结构。将现《船舶吨税暂行条例》升格为《船舶吨税法》,并配套制定《船舶吨税法实施条例》,补充规定纳税争议的法律救济内容。再次是进口环节税的法律结构。以现行增值税、消费税的暂行条例为基础,融入税制改革成果,形成两部法律《增值税法》和《消费税法》,现行暂行条例实施细则相应升级,形成两个配套的行政法规《增值税法实施条例》和《消费税法实施条例》。按立法传统,增值税、消费税的法律将以国内部分税收的特点为主进行设计。为兼顾进口部分税收特点和海关的征管职能,建议两部法律中开设进口税的独立章节,进行要素规定和程序说明,写清海关的主体征管责任和职能边界,并建议配套的两部实施条例中写清海关和税务基于两个税种的协助义务,避免有可能出现的部门职责交叉。

经过调整、升级、合并之后的“立法组合拳”,预计2020年,海关税收领域将会形成两部法律,以及另两部法律的专章,若干行政法规和海关规章,共同组成新的海关税收法律体系。

(三)要素怎么设定?——新法本体之建议

海关税收要素复杂,又有很强的技术性。立法关键在于将关税要素及技术要求准确写进法律。

其一,关税税率的法定。现《关税条例》第2章关于各种税率的适用条件和时间做了详细规定,可以整体移入《关税法》。《税则》及各类税率表仍作为附件列入。同时加入授权条款,由全国人大授权国务院关税税则委员会,制定或调整《税则》,决定各种关税税率。每年的税率调整可以行使简易立法程序,由税委会报全国人大常委会审议后颁布。

其二,计税依据的法定。在《关税法》中应单设一章规定计税依据,将现《关税条例》及规章中关于完税价格、原产地、归类的章节整体并入。建议法律规定,"海关接受纳税人申报的价格(可置换为归类、原产地,以下同),或经过价格审核、磋商、核查等程序确认价格并经纳税人同意后,该价格产生法律效力,纳税人遵照执行。"如此,可通过技术法条款来定,避免因为价格、归类不同意见而造成纳税争议。同时规定,"由于不同海关对同类或相似商品的价格认定不一致而造成的纳税争议,纳税人可申请海关行政裁定,或申请执行价格认定的先例。"如此,可在法理上规范执法尺度,在程序上降低法律救济的压力,避免执法不统一。

其三,税收优惠的法定。按照十八届三中全会《决定》,现行税收优惠政策需要在清理规范的基础上,统一由专门的税收法律法规规定。海关税收优惠作为重要的经济调节手段,其立法权应由国务院掌握,避免税收优惠滥用和税款流失。也就是说现行《减免税管理办法》需要升级。立法过程中,《关税法》应单列税收优惠一章,同时制定《关税优惠条例》,在融合现有减免对象、减免条件、减免幅度等内容的基础上,综合设置优惠条件,规定海关减免税审核确认的职责和程序。

其四,其他要素的法定。关于关税征税对象、纳税人、征税环节、征税时间的规定比较明确,可以直接写入《关税法》。《海关行政处罚实施条例》中涉及逃避税款缴纳的处罚应当并入《关税法》。目前海关执行的补征税款时限1年、纳税人违规追征税款时限3年的规定太短、太笼统,不利于应收尽收。参照国内外其他税种规定,可以调整为补征时限3

年、纳税人过失少缴税款的追征5年、纳税人主观故意逃避税款缴纳的追征10年。同时为遏制日益增多的欠税行为,应将税收保全和强制措施扩大适用于自然人,比如限制出境,并在法律中明确海关税收保障受偿权,比如在企业产权变更中规定海关税收优先受偿。

(四)征管怎么进行?——新法程序之建议

目前,海关税收的问题集中在征管程序,税收改革也主要围绕征管程序开展。所以在对征管程序进行法定时,应当解决关键问题,实现程序优化,在法律中写进税收征管改革成果。

其一,征管问题的解决。比如,强化纳税人的申报义务,解决错误申报而导致漏税的问题。法律中应当规定,纳税人对其纳税申报中提供的涉税资料的真实性和完整性负责;海关在税收申报确认中对纳税人应纳税额作出调整的,应对数据信息、核定方法负责;纳税人有异议的,应当提供有效依据。同时应当允许纳税人在申报后发现有误的情况下办理修正申报,避免纳税人因没有补正出路而隐瞒不报、知错不改。又如,完善涉税信息获取程序,解决信息不全、失真而导致漏税的问题。以法律保障海关从其他职能部门、金融机构、第三方获取涉税信息的权力,确认从国际信息合作中获取涉税信息的效力。如此可将海关AEOI(国际税收信息自动交换),“三互”(口岸部门间执法互助、信息互换、监管互认)固化为法律认可的常态。再如,完善海关行政裁定程序,解决税收技术认定自由裁量的问题。与“三预”社会化同步,明确税收中介服务机构的法律效力,将海关开展的“三预”服务移出法律条款。海关的行政裁定适用于纳税争议的内部解决环节,以税法解释方式作出裁定,并应严格限定为海关总署级别的事权。

其二,征管程序的优化。充分借鉴国内外税法的先进做法,改进税收法律的保障程序,维护纳税人的合法权益。将行政法中平衡论引入税收征管领域,实现海关和纳税人的权利义务关系平衡。[①] 比如,引

① 陈晖:《经济全球化下海关法面临的挑战及对策》,载《国际贸易问题》2005年第1期。

入税收利息制度,与行政强制法的滞纳金制度相区别。纳税人未按照规定期限缴纳税款的,按日加计税收利息,作为对占用国家税款的补偿,而不是简单运用滞纳金手段实施行政强制。税收利息的利率结合贷款基准利率和市场借贷利率的合理水平综合确定。如果纳税人逃避税款缴纳,就应该在追征、罚款的同时收取滞纳金。又如,实施复议前置制度,取消先缴税后复议的规定。纳税人对海关征税决定不服提出行政复议的,不需要先行缴纳税款,使纳税争议最大限度地通过法律救济程序解决。同时,为防止纳税人就争议事项随意提起复议以拖延缴纳税款,复议机关维持原处理决定的,纳税人须支付税收利息。

其三,征管改革的体现。各项改革应当固化为海关税收的长期法律遵循。比如,由法律确立海关查验放行和核查征税可以前后换位的程序,确认不同类型企业、商品适用不同的征税流程,使征税程序在通关环节灵活组合,支持海关正在开展的区域通关一体化、汇总征税、纳税人属地管理、"一次申报分步处置"四大改革。又如,由法律确立纳税人自我评定为基础的征管程序,由纳税人自我计税申报,再由海关进行确认,实现企业在诚信守法基础上的自报、自缴、自打税单和海关重点稽核,固化上海自贸实验区改革成果。法律中还应预留改革空间,特别是适应大数据、"互联网+"的信息化形势,由法律确认电子资料、网络信息的有效性。比如,在法律中规定征纳双方认可的电子签名报送的各类电子资料,与纸质资料具有同等的法律效力,支持海关的全面无纸化通关。又如,适应跨境电子商务的发展需要,规定从事网络交易的纳税人应当向海关提供网络交易平台网址、机构地址、电子商务交易记录、支付服务数据等信息,赋予海关检查纳税人相关应用系统及涉税信息的权力,为今后电子商务的税收征管预留下制度空间。总之,立法过程应当对贸易便利化作出技术制度与法律制度的创新性贡献。①

① 陈晖:《贸易便利化下国际海关立法的新特点及贡献》,载《东方法学》2010年第4期。

Enactment of Customs Related Duty and Tax Legislations under the Principle of Taxation by Law

GUO Yongquan

[**Abstract**] The Principle of Taxation by Law has been widely recognized in China and is planned to carry out. Based on this principle, it's required that all the taxation relevant legislations should be finished, and therefore to realize the legality of all the taxation elements and the legal procedures thereof. At present, the legislations of the 4 categories of tax collection and administration have not been completed. The current related legal system is established according to the administrative regulations, there are a lot of problems which are not compliance with the Principle of Taxation by Law, such as the issues of the upgoading of the hierarchy of the legal instruments, tax technology is difficult, etc. To this end, the problem could be settled based on the question - oriented method, making reference to the foreign legislation, harmonizing the domestic law, and seeking the theoretical support. On this basis, it is suggested that the improvement of enactment of customs related duty and tax legislations could employ four aspects of the considerations including the legislative method, the structure of the new law, the body of the new law, and the procedure of the new law.

[**Key words**] Enactment, Customs Related Duty and Tax Legislations, Tariff

完善本国立法视阈下的中欧进口增值税比较研究

苏 铁*

[摘 要] 增值税虽是我国第一大税种,但由于开征较晚,制度本身存在的问题较多,立法层级低下,框架结构散杂,内容涵盖不足,既不符合税收法定主义的原则,也满足不了税收精细化管理的需要。相比之下,欧盟增值税拥有世界上最严谨的法律框架,其完整、详尽的增值税立法经验无疑可供我国参考借鉴。本文重点分析了欧盟进口增值税的特点,较为详细地比较了中欧进口增值税的差异,并试图为完善本国进口增值税征收提供立法建议。

[关键词] 欧盟;增值税;进口环节;比较研究

现实征管中,进口增值税(Import Value Added Tax,VAT)是我国海关税收绝对量大的税种。过去5年,海关税收收入按照算术平均数计算,基本上呈现增值税(含少量消费税)占比84%和关税占比16%的局面。对此,海关应加强进口VAT的征管流程控制,同时,还应积极参与到完善现有税收法律层次的工作中来,保证VAT税制改革与税收立法协同推进。

目前,欧盟已成为世界最具有竞争力的区域之一从而备受各国的

* 苏铁:宁波海关副巡视员,海关一级专家(关税)。

关注。欧盟在 VAT 方面进行了成功的实践,达到了较高的层次,并具有很强的示范和辐射效应。欧盟 VAT 立法经验,尤其是进口 VAT,可从制度、概念、到技术等方面为我们研讨进口 VAT 立法提供一定层次的有益借鉴。

一、欧盟对进口 VAT 的法律规定

增值税(VAT),顾名思义,是在整体设计的框架内,在最后消费前,只要每一生产、供应环节有增值的出现,则对这部分予以课征的税种。欧盟 VAT 是欧盟增值税区的成员国所采用的 VAT 体系。欧盟委员会将 VAT 定义为"在欧盟,指一种以货物或服务的增值额为核定对象,具有普遍的、广泛基础的消费税"。广义上的欧盟增值税法,应是与 VAT 有关的法规、指令性条款等,包括一体化的 VAT 规则、各成员国的 VAT 法以及协调各成员国 VAT 法的指令等。

为促进欧洲经济一体化,减少政府间不当的税收竞争对跨境市场主体的消极影响并为欧盟财政筹集资金,欧盟将开征 VAT 作为准入门槛,并对各国增值税法进行积极协调并发布 VAT 指令,促成成员国内部 VAT 的标准化的形成。

2006 年 11 月 28 日,欧盟理事会发布了增值税共同制度的第 2006/112/EC 号指令①(以下简称 112 号指令),成为迄今为止欧盟开征 VAT 集中度最高、最新、最完整的框架文件。112 号指令第四编应税交易(Title IV Taxable Transactions)中规定了四种情形:即对于货源(货物提供)、欧共体之间有关货物收购(并购)、各类服务项目的提

① 考虑到原先第6号指令中关于 VAT 评估的统一基础的规定经历了多次重要的修改,出于清晰度和合理化理由的考虑(for reasons of clarity and rationalization)以及满足增强法律文本的可读性(rearranging the order of the text to make it more readable)的意愿,在糅合了所有原先有关成员国流转税和谐立法之条款的基础上,欧盟理事会发布了 2006 年第 112 号关于 VAT 共同制度的指令(Council Directive 2006/112/EC of 28 November 2006 on the common system of value added tax)(简称2006 年指令),对第6号指令从体例结构和内容进行了重铸(Recast),并自 2007 年 1 月 1 日起生效,成为最核心的关于 VAT 的主要立法(the main piece of legislation)。

供、进口货物。其中,对“进口”一词,给出了相应的规定、概念。不仅包括一般贸易进口后进入自由流通这一部分,还包括暂准进口以及加工贸易保税进口终止上述业务后之内销部分。显而易见,有关进口的概念不仅以一般贸易为主,还包含进口后潜在的可能自由流通的货物。①在该编中,还对进口地点也进行了具体的规定。

在此基础上,欧盟还制定了《VAT 实施细则》[VAT Implementing Regulation, Council Regulation (EU) No. 282/2011]以保证欧盟112号指令在欧盟全境的实施。由于该《细则》具有普遍约束力,且其比较严密和翔实,可不经过本国立法转化而直接使用。② 在该《细则》的有关规定中,还进一步明确了电子申报数据的法律效力。在有关 VAT 进项与销项抵扣中,传输过程中的电子数据,如果和普通人工手工填写的数据要求相吻合,税务部门将予采纳并给予适当的抵扣。③ 其他立法方面还包括在 VAT 的返还,以及进口免税方面和个人物品小件以及旅行者免税额度方面。④

欧盟自身并不承担具体的征收工作,但要求每个欧盟成员国必须

---

① Council Directive 2006/112/EC Chapter 4 Importation of goods Article 30 "Importation of goods" shall mean the entry into the Community of goods which are not in free circulation within the meaning of Article 24 of the Treaty. In addition to the transaction referred to in the first paragraph, the entry into the Community of goods which are in free circulation, coming from a third territory forming part of the customs territory of the Community, shall be regarded as importation of goods.

② VAT Implementing Regulation [Council Regulation (EU) No. 282/2011] Binding implementing measures to ensure uniform application of the VAT Directive can be found in the VAT Implementing Regulation [Council Regulation (EU) No. 282/2011]. Those measures are directly applicable without transposition into national law.

③ VAT Implementing Regulation [Council Regulation (EU) No. 282/2011 (40)] Electronic import documents should also be admitted to exercise the right to deduct, where they fulfil the same requirements as paper-based documents.

④ Other legislation includes: Directive 2008/9/EC (VAT Refund-EU business), Directive 86/560/EEC (VAT Refund-non-EU business), Directive 2009/132/EC (VAT-free importation), Directive 2006/79/EC (private consignments), Directive 2007/74/EC (travellers' allowances).

采取符合与欧盟 VAT 一致的政策。由成员国收取的 VAT 某些部分将作为预算“自有财源”(own resources)[①]的一部分,用于资助欧盟的运作。[②] 与进口关税征收的情况不同,欧盟 VAT 分为欧盟本级和各国两级实施 VAT 立法。

在欧盟本级,仅仅是对 VAT 的征收进行了有关原则性的规范,而将有关具体细节问题,诸如如何征收的方法交由各成员国自行完成。每一成员国都负责将这些规定纳入国家立法,并在其领土内进行正确的应用。将原则性和灵活性有机地统一起来是欧盟增值税两级立法之根本特征。虽然欧盟一级采取的措施是约束的,但对这些规定的解释和适用的主要责任在成员国。[③]当本国 VAT 法案与欧盟层面不一致时,如果欧盟的是“无条件的和足够精确的”(unconditional and sufficiently precise)并产生一个更有利的结果时,进口国商人可以依靠欧盟指令的规定直接抗诉,因为 VAT 指令有“直接影响”(direct effect),并优先于各国 VAT 法案。对各国 VAT 的法案条款的解释,不仅决定于本国法院,欧盟法院(ECJ)的判决也具有法律约束力。

由此,各成员国基本上都将欧盟 112 号指令进行了立法转换。其基本框架体例和内容也和 112 号指令十分接近。例如,英国 VAT 制

---

① 按照欧盟理事会 2000 年 9 月 29 日所做《决定》规定“自有财源”具体分为四种:1. 进口关税;2. 农业性提款、欧洲煤炭共同体条约所规定的收入及其他特别商品进口所征收费用;3. 符合基础性条约所确立的标准的共同体政策法规规定的其他税费,其中包括来自于增值税的这部分“自有财源”(增值税收入的参与分享);4. 所有成员国国民生产总值总和的一部分,该收入仅仅是被用来平衡共同体预算的收支,根据平衡预算的需要来确定具体比例,对所有成员国统一适用。但这种财源收入的总额不得超过欧盟国民生产总值的 1.24%。

② Council Decision 2000/597/EC, Euratom, of 29 September 2000 on the system of the European Communities' own resources.

③ Each Member State is responsible for the transposition of these provisions into national legislation and their correct application within its territory although it is bound by implementing measures adopted at EU level. The primary responsibility for informing about the interpretation and application of these provisions rests with Member States.

度以实践丰富、理论先进著称,形成了完备的法律体系。英国的 VAT 基本法案是《1994 年增值税法案》(Value Added Tax Act 1994)。法国 VAT 法包含在《税法通则》(*Code Général des Impôts*)和《财政程序法》(*Livre des Procédures Fiscales*)之中。上述两部法典包含了所有法国所有的税收实体和程序立法。VAT 法在《税法通则》第一部第一部分之第二编第一章可以查到(该章共分 10 节,在大多数情况下,还再分支节)。[①] 在欧盟各成员国立法层面,就进口 VAT 而言,主要的任务是确立如何缴纳(detailed rules for payment)和递交 VAT 返还(submission of VAT returns)的具体程序和环节,尤其是要区分纳税人的不同情形,重点是区分是否是纳税人(taxable persons)以及授权纳税人(by persons liable for payment of import VAT)以及各自适用的商品范围。[②]

(一)欧盟进口 VAT 法律基本要点

第一,明确了应纳税主体。考虑到成员国各自的情况,对进口 VAT 征收的纳税人 112 号指令没有设定具体的苛刻的条款,而是将权力交还给各自成员国,欧共体法令特别规定,"各成员国就进口 VAT

---

① 除有注明外,本文其他英文资料皆来源于 International Bureau Of Fiscal Documentation(IBFD),(2015 Versions) Value Added Tax Concerning 28 Member StatesFrench VAT Code is incorporated in the Code Général des Impôts(General Tax Code) and in the Livre des Procédures Fiscales(Fiscal Procedures Code) which contains all French tax legislation. The VAT Code is to be found in Chapter I of Title II of Part I of Book I of the CGI. This chapter is divided into 10 sections which are, in most cases, subdivided into subsections。

② Council Directive 2006/112/EC Article 211 Member States shall lay down the detailed rules for payment in respect of the importation of goods. In particular, Member States may provide that, in the case of the importation of goods by taxable persons or certain categories thereof, or by persons liable for payment of VAT or certain categories thereof, the VAT due by reason of the importation need not be paid at the time of importation, on condition that it is entered as such in the VAT return to be submitted in accordance with Article 250. Council Directive 2006/112/EC Article 260 Member States shall lay down detailed rules for the submission of VAT returns in respect of the importation of goods.

纳税人可以完全自主地选定其范围。”[①]故而,对于进口 VAT 纳税人的范围。各国的态度也不尽相同,其中有宽有窄。

在对于 VAT 纳税人管理方面,欧盟有一整套规范。对纳税人的管理,就海关而言,凡是成为 VAT 纳税人的,都应该对其采取相应的措施,纳入有效地管理范围之中。突出的是对绝大多数纳税人实施注册管理的办法。例如,采用欧盟经济经营者注册和身份确认制度(Economic Operator Registration and Identification)成为纳税人的唯一识别码。

第二,明确了进口 VAT 征税范围和税基。211 号令指出,VAT 的“可课税项目”是指发生了 VAT 收费凭借该法律之必要条件得到满足的情形,而进口本身就是计费事件(Chargeable Event),[②]不需要以转移货物的所有权为前提,也没有任何必须有一个商业考虑之类的要求(这一点要比海关估价所涉及的“销售”强调风险转移等之基本含义要宽泛的多)。

欧盟立法规定,进口 VAT 征收要素的范围包括在共同政策下(under a common policy)发生的所有税、费(VAT 自身除外),即进口 VAT 的计税公式为关税完税价格加上可能的关税额以及相关税税款。这是由于欧盟强调的仅仅是关境同盟的建立。进口 VAT 的计征由于实施的地理范围,与关境的概念不同,往往还要包括运抵之欧盟第一口岸直到消费国这一部分的其他杂费(Incidental Expenses)。包括:码头租金,报关费,滞期费,装卸、处理和存储成本。其中,有关计征要素与进口关税的征收也有所不同。例如,对于折扣、返还(discounts,

---

① Council Directive 2006/112/EC Preface, Member States should be entirely free to designate the person liable for payment of the VAT on importation. Council Directive 2006/112/EC Article 201 On importation, VAT shall be payable by any person or persons designated or recognised as liable by the Member State of importation.

② Council Directive 2006/112/EC, Article 62 "chargeable event" shall mean the occurrence by virtue of which the legal conditions necessary for VAT to become chargeable are fulfilled; Article 70 The chargeable event shall occur and VAT shall become chargeable when the goods are imported.

rebates)等部分的确认,其范围要小于进口关税的计征,不包括有关提前支付所得扣减或价格折扣。① 在进口关税计征时要充分考虑折扣是否是受到上一次交易的影响,如果是的话,这一部分将不被扣除,需要计入到完税价格之中。而欧盟进口 VAT 在计征时则不予以计征。

一般情形下,进口 VAT 在边境征收,使用的海关确定的完税价格(Customs Value)。对凡提供的服务项目享受零税率的,因为它们与提供的进口货物相关,所以这些服务的成本应包括在进口 VAT 的完税价格之中。②

对于进口 VAT 税基的确定,尽管欧盟各个成员国大致相同,但不免依旧存有细微的差别。例如英国对于计算进口 VAT 计税价格,特别是用于计算“杂费”还有着自己独特的以下三种方法:第一种方法要求以实际成本进行申报;而方法二和方法三则以估算方法为主(方法二有空运、铁路、海运以及整箱、拼箱之区分)。使用三种方法都无前后顺序的限制,进口商或代理商可以依据最适合自己的特殊情况来选择使用任何一种方法。如果事后发现杂项费用是不正确的(例如,如果有额外的存储费用),上述费用可以在进口后予以调整。其他货物,其中包括运往其他成员国的,应基于第一种方法和第三种方法估价。进口商/代理商使用第种方法设定的税率,则不需要进行进口后调整。此外,假如发现基于实际成本的进口 VAT 税额超过方法二确定的税率,海关将不加征进口 VAT 的所欠款项,除非有关的进口商未办理 VAT 注册手续,或虽然注册但已经交纳的进口 VAT 作为可以抵扣的进项税受到数量限制。如果出现方法一和方法二被视为不适当或不

① Council Directive 2006/112/EC Article 87 The taxable amount shall not include the following factors:(a) price reductions by way of discount for early payment;(b) price discounts and rebates granted to the customer and obtained by him at the time of importation.

② The term "incidental expenses" also covers such items as Customs clearance charges, quay rent, entry fees, demurrage, handling, loading and storage costs. Generally, where supplies of services qualify for zero-rating because they are supplied in connection with an importation of goods, the cost of those services should be included in the value for import VAT.

实际使用的情况,进口人可在交易发生地或与进口国当地的海关,通过谈判就个案达成协议。但一旦使用了方法三,进口后差价调整数就不再进行。另外,适用从量税但价格超过6000英镑的,以及进项税不予以抵扣的,或使用方法一之外的,或均需要填写进口VAT完税申报单(valuation declaration for import VAT)。[①]

不仅如此,英国对于特许权使用费,不论其是否符合海关税应该计征的两个条件,一律不包括在进口VAT的完税价格之中。[②]

特别值得一提的是,对于进口计算机软件,英国有"普通"软件("normalized" software)与"特殊"软件("specific" software)之分。前者指的是大规模生产,且无须特别培训,即可提供给所有客户使用(在独立安装后即可普遍使用其功能)。个人电脑软件、家庭电脑软件和游戏包属于此列。还包括在供应商的指点下操作的标准软件包。后者是指按照客户的特殊要求,有别于标准程序的独特程序或适应标准程序的改编版本;公司之间互相交换所用的信息数据。对于前者,根据英国1994年《增值税法令》,属于按照海关完税价格应征进口VAT之列;而对于后者,无须征收进口VAT,原因是该种软件和介质的价值总额被视为服务之供应,通常是在有关的会员国内(服务提供国或接受国)征收(国内税的形式)。

第三,确定了VAT税率方面的差异。VAT作为一个中性化税种,从理论上说要求采用单一税率。虽然欧洲拥有统一的VAT征收规则,但是VAT税率却在各国均不一样。事实上,早在1998年11月,欧洲委员会就决定,为了反映了各国政府利用需求弹性的不同可以实施不同的税率,但从1999年1月1日起须将VAT正常税率调整

---

① UK Notice 252 Valuation of Imported goods for Customs purposes, VAT and Trade Statistics.

② Certain costs, for example, royalties and licence fees should not be included in the value for import VAT as they are taxable under the reverse charge/international service arrangements[see Notice 741: Place of supply of services(before 1 January 2010) and Notice 741A Place of supply of services for details].

为15% ~25%。

由于各国国情不同,所要实现的目标不同,故税率的档次和定位各不相同,大多数国家的VAT税率采用三档以下税率,即标准税率(Standard rate),适用于其他一般产品和服务的基本税率;降低税率(Reduced rates),适用于具有社会、文化性质的产品和服务(如食品、药品、水电气的供应和交通等);超低税率(Super Reduced Rate)。目前仅有丹麦一国实行单一税率。

标准VAT税率也有差异,欧盟法律明确规定,自2006年1月1日至2010年12月31日,标准税率不得低于15%,统一避免了通过降低税率来进行税收竞争。现今欧盟28国中,VAT标准税率最高为27%,最低的是17%。其中,匈牙利是27%;丹麦、瑞典、克罗地亚是25%;芬兰是24%;爱尔兰、希腊、葡萄牙、波兰是23%;意大利、斯洛文尼亚是22%;比利时、荷兰、捷克、西班牙、拉脱维亚、立陶宛是21%;法国、英国、奥地利、保加利亚、爱沙尼亚、斯洛伐克是20%;德国、塞浦路斯是19%;希腊、马耳他是18%;卢森堡是17%。①

有关成员国制定超低的VAT税率(Super Reduced Rate)适用于较窄的范围,仅仅针对某些特定商品。② 例如,法国规定,进口工艺品、收藏品和古董可享受5.5%的VAT税率。③ 英国、马耳他、塞浦路斯则对

---

① VAT Rates Applied in the Member States of the European Union (Taxud. c. 1 (2015) – EN)截至2015年1月10日。

② Article 103 1. Member States may provide that the reduced rate, or one of the reduced rates, which they apply in accordance with Articles 98 and 99 is also to apply to the importation of works of art, collectors' items and antiques, as defined in points (2), (3) and (4) of Article 311 (1). 2. If Member States avail themselves of the option under paragraph 1, they may also apply the reduced rate to the following transactions: (b) the supply of works of art, on an occasional basis, by a taxable person other than a taxable dealer, where the works of art have been imported by the taxable person himself, or where they have been supplied to him by their creator or his successors in title, or where they have entitled him to full deduction of VAT.

③ The reduced rate of 5.5% applies to [article 278 – 0 bis (I) of the CGI]: imports of works of art, collectibles and antiques.

于具有进口考古学意义的商品给予5%超低税率。原则上,缴纳进口VAT被视为进项VAT与在国内购买时的一样,从欧盟外进口商品所加收VAT税率适用与本国应税的货物一律对待,不论其是供货人或进口人,对人的性质和地位没有差别。

个别国家还有更加极致的税率安排,例如英国于2015年6月发布了新的增值税差价制度(VAT Margin Scheme)指引,允许符合条件的纳税人,按照商品购进价与实际售出价之间的差价,适用16.67%的特殊税率计算增值税,而不直接对商品售价全额征税。销售二手物品、艺术品、古董、收藏品的纳税人可以选择享用该差价制度带来的好处。

第四,明确了进口商品减免税的范围。实行VAT的国家目前几乎都无一例外地规定有免税项目,主要是基于以下三方面的原因:(1)鼓励扶持农业、教育、医疗等特殊行业;(2)校正VAT的累退性以促进社会公平;(3)简化税收征管。

在成员国给予某些特定货物之供应(certain supplies of goods)免征VAT的条件下,进口同样的货物也将依法赋予进口VAT的减免。(具体详见112号指令的附表十)。同时还存在有些成员国基于历史的原因,依据加入欧盟条约,保留之前所使用的特别免税范围。①

相对而言,欧盟对进口法定实施减免税的范围较窄。根据112号指令第143条的规定,除了涉及外交、军事以及国际组织活动方面需要进口的之外,主要是针对以下4类情况:(1)复进口(出口货物原物返回的)而且免征进口关税的;(2)运回港口在市场销售之前,未经过加工或仅经过简单处理的远洋自捕鱼类;(3)进口电力,以及通过任何管道运输形式进口的天然气,以及通过供暖制冷网络进口的冷热能源;(4)中央银行进口的黄金。此外,该《实施细则》还规定,进口环节

① 译自"What a Customs Lawyer Should Know about EU Value Added Tax(VAT) Law", *Global Trade and Customs Journal*, Volume 7, Issue 10, Michael Lux, Ulrich Schrobges & Kristina Vitkauskaite。(作者注)

的法定减免还扩大到过境移居不动产所产生的运费服务费用。① 此外,由于欧盟VAT行政救济行动,还允许对发货量较低值的部分货物实施特别减免(Low Value Consignment Relief)。

然而,欧盟成员国在框架文件的约束下各自制定了适应本地社会发展需要的免税规范,但在内容和要求上大致相同,例如,英国VAT法令规定,进口下列物品(进口的古董除外),在免除关税的前提下,可以享受进口VAT的免税待遇:慈善机构所进口的物品;科学仪器;捐赠的医疗设备;杂项文件和相关的资料;资本货物;博物馆和画廊进口的物品;装饰品和奖品;用于科学实验的动物;用于科学实验的生物和化学物质;无商业价值的货样;进口继承物品;血液,组织和其他治疗物质;专供残疾人使用的进口货物;音响和视觉读物以及进口测试用品。

第五,规定了进口VAT计征的一般程序适用于海关法令的有关规定。在进口VAT征收程序方面,欧盟早在颁布6号令时,就确定了进口应缴关税和不必交纳关税两种情形皆必须依照海关的有关规定确定时间加以实施。② 但112号指令予以更改,更加明确规定不论是一般贸易进口,或是暂准进口,抑或是加工贸易保税货物转入内销,有

---

① Council Implementing Regulation (EU) No. 282/2011 of 15 March 2011 laying down implementing measures for Directive 2006/112/EC on the common system of value added tax, Article 46 The exemption provided for in Article 144 of Directive 2006/112/EC shall apply to transport services connected with the importation of movable property carried out as part of a change of residence.

② Sixth Council Directive of 17 May 1977(77/388/EEC), Title Ⅶ Chargeable Event And Chargeability Of Tax, Article 10 3. As regards imported goods, the chargeable event shall occur and the tax shall become chargeable at the time when goods enter the territory of the country as defined in Article 3. Where imported goods are subject to customs duties, to agricultural levies or to charges having equivalent effect established under a common policy, Member States may link the chargeable event and the date when the tax becomes chargeablewith those laid down for these Community duties. In cases where imported goods are not subject to any of these Community duties, Member States may apply the provisions in force governing customs duties as regards the chargeable event and the date when the tax becomes chargeable.

关成员国可采取各种行政措施确保相关的通关程序和计征 VAT 的要求与海关法律规定的保持一致。[①] 有些进口货物不必计征进口关税，但非同样适用于进口 VAT。只是此时有关计征程序可引用海关法律的有关规定而已。[②]

但在立法形式上，进口 VAT 也有不经过单独立法的，而直接体现在海关法律、法规之中的，例如，奥地利《海关法》有专门的章节来加以

① Council Directive 2006/112/EC Article 274, Articles 275, 276 and 277 shall apply to the importation of goods in free circulation which enter the Community from a third territory forming part of the customs territory of the Community. Article 275 The formalities relating to the importation of the goods referred to in Article 274 shall be the same as those laid down by the Community customs provisions in force for the importation of goods into the customs territory of the Community. Article 276 Where dispatch or transport of the goods referred to in Article 274 ends at a place situated outside the Member State of their entry into the Community, they shall circulate in the Community under the internal Community transit procedurelaid down by the Community customs provisions in force, in so far as they have been the subject of a declaration placing them under that procedure on their entry into the Community. Article 277 Where, on their entry into the Community, the goods referred to in Article 274 are in one of the situations which would entitle them, if they were imported within the meaning of the first paragraph of Article 30, to be covered by one of the arrangements or situations referred to in Article 156, or by a temporary importation arrangement with full exemption from import duties, Member States shall take the measures necessary to ensure that the goods may remain in the Community under the same conditions as those laid down for the application of those arrangements or situations.

② Council Directive 2006/112/EC Article 71. 2, Where imported goods are not subject to any of the duties referred to in the second subparagraph of paragraph 1 (i. e. However, where imported goods are subject to customs duties, to agricultural levies or to charges having equivalent effect established under a common policy, the chargeable event shall occur and VAT shall become chargeable when the chargeable event in respect of those duties occurs and those duties become chargeable.), Member States shall, as regards the chargeable event and the moment when VAT becomes chargeable, apply the provisions in force governing customs duties. Article 275 The formalities relating to the importation of the goods in free circulation which enter the Community from a third territory forming part of the customs territory of the Community are the same as those laid down by the Community customs provisions in force for the importation of goods into the customs territory of the Community.

布置。[①] 法国海关也是如此。[②]根据德国《增值税法案》第21条第(2)款的规定,进口VAT的征收征管的实体和程序依照海关的有关规定。[③] 葡萄牙规定,有关进口时间之确定适用于关税法条(《增值税法典》第7条)的有关规定。[④]依据1984年修订的《增值税法典》(Código do Imposto sobre o Valor Acrescentado)第18条,进口货物VAT的征收与海关关税相同的方式征收,但适用于葡萄牙境内类似商品供应的税率。

(二)有关成员国的执行特色

虽然如此,各成员国仍然在VAT立法及执法中存有较大的差别,对进口VAT的征收保持了以下显著的执行特色:

1. 有关执行主体上有差异。尽管欧盟各成员国海关与税务局有大致的分工。进口VAT由海关负责。其余的部分全部交由国内税务部门负责。但也有个别国家有交叉的情形,实属例外。例如立陶宛,税务部门除了代表国家处理欧盟之间国与国之间的VAT返还事宜之外,如果进口环节是由经注册的进口商纳税人支付的,那么海关将不必经过手续,而全部移交国内税务部门处理。[⑤] 法国海关的范围更加宽泛,不仅包括进口VAT还包括国内的石油产品的VAT

① The procedure of levying import VAT is not regulated by the VAT Act, but by the Customs Code (section 105 of the Guidelines on the Value Added Tax 2000 Umsatzsteuerrichtlinien 2000).

② VAT is to be remitted to the customs authorities by the importer [article 285 (1) of the French Customs Code].

③ According to article 21 (2) of the VAT Act, the levy of import VAT is subject to the rules of the Community Customs Code.

④ The timing of importation is determined by reference to the relevant provisions applicable to customs duties [article 7 (1) (c) of the VAT Code].

⑤ VAT on importation of goods is administrated partly by the STI (forVAT - registered persons) and partly by the customs authorities (in other cases): the Customs Department under the Ministry of Finance and its local offices. Customs authorities also handle Intrastat returns.

税收。[①]从2015年1月1日起,瑞典税务局(Skatteverket,SKV)将负责对在该国注册VAT的经济实体进口商品征收进口VAT,而之前在VAT返还定期报告中完成。[②] 不少成员国,例如荷兰,除了使用延期账户(postponed accounting)移交税务部门之外,进口VAT均由地方海关负责征收。

2. 有更加灵活的征管方式之尝试。某些国家为了吸引外部投资,还根据VAT税制的内在特点(VAT的实质是对国内最终消费的货物和服务征收的一种税,VAT的税负会随着商品和劳务的流转层层向下传递),制定了较为极致的征管措施。例如,法国在2014年第二次财务法案修正提案(Loi de finances rectificative pour 2014,LFR)中提出一项简化进口VAT征收的措施,以增加法国物流平台对进口商的吸引力。据此,自2015年1月1日起,进口商可使用单一报关程序(procédure de dédouanement unique,PDU),能够在通过流转税纳税申报单(through their turnover tax return)抵缴进口VAT。这种逆向收税机制(reverse charge mechanism)对进口货物征收VAT是一种可授权使用单报关企业可选的方案,但适用的企业必须先前已经海关稽查证实无虞。[③]

---

① The General Directorate of Customs and Indirect Taxes (Direction Générale des Douanes et Droits Indirects) DGDDI has two important tasks with respect to VAT. It must collect and verify the remittance of VAT and indirect taxes on oil products and excise goods and it must collect VAT on goods imported from third countries.

② However, from 1 January 2015, the Skatteverket (SKV) is responsible for VAT on importation, which is now to be reported in the regular VAT return for entities registered for VAT in Sweden. VAT on importation must be paid to customs officials by the person liable for the payment of customs duties and, if registered for VAT in Sweden, to the Swedish Tax Agency.

③ The Second Amending Finance Bill for 2014 (Loi de finances rectificative pour 2014, LFR) introduced a measure to simplify the payment of VAT due on importations to increase the attractiveness of French logistics platforms for importers. As a consequence, from 1 January 2015 operators applying the single customs clearance procedure (procédure de dédouanement unique, PDU) are able to pay VAT on importations made as from 1 January 2015 through their turnover tax return. This reverse charge mechanism for the importation of goods is an optional scheme available to companies subject to VAT authorized to use the single customs clearance procedure and which have previously been audited by customs (articles 287 b quarter and 1695 of the CGI).

就VAT的有关计征方法或模式,纳税人有更加自由的选择。由于欧盟在实现经济整合中所实行的法律程序不同,对于成员国税收制度的影响效果也就非常不同。在VAT领域,虽然强调协调成员国的征税规则,但早在第6号令发布时就允许成员国选择最适合实现这个征税模式的规则。① 欧盟某些国家规定VAT可以与关税脱节。在某种情形下,进口VAT不必在进口时逐步票缴纳。在货物进口之后,进口VAT这部分可由商人主动选择,或在进口之后由税务部门来进行征收。VAT征收的办法也可能是按时间为节点进行计算,不必拘泥于某一票进口货物逐步票进行征收,但各国侧重点有所不同。

成员国的主要差别是在各自的具体税收征收管理模式上选择有所不同。除了在通关环节立即支付外,大多数成员国会混合使用以下两种方式:(1)延期支付方式(deferment of import VAT payment.);(2)延期账户式缴纳方式(postponed accounting)。当某些条件满足时,大部分成员国选择了后者。这样有利于促进纳税便利,方便纳税人,从而提高纳税的遵从度。

一是延期支付方式(deferment of import VAT payment)。成员国

---

① Sixth Council Directive 77/388/EEC of 17 May 1977 on the harmonization of the laws of the Member States relating to turnover taxes-Common system of value added tax: uniform basis of assessment, Article 23, Obligations in respect of importsAs regards imported goods, Member States shall lay down the detailed rules for the making of the declarations and payments. In particular, Member States may provide that the value added tax payable on importation of goods by taxable persons or persons liable to tax or certain categories of these two need not be paid at the time of importation, on condition that the tax is mentioned as such in a return to be submitted under Article 22(4). Linkage: Article 22(4). Every taxable person shall submit a return within an interval to be determined by each Member State. This interval may not exceed two months following the end of each tax period. The tax period may be fixed by Member States as a month, two months, or a quarter. However, Member States may fix different periods provided that these do not exceed a year. The return must set out all the information needed to calculate the tax that has become chargeable and the deductions to be made, including, where appropriate, and in so far as it seems necessary for the establishment of the tax basis, the total amount of the transactions relative to such tax and deductions, and the total amount of the exempted supplies.

会将 VAT 延期支付推迟到一定的时期。通常这个时期会与海关关税延期支付的时间节点相吻合。各成员国有权制定对于纳税人偏紧或偏松的政策规定。一旦申报人使用简易申报程序,申请人大多数会偏向使用延期付款制度,这是因为关税是进口 VAT 的组成部分,欲提供准确的 VAT 金额,如果缺少海关关税数额,这将会非常的困难和不便。

德国 VAT 法令规定,虽然原则上,进口 VAT 应在进口时予以缴纳,而在某些情况下,可使一些进口商[主要是海关代理人(customs agents)],通过使用一项延期付款计划(deferred payment scheme),以减轻进口 VAT 的预付费负担。除非进口业务享有全额进项税扣除[VAT 法案第 21 条第(3)款],否则,进口人必须提供足够的银行担保。按延期付款方式应付的 VAT 可能在增值税返还中(in the VAT return),在进口 VAT 应交纳当期(向海关申报之际),已按进项税给予扣除。但在德国,不可能同时发生通过 VAT 申报交纳进口 VAT 与当期扣减进口 VAT 的情形。

二是延期账户式缴纳方式(postponed accounting)。欧盟法律授权各成员国将进口 VAT 的支付延推到常规的 VAT 返还程序中(to the regular VAT return)。这种简便的方法意味着 VAT 并非在通关环节交由海关负责征收,而是在每月的 VAT 返还中申请予以补偿[in the regular(usually monthly) VAT return]。如此这般,进口 VAT 会被加载到所有应赋 VAT 之中。如果进口 VAT 是可抵扣的(大多数情况下如此),那么,进口应税人就不必直接向税务机关进行缴纳,因为这笔应付的进口 VAT 税款会和进口成员国购货人应交纳的相同 VAT 税款对冲。而在延期付款的情况下,进口 VAT 是必须支付的(只是支付的时间有所不同而已),其也只能通过常规增值税返还(in the regular VAT return)中予以扣除。

法国实施该项制度时,进口商必须通过一定的手续将进口关税税单交回海关[1],重点是对有关商品予以限制:(1)包括有色金属废料和

---

① "Avis d'importation en franchise AI2", https://www. formulaires. modernisation. gouv. fr/gf/cerfa_10987. do,2016 - 08 - 29.

废料;(2)石油产品,包括天然气以及用于大陆架或其资源开发探索的机械设备。

比利时法律规定,进口商在获得授权的情形下,可以要求享受该制度,进口 VAT 的支付可能会推迟,在其进口发生期间,以进口商的 VAT 返还进行抵扣。因此,如果进口商是一个完全应纳税的企业,其当下进口 VAT 不必立即支付,因为,他可以同时支付进口 VAT 并在同一个 VAT 返还中予以扣减。比利时的任何法律实体和在比利时常设的机构可以申请如此的授权从非欧盟国家进口货物。企业非在比利时成立的,如果能定期申报 VAT 文件,无论他们任命财政代表或直接进行了 VAT 注册,可使用 VAT 延期许可证(VAT deferral license)。某一个外国企业也可以任命一个所谓的"全球财政代表",进口货物到比利时,随后由其在欧盟内部进行供应。在这种情况下,它也可以申请该授权。

奥地利也有类似的规定,虽然进口 VAT 应由海关征收,然而,如果一个在奥地利注册的企业家为其经营的 VAT,可以选择申请延期账户(Postponed accounting),从而将征收进口税的责任转移至主管税务局。此时,进口 VAT 由税务部门征收,而非海关。在这种情况下,海关当局仅仅评估进口 VAT,但应纳税人在 VAT 预缴期限之内,将进口 VAT 与供应(supplies)导致的其他 VAT 一并予以支付。①对实施延期账户的要求是:(1)进口 VAT 是根据海关申报而产生的;(2)应纳税人在奥地利注册 VAT;(3)应纳税人为自己的经营目的而进口货物;(4)应纳税人在海关申报表中声明选择该制度。

---

① 10.2. Remittance of VAT on importation 10.2.1. General Import VAT is levied by the customs authorities. However, if an entrepreneur registered in Austria for VAT purposes imports goods for his business, he may opt to apply postponed accounting[section 26(3) of the VAT Act]. Apart from the payment of import VAT to the customs authorities, an entrepreneur may opt to apply postponed accounting, thereby transferring the responsibility for collecting import VAT to his competent tax office. In that case, the customs authorities assess import VAT, but the entrepreneur pays import VAT liability due within the VAT prepayment period together with his VAT liability resulting from supplies[section 26(3)(2) of the VAT Act].

3. 欧盟成员国进口VAT的有关抵扣要求严格。虽然进口VAT的发生并非以处置货物的权利或商业交易的存在为前提,但根据成员国目前的做法,进口VAT只能由应纳税人(taxable persons),即货主就在其应纳税的活动事项(in their taxable activities)申请抵扣。因此,在多数成员国财务代表不得在其自身报税总额中(in their own VAT returns)扣除进口VAT。此外,为行使VAT抵扣权,应纳税的人必须持有证明自己是指定收货人或的法律文件,并计算出VAT金额或能根据一般退税程序要求他人计算出纳税金额。因此应纳税的人必须仔细遵守该规定,特别是在办理进境修理手续或由承包商代表一个设立在欧盟之外的客户办理加工贸易手续之时。

在申请人资格审查方面,奥地利有严格的限制,该国法律规定必须符合下列规定:(1)声称进口VAT税的人必须是一个应纳税人;(2)在货物进口时,该人有权将货物作为其所有者的权利(而不是向海关申报货物的人);(3)货物的进口必须为该企业自身商业目的所需要。① 但如果为VAT的目的,供应已在海外发生,接受该货的应纳税人可扣除进口税。如果货物由居住在奥地利的供应商实际进口和事后供应,即使是以该货的应纳税人名义向海关申报进口的,供应商依然有权要求对进口VAT给予减免。

比利时对抵扣也有特别要求。进项VAT的扣除必须以符合比利时有关VAT规定的发票为例。在扣减进口VAT时,原则上必须提供单一行政单证(Single Administrative Document)的正本复印件(电子文件或纸质文件)。

---

① Austrian VAT law does not use the term "taxable person"; instead, the VAT Act refers to the terms "entrepreneur" and "enterprise", e. g. the economic activity of an entrepreneur relevant for VAT purposes (section 2 of the VAT Act). For an import VAT deduction, the following requirements have to be met: -the person claiming import VAT must be an entrepreneur; -the person had the right to dispose of the goods as their owner when the goods were physically imported (and not the person who declares the goods for customs); and-the goods had to be imported for the purpose of his enterprise.

二、中欧进口增值税征收的差距

(一)法律层级,我国的较为低下

欧盟VAT立法主要表现为欧盟VAT指令和欧盟成员国依据该指令制定的国内VAT法典或法令。同时,在充分尊重各国税收主权的基础上,尽可能减少国与国之间VAT有关法规的差异。如此,形成了所谓欧盟模式的VAT。综合考虑了公平与效率的问题,使得征税范围几乎包括所有商品与劳务,标准税率在一个区间内浮动。欧盟立法整体上做到了层级严密,结构合理,持续改进。

反观我国VAT立法,不仅层级低下,而且较为凌乱。除了国务院颁布的《增值税暂行条例》和《增值税暂行条例实施细则》之外,还有大量部委颁布的各种规章及规范性文件,皆属行政立法。而且该《条例》和《实施细则》主要针对国内VAT制定,只解释了国内VAT部分,其中,关于进口VAT的规定只有寥寥几条实体规定,且散落各处。

(二)在征管主体上,我国概念混淆

由于国情所致,中国并没有像世上其他有关国家那样,完成了海关与税务机构的合并和统一。事实上,VAT在国家授权立法的支配下,由财政部会同国家税务总局单独完成,故缺少对进口VAT予以全面的考量。不仅如此,在有关法规中也是这样表述的,例如,《中华人民共和国增值税暂行条例》第20条规定"增值税由税务机关征收,进口货物的增值税由海关代征。"然而,海关自己也认可这种提法,《关税条例》第65条规定"进口环节海关代征税的征收管理,适用关税征收管理的规定。"

(三)增值税管辖区域,我国规定缺失

VAT适用的领域是欧盟条约所界定的范围内,VAT征管的有效范围并不局限于进口国关境或国境之概念,①而是依据各有关国家的

---

① The term"EU"is used in this notice to refer to the VAT(fiscal)territory of the EU, which is different from the Customs territory of the EU.

实际情况做了相应的调整和规定。基于历史上海外殖民领地等因素的现实,欧盟 VAT 法律规定,并非所有欧盟成员国的领地或属地必须征收 VAT,部分成员国有免税地区存在,例如,法国的马约特岛(Mayotte),德国的海利(Heligoland),西班牙的加那利群岛(Canary Islands)、休达(Ceuta)、梅利利亚(Melilla),意大利的(Campione d'Italia),芬兰的奥兰群岛(Åland Islands),希腊的阿陀斯山(Mount Athos)等。比较中国的增值税法,我们缺少这方面的有关规定。而现实社会经济发展的客观环境在实际情况需要我们对此有所思考和规范。

(四)增值税适用范围,我国偏窄且不够明晰

112 号指令给 VAT 规定了一个非常广泛的应用范围,包括所有的生产、销售环节以及服务提供。与我国目前"一切从事销售(特定环节)或进口货物、提供应税劳务(特定服务)的单位是增值税纳税人"的规定相比,欧盟 VAT 指令所确定征税范围的广泛性显而易见,包含(自由)职业经济活动的广泛性以及经济活动目的、结果、理由和合法与否等非相关性。VAT 的纳税人是需要缴纳 VAT 的主体,对纳税人范围的界定决定了 VAT 征收范围的宽窄。

而我国征税范围过窄。现行《增值税暂行条例》第 1 条规定"在中华人民共和国境内销售货物或者提供加工、修理修配劳务以及进口货物的单位和个人,为增值税的纳税人,应当依照本条例缴纳增值税。"也就是说,我国现行 VAT 的征税范围主要集中在销售货物、进口货物、加工修理修配劳务三大领域。按照税法基本原理,在这个征税范围中,"货物"和"劳务"有着其固有的内涵:这里所讲的货物仅仅包括动产和有形资产,对于不动产和无形资产则排除在外;劳务仅仅是指加工修理修配劳务,对于现实生活中的其他劳务都排除在外,这样就导致了现行 VAT 的征税范围过窄。"营改增"之后,尽管增值税课征范围先后扩增至现代服务业、铁路运输和邮政业、基础电信服务业,情况虽有所转变,但占比最重、触及利益最深的银行金融业、生活服务业和房地产行业等改革止步不前,未能根本改观。

(五)减免税政策,我国重点不尽相同

欧盟认为,由于VAT是进项税和销项税互相抵扣之后所产生的税收,而且税收财政作用明显,所以它的免税范围一般比较狭窄。虽然出于对社会利益和最终消费者利益的考虑,欧盟实行了VAT免税政策。但总体上,欧盟限制免税范围,尽可能保持VAT征收链条的完整性,这是欧盟设计VAT税制的重要原则。在第6号令中曾规定处于对市场竞争安全的考虑,VAT不必与进口关税同时减免。①

欧盟进口VAT免税的范围法定而且固化,具体体现在欧盟112号指令中。反之,我国的则过于泛滥,导致减免过杂造成VAT链条断裂。虽然本国《条例》规定,VAT减免税范围很窄,仅包括农业生产者销售的自产农产品等7个方面,但是因应经济形势的发展变化和国家产业政策的需要,国家有关部委还根据授权对一些特殊行业或项目采取了一系列临时性减免税措施。不仅如此,在运行过程中还采取了一系列"即征即退""先征后退"等优惠措施。从进口VAT优惠政策中不难看出,进口VAT制度一直是围绕着我国宏观来经济战略的调整进行调整,功能定位出现了偏差,背离了中性原则。

三、欧盟经验对于完善中国VAT立法的启示

国际税务专家普遍认为,VAT制度设计的基本考虑面:一是尽可能扩大征收范围;二是尽可能简化税率;三是尽可能缩小减免税及零税率使用范围;四是尽可能选择消费型VAT。遵循VAT税收中性、效

---

① Sixth Council Directive of 17 May 1977(77/388/EEC), Article 14 Exemptions on importation1. Without prejudice to other Community provisions, Member States shall exempt the following under conditions which they shall lay down for the purpose of ensuring the correct and straightforward application of such exemption and of preventing any possible evasion, avoidance or abuse :(d) final importation of goods qualifying for exemption from customs duties other than as provided for in the Common Customs Tariff or which would qualify therefor if they were imported from a third country. However, Member States shall have the option of not granting exemption where this would be liable to have a serious effect on conditions of competition on the home market.

率和普遍征收三项基本原则,出于立法的有机、完整和统一性的考虑,强调立法的协调性、普适性并突出海关在进口环节征收的主动性,特提出相关立法建议如下:

(一)立法框架及理念方面

1.对我国增值税立法范式的主张

长期以来,我国VAT处于授权立法的状况,不仅立法层次较低(以国务院《增值税暂行条例》形式出现),而且在征管程序方面将进口部分予以排除,没有形成统一完整的征管链条。历史上,早在1993年12月国家税务总局与海关总署联合印发《关于进口货物征收增值税、消费税有关问题的通知》国税发〔1993〕155号,也仅仅做了较为原则的规定。之后,海关自行制定的《进出口货物征税管理办法》则是将关税与VAT同步课征,毫无差别地并列安排,没有在征管细节等方面予以差别化管理。迄今为止,在《中华人民共和国税收征收管理法》第90条以国务院法制办公布的《税收征收管理法修订草案(征求意见稿)》中也还一直坚持规定,“关税及海关代征税收的征收管理,依照法律、行政法规的有关规定执行。”

为此,应在充分借鉴VAT立法国际经验的基础上,根据我国VAT改革的方向,确立符合VAT基本原理、能够体现VAT制度优势、较为规范的现代化VAT制度,并以此引领未来VAT制度改革的方向,即通过制定《增值税法》明确VAT的征收范围涵盖货物和劳务,实行统一的VAT制度。

至于进口VAT,建议在法律层面,按“道道征税、税不重征”的税负特点,进口VAT在实体上应当和国内VAT一道布局,重点对征管要素进行规定,由《增值税法》单设一章进行规制;而在征管环节方面,由于涉及较多的是进口货物程序控制方面的问题,参照欧盟的经验,应将其视为进口货物为课征对象的关税的随同税,由未来的《关税法》以及实施细则进行规制。

2.废除增值税为海关代征税的概念

虽然,VAT为一特定税种,但是实际征收由海关负责进口环节及国内税务部门负责其他环节显然成为世界各国的惯例。由于进口VAT和国内VAT的差异还体现在征管的主体,征收的环节,征管方式和完税价格确认的标准不相同,进口环节VAT的这种天然的秉性决定了若想提高其征管效率,必须把征管管辖权全部置于海关之手,世界各国几乎毫无例外。关税、VAT和消费税,都是流转税,而非行为税、资本收入或财产税,因而它们之间并没有本质的征管上的区别。对所有进口货物海关行使税收征管权,被世界海关证明为最经济、最有效、最可靠的手段。这是因为海关不仅有强大的物流监控的手段和平台,还有广泛有效的企业管理作为后台支撑。

如果只是简单借用国内税的征收方法,其效率、效能将会更加低下。故查阅欧盟成员国立法的有关规定,皆没有发现海关有代征VAT之说。目前中国VAT的特殊表述是值得推敲的。从立法技术角度讲,以税种来划分征收主体或税收管辖范围的做法已显得十分落伍和老套(以法国海关为例,其征管范围包括以石油为主的境内间接税)。

法理上,海关与国内税务机关之间并不存在委托和被委托的关系,两者在实施税收征管上都是平等的征收主体,海关行使税收征管权完全是在国家明文授权的情况下实施的。海关对进口VAT之征收负有全部的责任,税务机关并不承担任何连带责任。按照"权责一致"原则,现行制度下的委托与被委托关系令人质疑。现存代征概念容易混淆海关和税务部门的责任界限,不利于海关在国家法律的授权下独立对VAT行使征管权。因此,海关应当旗帜鲜明地摒弃代征一说。这样可以督促全体海关征税人员牢记,征税的总体目标。这个目标就是海关税收包括关税、VAT和消费税,而非仅仅简单意义上的关税而已。明确任务目标之后,各级海关皆应守土有责,各尽其责,在制度设计,征收管理和审计后续检查各个环节各尽其职。

3. 顶层设计程序与实体相匹配的增值税制度

目前进口关税和进口VAT存在的边际位移和交错的主要原因是因为随着"营改增"的不断深入,VAT的计征范围正在扩大,服务和货物的抵扣链条形成更加复杂交织的局面。根据现行法律规定,计征进口

VAT,海关在征管程序上适用《海关法》和《关税条例》的规定,而在实体方面(税率适用、计税依据、减免税等)则应适用《增值税暂行条例》的有关规定。虽然两个税种都属于流转税,但关税设计是单环节的,主要是起到贸易保护作用;而 VAT 则是多环节呈现链条状的,进口 VAT 主要是维系国民待遇和社会公正。《税收征管法》只明确国内税的征管程序,第 90 条第 2 款还规定"关税及海关代征税收的征收管理,依照法律、行政法规的有关规定执行。"把进口 VAT 的征管程序排除在外。所以,进口 VAT 的法律依据很不充分,非但达不到法定要求,而且处于各类法制的边缘地带。因此,如此安排必然会给实施 VAT 制度带来不良的后果。

如果说构建流畅的抵扣机制是完善进口 VAT 制度的前提,那么进口 VAT 的征收管理成本的降低和效能的提高均取决于此,因为抵扣的时间如果不及时同样会对 VAT 的核心价值,即易对"税收中性原则"产生较大影响。当前海关区域通关一体化方兴未艾,税收征管方式或模式正在大规模改革之中。其中在立法时应特别强调注意改变计征模式时海关与税务部门务必保持同步设计和加大衔接工作的必要。唯有如此,方可为今后双方构建纳税人"自行核算、自行申报、自行缴纳"的征管模式打好基础。

此外,还应完善特定进口商品当期即退制度。VAT 中性原则的意涵包括了退税的及时性。为扩大进口,促进贸易便利化,有必要对某些特定企业实施此项规定。我国目前 VAT 制度的现行规定当期进项税额大于销项税额的结转到下一个纳税期。这一点与先进国家的做法不同,例如英国 VAT 制度规定,纳税人当期进项税额大于销项税额时,可以申请退还税款。同样,德国《增值税法案》第 16 条(2)规定,进口增值税可以延期至下个月的第十六天。依据该法案第 15 条第(1)款、第 16 条(2)款,进项 VAT 在进口 VAT 发生的当期内可被扣除。①当下,在海关

---

① Article 16(2) of the VAT Act states that the payment of import VAT can be postponed until the 16th day of the following month. Input VAT can be deducted for the period in which the import VAT is due[articles 15(1) No. 2 and 16(2) of the VAT Act].

持续实施征管模式改进的同时,需要特别关注VAT前、后道的扣减衔接问题。

(二)立法内容方面

1. 与关税课税对象范围相结合,确定进口增值税纳税人

欧盟112号指令第9条第1款的规定,VAT纳税人是指任何独立地、在任何地点实施任何经济活动的人,不管该经济活动是基于怎样的目的或结果。其中,经济活动是指生产者、商人或提供服务的人员的任何活动,包括矿业、农业活动以及(自由)职业活动。指令给VAT规定了一个非常广泛的应用范围,包括所有的生产、销售环节以及服务提供。欧盟VAT指令所确定征税范围的广泛性显而易见:包含(自由)职业经济活动的广泛性以及经济活动目的、结果、理由和合法与否等非相关性。

我国VAT纳税义务人为:从事货物生产、销售的单位和个人;提供加工、修理、修配劳务的单位和个人;从事进口货物的单位和个人。采用这种方式规定纳税义务人是增值税征税范围不广泛的必然结果,在实际征收中,必然出现大量增值税与非增值税业务交叉的情况。全面"营改增"后,VAT的征收范围极其广泛,纳税人的界定应将所有纳税人包括在内。因此,应当确立VAT的纳税人包括境内销售货物或提供劳务以及进口货物的单位和个人(包括代理人,不必局限于进口货物的收货人)。"进口"的概念应做扩充性解释,包括行李和邮递(快件)物品渠道,如此,为今后对通过跨境电商平台进行的交易预留征税空间。

参照国外惯例,一般的程序是对于纳税人要进行编号管理。通过建立纳税人档案,依法按照规定的期限,审核有关企业的申报并负责审查监督企业的退缴税情况。形成前道征收和后道退税的有机联合。针对海关征管实际,同样有必要对海关税收前5000户(或占海关税收80%的企业)实施类似的登记管理。第一步可以按照《国务院口岸部级工作联席会议成员单位数据共享和使用管理办法》,在原有信息共享工作基础上,研究拓展信息共享和使用的制度性安排,加大与国家

税务总局联网工作的力度,通过并网管理的方法,实施全国范围内的规范化管理。

2. 准确界定新《增值税法》实施空间,明确境内特殊区域的增值税豁免地位

VAT的课征涉及的是国境的概念(虽未明示,但应包括领海和大陆架),但我国立法技巧采取了规避的办法。针对事实上对于"港、澳、台"三地,政府无法行使VAT征管管辖权的现实,拟参考欧盟VAT立法安排(并非所有欧盟成员国的关境属地必须征收VAT,允许对部分成员国有豁免例外,例如列支敦士登、梵蒂冈、安道尔和圣马力诺)或法国立法明示的办法,通过划出VAT域外之地[Non VAT(fiscal) territory]予以免除VAT税赋,为今后开展"两岸三地"之间的海关和税务协调留有充分的法律余地。不仅能满足现实需要,还可体现立法的严肃性和完整性。此外,对于进入西藏等特殊区域自用的生活用品以及宗教用品,因其财政贡献不大,而民族区域政策很强,立法时亦可从地域的角度出发(而非商品的角度)予以确立其VAT豁免地位。此举可配合国家宗教政策、边境少数民族政策和对外政策,使税收政策发挥更大的综合政治与经济效益。

3. 科学确定本国进口环节法定增值额和起征点

在税法上规定的增值额称为法定增值额,即是实践中作为征收对象的那一部分。在税法上统一规定增值额的标准,有利于统一计算标准,保证税收公平。与理论增值额不同,各国VAT法中规定的增值额是不完全一样的,这是因为VAT作为一个比较先进的税种,它还被大部分国家用来贯彻国家的某些政策意图服务的。如欧盟理事会2006年第112号指令第87条规定,即使是买方在进口时获得的各类商业回扣(返利)(rebates)也均不应作为VAT完税价格因素加以计入。

英国立法规定进口货物在计征VAT时并不考虑将"特许权使用费"作为计税价格的一项要素予以计入。我国应加大对本国进口环节VAT法定增值额范畴的研究。作为对VAT税基的构成部分的利用,可根据国家立法原意进行相关调整,或授权海关制定有关规章体现对

某些产业的政策支持。

"营改增"之后,海关和税务部门对进口特许权使用费同时课征VAT,显然符合国际上重复征税的定义,即对同一征税对象或税源所进行的两次以上的征收。所谓征税对象差异(货物、服务)以及纳税主体不同(货物进口人、获益的提供方)的表述皆显得牵强附会(后者提法与预提所得税又毫无异处)。处理事实存在重复计征的情形,征管管辖权只能归属一家,要么海关放弃,要么税务放弃。而从海关的角度而言,应预判税务部门可能提出有利于其的观点:一是有国外先例;二是其征收不受"与进口货物相关"以及"作为进口销售的一项要件"的限制,而更加易于保障国家税收的"应收尽收"。

同时,还应完善进口VAT所涉商品金额起征点问题。《中华人民共和国增值税暂行条例》第17条规定,"纳税人销售额未达到国务院财政、税务主管部门规定的增值税起征点的,免征增值税;达到起征点的,依照本条例规定全额计算缴纳增值税。"但财政部、海关总署、国家税务总局发布的《关于进口货物进口环节海关代征税税收政策问题的规定》仅仅指出,对进口VAT或消费税税额在50元以下的一票进口货物予以免征进口VAT或消费税。此规定未提及VAT项下货物(物品)金额之起征点问题。现行海关在实际征管中缺乏应有的法律依据。起征点与免征额是两个不同的概念。前者是指税法规定对征税对象开始征税的起点数额;而后者是税法规定的课税对象全部数额中免予征税的数额。当课税金额大于起征点和免征额时,起征点制度要对课税对象的全部数额征税;而免征额制度仅对课税对象超过免征额部分征税。据此,有必要对VAT的起征点在立法上作一个通盘考虑。一要科学核算起征点。VAT计税公式中包含了进口关税和消费税,故而其税基扩大,起征点的设计要同50元的免税数额相协调;二要适度扩围,克服《增值税暂行条例实施细则》第37条规定的VAT起征点的适用范围仅仅限于个人的片面性,进而制定适用各种对象、征管方式的更加统一的标准。

4. 合理控制进口环节免税范围,须重新确定法定增值额范畴

欧盟VAT减免,区分国内和进口两个部分,进口部分的减免与国

内那部分没有完全一致的重叠。欧盟认为,通过减少免税的数量来扩大税基可以提高VAT的中性,并且就VAT税率的提高提供了一项有效的替代措施。因为不恰当地扩大减免税的范畴不利于宽税基、公平税负、税制中性等目标的实现。

与VAT国内减免情况大致相同,对进口商品实施VAT减免,也应基于以下现实考虑:一是做到减免安排与国内的一些政策项目相关联;二是应当考虑海关法规的基本原则,要协调与海关的征收管理安排,以达到简化双方征收管理投入的目的。不可否认,关税减免与VAT减免的前提和条件不尽相同,但在大多数情况下(外交途径下的物品交换、暂准进口、过境,过境和保税项下货物、针对旅客规定的免税额度以及小额进口包裹),两者追求的目标和出于经济考虑却是完全一致的。

而我国现行诸多的进口VAT减免的政策,不仅使国家税收收入受到损失,同时使VAT抵扣链条中断。一是诸多的税收优惠造成行业间、地区间、内外资企业间不公平,对企业的生产经营决策产生扭曲,不利于发挥VAT的中性优势。二是关税和VAT依旧有同步减免,那么关税自身的矛盾有可能附加到进口VAT上面,后者则会失去了其特定的功效,表现为前者的附加税种而已。同步减免的弊端还表现在因为VAT是按整体税负来设计的,如果同步减免,必然扩大了VAT的法定减税和免税范围。三是现行的"先征后退","即征即退"等方法把税收的优惠当作财政补助手段来使用,结果导致了征扣税机制的混乱,破坏了VAT运行机制的连贯性、严密性和完整性。

因此,国家对于进口税收减免主要应当依托于关税,应尽量避免对VAT抵扣链条完整性的干扰和破坏。按照国民待遇原则和国际惯例,大幅度改变对进口VAT与关税同步减免的做法。VAT免税待遇只能局限于那些具有公共利益的行业和活动(比如基于教育,社会文化的原因)。[①] 对确实需要VAT发挥其对公平或社会效率激励作用的

① 翁武耀:《欧盟增值税反避税法律问题研究》,中国政法大学出版社2015年版,第267页。

时候,免税政策一般只用于VAT抵扣链条的端口环节,如直接面向生活消费或面向非增值税纳税人的销售。

大体上,除了现行规定的7种项目免征VAT之外,还可参照欧盟VAT减免立法经验,扩及至慈善、科研实验用仪器(生化试剂)、捐赠、进口各种古董、商业样品、旅游促销、财产继承等方面。而对能矿类大宗进口初级产品绝对不能松口。但对执行国家“走出去”战略,从蒙古国回运的矿产品、煤炭、俄罗斯远东地区的农林牧产品,以及从南中国海捕捞的水产品在立法时可考虑应属例外。

5. 与进口关税征收适当分离,采取更加灵活的VAT计征方法

虽然进口VAT可以向当地税务局申请予以退回,但退税通常会耗费至少一个月甚至更长时间,会对现金流造成一定不利影响。为了避免前述对现金流的不利,可以通过立法开设VAT进口延期制度,减少VAT的实际支付。原则上讲,凡是在华企业或者在华出于VAT目的设立的皆可享受该制度的便利。外国企业常设机构也可以利用VAT延期制度。但是,非类似常设机构的外国企业需要指定了以VAT为目的的财务代表,有可能避免支付与货物进口和分销相关的VAT。由此,无需采用预先支付VAT然后申请退税的方法,这可达到在现金流、利益等问题上节约了成本的目的,符合当前全面减税,让利社会的呼声。

同时完善抵扣权制度。在引入该概念的同时,明确规定抵扣权应当在可抵扣的VAT纳税义务产生的时候产生,只要货物和服务的购买与征税交易相关,就可以抵扣进项税以及与征税交易与相关,不仅针对某项特定的交易,也针对纳税人开展的整体经济活动,体现抵扣的立即性,完整性和全面性的特征。从法律机制本身确保纳税人税负上的中性。①

6. 除了出口之外,对于进口也需适度选择应用零税率

目前,除国务院另有规定外,仅仅规定出口货物税率为零。前面

---

① 翁武耀:《欧盟增值税反避税法律问题研究》,中国政法大学出版社2015年版,第267页。

所说的国务院另有规定的,主要有:纳税人出口的原油、援外出口货物、糖;经国务院批准的其他商品,如天然牛黄、麝香、铜及铜基合金、铂金等。几乎很少涵盖到进口领域。为此,有必要加以调整。因为理论上,零税率与免税是不同的。零税率亦称“税率为零”,指对某种课税对象和某个特定环节上的课税对象,以零表示的税率,但仍然属于VAT的税收范围;而免税是指对某种课税对象和某种纳税人,免除其本身负担的应纳税额,而外购的货物或劳务仍然是含税的。税率为零不仅纳税人本环节课税对象不纳税,而且以前各环节转移过来的税款亦须退还,才能实现税率为零。因此,虽然推行零税率的征管成本较高,客观环境和要求更高,不便于操作,但适用零税率比免税对纳税人更有利,不仅不需交税还可以享受退税(或者留抵)。

7. 在立法中明确建立涉税信息共享制度和联合稽查机制

关于强调海关和税务部门的合作的问题应上升到立法的角度来加以阐述。目前进口环节VAT征收效率低下,原因是多方面的,但更主要的是海关和税务在决策、实施等各环节存在许多脱节的情形。换言之,征管线条不完整主要是由双方的联系配合不完善导致的。

要通过立法方式明确海关和税务深化合作的领域,特别是在税收抵扣和打击瞒骗偷逃税方面,建立稳定的信息交换和联合稽查机制。这可弥补实际投入有限且经济侦查手段缺乏之不足,其现实意义更为突出。参照EORI制度,不仅要把好登记管理门槛,更应加强信息共享。国际上,应加入国际税收信息自动交换(AEOI),确保从信息合作中获取涉税信息;国内,需完善涉税信息的获取程序,解决信息不全、失真而导致漏税的问题。以法律保障海关从其他职能部门、金融机构、第三方获取涉税信息的权力。结合海关征管实际,还应对实施属地征管的税收大户实施类似的登记管理,并通过系统联合建立纳税人档案,依法按照规定的期限,审核有关企业的申报并负责审查监督企业的退缴税情况,形成前道征收和后道退税的有机联合。

VAT立法难度很大,不可一蹴而就。“他山之石,可以攻玉”。欧盟及其成员国在50余年的VAT改革中积累了丰富的经验,其有效的立法实践可为我国新一轮 VAT 立法提供一个更明晰、可供借鉴的规则范式。在详细梳理欧盟 VAT 的基础上,我们一定能为完善我国 VAT 立法确立一个崭新的实用坐标体系。

Comparative Study of Chinese Import VAT with EU from the Perspective of Recasting VAT National Legislation

SU Tie

[**Abstract**] Value Added Tax is regarded the largest contributor in China insofar as the revenue income is concerned. Due to the sluggish introduction of VAT into China and some other reasons, the taxation system itself has demonstrated many issues to be highlighted and tackled such as more diverted bodies of collection but less cooperative mechanism; its incredible low level in legal hierarchy, worsened by the fragments to framing of legal structure and reflected in less coverage of main structural subjects, technical points and so on. So to speak, it is neither in conformity with the principle of legalism of taxation, nor is it in line with the requirement of fine collection administration. Therefore, it is of vital importance to better the provisions of the Interim Regulation of Value Added Tax stipulated by the State Council. Adhering to the core value of neutrality, European Union VAT framework has been proven to be one of the most rigorous and dynamic legal tax systems in the world. Member States under this constraint but well-construed framework have forged detailed secondary legislation in order to implement norms and regulations. Doubtlessly, obtaining rich and pragmatic VAT legislation experience from EU is of great benefit to Chinese lawmaking. Reviewing the historic process of EU VAT legislation, this paper examines carefully the similarities and differences of import VAT between EU and China by studying intensively and profoundly the main characteristics of EU import VAT with the purpose of aiming at improving the national import VAT based on some worthy legislative proposals.

[**Key words**] EU VAT System, Comparative Study, National Import VATs, Legislative Proposals

关于特许权使用费征税问题的若干思考

苏陈萍*

[摘　要]　当前我国特许权使用费征税中存在漏报特许权使用费现象普遍,海关发现企业漏报行为存在一定难度,行业性漏报现象较为突出,如何分摊计税有待明确等难点。因此需要多管齐下加强特许权使用费的征管,通过加强普及和引导,推进"主动披露",提高核查的针对性,完善相关规定,并避免海关和国税重复征税问题等措施来改善现状。同时,由于对贸易属性的认识,非贸付汇导致征税存在问题,对此应当按照货物贸易申报来避免海关和国税重复征税。

[关键词]　特许权;使用费;征税

随着对外贸易的发展,对外支付特许权使用费也越来越常见。由于企业对特许权使用费是否应当计入完税价格在认识上存在误区等诸多原因,漏报特许权使用费问题也较为突出。客观上,特许权使用费是否应计入完税价格,如何计入完税价格,是一个相对专业的问题,也是海关估价中的热点和难点问题。加上特许权使用费往往所涉税额较大,因此对特许权使用费估价中的问题进行分析,进一步加强征管,对税收工作显得尤为重要。

* 苏陈萍:宁波北仑海关,副关长。

一、关于特许权使用费

(一)什么是特许权使用费

《中华人民共和国海关审定进出口货物完税价格办法》(海关总署令第213号),对"特许权使用费"给出了明确的定义:是指进口货物的买方为取得知识产权权利人及权利人有效授权人关于专利权、商标权、专有技术、著作权、分销权或者销售权的许可或者转让而支付的费用。

(二)是否应计入完税价格

特许权使用费是否应该计入完税价格呢?《中华人民共和国进出口关税条例》第19条规定:"进口货物的下列费用应当计入完税价格……(五)作为该货物向中华人民共和国境内销售的条件,买方必须支付的、与该货物有关的特许权使用费……"

《中华人民共和国海关审定进出口货物完税价格办法》第11条规定:"以成交价格为基础审查确定进口货物的完税价格时,未包括在该货物实付、应付价格中的下列费用或者价值应当计入完税价格……(三)买方需向卖方或者有关方直接或者间接支付的特许权使用费,但是符合下列情形之一的除外:1.特许权使用费与该货物无关;2.特许权使用费的支付不构成该货物向中华人民共和国境内销售的条件……"

结合关税条例和完税价格审定办法,只有同时满足以下两个条件的特许权使用费才计入进口货物的完税价格:(1)特许权使用费与进口货物有关;(2)特许权使用费的支付构成该进口货物向中华人民共和国境内销售的条件。两个条件如果缺少一个,特许权使用费就不能认定计入为货物的完税价格之中。

(三)WTO《海关估价协议》的规定

在WTO《海关估价协议》的第8条明确"在进口货物实付或应付的价格中加上……作为被估价货物的销售条件买方必须直接或间接地支付与被估价货物有关的特许权使用费和许可证费,该使用费和许可证费不包括在实付或应付的价格……"由此可见,世贸组织成员国中,对与进口货物相关的特许权使用费计入完税价格,属于通行做法。

二、特许权使用费征税中的难点

(一)漏报特许权使用费现象普遍

进口企业漏报特许权使用费现象较为普遍,究其原因主要有以下几个方面:(1)企业存在认识的误区。不少企业错误地认为海关征税的对象是进出口的货物和物品,而特许权使用费是买方为了获取专利权、商标权、专有技术、著作权、分销权或者销售权的许可或者转让而支付的费用,并不是购买进口货物,不应该征税,因此在货物进口时,没有向海关申报的意识。(2)企业内部沟通不畅导致漏报。部分企业在部门架构上,关务部门和财务部门相对独立,对外支付特许权使用费往往由财务部门完成,并在税务部门缴纳相关税款,费用通过非贸易项下进行付汇,负责办理通关手续的关务部门,对于对外支付的特许权使用费往往不知情。(3)特许权使用费的相关规定技术性较强,在判断相关费用是否计入完税价格方面需要较强的专业知识,对于所支付的费用是否和进口货物相关,企业经办人员在理解上存在认识差异,也在一定程度上造成了漏报现象。

(二)海关发现企业漏报行为存在一定难度

在通关环节,伴随外贸的持续发展,货物通关效率和海关人力资源的矛盾越来越凸显,海关现场审单人员须在十分有限的时间内完成对进口商品归类、价格、原产地、申报规范等方面的审核,企业申报还随附合同、提单、发票、装箱单等一系列单证。由于特许权使用费协议往往不与进口货物销售合同一并签订,导致申报随附的进口合同上往往不会体现协议内容,有的合同会注明“详见附件”,有的则没有提示。除非有丰富的工作经验,否则现场审单人员很难在如此短的时间内发现是否存在漏报问题。

在后续环节,海关发现漏报特许权使用费,尤其是故意瞒报特许权使用费也存在较大难度。企业对外支付特许权使用费的方法日趋多样化,例如通过国外的母公司转移支付等方式,支付更加隐蔽,即便是海关稽查也较难发现。此外,由于专利费等合同往往涉及企业的核心技术机密,企业不会主动提供,在海关明确要求查阅相关合同时,企业不配合等情事也屡有发生。

(三)行业性漏报现象较为突出

特许权使用费,属于因"专利权、商标权、专有技术、著作权、分销权或者销售权的许可或者转让而支付的费用",因此进口货物涉及特许权使用费的商品和行业相对固定,漏报特许权使用费往往集中在特定行业。发现一起案件,可能会涉及整个行业对该项费用进行补税,涉及面广,涉及金额巨大。例如,进口大型石化设备支付特许权使用费已成行业惯例。目前我国进口的大型石化设备,尤其是在国内技术空白的领域,普遍存在对外支付特许权使用费的情况。特许权使用费一般涉及三年的追征期限,时间跨度大,相应须补征的税款也大,动辄千万元以上甚至数亿元,多数企业由于在核算成本时并未考虑此项费用,面对突如其来的补税,容易陷入经营困境,因此即使企业发现自身存在漏报的情事也不愿主动采取补救措施。

(四)如何分摊计税有待明确

特许权使用费如需计入完税价格,就要将特许权使用费根据实际情况进行分摊。由于目前并无统一的操作依据,分摊思路、分摊角度不同,分摊结果也会不同。例如S公司购买X设备的专有技术使用权而向境外的W公司支付特许权使用费。而设备中的A1、A2、A3……是S公司向W公司购买后申报进口;B1、B2、B3……是S公司在国外市场上采购的通用部件,并非专门为X设备设计;C1、C2、C3……则是国内采购的。直接与特许权使用费相关的A1、A2、A3……又往往分批次进口,进口时间跨度大,相应的税率、金额也可能不一样,在如何分摊并计核税款方面,各个海关的做法不尽相同。

由于A1、A2、A3这类货物与特许权使用费相关,如不能明确分摊标准,企业在申报进口时将无法申报相应的特许权使用费,此时从税收保全角度考虑,货物进口时应收取保证金,但同时一方面此类保证金将长时间无法转税,另一方面由于分摊情况复杂,收取保证金的金额也难以确定。

三、多管齐下加强特许权使用费的征管

(一)加强普及和引导

由于特许权使用费的认定具有专业性强的特点,必须加强专业知识的普及。海关除了通过新闻、报纸等传统媒体以及微信公众号、官方微博等方式,加大相关政策规定的普及力度,也应根据特许权使用费行业性问题突出的特点,有针对性地加强和相关行业协会的沟通,充分发挥行业协会在引导企业申报方面的作用,尽可能减少企业因不了解海关政策而导致费用漏报的情况出现。

(二)推进"主动披露"

进一步加大"主动披露"的试点力度,加快该项改革措施在全国海关的推进力度。在发现相关货物存在漏报特许权使用费后,可以组织全行业的企业进行自查自纠,实行"主动披露",引导企业通过自查发现问题,主动向海关申报补税,做到发现一类商品,规范一个行业,防止税款的"跑冒滴漏"。

(三)提高核查的针对性

有针对性地提高通关和稽查等一线关员的专业水平,培养一线关员审核特许权使用费的意识,重点加强对特定商品和特定行业单证的审核力度。海关要主动加强和外汇管理部门的联系配合,对"非贸付汇"情况开展专门的核查;加强和税务部门的联系配合,核查企业所支付的特许权使用费是否和进口货物相关。

(四)完善相关规定

进一步明确特许权使用费的分摊。对特许权使用费涉及多项进口货物等复杂情况,应根据实践情形,制定明确的、可操作性强的分摊标准。在制度设计上尤其要体现守法便利的原则,方便依法纳税的企业在进口申报环节就特许权使用费进行分摊,使之能与进口货物一并申报,从而解决企业对外付汇、海关贸易统计等问题。在后续补税环节,由于追征或补征的税款时间跨度大,相关进口记录条数多,海关的

补税手续需进一步简化,以便于业务现场操作。

四、避免海关和国税重复征税问题

(一)对贸易属性的认识

实践中,不少企业有特许权使用费存在海关和税务双重征税的困惑。笔者认为,制度层面上并不存在双重征税的问题,究其原因,是对特许权使用费究竟是属于货物贸易还是服务贸易问题的认识不清导致。

特许权使用费的支付情况复杂,如果与进口货物相关,且纳入进口完税价格,那么就不应列入服务贸易的范围,就应按照货物贸易对外支付外汇,税务部门也就无需征税;如果与进口货物无关,那么也就无需纳入完税价格,就应按照服务贸易对外付汇,海关也就无需征税了。

由于企业对贸易属性认识不清,因此在付汇环节操作不规范,从而导致双重征税,如果按照现行规定规范操作,可以避免出现该问题。

(二)非贸付汇导致征税

企业如采用非贸易渠道付汇,根据《国家外汇管理局、国家税务总局关于服务贸易等项目对外支付提交税务证明有关问题的通知》(汇发〔2008〕64号),境内机构和个人向境外单笔支付等值3万美元以上服务贸易的外汇资金,要向主管税务机关申请办理《服务贸易、收益、经常转移和部分资本项目对外支付税务证明》,进口企业也因此在国税部门缴纳营业税,代缴所得税。2013年7月,国家税务总局、国家外汇管理局发布第40号公告,规定境内机构和个人向境外单笔支付等值5万美元以上外汇资金除规定情形外,均应向主管的国税机关进行税务备案。因此,企业采用非贸易渠道付汇,就意味着必须向税务部门进行申报,税务部门将根据相关的规定进行征税。

在实行"营改增"之后,企业如向税务机关提交已向海关缴纳贸易项下增值税的凭证,税务机关不再要求扣代缴增值税,但代缴的企业所得税仍需缴纳。

(三)按照货物贸易申报

笔者认为,与进口货物相关的特许权使用费,既然与进口货物相关,并且纳入完税价格,则就不应列入服务贸易的范围,应按照货物贸易申报并对外支付外汇。具体操作方法有两种:一是在签订进口合同时,将特许权使用费直接分摊到具体商品的价格中,这样在向海关申报过程中,报关单中每一项货物的总价均含特许权使用费。二是在进口货物报关时,将该批货物所分摊的特许权使用费填报在杂费栏目中。根据《中华人民共和国海关进出口报关单填制规范》,杂费栏目"填报成交价格以外的、按照《中华人民共和国进出口关税条例》相关规定应计入完税价格或应从完税价格中扣除的费用"。理论上,第二种方式既符合海关的申报要求,又能解决对外付汇问题,还可以解决海关和税务机关重复征税的问题。但如果特许权使用费对应的进口货物品种、批次多,申报的时间跨度大,每次所分摊的杂费少,可操作性就受其影响。

Analysis on Collecting Duties and Taxes on Royalties and License Fees

SU Chenping

[**Abstract**] With the development of international business, it has been a trend to pay royalties and license fees in the business. However, most companies are not aware of that the royalty is related to the goods being valued, so they may evade declaration of the royalties. These are professional issues, also, hotspots and difficulties in Customs Valuation, such as, whether the royalties should be added to the customs value, and how to calculate them. Focusing on the difficulties of collecting duties and taxes on the royalty and license fees, this article will put some advice on this issue.

[**Key words**] Royalty, License Fee, Duty and Tax

我国综合保税区税收政策优化的若干思考

周贤文*

[摘　要] 我国海关特殊监管区域正处于整合升级的关键时期,存在区域发展不平衡、税收政策立法空缺、税收政策优势减弱、税收政策对产业转型缺乏支持等一系列问题。我国应当结合税收政策制定的基本原则,要加快我国综合保税区税收政策的立法,以法律来规范和引导区域发展,制定与功能相配套的税收政策,充分发挥税收政策的优势效应,同时结合国家供给侧改革的要求制定税收政策,引导产业转型升级和发展,达到优化我国综合保税区的税收政策的目的,从而有利于支持和促进产业转型升级、贸易多元化和便利化的发展。

[关键词] 海关特殊监管区;综合保税区;税收政策

改革开放以来,为适应开放型经济发展需要,从1990年开始,我国陆续设立了保税区、出口加工区、保税港区、综合保税区等六类海关特殊监管区域。这些特殊监管区域在发展加工贸易、扩大我国对外开放以及促进外贸增长等方面发挥了重要作用,但也普遍存在类型过多、发展不平衡、功能单一、优势减退、政策对产业转型的支持力度减弱等问题。国务院办公厅于2015年9月6日发布了《加快海关特殊监管区域整合优化方案》(以下简称整合方案),提出整合当前的各类海

* 周贤文:上海海关学院经济与工商管理系,14级税务硕士研究生。

关特殊监管区域,将其整合为综合保税区,并且整合优化相关的税收政策。

一、我国海关特殊监管区域发展过程中存在的问题

(一)各类海关特殊监管区域发展不平衡

我国的 6 类海关特殊监管区域分布情况为,东部地区多、西部地区少,并呈现出东、中、西部递减的分布状态。这种分布态势很大程度上决定了各类特殊监管区域发展的差异性。从投入产出效益来看,基本上是离境退税类的保税区投入产出效益较高,而入区退税类的特殊监管区域投入产出效益较低。根据 2015 年的海关数据显示:保税区和综合保税区的进出口贸易额远高于其他特殊监管区域,2015 年全国 12 个保税区的进出口达 2016.39 亿美元,仅上海外高桥保税区就达到 959.37 亿美元,而 47 个出口加工区的进出口总值是 1218.93 亿美元,13 个保税港区的进出口总值是 619.13 亿美元,33 个综合保税区的进出口总值是 2397.34 亿美元,29 个保税物流中心的进出口总值却只有 53.19 亿美元。(见图 1)

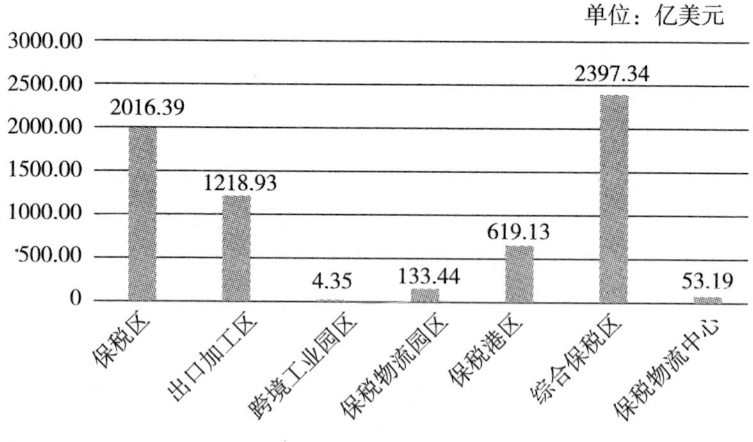

数据来源:2015 年海关总署统计月刊。

图 1　各类特殊监管区域进出口值

(二)各类海关特殊监管区域功能相对单一且辐射作用不强

特殊监管区域的功能是其制定税收政策的基础,功能的完善对税收政策的整合优化有着极为重要的作用。我国目前的各类特殊监管区域在某种程度上与自由贸易园区特征有相似之处,但是各区域的功能比较单一、它们的运行模式也是相互隔离开来的。随着全球经济一体化以及贸易自由化的程度加强,对各类特殊区域的功能政策进行整合优化是极为有必要的。以号称"功能最齐全"的保税港区、综合保税区为例,其功能覆盖到研发、制造、销售、售后服务等产业链的全过程,但能够开展的业务类型并不多。再者,综合保税区不临港,国际中转、转口贸易等功能也就无从发展。

(三)区内政策杂乱且不统一

除了"免证、免税、保税"方面的政策还稍具优势外,其他方面的优势在逐渐减弱,在税收政策和"二线"海关监管政策上表现最为突出。综合保税区通常被视为境外,货物在"二线"进出区时按照进出口的相关规定执行,料件入区可以申请退税,出区则按照成品补税。原因是海关通过通关改革给予区外企业享受无纸报关、提前报关、集中报关、多点报关、为出口大户和高科技企业开辟绿色通道等便捷措施,实行加工贸易联网监管等,保税区域在通关监管方面的优势已不明显。在某些方面,与区外相比,保税区域甚至处于劣势,如现有的企业分类管理只针对区外企业,保税区域并不适用,从而导致区外企业在保税区域通关时无法享受相应的优先待遇。

(四)税收政策不能完全适应经济形势发展的客观需要

海关特殊监管区域是我国发展对外经济的重要途径,同时也是探索我国对外开放的重要手段,它目前处于整合升级阶段,许多法律法规还没有制定和完善,政策是推动特殊区域发展的催化剂,起着不可替代的作用。然而在众多的政策中,税收优惠政策是最不可或缺的,已经成为各个企业考虑是否入区的重要条件。目前,我国海关特殊监管区域税收优惠政策还不尽完善,因此,统一并完善其税收优势政策体系是区内各企业以及海关的工作人员所共同期待的,同时也是促进区域健康、稳定和可持续发展的内在需要。

随着国内外经济形势的发展,特别是受国际金融危机的影响,境外企业更多的期望获得在华投资机会,国内企业也关注国内市场的发展。特殊区域的企业本可以利用优惠的地理位置和政策功能,凭借国内外两个市场、两种资源的优势,发展自己的业务;地方政府也可以凭借特殊区域产业优势、集群效应,形成辐射周边区域的效应,发展地方经济。海关监管的重点始终在于"税",对于区内企业监管的手段倾向于严密管理,因此加强进出口货物的监管,确保进出口业务的合法性,避免出现偷税漏税的现象,一直是海关的重要任务。而税收政策一直没有进行调整,导致国家赋予特殊监管区域的优惠政策企业并不在意是否享受,企业希望能够给予的便利措施、优惠政策却受到很多的限制,并不能真正获取相关的优惠政策。

二、我国海关特殊监管区域向综合保税区整合过程中存在的主要税收政策问题

(一)海关特殊监管区域内某些税收政策不配套

第一,相关法律、法规空缺,未能体现税收法定原则。目前,我国海关特殊监管区域没有专门的法律对其加以规范和指引,加之其税收优惠政策比较零碎,多数以政策文件的形式出台,以实体性的规范为主,基本没有关于如何执行这些税收政策的相关规定,也基本上没有专门出台税收优惠政策的相关法律规章。关于税收优惠政策,国务院、海关总署发布的各类暂行办法中也只是对实体上的规定,并无具体的实施细则。例如,综合保税区基本没有专门的税收政策法规条文,更多的是参照和执行保税港区的税收政策,即只是叠加了保税区、出口加工区以及保税物流园区的税收政策,然而这三个特殊区域在税收政策上的相关配套法规也是缺失的,这就使得各个区域政策落实不到位,政策实效低下,对各区的发展极为不利,甚至成为发展的一个障碍。

税收法律虽在一定程度上对纳税人加以限制和约束,但更多的是

为其提供保障,保障征纳双方的合法权益,维护正常的税收秩序。税收的稳定性、无偿性和强制性三个特征要求其必须要用法律的形式加以规范,这也是税收的核心原则——法定原则的具体体现。综合保税区在国外以出口加工区、自由区等形式存在了400多年的时间,其形成和发展均有专门的法律法规加以规范和引导。然而,我国综合保税区存在时间不长,只有大约30年,但是在政策制定方面还未上升到法律的形式,在法制化的今天,尤其在"法无授权即可为"的作用下,导致区内没有法律加以规范和引导,即使出现违规操作也没有惩戒的适用依据,用办法来规范和引导综合保税区发展建设就会显得苍白无力,因为办法毕竟不是法,最多只能算作是部门规章或规范性文件,所起的作用有限。

第二,对产业转型缺乏支持。加工贸易经过30年的发展,对我国与世界经济深度融合起着不可替代的作用。然而,随着后金融时代的到来,世界各国纷纷调整经济战略结构和经济发展步伐,各国对于"世界工厂"以及国际贸易中心地位的竞争和博弈愈演愈烈,全球经济多极化的趋势更加明显。加工贸易领域如保税融资租赁、期货保税交割、离岸金融结算、商品保税展示以及跨境检测维修等新型贸易业务不断涌现。但关于保税融资租赁、期货保税交割等政策出台较少,对产业转型升级的政策支持力度不够。

(二)各类特殊区域之间的税收政策不统一

首先,从境外进入特殊监管区域内的货物进口关税和进口环节税收的优惠政策不完全统一,各类特殊监管区域对基建物资、进口设备,如机器、设备,生产燃料,合理自用办公用品予以免税,但保税区监管办法同时还规定,从境外进入的为加工出口产品所需要的原材料、零部件、元器件、包装物件等货物实行保税政策,除前述规定范围之外的货物进入保税区则应当依法纳税。

其次,从特殊监管区域监管办法关于出口退税优惠政策的规定上来看,保税区与其他特殊监管区域也是不统一的,保税区实行的是实际离境退税,而其他特殊监管区域则实行的是入区退税政策。

最后,特殊监管区域内生产加工型企业与物流、服务类企业之间的税收政策也有不同。例如,料件退税率和成品退税率不同将会产生很大的税负差异。如图2所示,特殊监管区实行入区退税政策,看似有优势,其实并不然,如果该产业的料件退税率低于成品退税率时,企业提前退税政策并没有获得优势,甚至带来劣势。目前来说,只有IT产业的料件退税率高于成品退税率,这是不利于产业结构的均衡发展的。与此同时,如果入区料件是取消退税的商品,则对企业的影响更大。例如,假如A企业生产所需料件B产品是取消出口退税的产品,那么区外供货企业必然会把该产品的17%的增值税转嫁给A企业,提高A企业的成本,A企业就会考虑迁出特殊监管区或者境外采购。与此同时,也不利于国内加工贸易的转型升级,国产料件基本上按17%征收增值税,而退税时,只退12% ~13%或者更低,形成至少四个点的税差,这与国家鼓励料件本土化相矛盾。另外,企业从境外进口料件不收任何关税、增值税,加工完成再出口,基本上是零税。

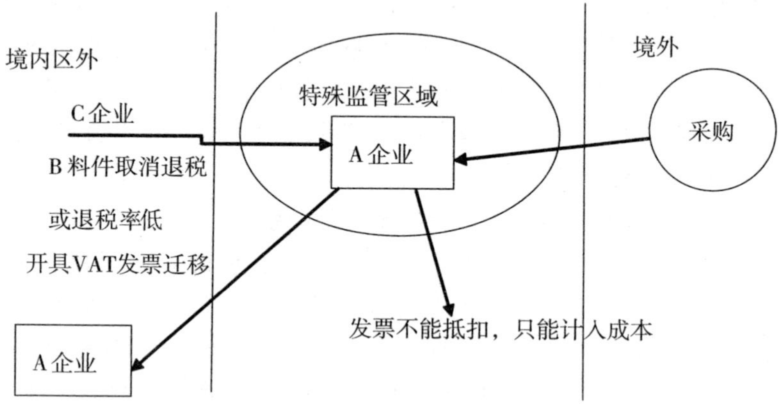

图2 区内企业运作情况

综上所述,如果税收政策不统一,一方面可能会使海关、税务等相关部门难以统一执法,另一方面可能会给区内企业产生困扰,不利于区内企业的正常运营,同时也不利于企业的公平竞争,从而制约综合保税区发展步伐。

(三)税收政策受功能定位及产业导向的影响较大

海关特殊监管区域是我国经济改革的试验田,它的近期发展方向和目标是整合我综合保税区,最终过渡到自由贸易园区,实行“一线放开、二线管住以及区内可以自由流通”的监管模式,但它在发展的过程中却偏离了其功能定位,而变成以发展“两头在外”为主要业务,反映在税收政策方面则局限在保税功能和关税的暂时减税上。

海关特殊监管区域向综合保税区整合的过程中,其产业导向应该是以技术含量高、附加值高、污染低耗能低的产业为主,署加发〔2012〕196号《海关特殊监管区域适合入区项目指引》中明确规定了四类适合入区的企业类型,分别是保税加工类、保税物流类、保税服务类以及期货保税交割等其他新型保税服务类企业。但是这些业务的发展受区域的限制很大,根据调查发现,区域内生产加工制造业为主导产业,金融、服务类企业较少。最近几年,国家也鼓励在特殊监管区域发展研发、维修、检测、展示展销等功能,以及最近的为发展贸易多元化而在综合保税区内成立的贸易功能区试点,但由于传统的监管理念和不健全的法律法规的制约,在很多具有该功能的区域实际上并没有开展与之相对应的业务。

(四)税收优惠政策落差优势逐渐减弱,甚至消失

一方面,特殊区域的“免税、保税、退税、征税以及其他特定优惠”政策越来越多地被区外的企业所获得,以及从入世后的不断降低和削减关税税率、国家根据经济发展规划不断修订的鼓励类产业目录、简化加工贸易的审批手续带来的通关效率、在成品内销方面的集中申报等改革措施,使得特殊区域的税收优惠与区域外的政策落差开始消失。

另一方面,海关特殊监管区域的监管手段相对较为滞后,货物“一线”“二线”卡口管理手续比较复杂、报关单证比较繁多,因为货物可能通过二线进入国内而加强一线境外入区的前期监管,这些措施被区内企业误解为“一线没开放、二线被管死,区内没自由”,也使得很多想要

入区的企业,在面对已有的优惠政策时只能是望而却步。

三、综合保税区税收政策优化应遵循的基本原则

(一)税收法定原则

税收法定原则是税法原则的核心,它是指税法主体的权利义务必须由法律加以规定,税法的各类构成要素皆必须且只能由法律予以明确。我国综合保税区还没有形成统一的税收立法,这与我国的税收法定原则相悖,因此,该区域必须要加快税收政策立法步伐,逐步建立健全综合保税区的税收法律法规体系,提升税收立法级次。只有这样才能使依法保税、免税和征退税得以实现,才能维护国家税法的统一、尊严和权威,减少自由裁量权,清理规范税收减免。① 以法律的形式对综合保税区的税收政策加以规范,才能让区内的管理人员真正做到有法可依、有法必依,同时也能督促相关的企业形成自觉纳税的意识,明明白白地享受税收优惠待遇及纳税服务。

(二)税收效率原则

效率问题既是经济的基本问题,同时也是税收的基本问题。② 税收政策的效率原则是相对资源配置而言的,通过充分调配资源,利用税收收益和税收成本之间的比率来衡量税收政策的效率最大化的原则就是效率原则。整合海关特殊监管区域的税收政策,使政策的效率达到最大化,建议做到以下几点:第一,合理确定海关特殊监管区域税收的总体规模。在经济总量既定的情况下,税收收入通常也应该是一个既定的量,因此,税收收入应该取之有度,避免征收过度而影响企业和个人的积极性,不利于经济的稳定和可持续发展,最终又影响税收收入的增长。第二,对海关特殊监管区域正常的经济活动采取中性税收。税收会给企业或个人带来除税额之外的额外负担,因此,要求税收保持中性,减少甚至避免企业或个人承担额外负担或者经济损失,

---

① 楼继伟:《深化财税体制改革》,人民教育出版社2015年版,第74页。

② 胡怡建:《税收学》,上海财经大学出版社2011年版,第12页。

也就是说使得超额负担最小化。第三,税收的本身成本也应该最小化。税收的成本包括征税成本和纳税成本两个部分。其中,征税成本主要来自税务部门因征税而产生的支出,纳税支出是指纳税人因缴纳税款而产生的支出。征税成本表现为税务机关行政效率的高低,在整个纳税活动过程中所产生的一切费用构成了税收成本,这实质上是社会资源的一种损失,因此要整合海关特殊监管区域的税收政策,简化税制,减少税收漏洞,加强税收征收管理等,达到合理降低税收成本提高税收效率的目的。①

(三)税收公平原则

一般而言,税收的公平原则是就税收收入的再分配而言的,本文所探讨的税收公平原则,主要是相对于效率来说的,即要考虑到实现税收效率时应该兼顾一下公平。此处的公平主要体现在以下两个方面,第一,税款的征收要具有普遍性,除了法律赋予的减税或免税外,各类特殊监管区域所具有纳税能力的企业或个人没有税收上的特权,全部需要申报纳税。第二,税收的负担也要公平。包括横向和纵向的公平,在执行普遍纳税的前提下,具有同等纳税能力的纳税人应该缴纳相同的税,具有不同负担能力的纳税人,则应该按能力的大小区别纳税。

(四)税收财政原则

税收的重要职责的组织国家财政收入,税收的效率原则和公平原则等都必须在国家取得财政收入的过程中得以发挥作用和体现,因此,整合海关特殊监管区域的税收政策必须要有利于保证国家的税收收入。尽管国家对财政收入的需求量是无限的,但财政原则要求在设计税收政策时必须满足在尽可能取得税收收入的情况下,不超过纳税人客观承受能力,不伤及税源。因此,税收总规模的安排、税率水平的高低、税收的减征和免征、税收征管办法的繁简等都是税收财政原则下的具体要求。

---

① 谭光荣主编:《税收学》,清华大学出版社2013年版,第18~19页。

四、综合保税区税收政策优化的对策建议

(一)从宏观角度看综合保税区税收政策的改革方向

1. 加快税收政策立法进程,以法律来规范和引导区域发展

在海关特殊监管区域整合优化和财税制度改革的背景下,加紧区内的税收政策立法有着重要的意义。根据国家对海关特殊监管区域整合优化的相关文件可知,加快综合保税区税收政策立法进程具有可操作性和可行性。随着区域整合的完成,税收政策也应以法律的形式存在,并要起到规范和引导综合保税区的建立和发展的作用。国外自由贸易园区基本上是“先立法再设区”,用法律制度来指导自由贸易园区的设立和发展,关于税收优惠政策方面,也进行了明确的规定,优惠政策的针对性较强且涉及范围较为全面。相反,我国则是先设立区,还没有立法,体现在政策方面的政策文件不完善。因此,我国海关特殊监管区域首先要在整合的过程中,将相关的税收优惠政策统一起来,并根据实际需要及整合情况逐步完善其税收政策,从而形成一个完整的税收优惠政策体系,在此基础上建立我国综合保税区专门的税收法律制度。

2. 税收制度设置简便化,提高其服务效能

借鉴国外自由贸易园区税收制度设置方式,税收制度设计应该简便化,利于海关、企业双方的执行,提高其税收的服务效能。目前,我国的税收政策形式各异,种类繁多,不管是海关基层关员还是企业工作人员均不能完全领悟税收政策的实质内涵,导致执行上的偏差。例如,从目前我国的六类综合保税区来看,他们在税收政策上各有不同,其原则归结于发展各类区域的功能定位不同,因此,当前的主要任务是在整合税收政策功能定位上进行相应的税收政策调整,简化税制。一方面,针对传统的经济业务来说,可以根据整合后综合保税区发展需要,废除部分冗余的税收政策,为企业减负,提供税收上的便利;另一方面,还需要就离岸金融、股权投资业务等设置相应的税收政策,综合实施直接和间接的税收激励政策。

3.制定针对性的、具有国际竞争力的税收激励政策

综合保税区转型升级的最主要体现是功能定位的创新发展,即在区域内发展保税加工、物流等传统经济业务的基础上,适当开拓总部经济、发展离岸业务、航运、研发及售后维修检测服务等,是综合保税区融入全球价值链、参与国际分工与合作。然而,转型升级需要一系列的税收政策与之相配合,并且共同起作用。从外国特殊监管区域的发展经验来看,发展离岸金融、促进境外股权投资等,国外或地区政府所制定的系列税收制定都表现出了强劲的国际竞争力。例如,香港地区对开展离岸业务的企业豁免利得税[①],新加坡政府在鼓励企业发展离岸金融方面则给予税率为5% ~10%的所得税优惠[②]。借鉴上海自由贸易试验区的试点经验,通过调整企业所得税税率、增加税额抵免和税基扣除等,并对此加以综合使用,进一步探索综合保税区在发展离岸金融业务、境外股权投资、融资租赁、高新技术的研发、现代物流业务等方面的税收激励政策,促进投资和贸易。例如,在现有高新技术企业15%的所得税优惠基础上,扩大加速折旧的比例、加大投资抵免、增加对研究开发费用的扣除。与此同时,还可以加大所得税低税率优惠政策的实施范围。

4.税收政策制定应满足国家供给侧改革的需要,引导产业发展

自2016年以来,"供给侧改革"的任务被反复提及,以"去产能,去库存,去杠杆,降成本,补短板"为细则的五大任务成为今年新政策的着力点。综合保税区作为区域经济发展和改革的试验田,政策改革也走在前列,因此,综合保税区的税收政策的制定和完善应当与供给侧改革结合起来,应当满足国家经济建设和改革的需要。但从目前已经公布的政策来看,税改将主要针对去产能、去库存、降成本三个任务和其相关的行业。要想从根本上解决区内企业生产税负高的问题,并且

---

① 《香港法例:第112章税务条例之利得税》,载 http://www.legislation.gov.hk/eng/home.htm,访问日期:2016年8月13日。

② 《新加坡海关:第114章自由贸易园区法案》,载 http://www.customs.gov.sg/about-us/acts-and-subsidiary-legislation,访问日期:2016年8月13日。

能够引导综合保税区产业的发展,提高企业的生产效率和产品竞争力,只有进行深入的结构性税收改革。

改革具体的政策措施包括以下几个方面的内容:第一,在不改变区域现有的保税和免税政策的前提下,逐步调整区内的税制结构,调整税目和征收范围,逐步弱化所得税、契税、印花税等国内税,减少区内企业在商品和服务交易过程所要缴纳的除关税、增值税和消费税以外的税收,在特殊区域实行零税负或低税负,切实保障特殊区域的发展和完善;第二,结合国家发展战略给予区内的小型微利企业和高新技术产业同等的税收优惠政策待遇,使政策涵盖更多的企业和行业;第三,对于高税负行业,按照行业属性进行可能的税种合并和减免,可以多采用行业基金形式,降低企业的税收负担;第四,探索赋予综合保税区企业一般纳税人资格的适用类型和条件范围,降低企业的运营成本,使区内企业能充分利用和开拓国内国际两个市场、利用两种资源,满足企业进行全球采购、分拨、销售的多样性、多元化贸易需求,充分发挥集聚辐射带动作用。

5. 税收政策与功能相配套,充分发挥税收政策的优势

实施与特殊监管区域功能定位相配套的税收政策是国家进一步深化改革的需要,国家相关部门也在加紧研究这样的税收政策。笔者认为,在具体税收政策还未出台之前,研究该政策的方向是明确的、清晰的。首先,要明确功能定位;其次,全面考虑税收政策实施的负面效应。只有这样才能保证税收政策发挥其应有的价值或者优势。根据国家对综合保税区功能整合的方向可以得出,综合保税区的保税功能是其根基,以此为基础拓展保税研发、检测维修、保税展示交易等功能业务,满足产业多元化发展、充分发挥国内国际两个市场、支持企业的创新发展的需求。因此,税收政策的制定应该根据不同的项目实施有区别的税收政策,例如,为促进我国加工贸易的转型升级,可以通过对这类企业进口技术含量高的或国产设施设备减免关税或者增值税,或者提高固定资产加速折旧的比例,如果说未来能赋予区内企业一般纳税人资格的话,可以按照我国目前实施消费型增值税政策,对企业的

进口设备可以直接予以进项税额抵扣。

另外,随着“营改增”的全面实施,特殊监管区域开展维修、检测等售后服务业务(如内销产品召回维修等)受限。目前大部分特殊区域仅能对国产出口产品进行维修,综合保税区可以试点开展特殊区域召回产品维修,其中未来整合之后的综合保税区还可开展境外非国产产品的维修。关于税收政策则可以是区内维修设备实现保税入区,区外需要进行修理的机器入区进行检测维修进行保税;区内维修设备出区维修完毕后,要原状运回,否则交税;区内维修设备的使用年限为5年,每年按25%进行折旧,在使用年限内如果销往区外,则按原状缴纳关税、增值税等。

总之,税收政策是海关特殊监管区域的核心政策,是区域实现招商引资的王牌,只有税收政策与功能相配套才能充分发挥税收政策的应有作用及其特殊的优势。但仅依靠税收政策也无法发展特殊监管区域,因此,必须要结合功能定位制定科学合理的税收政策,同时,丰富和完善对外贸易、海关监管、检验检疫、外汇管理等方面的政策,加强税收政策与这些政策之间的相互协调,才能充分发挥出税收政策对综合保税区建设和发展的积极作用。

(二)从微观角度看综合保税区税收政策优化的具体措施

1.关税及进口环节税税收的优化完善

各海关特殊监管区域的管理办法规定,对进入区内机器设备和基础物资等货物的关税及进口环节税实行免税政策。但是目前的这类税收优惠政策有限制范围,实际操作中享受免税待遇的主要包括进口的机器设备和基础物资,对从境外进入提供给区内企业自用的运输工具、生活消费用品及用于办公的电子电器设备等,海关要对其征收进口关税和进口环节的增值税、消费税。笔者认为,区内企业自用的这些货物或物品的量较小,涉及的金额通常不会很高,可以考虑免去其合理自用的这类货物的进口税款,或者减少税款的征收额度,进一步减轻企业负担,提高企业的活力。

另外,对于区内货物出区,进入国内市场的货物来说,类似于从

“国外”进口货物此时,则需要照章征收关税和进口增值税、消费税。目前,根据规定,企业进口的产品在特殊区域内还不能直接面向国内市场进行销售,它需要先在区外注册代售企业,这样就不利于企业内、外贸的联动发展。解决此问题的办法目前已在重庆、苏州两地的综合保税区进行试点探索,那就是赋予区内企业一般纳税人资格,完善货物增值税的抵扣链条,未来也将很有可能在总结两地的经验基础上,将其在综合保税区推广开来。

2. 退税政策的优化完善

目前来看,我国海关特殊监管区域原有的退税政策有三个方面,分别包括:保税区的离境退税政策,即从非保税区进入保税区的货物,按照出口货物办理手续,出口退税按照国家有关规定办理,即照章征收出口关税,且货物实际离境后方可办理出口退税手续;除保税区外的其他各综合保税区的入区退税政策;启运港退税政策,即指国内货物只要确认离开启运地发往目的地,即被视同出口并办理退税。随着我国海关特殊监管区域的整合结束,必然要对上文所提到的离境退税与入区退税政策进行合并统一。事实上,关于退税政策,最理想的目标设计是实施入区退税政策,[①]但这与上文提倡的赋予区内企业一般纳税人资格不能并存,因此,建议在保税区原有政策的基础上,迭加入区退税政策,把二者的政策进行有机组合,在政策的设计上取二者的合集。

3. 所得税政策的优化完善

从全球的自由贸易园区来看,各设立自由贸易园区的国家都实施了所得税的优惠政策,我国综合保税区在所得税的优惠力度上还远不如国外。笔者认为可以借鉴国外自由贸易园区的所得税税收优惠政策,并充分考虑我国海关特殊监管区域整合升级的现实需要,从以下几点入手,优化和完善综合保税区整合之后的所得税税收优惠政策:

---

① 孙远东:《从海关特殊监管区域到自由贸易区》,首都经贸大学出版社2014年版。

首先,对国家重点扶持的公共基础设施项目投资经营所得、物流企业、高新技术企业、节能减排企业等统一实施15%的所得税优惠税率,进一步降低这类企业的税负。其次,借鉴韩国、美国等国家的经验,提高企业研究开发费用的扣除比例,将原来50%的扣除比例提高至100%,与此同时,允许企业把当年3%~5%的销售收入列入研发支出作为税前扣除项目,进行加计扣除。再次,关于加速折旧方面的优惠,我国国内税法规定只有下列两类固定政策可以进行加速折旧:①由于科技革新的步伐加快,以致出现更新换代频繁的固定资产;②常年处于强震动、高腐蚀状态的损耗性较快的固定资产,其折旧年限必须大于规定折旧年限的60%。但这对综合保税区企业而言,他们的固定资产往往是较高尖端的机械设备,不需要经常更新,这就很难满足加速折旧的条件,因此,对于为了进行高新技术项目而进口的科学研究仪器,以及购买国内相关的高科技设备,可以按照买价的50%或更多比例进行加速折旧。最后,关于个人所得税的优惠,不区分居民与非居民纳税人,统一执行4800元或者更高的费用扣除数,为区内人才引进提供更多的税收便利。

4. 其他税收政策的优化完善

其他税收政策主要包括契税、印花税、房产税以及土地增值税等财产、行为类税收的政策,这类税收在综合保税区也占有一定的比重,在对综合保税区的关税、增值税、消费税以及所得税等主要的税种进行减免的同时,建议对其他的税收也实施适度的减免优惠。例如,对区内的新建的高新技术企业,他们的用地或者交易行为,在其营利之前免征契税、印花税等。

Thoughts of Optimizing the Taxation Policy Applied to the Comprehensive Bondedzones

ZHOU Xianwen

[**Abstract**] The Special Customs Supervision Zones of our country is in a key period of consolidation and upgrading. It exists a series of problems ranging from regional development imbalances to the lack of tax-policy and legislation, and to weakened tax advantages and the lack of taxation policy on industrial transformation. Therefore, combining tax policy principles, this paper will propose to accelerate issuing taxation legislation in comprehensive Bonded zones to regulate and guide regional development, and suggest setting up the matching taxation policies and give full play of advantageous effect of taxation policy. Meanwhile, developing taxation policies combining the national palicy of supply side will benefit to support and promote industry transformation and upgrading along with trade diversification and convenience.

[**Key words**] Special Customs Supervision Zones, Comprehensive Bonded Zone, Taxation Policies

论海关转移定价审查的优化

王永亮 陈 菊*

[摘 要] 当前对我国海关估价具有影响的规则包括海关总署规章、OECD转移定价规则、国家税务总局转移定价规则、国际海关组织转移定价规则等。在海关审价实践中对审价规则的运用是由于转移定价规则本身的合理性,转移定价的实际执行与结果的现实需要。我国当前海关估价中存在海关内部执法不统一,海关与税务机关存在执法冲突,重实体而轻程序,审价透明度不足等问题。因此建议我国应当通过四个中心建设、通关一体化的改革来这一问题,通过完善海关审价的程序性规定,增强执法标准的透明度,主动加强与税务机关的合作的具体措施来优化海关对转移定价的审查。

[关键词] 跨国公司;转移定价;海关估价

一、对海关估价具有影响的规则

(一)海关总署规章

当前海关估价中,直接适用的、具有法律拘束力的规则是海关总署令第213号《中华人民共和国海关审定进出口货物完税价格办法》(以下简称《审价办法》)。《审价办法》设定了六种审定货物完税价格

* 王永亮:上海海关学院法律系讲师,上海昊理文律师事务所兼职律师,法学博士;陈菊:上海昊理文律师事务所律师。

的办法:成交价格法、相同货物成交价格估价方法、类似货物成交价格估价方法、倒扣价格估价方法、计算价格估价方法、合理方法。但这些审价的具体方法与丰富的审价实践相比,仍然显得粗糙,在如何判断跨公司定价策略合规性上仍然显得缺乏可操作性。因为《审价办法》是WTO海关估价协定的国内版,因此海关适用《审价办法》就是实质上在适用WTO海关估价协定。对于WTO海关估价协定的内容不再做重复论述。

(二)OECD转移定价规则

OECD于1995年发布的《关于跨国企业和税务局的新转让定价准则》规定,符合正常交易原则的转移定价认定方法有五种,即可比非受控定价法(CUP)、转售定价法(RPM)、成本加成定价法(CPM)、交易净利润率法(TNMM)和利润分割法(PSM)。前三种方法,一般称为传统交易法,是确定关联企业间交易行为是否独立的最直接的方法,在上述三种方法无法实施时,可采用后两种方法,以利润为基础,通过比较具体交易项目的利润,推断转移价格是否合理。

与《审价办法》相比,OECD转移定价规则具有如下特点:

一是规则适用的主体不同。OECD规则基本建立在美国IRS转移定价规则的基础之上,它的设定初衷是用来解决税务机关的征税问题的,而不是用于海关估价。而海关与税务机关在对转移定价合理性的认定上,均是以有利于征税为导向的。① 立场不同,则对规则的适用也是不同的,税务机关认为合理的转移定价策略,并非必然为海关所接受。比如,在广州海关处理的一起化妆品转移定价估价案例②中,普华永道确定的利润区间被税务部门否定,企业按照税务机关的要求备案了2.25%的利润率。海关虽然最终接受了税务部门确定的利润率,但在调查过程中仍然提出了质疑。海关与税务机关对于转移定价中

---

① Ceteris, Guide to international transfer pricing: Law, Tax Planning and Compliance Strategies, *Wolters Klumer Law & Business*, 2010, pp. United Kingdom - 22.

② 广州海关:《化妆品转移定价估价案例》,载海关总署关税征管司编:《海关估价案例汇编(Ⅶ)》,第22~25页。

的利润率有着不同的判断标准。税务机关关注的是某一段时间内的税负问题,海关则关注的是每一次货物进出口的税负问题。

二是调整范围不同。海关审价仅仅针对货物贸易,而OECD规则在1994年设立时虽同样仅针对货物贸易,但1995年OECD规则修订时,已经将关联企业间的无形资产与服务的估价纳入其中。[①] 基于以上差异,海关直接套用OECD规则解决审价问题,可能存在先天不足。

(三)国家税务总局转移定价规则

除了海关之外,税务机关对于转移定价问题同样保持着高度的关注。2009年1月8日,国家税务总局颁布《特别纳税调整实施办法(试行)》,将税务机关可接受的转移定价方法界定为:可比非受控价格法、再销售价格法、成本加成法、交易净利润法、利润分割法和其他符合独立交易原则的方法。

与《审价办法》相比,《特别纳税调整实施办法(试行)》具有如下特点:一是调整范围不同。《特别纳税调整实施办法(试行)》借鉴了OECD规则中的主要内容,同样既包括货物贸易,也包括服务贸易。《审价办法》则仅适用于货物贸易。二是调整手段不同。《审价办法》侧重于从实体上解决审价问题,并将执法重点放在某一次交易上,强调执法的时效性;《特别纳税调整实施办法(试行)》则立足于对企业的长期监管,对企业提出了更多程序方面的监管要求。这一点与海关与税务机关的执法特点有着直接的关系。

(四)国际海关组织转移定价规则

作为世界海关组织“税收一揽子计划”(Revenue Package)第二阶段行动计划(Phase II Action Plan)第二系列的举措之一,2015年6月,应海关与商界的需要,世界海关组织就海关估价与转移定价方面发布了《海关估价与转移定价指南》(以下简称指南),介绍了海关估价和转移定价的基本原则和方法,总结了迄今为止所作的相关工作及各成

① Wagdy M. Abdallah, Critical concerns in transfer pricing and practice, praeger, 2004, p. 192.

员国海关的优秀实践。该指南对两个问题提出了更具体的建议,一个是在运用销售环境测试法判断特殊关系是否影响成交价格时,海关如何借助转移定价资料判断;另一个是对于转移定价后续调整的海关估价问题。与OECD已有的转移定价规则相比,指南并未提出实质性的新举措。由于颁布时间尚短,其对于中国海关估价的实际影响尚有待考察。

二、海关审价实践中对审价规则的运用

基于上述分析可以看出,实践中并没有一套为海关审查转移定价合规性量身定做的规则。在多套规则并存的情况下,海关只能根据自身的理解,对于上述审价规则选择性适用。这种规则适用上的不确定性,最多地体现在海关对OECD规则的理解和运用上。

在审价实践中,企业借助OECD规则说明其转移定价政策的合理性,海关借助OECD规则否定企业转移定价政策的实际操作并不鲜见。从实际的效果来看,在转移定价的合规性审查方面,OECD规则才是主导规则。

通过对海关估价案例选的分析和梳理,笔者发现,海关对于OECD规则的具体运用主要体现在以下三个方面:

(一)转移定价规则本身的合理性

规则本身合理性的判断具体体现在两个方面。

1.定价方法的选择。特殊关系企业之间,采用OECD转移定价规则明确列明的五种定价方法确定转移价格,易于得到海关的认可,而在五种定价方法之外另辟蹊径制定的定价方法则会受到海关更多的质疑。在汕头海关处理的一起胶片转移定价稽查估价补税案例中,企业所采用的“市场回溯法”即被海关所否定。①

2.具体参数的选择。转移定价整体的合理性,体现在每一个具体

---

① 海关估价案例编写工作组:《进口胶片转移定价稽查估价补税案例分析》,载海关总署关税征管司编:《海关估价案例汇编(Ⅰ)》,第41~45页。

参数的设定上。在深圳海关处理的一起饮料审价案例中,企业采用了成本加成法确定转移价格时,接受会计师事务所的建议,引入了贝里比率。海关以贝里比率的适用不符合规定为由否定了企业的定价方式。①

(二)转移定价的实际执行

海关除了对定价方法的设定的合理性进行审查外,还对定价方法的实际执行情况进行审查。在南京海关处理的一起镍矿的审价案例中,企业所制定的定价方法符合法律规定,但却未真正地得到执行,海关因此否定了企业的定价。② 实践当中,企业在制定定价方法后,往往属于根据市场行情进行调整,以至于常常出现高进低出的情况而被海关认为存在不当的利益输送。

在上海海关所处理的一起审价案件③中,海关认为,价格计算法与OECD中的成本加成法最为近似,应当作为海关估价的参考。在该案中,企业认为,转移定价政策并未得到严格的执行。为了体现支持,境外母公司对境内的研发中心并没有收取研发费用、管理费用和利润。企业认为研发中心并未按照转移定价政策接受软件升级服务,因此要求扣除部分研发费用。海关在查明企业所述属实的情况后,按照实际的执行情况认可了企业的观点。

(三)转移定价的结果

在海关审价中,不管企业将转移定价的方法冠以何种名称,海关都会重点审查定价最终结果的合理性。比如,在存在相同或者类似货物的情况下,如果企业申报的价格与海关掌握的测试价格存在较大的差异,则非常有可能被海关否定。海关更多地关心最终的定价

---

① 海关估价案例编写工作组:《借用“成本加成法”对跨国公司转移定价估价案例分析》,载海关总署关税征管司编:《海关估价案例汇编(Ⅱ)》,第49~54页。

② 南京海关:《从作价时间入手对公式定价货物实施估价的案例》,载海关总署关税征管司编:《海关估价案例汇编(Ⅶ)》,第92~95页。

③ 上海海关:《“防火墙”(网络设备)转移定价估价案例》,载海关总署关税征管司编:《海关估价案例汇编(Ⅳ)》,第16~22页。

结果,这种选择性的规则适用并非中国海关独有。比如,在加拿大,海关对于OECD中提出的四分位法,也并非全盘接受。当企业所提出的中四分位法符合海关预期时,海关对于OECD规则是接受的;当企业所提出的中四分位法明显低于海关的预期,则有可能为海关所否定。①

三、海关估价中存在的问题

(一)海关内部执法不统一

海关在审价中碰到的最大难题是,缺乏具体明确的审价规则。《审价办法》虽然具有直接的法律效力,但却在转移定价方面缺乏可操作性的规定。在涉及转移定价纠纷时,事实上海关与企业的争议焦点往往集中在OECD规则上,而并非《审价办法》。但严格地来说,OECD规则并非强制性的法律渊源,对于中国海关并不具有强制的法律约束力。由此,在执法实践中便出现了规则与具体需求之间的脱节,各地海关在碰到具体问题时,只能根据自身对规则的理解进行审价。

(二)海关与税务机关存在执法冲突

海关与国内税务机关的协调。"营改增"后,双重征税问题如何解决,变成了一个亟待解决的问题。在上海海关处理的一起审价案件②中,企业提出,该公司向M集团总部支付的商标费已通过服务贸易方式对外支付,并向税务局缴纳了10%的预提所得税和6%的增值税。面对海关的估价要求,企业提出,如果海关再将上述费用计入进口货物的完税价格,就会产生同笔商标费被税务局和海关都征收了增值税的情况,构成双重征税。但企业的意见并未为海关所采纳。在大连海

① Ceteris, Guide to international transfer pricing: Law, Tax Planning and Compliance Strategies, *Wolters Klumer Law&Business*, 2010, pp. Canada - 31.

② 上海海关:《营业税改增值税引发的海关估价争议案例》,载海关总署关税征管司编:《海关估价案例汇编(Ⅵ)》,第121~124页。

关处理的一起估价案件①中,企业提出的双重征税抗辩同样未得到海关的接受和认可。

(三)重实体而轻程序

我国海关现行估价规定框架基本与WTO海关估价协定接轨,但在具体细节上规定得不严密,导致估价法律法规过于抽象,可操作性不强。比如,在与完税价格有关的费用补充申报方面,目前对应当补充申报的情况分为海关审核价格时要求补充申报以及企业递交报关单时进行补充申报,并没有明确规定进口后确定或产生的费用应当由企业主动进行申报,存在一定法律漏洞。

(四)审价透明度不足

从海关估价法律法规本身来看,其宣传普及力度不够,社会对估价法律的了解及掌握程度相当有限。涉及海关估价的各项规定并没有整合出版在某一特定刊物上,导致进口商在检索获取相关法律法规上存在困难;再加上估价法律其本身特有的专业性、技术性,普通进口商很难凭借自己的理解在短时间内准确把握海关估价原则,无法实现法的指引作用,致使社会对海关估价法律法规的实际掌握程度极其有限。

从海关估价具体操作规程来看,海关实施估价法律法规的配套操作办法过于简单。我国海关估价强调的实际成交价格带有较强主观色彩,估价操作办法通常为内部规定,再加上地方海关对估价法律的理解程度不同,造成不同等级、不同地域关区在执行同一文件时存在一定差距,普通进口商无法从公开渠道获得具体估价操作规程,成为影响进口商成功预测估价的重大阻碍。

四、对策建议

(一)四个中心建设、通关一体化有利于解决这一问题

随着京津冀、长江经济带等地区区域通关一体化的实施,传统的

---

① 海关估价案例编写工作组:《进口药品技术提成费估价案例》,载海关总署关税征管司编:《海关估价案例汇编(Ⅱ)》,第30~34页。

以直属海关为单位进行通关审单的工作模式已经不能适应改革发展的要求。而通关一体化税收征管模式以全国税收征管中心为核心,构建一体化通关管理格局,实现进出口货物的统筹化、集约化审价模式;实现大多数货物放行后再审价的后置化审价模式;实现突出重点、抽查审核的科学化审价模式。海关通关一体化进程以及审价权的适度集中,有利于实现资源的有效配置,统一全国海关的审价标准。

(二)完善海关审价的程序性规定

海关应当增强程序约束,借鉴《特别纳税调整实施办法(试行)》中的相关规定。海关与税务机关分属于不同政府部门,各自在封闭的系统内进行研究,导致海关所依据的审价办法与税务机关所依据的转让定价制度相对独立,欠缺交融。但鉴于跨国公司交易方式的复杂性,对两套制度的研究、协调日渐紧迫。对于海关审价办法中欠缺的部分,税务机关的制度具有一定参考性,比如借鉴《特别纳税调整实施办法(试行)》中关于借贷资金比例、特许权等控制指标的细化规定等。

(三)增强执法标准的透明度

尽管在是否公开估价资料的问题上,世界各国海关仍存在分歧,①但一些发达国家在这方面已经做出了表率。以美国为例,中美两国在转移定价上的三点区别:首先是在比对资料的选取上,美国是公开资料,而中国是海关内部掌握的资料;其次,中国海关对要求企业提供全球定价策略习以为常,而美国税务则较少运用;最后,为了既征收税款又吸引外资,中国税务机关会选择中间道路,在对转让定价进行调整的同时,尽可能少地适用罚则。② 美国海关似乎并不存在上述顾虑,一旦发现企业违规行为将给予重罚。

(四)主动加强与税务机关的合作

从世界范围来看,海关与税务机关在转移定价上合作,已经是世

---

① Ceteris, Guide to international transfer pricing: Law, Tax Planning and Compliance Strategies, Brazil, pp. 28 – 29.

② Ashok Kumar, Transfer Pricing, Multinationals and Taxation: Concepts, Mechanisms and Regulations, p. 125.

界潮流,我国海关与税务机关也应当尝试建立合作机制,在转移定价方面进行信息共享,相互合作,共同发展。海关可以考虑引入税务机关的数据系统,获取相应的信息支持,将海关《审价办法》与 OECD 转移定价规则相协调,准确审查转移定价案例,共同加深在转移定价方面的合作研究。

从技术层面来讲,海关总署与国家税务总局之间的合作目前应当是没有问题的,并且已经有了较好的合作范例。2013 年 6 月 14 日,国家税务总局与海关总署发布了 2013 年第 31 号文即《关于实行海关进口增值税专用缴款书"先比对后抵扣"管理办法有关问题的公告》。如果能够得到很好的落实,这一规定将有效地解决纳税人利用技术漏洞偷逃增值税税款的问题。①

有鉴于信息技术的日益成熟,海关总署与国家税务总局应当继续深入合作,建立可以共享的信息技术平台,并加强对基层执法单位的科技信息投入,提高信息化管理水平。技术的合作与升级,将有助于解决海关估价中存在的各种问题。

Optimizing the Customs Examination of the Transfer Pricing

WANG Yongliang CHEN Ju

[**Abstract**] Multinational companies are playing a more and more important role in global economy. How to assess the business between affiliates is a tricky problem for customs. Due to absence of specific

① 相关案例及分析可参见浙江省龙游县溪口教学设备有限公司诉龙游县国家税务局处罚纠纷案,浙江省龙游县人民法院(2008)衢龙行初字第 10 号行政判决书。该案中,纳税人利用海关与税务系统不兼容,税务机关无法对海关进口增值税专用缴款进行及时比对的技术漏洞,偷逃国家税款。

regulations, the assessment of customs is soaked with problems, which not only increases the companies' burden of compliance but also damages authority and transparency of customs' law enforcements. Based on GACC's assessment regulation, this thesis analyzes the inroad of improvement and provides relevant advices.

[**Key words**] Multinational, Transfer Pricing, Customs Valuation

完善我国海关税收征管时效法律制度研究

孙超英*

[摘　要]　我国海关现行税收征管时效制度,存在追补税时效短等明显问题,弱化了纳税人服从纳税意识,影响了海关税收征管制度的强化和海关税收本身。对此,可通过完善海关税收违法行为行政处罚追溯时效制度,特定海关监管货物少征漏征税追补税起算制度,少征漏征税中连续行为追补税时效制度,少征漏征税补追税情形的制度完善追、补税分类适用等制度来推进海关税收征管时效法律制度的发展。

[关键词]　海关;税收征管;时效立法

海关税收征管时效法律制度,是指海关对发现少征、漏征税款追补税款以及对税收违法行为给予行政处罚在一定期间有效,经过法定期限海关追补税权、处罚权则归于消灭的制度。海关现行税收征管时效法律制度,存在追补税和对税收违法行为行政处罚追溯时效短等问题。弱化了纳税人服从纳税意识,影响了海关税收征管制度的强化,一定意义上影响了海关税收,需要通过修订《海关法》和制定《关税法》等及时加以完善。

---

* 孙超英:中国海关学会理事,武汉海关学会秘书长。

一、少征漏征税补追税年限的完善

《海关法》第62条规定,进出口货物、进出境物品放行后,海关发现少征或者漏征税款,应当自缴纳税款或者货物、物品放行之日起一年内,向纳税义务人补征。因纳税义务人违反规定而造成的少征或者漏征,海关在3年以内可以追征。

上述对因纳税人违反规定而造成的少征或者漏征适用3年追税时效,其起算时间并不太明确。2004年1月1日起施行的《关税条例》(后又经修订)对《海关法》追税时效进行了补充,规定海关发现海关监管货物因纳税义务人违反规定造成少征或者漏征税款的,应当自纳税义务人应缴纳税款之日起3年内追征税款,并增加规定因纳税义务人违反规定造成少征或者漏征税款的,从缴纳税款或者货物放行之日起按日加收少征或者漏征税款万分之五的滞纳金。这些补充、丰富了有关规定。现行追税时效起算时间有些应按少缴、漏缴税违法行为发生之日,如进出口货物价格少报漏缴税向海关不实申报之日等,有的可延至付汇等日。但仍受制于既有的《海关法》追补税时效法律制度的约束,新增加的规定有待为今后海关法律所吸纳。

我国《海关法》现行追补税时效制度系从1951年《暂行海关法》第141条传承、改制而来,1987年《海关法》追补税时效制度确定了现行《海关法》追补税时效法律制度的基本内容。现行规定,对海关发现少征、漏征税款仅超过1年的,对因纳税人违反规定造成少征或者漏征税款仅超过3年的,就免除了纳税人的纳税义务,这无论从建立和完善我国诚信纳税制度、公平确定税收追收时效、避免国家财政损失、国内外税收管理立法内容几方面衡量,都显得追补税时效失之过短,因立法设计的原因,造成大量本应征收的税款,无法追补。特别是对纳税人恶意逃税行为,应设定较长的追缴时效。而3年追征时效过短,更显海关税收征管制度软弱,不利于建立诚信纳税制度,成为长期以来海关税收征管时效法律制度的软肋。

国内税务机关和境外海关对因纳税人的过失等原因和税收征收

机关的原因造成税款少征、未征,设定合理的追补税时效。对恶意逃税追税时效,放宽时效设定,不作过严限制。如国内税务机关因税务机关的责任(指税务机关适用税收法律、行政法规不当或者执法行为违法),致使纳税人、扣缴义务人未缴或者少缴税款造成漏税的,税务机关在3年内可以要求纳税人、扣缴义务人补缴税款,但是不得加收滞纳金。因纳税人、扣缴义务人过失(是指非主观故意的计算公式运用错误以及明显的笔误)未缴或者少缴税款的,税务机关在3年内可以追征税款、税款滞纳金;累计数额在10万元以上的,追征期可以延长到五年(《税收征收管理法》《税收征收管理法实施细则》)。对逃避缴纳税款、抗税、骗税的,税务机关追征其未缴或者少缴的税款、税款滞纳金或者所骗取的税款,不受上述期限限制(《税收征收管理法》)。2015年1月5日,国务院法制办公布《中华人民共和国税收征收管理法修订草案(征求意见稿)》(以下简称征求意见稿),征求意见稿关于税收征收时效内容变化为:因纳税人、扣缴义务人过失造成少报、少缴税款的,税务机关在5年内可以要求纳税人、扣缴义务人补缴税款;对未办理纳税申报以及逃避缴纳税款、抗税、骗税的,税务机关在十五年内可以追征其未缴或者少缴的税款或者所骗取的税款;纳税人欠税超过20年,税务机关执行不能的,不再追征(《征求意见稿》第86条)。税收征管法实施细则规定:账簿、记账凭证、报表、完税凭证、发票、出口凭证以及其他有关涉税资料应当保存10年;《会计档案管理办法》(财会字〔1998〕32号)规定会计凭证、账簿保管期限为15年。财政部、国家档案局令第79号发布新修订的《会计档案管理办法》,自2016年1月1日起施行,将会计档案的保管期限分为永久、定期两类,定期保管期限一般分为10年和30年。[①] 美国海关对纳税人重大过失行为或过失行为损失的关税,应要求返还,追缴损失的关税适用从税

---

① 根据所附企业和其他组织会计档案保管期限表,其中会计凭证(原始凭证、记账凭证)、会计账簿(总账、明细账、日记账、其他辅助性账簿)保管期限30年,固定资产卡片在固定资产报废清理后保管期限为5年。年度财务会计报告等保管期限为永久。

收损失发生之日起5年内追补;对逃税欺诈行为损失的关税,海关应要求返还,在违法行为被发现之日起5年内开始追缴损失的关税。[①]欧盟海关对作为海关债的少缴、漏缴税款应在发生之日起3年内通知债务人补缴,如少缴行为导致刑事诉讼则3年期限可延长至10年(《联盟海关法典》)。日本海关发现应缴关税等计算方法不符合关税法律规定或与海关调查结果不一致,补征税款根据不同情况分别适用5年、2年时效;对以欺诈和其他违法方式少缴或不缴税款进口货物,适用7年的追税时效(日本《关税法》)。中国台湾地区海关对违反缉私条例除按规定处罚外,自情事发生5年内追征其所漏税(台湾地区"海关缉私条例")。

我国海关追补税时效制度存在问题的原因,在于海关法律制度不完善。理想的解决方案是,结合贯彻执行2015年3月15日通过修改的《立法法》关于税种的设立、税率的确定和税收征收管理等税收基本制度,只能制定法律的规定,及时在修改《海关法》和在《关税法》立法中完善和制定这方面的法律规定。

借鉴国内税收征管法及修订研究和国(境)外立法已取得的成果,根据海关执法要求,修订《海关法》和制定《关税法》等法律时,对追补税时效制度内容建议作如下调整或立法:

对非因纳税人原因少征、漏征税款的补税时效,由1年延长至3年;对因纳税人过失造成少缴、漏缴税款,追征时效设置为5年;对走私逃税行为及其他显著违反规定行为所偷逃税款或者少缴、未缴应纳税款的,追征时效设定为15年;少缴、未缴税超过20年未被发现的,除另有规定或特别时效要求的,不再追征。据此,建议修订《海关法》第62条,以及《关税法》立法,体现以下内容:

"进出口货物、进出境物品放行后,海关发现少征或者漏征税款,应当自缴纳税款或者货物、物品放行之日起三年内,向纳税人补征。

---

① 《美国关税法》(1999年修订版)第1621条;载布鲁斯·E.克拉伯:《美国对外贸易法和海关法》,蒋兆康译,法律出版社2000年版,第377~378页。

因纳税人过失未缴或者少缴税款的,海关应当在五年内追征税款。

对走私、其他显著违反规定行为偷漏税或者少缴、未缴应缴税款的,海关应当在十五年内追征其未缴或者少缴的税款。

纳税人少缴、未缴税超过二十年未被发现的,或欠税超过二十年执行不能的,不再追征或执行。但纳税人在逃、转移财产、已刑事立案或财产被设置税收保障受偿权等情形除外。"

并通过完善和制定法律,明确海关征收的诸税种,包括关税、增值税、消费税、船舶吨税等,追补税时效实行统一的法律制度规定,形成有机、完整的海关税收征管时效法律制度体系。对追补税情事,通过制定完备的时效法律规定以及司法、行政解释,海关可依法追补税,应收尽收。同时,为适应海关追补税时效制度的完善,利于海关开展追补税和查办涉税案件,借鉴国内涉税、会计资料保存期,将现行的海关报关单证保存期(解除监管起3年)延长到20年。

需要说明的是,对走私、其他显著违反规定行为造成的税款少征、漏征,延长追征时效应通过《海关法》修订、《关税法》立法按其追税时效办理。但在未完成法律修订和立法前,可探讨采取一些补充的处理措施。如以下方面可暂作探讨:对有关行为所逃漏税款作为违法所得追缴,在可适用《刑法》第64条追缴违法所得规定及相应规定前提下对所偷漏税款按违法所得追缴补税;在可适用《关税条例》关于海关监管货物因纳税人违反规定税款短征从应当缴纳税款之日追征规定的前提下,对部分货物认定为"海关监管货物",将部分违法行为的海关发现之日、决定补税之日等认定为"应当缴纳税款之日";在可适用《海关行政处罚实施条例》收缴措施规定的前提下,对所偷漏税款按违法所得收缴补税。

二、海关税收违法行为行政处罚追溯时效制度的完善

1996年我国施行的《行政处罚法》确定了行政处罚时效制度,规定行政违法行为超过两年未被发现的,不再给予行政处罚,同时规定

法律另有规定的除外。据此,海关根据《行政处罚法》的一般规定,对包括海关查获的税收行政违法行为的处罚,不再适用原《海关法行政处罚实施细则》规定的3年的追溯时效,而开始适用《行政处罚法》一般规定的2年的追溯时效,对违法行为从发生之日至海关发现之日超过两年的,不再给予行政处罚。由于海关税收征管涉及国家财政、国家宏观经济调控、诚信纳税的良好税收征管秩序的建立等国家政治、经济命脉的重要事项,重要程度高,其中税收违法行为的危害、严重程度也区分于其他一般行政违法行为。因此,对税收行政违法行为需要设定比一般行政违法行为相对较长的处罚追溯时效,才能达到保证维护海关税制的目的。海关担负对进出境货物、物品征收关税和代征税职责,承担打击走私逃税任务和对海关监管货物,包括保税货物、特定减免税货物等监管任务,相对需要较长监管时效。目前,由于海关法没有特别规定行政处罚时效,海关难以对两年时效之前的税收违法行为进行行政处罚,限制了海关开展对特定减免税货物、保税货物、特殊监管区等海关监管货物等正常监管,不利于海关完成海关监管任务。

我国于2001年修订的《税收征收管理法》,将对税收行政违法行为的行政处罚追溯时效由原适用《行政处罚法》一般规定的2年提高到5年,税务机关对税收行政违法行为的行政处罚实行发生违法行为5年内处罚的特别追溯时效。2015年1月5日,国务院法制办公布的《中华人民共和国税收征收管理法修订草案(征求意见稿)》保留了5年处罚时效规定,并在同条增加规定:对主动纠正税收违法行为或者配合税务机关查处税收违法行为的,可以视情节从轻、减轻、免予行政处罚或者减免征收税收利息。征求意见稿还增加规定:纳税人欠缴税款,同时又被行政机关决定处以罚款、没收违法所得的,税收优先于罚款、没收违法所得。美国对违反关税法重大过失或过失行为的处罚,在违法行为发生之日起5年内开始。我国台湾地区对违反"台湾缉私条例"自情事发生5年内处罚。以上追溯时效绝对时间长,多于我国海关采用2年制的行政处罚追溯时效,值得海关在完善立法时借鉴。

建议借鉴国内税收征管法等立法和研究成果,根据《行政处罚法》

关于法律另行规定行政处罚追溯时效从其规定的内容，通过修订《海关法》以及制定《关税法》，将海关查办的涉税案件处罚追溯时效由现行的2年提高到5年，延长海关查办涉税案件行政处罚追溯时效，同时增加对主动纠错、配合处理可从轻、减轻、免处和税收优先于罚款、违法所得的规定。为此，建议修订《海关法》以及制定《关税法》增加以下海关法律规定：

"违反海关税收法律、行政法规应当给予行政处罚的行为，在5年内未被发现的，不再给予行政处罚。

对主动纠正税收违法行为或者配合海关查处税收违法行为的，可以视情节从轻、减轻、免予行政处罚或者减免征收税收利息"。

"纳税人欠缴税款，同时又被行政机关决定处以罚款、没收违法所得的，税收优先于罚款、没收违法所得。"

三、特定海关监管货物少征漏征税追补税起算制度的完善

按现行海关法律规定，对与保税、特定减免税、存于特殊监管区域和场所等海关监管货物有关的少缴、漏缴税款等如何计算追补税起算时效等不明确、不完善，急需解决。

我们把保税货物、特定减免税货物、特殊监管区域和监管场所所存货物、暂时进口货物等均作为海关监管货物来加以讨论，其中少征、漏征税行为起算追补税时间问题，与海关在监管及监管期间等因素交织，认定起算追补税时间存在按税收违法等行为发生之日、海关发现之日、行为发生之日至解除海关监管前中止计算追补税时效的不同分类，需要明确如何适用以及如何完善立法。

第一，按税收违法等行为发生之日的分类，其中税收违法等行为发生之日可包括：擅自转让、交付保税货物、特定减免税货物等海关监管货物之日，将特定减免税等海关监管货物移作他用之日，经营加工贸易等，货物进出口申报和向海关报核单耗、数量、价格等申报不实，进出口申报之日或向海关报核之日等，而按行为发生之日认定起算追补税时间。

第二,按海关发现之日的分类,其中海关发现之日可包括海关发现未解除海关监管的保税货物、特定减免税货物等不明原因短少、缺失之日,经营保税货物等不符合海关监管和税收管理规定,海关发现之日或海关决定按规定补税之日等,而按发现之日认定起算追补税时间。

第三,按行为发生之日至解除海关监管前中止计算追补税时效的分类,分为保税货物、特定减免税货物、特殊监管区域和监管场所等货物未解除海关监管前从有关应追补税行为发生之日中止计算追补税时效。

按以上不同的分类起算追补税时效,标准不同,认定结果也会不一致,对同一应追补税情事行为按第一种分类海关可能已失去追补税时效,而按其他分类则可能具有追补税时效。海关在有关进口货物的监管年限内或未解除监管前发现这些类进口货物存在销售、转让、移作他用、不符合保税或减免税政策等应补税情事,却又发现其行为超出现行一般追补税时效,存在如何确定海关追补税时效问题。

应按可以和有利于实现海关追补税、保证海关监管的征收时效的要求,对保税、特定减免税及特殊监管区等海关监管货物,在执行追补税一般时效规定同时,还应执行从有关行为发生之日至解除海关监管前中止计算追补税时效的制度,并应相应完善相关立法、规定。可以这样来看,这类货物海关未解除监管,海关对货物暂未完纳进口税款,货物正处于海关监管之下,尚未放行,其应按海关规定存放、使用、接受管理,海关有权对期满前或解除监管前不按规定使用、超期不向海关办理进口保税货物核销、货物已不存在等不符合海关监管要求、不符合保税、减免税条件等,按海关法规定的追补税制度办理。其不符合保税、减免税条件持续存在于海关监管期限中,追补税时效可以选择按中止计算办理。也即海关税收时效的一般规定和海关对保税及特定减免税货物等监管制度的特别制度规定和要求相比较,而应同时兼能适用后者海关特别监管规定。为利于海关对监管货物的监管和设海关监管年限、设特殊监管区域及场所功效的发挥,对有海关监管年限或未解除监管的保税货物、特定减免税货物、暂时进口货物等,发生擅自销售、转让、提取、交付、租赁、移作他用、不明原因短缺、随免税货物夹带应税货物进口等,因企业、海关等原因将应税货物发放免税凭证等情事后,从有关情事发生,中止计算追、补税时效,剩余的海关监管期间或海关解除监管前,不计入追补税时效。为配合这一中止计算海关追补税时效制度的实施,应在有关货物监管期届满前或海关解除监管前,要求管理相对人向海关进行一次监管货物状况、情况申报,作为申报和时效计算的凭据之一,当时核查或今后发现货物少报、漏报、不报、货物擅自转让、不明原因缺失等,把解除监管前发现之日或最后申报之日或解除监管之日,作为追补税时效起算时间。

四、少征漏征税中连续行为追补税时效制度的完善

按现行海关法规定,对连续多次税款少征、漏缴税,如何计算追补时效,法律规定不明确、不完善。有的观点认为多次少缴、漏缴税各次独立,不能对发生在时效(如现行一年或三年)前的少征、漏缴与发生在时效内的少征、漏缴合并追征。不能合并、连续计算,对海关税收影响明显。建议通过修订、完善立法及相关规定,对多次少缴、漏缴税款,按纳税人最后一次追、补税时效起算,对前面多次的少缴、漏缴税款一同合并计征。执法实践中,多次发生的少缴、漏缴税款的种类可划分为:

第一,连续状态的少缴、漏缴税款税收违法行为。少缴、漏缴税款税收违法行为的连续状态,是指基于同一或概括的违法故意,连续实施性质相同的独立构成少缴、漏缴税款的数个违法行为。如当事人进口货物,连续多次违法低报、瞒报价格;经营加工贸易,备案和核销连续多次高报单耗,出口多次以少报多并多次向海关按出口申报办理核销;通过设关地点,连续多次分别通过伪报或夹带等逃税;连续多次分别非法销售或转让保税货物、特定减免税货物;多次分别将特定减免税货物擅自移作他用等。对此,按终了行为即最后一次行为追征税款时效起算,对前面多次包括发生在3年前的多个行为造成的少缴、漏缴税一同合并全额追征。

第二,时效中断的税收违法行为。纳税人前后有两个以上符合规定条件的少缴、漏缴税款违法行为,前后行为种类可以不同,如前一个行为可以是进口货物价格申报不实,后一个行为可以是商品税号申报不实;前一个行为可以是擅自转让海关监管货物,后一个行为可以是将海关监管货物擅自移作他用。而将前面的行为的追税时效中断,从最后一个行为的追税时效重新起算,对前后多个行为的短征税款全额追征。需要对符合中断追补税时效的情形作出规定。

第三,因纳税人计算错误等失误,多次造成税款少征、漏征,按最后一次追补税时效对前面设定每次间隔时间内的多次短征税款一同合并追补。

第四,对非纳税人的原因造成的多次少缴、漏缴税款,按最后一次少缴、漏缴税款的补税时效对前面符合间隔时间内的多次短征税款补征。

第五,对纳税人经营加工贸易等,因改进工艺等结余余料等补税,从最新余料等应补税之日起算对前面符合间隔时间的积累余料全额补征。

上述五类多次少缴、漏缴税款,每次的间隔时间应作规定,如半年、一年等,未超出的,按时效连续或中断办理。

第六,分期租赁等进口货物,追补税时效起算,结合漏、少缴税行为发生之日、合约内容、租赁合同期、付款时间、货物权属及贸易性质、监管要求、保障税收等,确定应当追补税的合理时效,可将分期合并计算,将全期时效移至海关对最后一期解除监管前,按发现之日或全期解除监管之日起算时效,并可参考保税货物等海关监管货物追补税时效有关情形办理,并结合完善相关时效制度。

五、少征漏征税补追税情形的制度完善

按现行《海关法》规定,海关发现少征或者漏征税款,应当在一年内补征。因纳税人违反规定造成少征或者漏征,海关在3年内可追征。具体哪些应按一年补征,哪些应按3年追征?笔者认为,应按一

年补税的范围包括:非因纳税人违反规定和过失的原因,如相关规定不明确或由于海关、第三方等原因而出现的少征或者漏征税款。在3年内可以追征税款的范围:因纳税人违反规定或过失而造成的少征或漏征,例如进口货物未向海关如实申报运费、保费、特许权使用费等;某种货品,关税条例、税则及注释、已对外公布海关归类规定已有明确归类规定,因纳税人商品品名、归类申报有误,造成税款少征;纳税人没有违反规定的故意,但其行为存在过失,客观上不符合海关法、关税条例及其他税收规定,如申报归类、价格等不符合规定,而按海关归类决定和审价意见等缴税(有些情形可考虑免滞纳金但应适用三年追税);纳税人非故意的计算错误和填报错误等而出现申报不实等违反或不符合征税规定的;因纳税人违反规定而造成税款短征,而未作案件处罚的追补税情事;作行政案件处理的违规行为而造成的少征、漏征税款;部分未没收走私货物按行政违法处理的走私行为少征、漏征税款;未追究刑事责任的部分逃税走私案件逃税等。对造成税款少、漏征,纳税人、海关都有责任的,不因海关有责任而免除纳税人申报不实等违反规定或不符合海关规定的责任,而按违反规定或不符合规定造成税款少征应适用的3年时效办理追税。

现行按3年追税,要求符合纳税人违反规定这一认定条件。既然构成违反规定,按程序就要追究违反规定的责任和征收滞纳金,存在移交、处罚等复杂程序,征收滞纳金数额往往甚高并承担罚款,影响企业自查自报补税和3年追税的适用。按1年补税,不收滞纳金,程序简单,但又有时效短、影响税收的因素。应进一步明确、完善相关立法、规定,明确如何分类适用。

建议执法中应从严解释应按一年补税的范围,放宽解释按3年追税的范围。可将现实对违反海关规定行为少、漏征税情事的处理分成两类,一类按违反规定行为按3年追税可依法行政处罚、征收滞纳金,另一类为单独适用3年追税,豁免处罚和滞纳金。《海关总署关于明确税款滞纳金减免相关事宜的公告》(公告〔2015〕27号)规定:对货物放行后纳税义务人通过自查发现少缴或漏缴税款并主动补缴的,海关可以依法减免税款滞纳金。这是有益的突破。今后对诸如归类、审价、核销补税等一些情形,需进一步明确和扩大应按违反规定或不符合规定按3年追税、但可免予或不纳入征收滞纳金、免予或不纳入处罚,增强办理税案的可操作性,简化办理程序。海关应进一步建立和完善税款滞纳金中止计算(稽查、核查、办案时间等不再计算)等规定。

此外,还应通过完善立法,将海关对税收违法行为核实、稽查、调查、办案、侦办等时间不计算于追补税时间。从海关等发现少征、漏征之日,到送达补税决定期间,应中止计算追补税时效。《海关总署关于发布第1号行政解释(试行)的决定》(署法发〔2012〕429号)规定:海关对纳税义务人是否违反规定进行的调查、侦查和稽查时间,应当在追补税期限予以扣除。通过这一行政解释,一定程度上较好地补充完善和解决了在追补税时效中扣除调查、稽查、侦查时间问题。对此相关问题,可在修订《海关法》《关税条例》或进行《关税法》等立法时加以吸收。此外,可借鉴美国海关对因当事人欺诈、过失造成关税损失的,当事人不在美国、有意隐藏或没有财产的时间,不计算在追征税款、采取处罚时效的制度,对纳税人逃匿,应税货物及缴税的财产不在的时间,或有其他逃避执法的行为,亦可中止计算追补税时效。

A Research of Improving the Prescription Legal System of Customs Duties and Taxes Collection in China

SUN Chaoying

[**Abstract**] Currently, an obvious problem related to the Prescription Legal System of Customs Duties and Taxes Collection and administration in China is the short validity period to recover the customs duties and taxes. This problem dilutes the taxpayers' awareness that they are subject to the application of the customs and taxation laws, affects strengthening Customs

Revenue collection and administration system, and hence affects Customs Taxation. Therefore, it's proposed that through revising the Customs Law and formulating the Tariff Act to Improve the Prescription Legal System of Customs Duties and Taxes Collection in China.

[**Key words**] Customs Duties and Taxes Collection, the Prescription Legal System, the Validity Period for Recovering

中国台湾地区“关税法”的历史演进与体系分析*

刘奇超 吕 艳**

[摘 要] 我国大陆和台湾地区从20世纪50年代起都围绕关税法律制度进行了多次改革和调整,尽管不同时期特定的政治、经济、文化存在客观差异,但两岸关税制度改革及其发展的基本方向和具体措施仍具有相当的趋同性。研究台湾地区“关税法”的历史演进、体系架构及其制度规定,对大陆关税立法有重要借鉴意义。从立法理念来讲,税收法定主义、税收债权债务关系说应为关税立法所秉承的法治精神与政策理念;从立法架构与制度设计来看,关税法立法架构、关税纳税义务人、海关担保制度等九个方面在立法过程中应做重点调整。

[关键词] 台湾地区关税;关税法;历史演进;体系分析;比较

* 本文是世界银行“中国关税立法国际比较研究”项目和财政部“关税立法国际比较研究”项目的阶段性研究成果,本文亦是“中国财政发展协同创新中心项目”的阶段性研究成果。

** 刘奇超:上海市浦东新区国家(地方)税务局干部,财政部《中华人民共和国关税法(草案)》起草组专家成员、中国政法大学财税法研究中心助理研究员、中央财经大学国际税务研究中心助理研究员。吕艳:青岛海关风险管理处副科长。

一、中国台湾地区关税稽征的历史演进

清朝咸丰四年(1854年),台湾地区首设“海关总税务司署”。民国及以后,其组织制度,一直沿袭下来。1949年12月,美籍总税务司李度(L. K. Little)辞职返国,台湾海关开始迎来没有外籍客卿任职海关领导的新时代。当时,台湾地区“海关总税务司署”管辖区仅有台北关、台南关及其分支关所,范围较之前大为缩小,人员亦遭裁减。其后,基隆关及台中关相继设立,台南关改为高雄关,各关行政区域经重新调整,并重新扩大编制,但仍以“财政部关务署”为台湾关务行政的最高主管机关,“海关总税务司署”及各地海关为实际执行机关。1982年2月19日,“关务署”改称为“关政司”,①仍隶属于“财政部”,负责台湾地区关税政策及关税制度的规划等事项。而“海关总税务司署”及各地海关,则按照1990年2月1日公布的“‘财政部’关税总局组织条例”及“‘财政部’‘关税总局’‘各地区关税局’组织通则”,于同年2月3日改制为“关税总局”及“各地区关税局”(如“台北关”改为“台北关税局”)。2013年1月1日,“关税总局”又按照台湾地区“行政院”组织架构的调整要求,与“财政部关政司”合并成立“财政部关务署”(见下页图)。

1950年3月,台湾地区着手修订海关进口税则,在1955年修正之时,台湾当局为增加财政收入,曾将最高税率提高到160%,但因明显阻碍经济发展,又逐渐修正降低。而后国际贸易朝向自由化、便利化发展,为顺应国际潮流,台湾地区本土也一同上演了一轮关税国际标准本土化的创制活动。1971年,台湾地区采用布鲁塞尔税则分类法(Brussels Tariff Nomenclature, B. T. N),将税则分类为21类、99章、1096号别、3925品目,以期与国际商品分类标准趋于一致;1980年8月30日,台湾地区采用复式税率②且兼含从价、从量及从价或从量从高征

---

① 中国台湾地区“关务署”原本计划配合扩大编制,在署下分设三处,唯因未获“立法院”同意,反而在1981年2月2日经“财政部组织法”被修正命名为“关政司”。

② 即将税率分为台湾地区法定税率及协定税率两栏。

税三种关税课税方式;1988年1月1日,台湾地区又改采用国际商品统一分类制度(Harmonized Commodity Description and Coding System,H. S.),

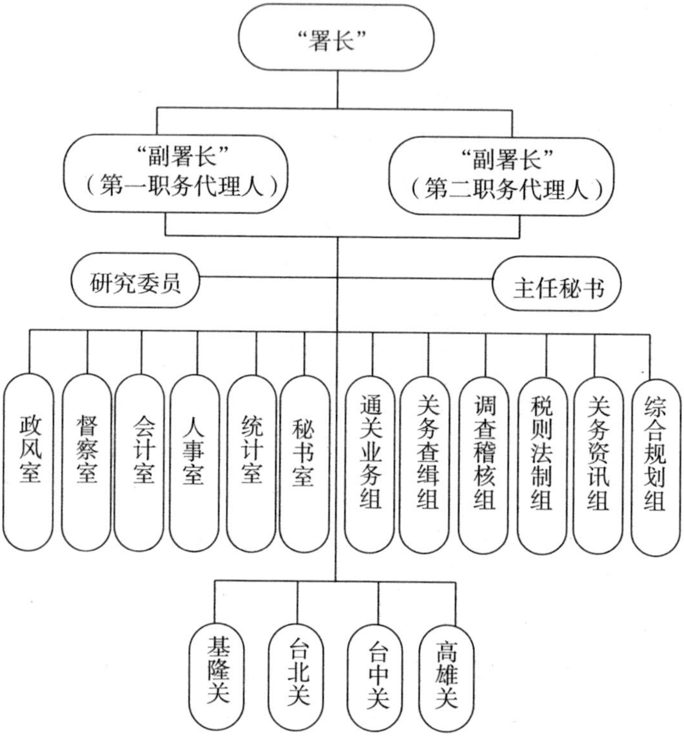

台湾地区"财政部关务署"组织架构图①

类章不变,共设1241节(Headings)(四位码)。由于目、款及项因货物性质关系,需常按国际商品统一分类制度的注解而调整,因此每次海

① 台湾地区"关务署"现设"署长"1人、"副署长"2人、研究委员、主任秘书1人,署内设有综合规划、通关业务、关务稽查、调查稽核、税则法制、关务资讯等6组,以及秘书、人事、会计、统计、督察、政风等6室。各组室下设科。同时,台湾地区"关务署"下辖基隆、台北、台中、高雄等4关,各关下设组、室。各关应业务需要,在所对应的辖区内设立分关。现共设有10个分关,各组、室、分关下设分科、股办事机构。通常,关税问题由税则法制、通关业务、调查稽核、综合规划4个组分别负责。

关进口税则修订时,多少总会有变动。现行使用版本是2013年11月29日起实施的HS2012年版修正版,税则(第1~97章)共计4位码1224节,6位码5205目,8位码8928款,第98章(关税配合产品)计8位码32款。因为税则分类只针对进口货物应课征进口关税所作出的分类,其与针对商品进出口所统计的商品分类①并无不同,但台湾地区在1989年1月1日采用国际标准(国际贸易标准分类)前,二者因统计口径不同而完全不同。因此很长一段时间内,台湾地区依照CCCN(十位码)所统计的《中国台湾地区进出口货品分类表》与"海关总税务司署"根据BTN(八位码)所统计的《中国台湾地区进出口贸易统计月报》差异明显。与此同时,伴随台湾地区发展对外汇储备需求日益增加,其先后通过设置外销退税制度、保税工厂制度、加工出口区外销事业免税制度及科学工业园区保税制度,鼓励外销。值得关注的是,1967年8月8日公布的台湾地区"海关法"废止了1929年7月18日由台湾地区"财政部"颁布的"海关税则暂定章程",开启了符合近代税收法定主义原则的新时代。

二、台湾地区对于关税的定义、功能及"关税法"调整范围的规定

(一)关税的定义

在关税法定主义视角下,清晰认识台湾地区"关税法"是透视其关税法律制度及其运行的必由路径。台湾地区"关税法"第2条规定:"本法所称关税,指对域外进口货物所课征之进口税",第3条第1项及第2项规定:"关税除本法另有规定者外,依海关进口税则征收之","海关进口税则,另经立法程序制定公布之",第4条"关税之征收,由海关为之"。由上述规定可知,关税是基于地区经济自主权,对进入境内的货物依照关税法及海关进口税则规定,由海关所课征的强制性税收。当然,大陆通说将关税定义为由海关代表国家,按照国家制定的关税政策、公布实施的税法和进出口税则,仅对进出关境自由流通的

① 《商品分类》是《中国台湾地区商品标准分类》的简称。

货物和物品征收的一种流转税。①

以台湾地区“关税法”为视角进一步分析可知:(1)关税是一种强制性(Compulsory)的金钱收入;(2)关税是依照关税法及海关进口税则规定而课征的税,如台湾地区“关税法”第3条第3项规定:“‘财政部’为研议进口税则之修正及特别关税之课征等事项,得设关税税率委员会,其组织规程由‘财政部’制定拟定,报请‘行政院’核定。所需工作人员,由‘财政部’法定员额内调用之”,可见台湾地区“财政部”为使海关进口税趋于完善,并健全特别关税课征制度,成立关税税率委员会以详细规定各类货物所属的税则号别、税率、减免以及如何核算出应税数额;(3)关税是对进入域内的货物而课征的税,认为关税是对于在域外制造而进入领域内的货物为标的所课征的税,但对于台湾保税区内制造的货物,可否课征关税,反而产生疑问。为妥善解决争议,台湾地区“关税法”第59条第2项规定“保税工厂所制造或加工之产品及依前项规定免征关税之原料,非经海关核准并按货物出厂形态报关缴税,不得出厂”,同时台湾地区“加工出口区设置管理条例”与“科学工业园区设置管理条例”均有规定,“其产品输保税范围外之课税区时,应依进口货物规定课征关税、货物税及营业税”,用以明确;(4)关税是国家基于主权作用所课征的税;(5)关税是对进口货物者所课征的税,进口货物者指进口货物的主体(关税纳税义务人),即台湾地区“关税法”第6条规定的收货人、提货单或货物持有人。②

(二)关税的分类

关税的分类是关税计征的基础。按照应税进出口货物在关境上的

---

① 岑维廉、钟昌元、王华:《关税理论与中国关税制度》,上海人民出版社2006年版,第4~5页。

② 台湾地区“关税法”实施细则第一章第3条规定,本法的第六条之收货人、提货单持有人及货物持有人,定义如下:一、收货人:指提货单或进口舱单记载之收货人。二、提货单持有人:指因向收货人受让提货单所载货物而持有货物提货单,或因受收货人或受让人委托而以自己名义向海关申报进口之人。三、货物持有人:指持有应税未税货物之人,如本法第55条第1项及第3项所定之货物持有人或受让人等。

流向进行分类,可划分为进口关税、出口关税和过境关税三类,其中进口关税有时会征收进口附加税,即特别关税。台湾地区"关税法"第67条、第68条第1款、第70条、第71条分别规定了平衡税(Countervailing Duties,即反补贴税)、反倾销税、报复关税、紧急关税(Emergency Duties,即保障措施关税)四种特别关税。按关税的计税依据进行分类,可划分为从价关税、从量关税、复合关税、选择关税、滑准关税、季节关税、差价关税,但现行台湾地区"关税法"仅规定有从价关税、从量关税、选择关税、季节关税四种。例如,台湾地区"海关进口税则"第八章注释一规定"输入税则第0805节下之鲜柠檬、柑橘及葡萄柚,自每年3月1日起至同年9月30日止进口者,按25%税率征税,其余时恢复40%",即为季节关税。而按照关税构成要件进行分类,可分为普通关税和特别关税。台湾地区"关税法"第5条"海关进口税则得针对特定进口货物,就不同数量订定其应适用之关税税率,实施关税配额"规定的配额关税(Quota Duties),即属特别关税的一种。

(三)关税的功能

关税性质的界定与发展趋势是关税政策制定的重要导向。按照征收目的,关税通常有三种特性:(1)财政关税说(Financial Tariffs),旨在对进口货物征收进口关税,以确保国家财政的收入;(2)经济关税说(Economic Tariffs),重在通过关税保护域内产业及经济发展;(3)贸易关税说(Trade Tariffs),即在促使进口国对于出口国输出货品的关税税率下降,使该货物易于输入,或出面请求进口国贸易谈判,使进口国得以改善其贸易条件。从台湾地区现在发展阶段来看,经济关税彰显的价值最为明显;而从大陆当下视角观望,财政关税仍是现行关税政策制定的核心要素。

(四)关税法的调整范围

按照2001年10月31日前修正公布的台湾地区"关税法"第1条规定:"关税之课征,依本法之规定",由文义解释可知关税法系关税课征之法。但在2001年10月31日修订时,台湾地区"立法部门"认为"关税法"不应限于课征"关税"之法,还应包括进口货物的申报查验等规定,且应将当时以职权命令规定的出口货物通关管理也一同纳入该法,故增加“货物之通关”文字,将立法修正为“关税之课征、货物之通关,依本法之规定”,一直沿用至今。尽管台湾地区“关税法”的立法用意甚佳,但从条文内容来看,“关税法”似乎仅限于课征关税及货物通关的法,对于货物的查验、完税价格的估价、放行、退保税、特别关税、罚则、行政救济与征收特别规费等事项,未规定在内,如再予列名,则显烦琐。因此,台湾地区“关税法”通过分章、分条规定的形式对其法定概念及其范畴做了详细规定。

综上,台湾地区“关税法”实质上是以“关税法”为名的“海关法”,它既包括狭义的“进出货物,在税则上如何分类?税率结构如何?完税价格如何评估?课征方法及程序如何?采用从价税还是从量税课征?”等关税问题,又包括广义上的“关务行政体系及职权的如何设计划分?通关程序如何简化?如何查缉走私?”等海关管理、业务操作的问题。

三、台湾地区“关税法”的架构与内容

1967年8月8日台湾地区公布实施的“关税法”至今已有48年,先后修订21次,当前正施行的版本系2014年8月20日修订版。

(一)立法架构

台湾地区现行“关税法”共有7章103条,第一章“总则”、第二章“通关程序”(包括报关及查验、完税价格、纳税期限与行政救济三节)、第三章“税款之优待”(包括免税、保税、退税三节)、第四章“特别关税”、第五章“罚则”、第六章“执行”、第七章“附则”。具体而言,总则部分主要规定了关税课征的范围、海关税则的制定、关税税率的适用、关税配额的实施、关税纳税义务人、海关担保或保证金、禁止进口物品等原则性、总领性内容,系法之核心要旨;通关程序部分以“关税之债”为主线,辅以制度性规定,积极倡导建构“债权债务关系”的征纳和谐之景;税款之优待部分对免税、保税与退税三项制度的基本内容做了框架性规定;特别关税部分则对平衡税、反倾销

税、报复关税等制度及其调整、适用情况作了总览性规定;而罚则、执行、附则部分重点突出对台湾地区"关税法"实施之监督、效力之保障、制度之配套内容,从根本上确保了立法内容层次清晰、衔接紧密。

(二)关税的定义与征收范围

关税是对通过关境由海关征收的强制性收入。台湾地区关税原有进口关税、过境关税、转口关税三种。由于过境关税已于抗战时期取消,转口关税也在1946年停征,因此现行关税法所称关税,专指域外进口货物所课征之进口税。台湾地区主要依据"海关进口税则"规定,从价征收。

(三)关税纳税义务人

台湾地区"关税法"第6条规定:关税纳税义务人为收货人、提货单或货物持有人。其中收货人指提货单或进口舱单记载的收货人;提货单持有人指因向收货人受让提货单所载货物而持有货物提货单,或因受收货人或受让人委托而以自己名义向海关申报进口的人;而货物持有人指持有应税未税货物的人,如减免关税进口货物、转让或变更用途时,原进口时的货物持有人,或依规定经强制执行或专案核准者,准由继续分期缴税或记账的受让人等。

(四)海关进口税则

进口税则是海关具以课税的标注表或税率表(Tariff Schedule)。当前适用的税则共98章,前97章依国际通行标注制定,第98章为"关税配额之货物",其中9899000000规定旅客携带自用行李以外之应税零星物品,邮包之零星物品,除实施关税配额之物品外,按5%税率征税("海关进口税则"总则五)。现行使用的税则包括:台湾地区输出入货物分类号别(CCC Code)[含税则号别(Tariff No.)、统计号别(SC)]、货名、货物信息描述(Description of Goods)、单位(Unit)、自定税率(Tariff Rate)/机动税率(Temporary Adjustment Rate)(分为第一栏、第二栏和第三栏)、[1]稽征特别规定(CR)、输出入规定、生效期日,共9栏13项指标信息。

(五)课征关税的标准

台湾地区"关税法"现行课税标准,依次为以下六种情形:一是从价课征关税的进口货物,其完税价格以该进口货物的交易价格作为计算根据;二是进口货物的完税价格,海关按该货物出口时或出口前、后销售至台湾地区的同样货物的交易价格进行核定;三是进口货物的完税价格,海关按该货物出口时或出口前、后销售至台湾地区的类似货物的交易价格进行核定;四是进口货物的完税价格,海关按域内销售价格进行核定;五是进口货物的完税价格,海关按计算价格进行核定;六是进口货物的完税价格,海关依据查得的资料,以合理方法进行核定。海关需依纳税义务人请求,变更第四条和第五条核估的适用顺序。

(六)进口货物分类或估价发生争议的处理

纳税义务人如不服海关对其进口货物核定的税则号别、完税价格或应补缴税款或特别关税者,要于收到税款缴纳登记之次日起30日内,依规定格式,书面向海关申请复查,并要于缴纳全部税款或提供相当担保后,提领货物。海关对复查的申请,应于收到申请书之次日起两个月内作出复查决定,并作成决定书,通知纳税义务人。纳税义务人不服海关复查决定的,要依法提起诉愿及行政诉讼。

---

① 台湾地区"海关进口税则"之税率分为三栏。第一栏税率,适用于世界贸易组织(WTO)成员,或与台湾地区有互惠待遇的国家或地区的进口货物,目前记有189个国家或地区。第二栏税率,适用于特定低度开发、开发中国家或地区的特定进口货物、与台湾地区签署自由贸易协定或经济合作协议之国家或地区的特定进口货物。不适用第一栏和第二栏税率的进口货物,则适用于第三栏税率(按第三栏税率通常系较高之税率)。应当指出的是:适用第一栏之国家或地区,由台湾地区"财政部"会商有关机关后报请"行政院"核定,并由"行政院"函请"立法院"查照。适用第二栏之国家或地区,除与台湾签署条约、协定或经济合作协议者外,由台湾地区"财政部"会同有关机关后保报行政院核定后,送请"立法院"审议。

(七)报关纳税期限

为了保证货物便利化通关的同时确保税款及时征收,促使纳税义务人及时报关纳税,台湾地区“关税法”第16条规定:“进口货物之申报,由纳税义务人自装载货物之运输工具进口日之翌日起十五日内,向海关办理”,“出口货物之申报,由货物输出人于载运货物之运输工具结关或开驶前之规定期限内,向海关办理”;第43条规定:“关税之缴纳,自税款缴纳证送达之翌日起十四日内为之”。

(八)进口货物先放后税制度

台湾地区“关税法”第44条规定:“应征关税之进口货物,应于缴纳关税后,予以放行。但本法另有规定或经海关核准已提供担保者,应先予放行。”具体而言,先放后税制度,指纳税义务人依照“关税法”第18条规定应缴纳的关税及保证金,经海关核准提供担保,替代现金、保证金的缴纳先行验放其进口货物。台湾地区“关税法”第11条规定:“依本法提供之担保或保证金,得以下列方式为之:一、现金。二、政府发行之公债券。三、银行定期存单。四、信用合作社定期存单。五、信托投资公司一年以上普通信托凭证。六、授信机构之保证。七、其他经‘财政部’核准,易于变价及保管,且无产权纠纷之财产。前项第二款至第五款及第七款之担保,应依法设定抵押权或质权与海关。”同时,担保的提供由纳税义务人、报关业者或其负责人依限区担保或通区担保的方式选择其一,且具体担保额度由担保人自行决定。[①]

(九)进口货物的免税及退税

台湾地区关税的免税政策主要包括法定免税和符合条件的法定免税两种情形。以下各款进口货物,直接免税:……(6)公私立各级学校、教育或研究机关,依其设立性质,进口用于教育、研究或实验

① 2014年12月11日,台湾地区“行政院”修订了“进口货物税则预先审核实施办法”,将2011年12月25日公布施行的限区担保、通区担保和间接担保三种担保方式,调整为限区担保(担保自单一关别进口之货物)和通区担保(担保各自关别进口之货物)两种方式,并扩展担保人范围由纳税义务人(仅可申请限区担保或通区担保)和报关业者(仅可申请间接担保)扩展至“纳税义务人、保关业者或其负责人”均可申请。

的必需品与参加国际比赛的体育团体训练及比赛用的必需体育器材。但以成品为限;(7)外国政府或机关、团体赠送的勋章、徽章及其类似奖品…… (14)旅客携带的自用行李、物品;(15)进口的邮包物品数量零星在限额以下者……(18)台湾地区籍船员在域内设有户籍者,自域外回航或调岸携带的自用行李物品等。有下列情形之一,有条件免征关税:(1)在域外运输途中或起卸时,因损失、变质、损坏致无价值,于进口时,向海关声明的;(2)起卸以后,验放以前,因天灾、事变或不可抗力的事由,而遭受损失或损坏致无价值的……(5)于海关验放前,因货物的性质自然短少,其短少部分经海关查明属实的。同时,符合条件的赔偿或调换进口货物、进口整修、保养的成品、以暂准通关证代替进口或出口报单办理货物通关有效期限内原货复运出口或复运进口等情形,免征关税。

退税政策主要适用于符合条件的外销品进口原料关税的退换和短征、溢征或短退、溢退税款的情形。同时,对于已缴纳关税的进口货物,有下列各款情事之一的,退还其原缴关税:(1)进口一年内因法令规定禁止其销售、使用,于禁止之次日起6个月内原货复运出口,或在海关监视下销毁;(2)于货物提领前,因天灾、事变或不可抗力的事由,而遭受损失或损坏致无价值,并经海关查明属实;(3)于货物提领前,纳税义务人申请退运出口或存入保税仓库,经海关核准。

(十)进口货物的保税

台湾地区"关税法"第58~62条,先后规定了保税仓库、保税工厂、物流中心、免税商店这四类保税场所,但实际上台湾地区还存有离岛免税购物商店、加工出口区、科学工业园区、农业科技园区、自由贸易港区、自由经济示范区六种保税场所。"进口货物于提前得申请海关存入保税仓库。在规定存仓期间内,原货出口或重整后出口者,免税。台湾地区产保税货物进储包税仓库后,得依规定办理除账;供重整之域内货物进储保税仓库后,除已公告取消退税之项目外,得于出口后依外销品进口原料关税规定办理冲退税";"外销品制造厂商,得经海关核准登记为海关管理保税工厂,其进口原料存入保税工厂制造或加工产品外销者,得免征关税。保税工厂所制造或加工之产品及依规免征关税之原料,非经海关核准并按货品出厂形态报关缴税,不得出厂”;“经营保税货物仓储、转运及配送业务之保税场所,其业者得向海关申请登记为物流中心。进储物流中心之货物,因业务需要,得进行重整及简单加工。进口货物存入物流中心,原货出口或重整及加工后出口者,免税。域内货物进物流中心,除已公告取消退税之项目外,得于出口后依外销品进口原料关税规定办理冲退税。”

(十一)预裁定制度

预裁定制度作为国际海关法贸易便利化发展趋势的主要标志与产物,包括商品预归类、价格预审核和原产地预确定三项制度。台湾地区“关税法”第21条规定:“纳税义务人或其代理人得于货物进口前,向海关申请预先审核进口货物之税则号别,海关应以书面答复之。海关对于前项预先审核之税则号别有所变更时,应叙明理由,以书面通知纳税义务人或其代理人。经纳税义务人或其代理人举证证明其已签定契约并据以进行交易,且将导致损失者,得申请延长海关预先审核税则号别之这用,并以延长九十日为限。”第36-1条规定:“纳税义务人或其代理人得于货物进口前,向‘财政部关税总局’申请预先审核进口货物之实付或应付价格有无第二十九条第三项规定或其他应计入完税价格之费用,审核之答复应以书面为之。‘财政部关税总局’对于前项预先审核结果有所变更时,应叙明理由,以书面通知纳税义务人或其代理人。”

(十二)特别关税

台湾地区“关税法”专设特别关税(第67~72条)一章,依次规定了平衡税、反倾销税、报复关税、紧急关税和关税配额的构成要件、认定标准及基础税率。如“进口货物在输出或产制国家之制造、生产、销售、运输过程,直接或间接领受财务补助或其他形式之补贴,致损害台湾地区产业者,除依海关进口税则征收关税外,得另征适当之平衡税”;“进口货物以低于同类货物之正常价格输入,致损害台湾地区产业者,除依海关进口税则征收关税外,得另征适当之反倾销税”;“输入国家对台湾地区输出之货物或运输工具所装载之货物,给予差别待遇,使台湾地区货物或运输工具所装载之货物较其他国家在该国市场处于不利情况者,该国输出之货物或运输工具所装载之货物,运入台湾地区时,除依海关进口税则征收关税外,财政部得决定另征适当之报复关税";"依贸易法采取进口救济或依国际协定采取特别防卫措施者,得分别对特定进口货物提高关税、设定关税配额或征收额外关税"。

(十三)滞报费、滞纳金、利息与罚款

第一,滞报费。进口货物的申报,由纳税义务人自装载货物的运输工具进口次日起15日内,向海关申报,不依规定期限报关的,自报关期限届满次日起,按日加征滞报费新台币200元。前项滞报费征满20日仍不报关,由海关将其货物变卖,所得价款,扣除应纳关税及必要费用外,如有余款,由海关暂代保管;纳税义务人应于5年内申请发还,逾期上缴。

第二,滞纳金。关税缴纳期限为税款缴纳证送达次日起14日内。不依规定期限纳税,自缴税期限届满次日起,以欠缴税额按日加征滞纳金万分之五。前项滞纳金加征满30日仍不纳税,由海关将其货物变卖,所得价款,扣除应纳关税及必要费用外,如有余款,由海关暂代保管;纳税义务人应于5年内申请发还,逾期上缴。依法办理免征、记账及分期缴纳关税的进口机器、设备、器材、车辆及其所需的零组件,应缴或追缴的关税延期不缴纳,除依法移送强制执行外,自缴税期限届满日或关税记账次日起至税款缴清日止,以欠缴或记账税额按日加征滞纳金万分之五。外销品原料的记账税款,不能于规定期限内申请冲销的,应即补缴税款,并自记账次日起至税款缴清日止,以应补税额,按日加征滞纳金万分之五。

第三,利息。经依复查、诉愿或行政诉讼确定应退还税款者,海关应于确定次日起10日内,予以退还;并自纳税义务人缴纳该项税款次日起,至填发收入退还书或管理部门签发的支票之日止,按退税额,依缴纳税款之日邮政储金1年期定期储金固定利率,按日加计利息,一并退还。经依复查、诉愿或行政诉讼确定应补缴税款的,海关应于确定次日起10日内,填发补缴税款缴纳通知书,通知纳税义务人缴纳,并自该项补缴税款原应缴纳期间届满次日起,至填发补缴税款缴纳通知书之日止,按补缴税额,依原应缴纳税款之日邮政储金一年期定期储金固定利率,按日加计利息,一并征收。

第四,罚款。海关依规定进行调查时,被调查人规避、妨碍或拒绝提供资料、到场备询或配合调查的,处新台币3000元以上3万元以下罚款;连续拒绝者,连续处罚。不依规定补缴关税的,一经查出,除补征关税外,处以应补税额一倍之罚款。经营报关、运输、承揽、仓储、货柜集散站及其他与通关有关业务的,违反所定办法中有关办理电脑连线或电子资料传输通关资料的登记、管理或通关程序规定的,海关应予以警告并限期改正或处新台币6000元以上3万元以下罚款,并按次处罚;处罚3次仍未完成改正者,应停止6个月以下的报关……依规定缴纳保证金的,欠缴依本法规定应缴税款、规费或罚款时,海关应就其所缴保证金抵缴。保证金因前项抵缴不足时,海关应通知于一定期限内补足差额;届期不补足的,应停止业务经营或废止其登记。

(十四)关税争议救济

台湾地区“关税法”第45条规定:“纳税义务人如不服海关对其进口货物核定之税则号别、完税价格或应补缴税款或特别关税者,得于收到税款缴纳证之翌日起三十日内,依规定格式,以书面向海关申请复查,并得于缴纳全部税款或提供相当担保后,提领货物。”第46条规定:“海关对复查之申请,应于收到申请书之翌日起二个月内为复查决定,并作成决定书,通知纳税义务人;必要时,得予延长,并通知纳税义务人。延长以一次为限,最长不得逾二个月。复查决定书之正本,应于决定之翌日起十五日内送达纳税义务人。”第47条规定:“纳税义务人不服前条复查决定者,得依法提起诉愿及行政诉讼。经依复查、诉愿或行政诉讼确定应退还税款者,海关应于确定之翌日起十日内,予以退还;并自纳税义务人缴纳该项税款之翌日起,至填发收入退还书或管理部门签发的支票之日止,按退税额,依缴纳税款之日邮政储金一年期定期储金固定利率,按日加计利息,一并退还……”。

需要指出的是,从广义上看,台湾地区“关税法”除了“关税法”外,还有配套的相关规定。按照内容来分类,包括三个方面:一是关务行政类事项,此类由“关税法”“关税法施行细则”“进口货物先放后税实施办法”“优质企业认证及管理办法”“进口货物原产地认定标准”“平衡税及反倾销税课征实施办法”“关税配额实施办法”“进口货物税则预先审核实施办法”“进口货物估价预先审核实施办法”为主。二是捐税减免类事项,此类由“军用物品进口免税办法”“救济物资进口免税办法”“原子能设备进口关税减免办法”“教育研究用品进口免税办法”、“民间机构参与交通建设进口货物免征及分期缴纳关税办法”“民间参与重大公共建设进口货物免征及分期缴纳关税办法”“驻华外交机构及其人员进口用品免税办法”“派驻域外人员任满调回携带自用物品办法”“船员域外回航或调岸携带自用行李物品进口办法”“离岛地区进口商品免征关税实施办法”“减免关税之进口货物补税办法”“发展再生能源进口货物免征及分期缴纳关税办法”等组成。三是保税及退税类事项,此类由“外销品冲退原料税办法”“保税仓库设立及管理办法”“海关管理保税工厂办法”“免税商店设置管理办法”“离岛免税购物商店设置管理办法”“物流中心货物通关办法”“自由贸易港区货物通关管理办法”“加工出口区保税业务管理办法”“科学工业园区保税业务管理办法”“农业科技园区保税业务管理办法”等组成。

四、对大陆关税立法的借鉴分析

中国大陆和台湾地区从 20 世纪 50 年代起都对关税法进行了多次改革和调整,尽管不同时期的特定政治、经济、文化存在客观差异,但两岸的关税制度改革及其发展的基本方向和具体措施仍具有相当的趋同性,可为关税法确立兼具“进化论与法律移植论”同“法律工具论”整合之中文语境下的“现代化范式”路径转化提供借鉴。[①]

(一)税法理论比较下的关税立法理念的革新

在大陆理论界,财税学界注重传统的固定性、无偿性和强制性“税收三性”的界定,而法学界则更加偏向税收宗旨的公共属性和税法学理的深层价值。但台湾地区在学理上,强调赋税制度与结构,应与促进经济发展与实现社会公平相匹配。“税法必须符合正义(Gerechtigkeit)之理念,而为正义之法(Gerechtigkeitsreht)”;[②]且将量能课税原则,公益原则、需要原则、功绩原则以及实用性原则(税捐稽征经济原则)被视为税法上特殊的正义原则。[③] 与此同时,因两岸政治、经济和社会制度的事实分界和地区分治导致的税收观念和税法文化上的差异性,横亘于大陆社会和民众的集体主义观念体现出国际治理无处不在的行政主导性,具体到税收立法体现出“法律父爱主义”的明显特征,反映到税法实践则在较长时间内都呈现出政府征税权高于个人财产权的纳税文化;税收政策的制定和税收法律的变动都遵循严格的法律程序,投射到税法实践则呈现出税务机关以提供纳税服务和促进人民福祉的纳税文化。[④] 毋庸置疑,从学理角度观察,税收法定与税收债权债务关系的确立是本次关税立法理念调整的核心要旨。

台湾地区东吴大学陈清秀教授指出:“税法乃是侵害人民权利的法律,有关税捐的核课与征收,均必须有法律的根据。亦即国家非根

① 邓正来先生对单纯适用“现代化范式”持反思与批判之态度,他认为发迹于20世纪60年代的“法律与发展研究运动”的代表观点“进化论和法律移植论”和“法律工具论”,当基于两个假设为基本支撑:一是当下世界的所有国家都可以根据西方现代化所取得的成就而被界分为“传统社会”和“现代社会”,而这便是人所熟知的“传统—现代”两分观;二是不仅人类历史注定沿着一条单一的预设轨线发展——此一轨线由前后相继、性质严格区别的社会阶段构成,而且每个社会的历史也都必然遵循一条由较低级社会向较高级社会的预定路线前进发展。基于此,本文认为兼顾“进化论和法律移植论”和“法律工具论”之观点,且同时考量国际、国别关税立法之嬗变、中国关税制度改革的历时性演进路径之“现代化范式”,具有可行性。

② 黄俊杰:《税捐正义》,北京大学出版社2006年版,第2页。

③ 陈清秀:《税法总论》,台湾元照出版社2014年版,第28~45页。

④ 刘剑文、王桦宇:《两岸税法比较研究》,北京大学出版社2015年版,第52页。

据法律不得核课征收税捐,亦不得要求国民缴纳税捐,而且仅于具体的经济生活事件及行为,可以被涵摄于法律的抽象构成要件前提之下时,国家的税捐债权始可成立。此项原则,即称为税捐法定主义或租税法律主义"。[①] 党的十八届三中全会通过的《中共中央关于全面深化改革若干重大问题的决定》在"加强社会主义民主政治制度建设"中特别将"落实税收法定原则"写入其中,强调税收法定原则是指导关税立法的重要依据,更是破除当前以条例、令、公告等形式规定关税制度杂乱无章之内容体系的有力举措。相对而言,台湾地区在"关税法"制定上的"税收法定主义"贯彻得比较好,民众对"税法"的认识较好且"税法"遵从度呈良好态势;大陆目前公共财政和服务型政府观念正在被普遍接受,税收"取之于民,用之于民"基本观念的深入人心,从依法治税到税收法治的转变进程,都与税收法定主义息息相关。因此,关税立法兼具实质意义与形式意义之法定主义规范层次,符合税收法定主义精神。

此外,围绕以税收法律关系的性质是奥托·梅耶(Otto Mayer)提出的"权力关系",还是阿尔伯特·亨泽尔(Albert Hensel)提出的"债务关系"之争论,系税收债权债务关系说的焦点。从立法原理角度看,"权力关系"侧重于税收的征纳程序,而"债务关系"侧重于强调纳税人对国家负有的税收债务。实际上,从立法技术角度看税收实定法,税收法律关系的内容由程序与实体的部分构成。程序的部分是指程序义务关系(税收义务关系),即为实现税收债务关系的请求权为目的所成立的各项权利和义务,它属于行政法性质,是为了配合或确保税收债权的实现,而由附随的非财产权性质税法上的权利与义务所构成的法律关系;实体的部分是指税收债务关系,是以税收债权为内容的一切金钱给付请求权,它属于财产法性质的请求权。按照传统观念,单独将税收法律关系视为单一的权力关系或债务关系的"一元论"观点,已显不妥。因此,甄别关税(海关债权债务)实体法律关系的重心

① 陈清秀:《税法总论》,台湾元照出版社2014年版,第45页。

应为公法上的债权债务关系,关税(海关债权债务)程序法律关系则应主要以行政权力为基础,体现权力关系的性质。[①] 台湾地区"关税法"一直以税收债权债务关系说为关税立法的理论基石,视国库为关税债权人,视收货人、持有人和报关行为关税债务人的立论基础,很好地阐述了关税债权债务的发生、变更及消灭,关税债务的清偿期及缓课,关税债权优先权,关税债权债务的管辖地,关税债权时效等关税实体和程序问题。[②] 反观大陆现行《关税条例》的框架结构,章目依次为总则、进出口货物关税税率的设置和适用、进出口货物完税价格的确定、进出口货物关税的征收、进境物品进口税的征收、附则,突出的还是立法和行政居于一元统治之下以公权力为主导的关税征管关系。值得欣慰的是,《税收征收管理法修订草案(征求意见稿)》[③]等税收法律在修订过程中已充分彰显税收债权债务的关系,为税收债权债务关系的大陆实践带来了曙光。故关税立法秉承"债权债务关系"为轴线重塑《关税条例》的架构,合乎逻辑法理与改革发展趋势。

(二)制度体系比较下的关税立法调整

在一个发展变化的世界中,如果把法律仅仅视为一种永恒的工具,那么它就不能有效地发挥作用。[④] 何况大陆正身处如火如荼的税收法定主义建设进程中,税法的立与废已是周遭平常不过的事件了。况且对高度依赖专业与技术性操作的关税法立法来说,两岸关税法律

---

① 刘奇超、王珉、乔羽:《欧盟关税之债的基本原理与制度研究——基于〈联盟海关法典〉的审视》,载熊伟主编:《税法解释与判例评注》(第6卷),法律出版社2015年版。

② 李宪佐:《关税法论》,台湾植根法学丛书2012年版,第59~102页。

③ 现行《税收征收管理法》立法架构:第一章总则,第二章税务登记,第三章税款征收,第四章税务检查,第五章法律责任,第六章附则;而《税收征管法修订草案(征求意见稿)》(国务院法制办2015年1月5日公布)的立法架构调整为:第一章总则,第二章税务登记,第三章凭证管理,第四章信息披露,第五章申报纳税,第六章税额确认,第七章税款追征,第八章税务检查,第九章法律责任,第十章争议处理,第十一章附则。

④ [美]E. 博登海默:《法理学——法律哲学与法律方法》,邓正来译,中国政法大学出版社1999年版,第326页。

制度的相关规定基本趋同,具有良好的可比与借鉴基础。

1. 立法架构的确立

台湾地区"关税法"的立法架构整体呈现"扁平化"模式,第二章"通关程序"未将关税征管的实体法与程序法剥离开来,且第二章、第三章分节较多,容易混乱;同时,台湾地区"关税法"在关税征管环节"报关及查验——完税价格——纳税期限与行政救济"的架构编排,未能良好地体现出以"关税征税行为"为核心概念的征管制度和流程的全貌。[①] 建议在搭建我国关税法立法架构时,可将《中华人民共和国关税条例》"总则——进出口货物关税税率的设置和适用——进出口货物完税价格的确定——进出口货物关税的征收——进境物品进口税的征收——附则"之架构,调整为以"总则——涉税信息提供——关税税率的设置与适用——完税价格的确定——关税的确定——关税的征收——关税检查——关税的减免与特别征收措施——法律责任——争议处理——附则"为立法主线的国际化、现代化的关税法典化架构。[②]

2. 课征对象与范围

台湾地区"关税法"第2条规定,关税指对域外进口货物所课征之进口税,即台湾地区关税仅对通过台湾关境内的"货物"才征税,非"货物"不征关税,而我国《关税条例》的课征对象是进出口环节"货物"与进口环节"物品"关税。台湾地区关税仅只有进口税一种,其主要缘由是保护台湾地区产业、抑制进口并减少消费;为鼓励出口、赚取外汇并增加外销厂商之竞争力计,台湾地区也不征收出口关税;考虑到梳理台湾地区货物转运中心之地位,亦不针对转口货物征收关税。[③] 但大陆关税的改革需考虑更多因素。2016年3月24日,财政部公布《关于跨境电子商务零售进口税收政策的通知》(〔2016〕18号),宣布自2016

---

① 施正文、刘奇超:《关税法立法架构的国际比较与结构分析》,载《海关与经贸研究》,2016年第4期,第10~11页。

② 施正文、刘奇超:《论中国关税法的定位与架构》,载《海关与经贸研究》2016年第6期,第1页。

③ 刘剑文、王桦宇:《两岸税法比较研究》,北京大学出版社2015年版,第181页。

年4月8日起实施跨境电子商务零售进口税收政策并同步调整行邮税政策,更有消息指出关税立法有全面取消行邮税之考量。继而依赖于新政策的出台和实施,调整并明确界定新的关税课征对象与范围,对大陆而言十分必要。

3.关税纳税义务人

《中华人民共和国关税条例》规定,依法取得对外贸易经营权,并进口或出口的法人或者其他组织为纳税人;而台湾地区货物关税纳税人还包括个人。但《中华人民共和国对外贸易法》第8条规定的"对外贸易经营者"包括个人,因此立法是否突破原有范围值得仔细论证。同时,应当在关税法立法中明确界定"收发货人"的概念。当前对此概念的一般理解是"直接从事进出口货物的当事人";但随着新贸易方式的出现,"一带一路"国家战略的推进,对关税法律制度体系中狭义"收发货人"的解释带来重大冲击。例如,在跨境电子商务新型业态中,当事人除了买卖双方之外,还涉及电子商务平台、支付企业、物流企业、发货人、收货人、支付人等;而在当前自贸区中货物凭舱单入区,舱单入区申报行为中涉及货物所有人、委托代理人、运输工作的负责人、海关监管场所的经营人。这些贸易行为或通关行为需要确切的立法规范。[①] 鉴于当前国际通行的AEO制度的概念[②]符合改革方向,且台湾地区"关税法"第19条规定了优质企业认证制度(即大陆现行的高级人证企业制度),因此有必要借助AEO概念调整或修改"收发货人"概念,以满足国际海关信息互换、监管互认、执法互助改革以及双/多边AEO互认的需要。

4.规定的纳税期限

台湾地区"关税法"第43条规定:"关税之缴纳,自税款缴纳证送

① 陈晖:《一带一路战略与我国海关法的修改与完善》,载陈晖主编:《海关法评论》(第5卷),法律出版社2015年版,第238页。

② 根据当前国际通行的AEO制度,AEO的主体种类要比我国"收发货人"的概念广泛。AEO实际上是指经过海关或海关授权的机构认证的,符合WCO制定标准或供应链安全标准的货物贸易当事人及报关企业。

达之翌日起十四日内为之。"此处的纳税期限起算点是"自税款缴纳证送达之翌日"。而《中华人民共和国关税条例》第37条规定"纳税义务人应当自海关填发税款缴款书之日起15日内向指定银行缴纳税款。"此处的纳税期限起算点则为"自海关填发税款缴款书之日"。2014年我国海关总署公布的《海关全面深化改革总体方案》(以下简称《深改方案》)指出:"改革税收征管方式。强化企业如实申报、依法纳税的责任,推动税收征管申报要素的审查由集中在进出口通关环节向全过程转变,由逐票审查确定向抽查审核转变。企业自报、自缴税款。"意味着企业今后可以缴税后自行打印税单,纳税义务人要主动申报、如实申报纳税,海关不再主动通知。因此,台湾地区关税依托关港贸单一窗口、税费缴纳系统等电子海关平台确定"税款缴纳证送达"的"立法"表述,可能更切合大陆改革方向。

5. 关税完税价格的确定标准

台湾地区"关税法"规定的"交易价格"同大陆规定的"成交价格"一样,实际上是《WTO估价协议》相关概念的不同表述。从制度规定来看,台湾地区"关税法"较《中华人民共和国关税条例》而言,对除成交价格估计法规定之外的相同货物(同样货物)、类似货物、倒扣价格(域内销售价格)、计算价格、合理方法五种完税价格标准计算的价格要素及条件,做了更为详细的框架性规定。同时,台湾地区"关税法"强调关联性制度的完整性,规定一般利润、费用或通常支付的佣金,以符合台湾地区一般公认会计原则的资料进行核定;且台湾地区非常重视对关税纳税义务人权利的保护,规定纳税义务人如不服海关对其进口货物核定的完税价格,可提供相当全部税款的担保后,提领货物。《中华人民共和国关税条例》关于特许权使用费的规定仅限第19条第5项,作为该货物向中华人民共和国境内销售的条件,买方必须支付的、与该货物有关的特许权使用费。如何限定此处特许权使用费之概念?条例没有回答,具体规定要参见《中华人民共和国海关审定进出口货物完税价格办法》第13条。但台湾地区"关税法实施细则"第12条第2项规定"权利金及报酬,指为取得专利权、商标专用权、著作权及其他以立法保护之智慧财产权所支付与进口货物有关之价款。但不包括为取得于域内复制进口货物之权利所支付之费用。”从税收法定视阈厘清了条款中的基础性概念。由此观照,我国关税立法有必要细化、调整完税价格的基础性规定。

6. 海关担保制度

《中华人民共和国关税条例》仅规定对在规定的纳税期限内有明显的转移、藏匿其应税货物以及其他财产迹象的纳税义务人提供担保(第40条)以及对暂时进境或者暂时出境的货物提供担保(第42条),《中华人民共和国海关事务担保条例》的规定也较为宽泛。台湾地区“关税法”规定为加速进口货物通关,海关要按纳税义务人应申报的事项,先行征税验放,事后再加审查,且其对担保或保证金的形式、担保方式都做了明确规定,值得仿效。欣慰的是,《深改方案》规定要实施货物通关“一次申报、分步处置”的管理模式,要求“推进通关全程无纸化,修改报关单结构,优化随附单证递交方式。拓宽集中申报、提前申报的适用范围”,《深改方案》同时要求改革税收征管方式,强调创新税收担保形式,为完善海关担保制度实现先放后税模式提供了顶层设计。因此,大陆针对海关担保制度的改革,不仅要关注“法条主义”所研究的次级事实(second-order facts),更要明晰其背后的初级事实或首要事实(first-order or primary facts),做总体性创新与结构性调整。

7. 进口货物退免税制度

《中华人民共和国关税条例》第45条、第46条分别规定了法定减免税与特定减免税(政策性减免税)、临时减免税制度,第50条规定了关税退税制度。从关税免税制度设计来讲,台湾地区“关税法”更加注重人文关怀,相比大陆仅规定的六种减免关税的进口货物条款而言,台湾规定了基本的十八种免税情形和十类免征关税事项。尽管大陆《外国在华常驻人员携带进境物品进口税收暂行规定》《残疾人专用品免征进口税收暂行规定》等行政法规和《海关进出口货物征税管理办法》《海关关于〈扶贫、慈善性捐赠物资免征进口税收暂行办法〉的实施办法》等海关总署规章散见不同免征关税事项,但种类和形式上不及我国台湾地区丰富。另外,作为《京都公约》总附约第四章第三部分“税费退换”的“4.19标准条款”的范式转化,《中华人民共和国关税条例》第50条规定的关税退还制度还较为薄弱,而台湾地区“关税法”第三章税款之优待的第三节专门规定的退税制度,呈体系化、多元化特点。因此,关税立法宜对此处规定加以调整,力求切合改革需要与纳税人的实际期待。

8. 预裁定制度

作为制度起源,WTO《贸易便利化协定》第3条(预裁定)第9款第1项规定,“预裁定”指一成员在申请所涵盖的货物进口之前向申请人提供的书面决定,其中规定该成员在货物进口时有关下列事项的待遇:(1)货物的税则归类,及(2)货物的原产地;(b)除第(a)项种所定义的预裁定外,鼓励各成员国提供关于下列事项的预裁定:(1)根据特定事实用于确定完税价格的适当方法或标准及其适用……。观照台湾地区做法,其“关税法”第21条、第36-1条分别规定了预先审核进口货物之税则号别制度和预先审核进口货物之实付或应付价格或其他应计入完税价格之费用;而《中华人民共和国关税条例》对此并无任何规定,相关制度仅在《海关进出口货物商品归类管理规定》(海关总署第158号令)、《进口货物价格预审核管理暂行规定》(署税发〔2011〕419号)和《进口货物原产地预确定暂行规定》(署税发〔2012〕129号)中体现,法律位阶较低。《深改方案》提到的“发挥行政裁定、海关预归类预审价等优质公共服务和社会化预归类服务的协同作用”,仅可视为该制度社会化推广的第一步,而制度本身所涉及的办理期限、预裁定复议、纳税人救济、效力时效等具体规定同台湾地区规定尚存较大差距。理应突破。

9. 滞报费、滞纳金、利息与罚款

《中华人民共和国关税条例》第37条规定“纳税义务人未按期缴纳税款的,从滞纳税款之日起,按日加收滞纳税款万分之五的滞纳金。”“万分之五”的固定利率操作起来简单易行,但缺点也显而易见。虽然纳税义务人未能按时交纳税费被征收滞纳金,但造成这种结果的原因有很多。不同的原因所导致的滞纳税费,对社会造成的危害程度也不尽一致。如果对其不加区分而适用同一个利率,则明显有失公平。① 而第52条规定,纳税人在规定期限内,"可以以书面形式要求海关退还多缴的税款并加算银行同期活期存款利息"。但是,究竟是哪一家银行的同期活期存款利息为准并不能直接看出。此外,《中华人民共和国关税条例》并未规定滞报金与罚款,具体规定要见《海关法》《海关行政处罚实施条例》等法律规范。反观台湾地区"关税法",罚则部分分别规定了滞报费、滞纳金、利息和罚款。总的来说,台湾地区规定的滞纳金和大陆较为一致,但规定的课征滞纳金的情形较大陆全面;同时,台湾地区对滞报费、利息与罚款制度设计的较为严密。具体而言,台湾地区的滞报费按日新台币二百元计,强制纳税期限为二十日;退税的利息规定按邮政储金一年期定期储金固定利率,按日加计利息;征收的利息(大陆未设计)依原应缴纳税款之日邮政储金一年期定期储金固定利率,按日加计利息;罚款制度则按违法规定的不同,处新台币两千元以上五十万以下罚款;等等。建议我国关税立法增加"关税利息"的规定,并增设"法律责任"专章,明晰相关制度内容。

Historical Evolution and System Analysis of Taiwan Tariff Act

LIU Qichao　LÜ Yan

[**Abstract**] Mainland and Taiwan of China made several reforms and adjustments focusing on tariff legal system from 1950s. Although there are differences in policy, economy and culture of different times of both sides, there is considerable convergence in tariff system reforms as

① 邵铁民、陈晖主编:《海关法学》,法律出版社2010年版,第91页。

well as basic direction and specific measure of development between Taiwan and Mainland. Study of historical evolution, system structure and system regulations of Taiwan Tariff Act is of great significance to tariff legislation of Mainland. In terms of legislative concept, tax the taxation principle and tax debtor-creditor relationship shall be the spirit of law and policy that tariff legislation shall adhere to. In terms of legislation structure and system design, adjustments in the nine aspeds of the taxation legistation the shall be focused such as, the tariff legislation structure, the tariff taxpayer and the customs guarantee system.

[**Key words**] Taiwan Tariff, Tariff Act, Historical Evolution, System Analysis, Comparisive Analysis

海关法评论(第6卷)

海关法专题研究

Study on Customs Law

海关行政执法和刑事执法的衔接问题研究

陈淑国　陈宽*

[摘　要]　推进行政执法与刑事司法相衔接,是深化行政执法体制改革的重要内容,也是依法治国的一项基本方略。刑事司法行为是指对触犯刑法的严重危害社会的犯罪行为采取立案、侦查、逮捕、起诉、审判、刑罚执行等一系列司法程序和活动。行政执法机关一般都会存在与刑事司法机关的衔接关系问题,作为进出境监督管理机关的海关也不例外,但国家在海关设立专门侦查走私犯罪的公安机构,按照《刑事诉讼法》的规定履行侦查、拘留、执行逮捕、预审职责。海关缉私部门承担一定的刑事司法职责,根据职责范围和个案情况采取不同措施,执行不同法律。目前在衔接机制上尚存在一些问题,需要予以重视并加以解决。

[关键词]　行政执法;刑事执法;衔接机制;海关缉私;对策

党的十八届三中全会明确提出"完善行政执法与刑事执法的衔接机制"。① 党的十八届四中全会则进一步提出"健全行政执法和刑事

* 陈淑国:青岛海关法规处;陈宽:中国人民大学比较法硕士研究生。

① 《中共中央关于全面深化改革若干重大问题的决定》"九、推进法治中国建设"。

司法衔接机制”。[①] 根据《海关法》等法律规定和有关文件要求,海关缉私部门既承担行政执法职能,又承担刑事执法职能。正确认识并处理好行政执法与刑事执法的关系,准确适用相关法律,采取相应措施,才能充分发挥两种执法手段的各自优势和作用,实现行政执法和刑事执法衔接,有效防范风险。

一、行政执法和刑事执法的区别和联系

行政执法(本文的“行政执法”仅指缉私部门办理行政处罚案件相关的工作,不包括侵犯知识产权案件)和刑事执法(考虑最初两法衔接也曾表述为行政执法与刑事执法,为行文方便,且与海关行政执法相对应,本文表述为刑事执法)两种手段分别属于不同范畴,但有着共同点,两者之间既有区别,又有一定联系。

(一)共同点

1. 国家追究主义原则相同。无论行政执法还是刑事执法,分别代表国家行使法定职权范围的权力,都是国家权力运行的具体体现,都体现了法律责任认定和归责的过程,即国家追究主义。

2. 责任基础相同。两种执法都以法定主义为责任基础:行政执法以处罚法定为原则基础,按照一般的行政法理论,处罚法定要求执法主体适格、权限法定、程序合法、目的合法、适用法律准确等。刑事执法以罪刑法定为原则基础,罪刑法定原则的基本含义是“法无明文规定不为罪和法无明文规定不刑罚”,即罪之法定、刑之法定。

3. 追究责任限度相同。行政执法讲求过罚相当的原则,实施行政处罚必须与违法行为的事实、性质、情节以及社会危害程度相当。刑事执法按照罪刑相适应原则,刑罚的轻重与犯罪分子所犯罪行和承担的刑事责任相适应。

4. 执法目的相同。无论是行政执法还是刑事执法,其功能和目的

---

① 《中共中央关于全面推进依法治国若干重大问题的决定》“三、深入推进依法行政,加快建设法治政府(三)深化行政执法体制改革”。

都是为了保障正常的行政法秩序,维护正常的社会发展,①都有制止、制裁违法行为方面的功用,又有保护国家利益、集体利益和公民利益的功用,还有预防违法的教育和指引性功用。

5. 办案基本要求相同。如两人以上共同办案、应当出示执法证件、遵守回避制度;对符合条件的应当按规定立案;对笔录制作的要求基本一致等。

6. 对部分涉案物品处置方式相同。行政执法可以对扣留的危险品或者鲜活、易腐、易烂、易失效、易变质等不宜长期保存的货物、物品以及所有人申请先行变卖的货物、物品、运输工具先行变卖。刑事执法可以对容易腐烂变质及其他不宜保管的物品委托有关部门变卖、拍卖。

7. 责任主体范围相同。无论行政执法还是刑事执法,均由违法行为人(往往包括单位和个人)承担相应责任,都不能将这种法律责任转移他人,这一点与民事责任不同。

8. 都考虑行为人的责任年龄、责任能力问题。如对不满14周岁的人有违法犯罪行为的,采取绝对无刑事、行政责任原则,不予追究。对精神病人采取相对负刑事、行政责任原则,精神病人在不能辨认或者不能控制自己行为时有违法行为的,不负刑事责任和行政责任。

9. 都有执法过错责任追究规定。在行政执法方面,为促进海关及其工作人员依法行使职权,保证各级海关依法、正确、及时处理行政赔偿案件,海关总署出台了《海关行政赔偿办法》(海关总署令第101号)。为保证公安机关及其人民警察依法正确履行职责,保护公民、法人和其他组织的合法权益,公安部制定了《公安机关人民警察执法过错责任追究规定》。

(二)区别

1. 实质上的不同

(1)代表的法律属性或主体地位不同。行政执法是行使海关法律

---

① 《行政执法与刑事司法衔接机制研究》,载 http://www.gzlo.gov.cn/gzsfzb/ktyicg/201507/,访问日期:2016年8月12日。

规范赋予海关的行政权力,履行的是法律赋予海关的职责,是以海关的名义来进行的,由海关对外承担责任。刑事执法是海关缉私部门是以公安机构的名义依照《刑事诉讼法》的规定独立进行执法活动,缉私部门作为独立执法主体行使刑事执法权,对执法活动能够独立承担责任,因为对刑事案件的侦查、拘留、执行逮捕、预审权限是《刑事诉讼法》赋予公安机关及司法机关,不是赋予海关的,缉私部门能够自行承担刑事执法职责和责任。

(2)针对的行为性质不同。行政执法针对违反法律、行政法规、部门规章的违法行为,解决行政违法案件与行政处罚的问题。刑事执法针对危害程度严重的犯罪行为,解决犯罪与刑罚的问题。①

(3)归责要件不同。行政执法不要求所有案件均以当事人主观上有过错为要件,有的案件即便有过错也不纳入刑事执法范畴,而有的案件即便没有过错也要承担相应责任,只要其行为在客观上对行政管理秩序产生危害性,即具有当罚性。② 刑事执法以行为人的主观心理态度为归责要件,它包括罪过(犯罪的故意或过失)以及犯罪目的和动机等因素。

(4)谴责效果不同。行政执法的结果一般是予以行政处罚,刑事执法的结果一般是予以刑罚。行政执法多针对行为人的经济方面如作出没收或罚款等财产罚,或者暂停、吊销或者撤销等资格罚以及警告等申诫罚,不影响行为人的人身自由(治安处罚案件除外)。而刑事执法的法律结果较行政执法更为严厉,可能会影响到行为人的人身自由。

(5)法律冲突不同。行政执法虽然实行处罚法定主义,但存在多位阶、多层级的法律渊源,因而不同位阶、层级的法律规范对行政处罚的规定相抵触的现象在所难免。而刑事执法由于是法律专属设定范

---

① 刘福谦:《行政执法与刑事司法衔接工作的几个问题》,载《国家检察官学院学报》2012年第1期。

② 练育强:《行政执法与刑事司法衔接困境与出路》,载《政治与法律》2015年第11期。

围,一般不会出现下位法与上位法的抵触问题。

2. 法律依据不同

行政执法依据《海关法》《行政处罚法》《固体废物污染环境防治法》《海关行政处罚实施条例》《最高人民法院关于行政诉讼证据若干问题的规定》(法释〔2002〕21号)等法律、行政法规和部门规章以及有关的司法解释。

刑事执法依据《刑法》《刑事诉讼法》《公安部门办理刑事案件程序规定》《最高人民法院关于执行〈中华人民共和国刑事诉讼法〉若干问题的解释》《最高人民法院最高人民检察院关于办理走私刑事案件适用法律若干问题的解释》《人民检察院实施〈中华人民共和国刑事诉讼法〉规则(试行)》等法律、规章、司法解释等。

3. 采取的强制措施不同

(1)强制措施种类不同。行政执法对走私犯罪嫌疑人可以采取扣留强制措施,并有《中华人民共和国海关实施人身扣留规定》(海关总署令第144号)规范扣留程序;对涉案货物、物品、运输工具等可以扣留强制措施,同时要符合《行政强制法》的规定。刑事执法可以依法对嫌疑人采取拘传、取保候审、监视居住、拘留和逮捕等强制措施,对物品采取扣押措施。

(2)强制措施的审批权不同。行政执法依据《海关法》第6条第4项规定对有关货物、物品、运输工具予以扣留的,对走私犯罪嫌疑人扣留的,由直属海关关长或者其授权的隶属海关关长签字或者加盖关长印章生效;对与违反海关法或者其他有关法律、行政法规的进出境运输工具、货物、物品有牵连的有关的合同、发票、账册、单据、记录、文件、业务函电、录音录像制品和其他资料,可以直接扣留,不需要关长签字。刑事执法强制措施的审批文书一般由缉私局局长、缉私分局局长签字。

(3)使用的法律文书不同。行政执法法律文书的依据是《海关总署关于印发海关行政处罚法律文书式样的通知》(2007年第31号公告)、《海关总署关于印发海关行政强制法律文书格式的通知》(署法发〔2012〕3号)等。刑事执法法律文书的依据是公安部《公安机关刑事法律文书格式》。两种文书的种类、样式、制作要求等大相径庭。

4. 执法独立性不同

执法是否具有独立性即做出的行为是否受到制约。行政执法完全由海关自行调查、审理并作出决定,不受任何单位、个人的干涉,是一个完整的系统工程。刑事执法由检察院审查是否移诉、法院审判作出最终裁决是否处以刑罚。

5. 当事人权利不同

行政执法过程中,当事人可以查阅海关行政处罚证据材料,可以申辩、陈述;符合条件的还可以要求听证;对于行政处罚决定可以申请复议和提起诉讼;对生效的行政处罚决定不服可以申诉。刑事执法过程中,犯罪嫌疑人自被侦查机关第一次讯问或者采取强制措施之日起,有权委托辩护人。在侦查阶段,只能委托律师作为辩护人。被告人有权随时委托辩护人。辩护律师在侦查期间、检察院对案件审查起诉之日起、审判过程中可以按《刑事诉讼法》规定为当事人提供法律帮助。

6. 追究时效不同

行政执法方面,《行政处罚法》第29条规定了2年的追溯时效,违法行为有连续或者继续状态的,从行为终了之日起计算。刑事执法方面,《刑法》第87条根据法定最高刑的不同,规定了5年、10年、15年、20年等不同情形的追诉时效。

7. 管辖不同

行政执法遵循《行政处罚法》《海关行政处罚实施条例》规定的管辖原则办理,一般是发现地管辖优先、发生地管辖为辅。刑事执法根据《刑事诉讼法》有关管辖的规定和缉私警察侦办走私罪案件的分工确立管辖,不按海关关区的范围来确定。

8. 办案程序不同

行政执法对违法事实确凿并有法定依据,对公民处以五十元以下、对法人或者其他组织处以一千元以下罚款或者警告的行政处罚的,可以适用简易程序,可当场作出行政处罚决定;《中华人民共和国海关办理行政处罚简单案件程序规定》(海关总署令第188号)还专门对海关行政处罚简单案件程序作出规定。刑事执法并无一般程序和简易程序之分。

(三)两者的联系

1.两者在一定的条件可以相互转换

《行政处罚法》第7条第2款规定:"违法行为构成犯罪的,应当依法追究刑事责任,不得以行政处罚代替刑事处罚。"第22条规定:"违法行为构成犯罪的,行政机关必须将案件移送司法机关,依法追究刑事责任。"行政执法部门在办理行政案件时认为案件构成走私罪嫌疑须追究刑事责任的,应当及时移送刑事执法部门处理。反之亦然。《刑法》第37条规定:"对于犯罪情节轻微不需要判处刑罚的,可以免于刑事处罚,但是根据案件的不同情况……或者由主管部门予以行政处罚或者行政处分。"对刑事执法案件,经侦查认为不构成犯罪或者情节显著轻微不予追究刑事责任而撤销案件的、以及经人民检察院审查依法不起诉、或者经人民法院审理依法免除刑罚或者作出判决,但需做出行政处罚的案件,应当交由行政执法部门处理。

2.保护的客体具有重合性

刑事执法保护的客体从广义上看是社会主义市场经济秩序,但从本质上看,是国家的对外贸易和进出口物品的管理制度(如武器弹药、核材料、假币、文物、贵重金属、珍贵动物及其制品等)和税收秩序。行政执法同样涉及进出口许可证管理制度、关税管理制度等对外贸易管理制度,此外还涉及海关具体监管制度,如针对手续性违规等违反海关监管规定的行为。

3.走私犯罪与走私行为定性的标准基本统一

一般而言,刑事执法要求按照犯罪构成学说强调四个构成要件,行政执法认定走私行为往往借鉴犯罪构成学说,两者区分的标准基本是同一的,许多情况下取决于量的因素或者是否为特定物品,去界定是走私犯罪还是走私行为,从而决定启动刑事还是行政执法程序。一是普通货物偷逃税款额的大小,如根据《刑法》第153条根据走私货物、物品偷逃应缴税额较大、巨大或者特别巨大分别予以不同处罚。《最高人民法院、最高人民检察院关于办理走私刑事案件适用法律若干问题的解释》(法释〔2014〕10号)第16条对偷逃应缴税额"较大""巨大""特别巨大"等作出解释,偷逃应缴税额符合上述规定的将被追究刑事责任,当然应当先启动刑事执法程序。① 二是非涉税违禁品的数量多少,《刑法》第151条第1款规定,走私武器、弹药、核材料或者伪造的货币的,处七年以上有期徒刑,并处罚金或者没收财产。法释〔2014〕10号规定其适用情形之一为:走私以火药为动力发射枪弹一支,或者以压缩气体等非火药为动力发射枪弹的枪支五支以上不满十支的,该情形当然要追究刑事责任。三是是否为特定物品。如对于毒品,《刑法》第347条规定:走私毒品,无论数量多少,都应当追究刑事责任,予以刑事处罚。海关凡查获此类案件,无论数额、价值多少,均交由海关刑事执法部门处理。

4. 有共同的证据形式

《行政处罚法》未规定行政执法的证据形式,但《行政诉讼法》第33条规定证据形式有(1)书证,(2)物证,(3)视听资料,(4)电子数据,(5)证人证言,(6)当事人的陈述,(7)鉴定意见论,(8)勘验笔录、现场笔录。《刑事诉讼法》第48条规定,刑事执法证据有(1)物证,(2)书证,(3)证人证言,(4)被害人陈述,(5)犯罪嫌疑人、被告人供述和辩解,(6)鉴定意见,(7)勘验、检查、辨认、侦查实验等笔录,(8)视听资料、电子数据。从中可以看出,两种执法中有较多的共同的形式。在执法实践中,两种手段对一些证据要求是一致的,如书证,包括银行单证、财务记账凭证、运输单据、偷逃税款核定证明书等,既可以用于行政执法,也可以用于刑事执法。《刑事诉讼法》第52条规定,行政机关在行政执法和查办案件过程中收集的物证、书证、视听资料、电子数

① 参见万曙春:《海关缉私行政与刑事法制关系的依宪妥善处理》,载《海关法评论》(第5卷),法律出版社2015年版,第71~72页。

据等证据,在刑事诉讼中可以作为证据使用。最高人民法院、最高人民检察院、公安部联合发布的《关于办理侵犯知识产权刑事案件适用法律若干问题的意见》规定:“行政执法部门依法收集、调取、制作的物证、书证、视听资料、检验报告、鉴定结论、勘验笔录、现场笔录,经公安机关、人民检察院审查,人民法院庭审质证确认,可以作为刑事证据使用。”①需要注意的是,“可以作为证据使用”与“作为定案依据”之间有差别。

5. 处罚折抵

《行政处罚法》第28条规定:“违法行为构成犯罪,人民法院判处拘役或者有期徒刑时,行政机关已经给予当事人行政拘留的,应当依法折抵相应刑期。违法行为构成犯罪,人民法院判处罚金时,行政机关已经给予当事人罚款的,应当折抵相应罚金。”从中可以看出,两者在一定条件下可以折抵。

二、当前两种执法手段衔接面临的问题

(一)从客观方面看,目前对刑事执法和行政执法如何衔接缺乏明确规定

黑格尔认为,法律规定得越明确,其条文就越容易切实地施行。行政执法依据《海关法》《行政处罚法》《行政强制法》《海关行政处罚实施条例》等法律、行政法规,《行政处罚法》第38条规定:调查终结,行政机关负责人应当对调查结果进行审查,根据不同情况,分别作出决定,其中第4项为“违法行为已构成犯罪的,移送司法机关”。而许多单行行政法律仅规定“违反本法规定构成犯罪的,依法追究刑事责任,或者情节严重构成犯罪的,依照刑法的相关规定追究责任”,刑事执法方面,《刑法》第402条还专门规定了徇私舞弊不移交刑事案件罪,《刑事诉讼法》第108条规定了行政机关发现有犯罪事实或者犯罪

---

① 最高人民法院、最高人民检察院、公安部《关于办理侵犯知识产权刑事案件适用法律若干问题的意见》第2条。

嫌疑人,有权利也有义务报案或者举报,第111条规定了检察机关对涉嫌犯罪案件予以立案监督的权力。虽有两者衔接的有所规定,但均规定原则。

在行政法规和有关文件中对于两者的衔接也往往趋于原则,行政法规方面,如2001年7月9日,国务院公布施行的《行政执法机关移送涉嫌犯罪案件规定》(国务院第310号令)规定了移送条件、基本程序、工作时效等,确定了衔接机制的基本框架。有关文件方面,如2000年10月,国务院开展的打假联合行动首次提出行政执法与刑事执法相衔接的问题。2001年4月27日,国务院发布的《关于整顿和规范市场经济秩序的决定》(国发〔2001〕11号)中明确要求"加强行政执法与刑事执法的衔接",建立信息共享等"两法衔接"的协作机制;2003年4月召开的全国整顿和规范市场经济秩序工作会议提出"进一步解决行政执法与刑事执法的衔接问题,加强案件移送和监督检查,不得以罚代刑"的要求;[①]2011年2月,中共中央办公厅、国务院办公厅转发《国务院法制办等部门〈关于加强行政执法与刑事司法衔接工作意见〉的通知》(中办发〔2011〕8号),有关事项需要进一步明确。

在司法文件方面,2001年9月10日,最高人民检察院发布的《人民检察院办理行政执法机关移送涉嫌犯罪案件规定》将行政执法机关的行政执法活动纳入检察机关法律监督范围;2004年3月18日,最高人民检察院、全国整顿和规范市场经济秩序领导小组办公室、公安部下发的《关于加强行政执法机关与公安机关、人民检察院工作联系的意见》(高检会〔2004〕1号)进一步规范了人民检察院推动行政执法与刑事司法相衔接机制建设;2006年1月26日,最高人民检察院、整规办、公安部、监察部联合下发《关于在行政执法及时移送涉嫌犯罪案件的意见》(高检会〔2006〕2号),详细规定了移送涉嫌犯罪案件的程序、内容、时限和责任等,但上述文件并不是严格意义上的司法解释,缺乏

---

① 元明:《行政执法与刑事司法相衔接的理论与实践》,载《人民检察》2011年第12期。

执行的刚性。①

(二)从主观方面看,刑事执法和行政执法人员的认识不完全到位

在查办行政案件过程中,有的行政执法人员深挖案件的意识不强,没有更深入一点研究违法行为是否构成涉嫌犯罪;有的则认为,刑事程序不是必经的程序,不愿也没必要必须移交刑事部门处理。刑事执法过程中,刑事执法人员注重的是侦结移诉、检察院起诉和法院判决,更注重行为人的主观心理态度,对于案件能否作行政处罚、是否具备行政处罚的条件考虑较少。有观点认为,行政案件证据要求和证明标准低于刑事案件,只要基本事实清楚即可,对办案标准要求不高;还有观点认为,行政执法应当服务于刑事执法,刑事执法无法开展时交由行政执法部门处理,可以解决刑事执法的困难,或者敲山震虎,引蛇出洞,以便下一步对走私犯罪嫌疑人采取刑事措施。

(三)程序转换在一定程度上削弱了打击威力

一是刑事转行政处理时因无款、无货且单位终止而难以执行行政处罚。以往一些刑事案件在侦查阶段未扣押货物、违法所得,在移送行政处理时往往无钱、无货,而且因为办案期限长,在移送行政处理时当事人下落不明,涉案单位可能不复存在或人去楼空,或者被吊销、注销,即便作出处罚决定,也无法执行。这样增加了执法成本,影响了海关行政处罚的严肃性,削弱了行政执法的效果。

二是刑事执法收取的保证金不能进入行政处理程序。在刑事执法过程中,对个人收取取保收审保证金,但不能收取案件保证金。有些刑事案件转行政处理时,无法将个人取保候审保证金转换为行政案件单位保证金,即便将来作出行政处罚,也不能将个人保证金予以执行。

三是刑事转行政处理时海关面临一事二罚的窘境。有的刑事执法部门扣押了走私货物、违法所得,但法院对犯罪单位和个人作出的有罪判决并未涉及在扣走私货物、违法所得,刑事部门寄希望于行政

① 谢石飞、项勉:《行政执法与刑事司法衔接机制的完善》,载《法学》2007年第10期。

执法部门作出没收或收缴的决定。在移交行政处理后,对不符合收缴条件的,行政执法部门只能作出没收的决定,而当事人往往认为海关违反了一事不再罚的法律原则,对此异议极大,从而提出听证,或者提起行政复议、行政诉讼,增加了行政执法成本。

四是行政执法处理可能导致犯罪分子侥幸逃脱刑事制裁。在《海关行政处罚实施条例》施行之前,有些案件如果刑事执法认为不构成走私犯罪,行政执法按照《海关法行政处罚实施细则》的规定继续按照走私行为处理。但《海关行政处罚实施条例》施行之后,此类案件按走私犯罪无法办结,转为行政处理时定性走私也存在困难,因为行政执法如果继续定性走私显然与刑事案件结论不一致,最后可能不得不定性违规处理,会使犯罪分子逃脱了刑事责任,影响了打击走私的震慑力。

(四)从体制上看,缉私部门同时承担刑事执法和行政执法容易产生较大的风险

一是行政执法部门无法对刑事执法部门提出复议或要求检察院立案监督。国务院第310号令第9条规定:公安机关不予立案的,行政执法机关可以提请不予立案的公安机关复议,也可以建议人民检察院依法进行立案监督。行政执法机关对复议决定仍有异议的,应建议人民检察院依法进行立案监督。由于刑事执法部门和行政执法部门同属于一个单位或者一个关区,导致刑事执法部门在作出不予立案决定时,行政执法部门难以提出复议,更不可能建议人民检察院立案监督,从而使刑事执法监督的规定无法落实,客观上为刑事执法部门带来了执法风险。

二是行政执法对外国人采取措施后是否办理相关的手续需要明确。根据公安部规定,公安机关对外国人采取强制措施,要通报外国驻华使领馆、同级政府外事部门,抄报公安部出入境管理局;重大或敏感案件,要及时报请公安部商外交部统一口径,或建议由公安部、外交部直接通报,等等。当前,行政执法部门办理走私案件按照《海关法》的规定扣留外国人,是否也要办理相关通报手续?尽管缉私部门代表海关行使行政执法权,但毕竟身着警服,对社会而言,其身份为公安机

关人员,如果不办理相关手续,也可能因此而饱受非议,甚至对执法形象有重大影响。

三是缉私部门法制机构多重职能面临执法风险。从目前办案实际看,缉私部门法制机构较多采取既承担刑事案件预审、移诉职责,又承担了行政案件审理职责的模式。这种模式有其发挥熟悉案情的优势和优点,使法制审理人员跨越阅卷阶段,直接进入案件审理阶段。但同时具备两种身份、行使两种职能,在刑事转行政案件的办理过程中,既充当了刑事案件的结案审查决定者,同时又是行政案件的办理人和行政处罚的建议者,容易出现认定案件事实、证据和定性处罚上定式思维,带来执法风险。

三、完善两种执法手段衔接的建议

缉私部门行政执法和刑事执法都是执法的体现,有共同的法律基础,有着相同或近似的法律原则,奠定了有机衔接的根基。两种手段能否有效衔接,直接决定着双拳出击威力的发挥。法律是治国之重器,应当首先坚持加强行政执法与刑事司法相衔接立法,通过立法将衔接机制法定化,变软性约束为刚性约束。同时,建议从以下几个方面完善两种执法手段:

(一)坚持刑事优先原则,适当关注刑事谦抑原则

刑事优先原则主要适用于民事责任与刑事责任竞合的案件。在行政执法中强调刑事优先原则,指原则上先按照刑事诉讼程序,追究行为人的刑事责任,再由行政执法机关依照行政处理程序解决行政处罚责任。刑事优先原则承认各种法律责任的独立性,又是针对案件或行为人的整体法律后果,有效防止以罚代刑,有利于打击犯罪,有效实现刑法的社会防卫功能,避免海关行政执法方面的执法风险。但刑罚不是万能的,“刑罚如两刃之剑,用之不得其当,则国家社会两受其害。”刑罚因其严厉性对社会、个人的影响较行政处罚更深远巨大,有的学者提出,刑法之界限应该是内缩的,而不是扩张的,而刑罚该是国

家为达其保护法益与维持法秩序的任务时的最后手段。① 因此,应当从法治的角度审视执法理念和执法行为,有必要引入刑事谦抑原则,即把刑罚当作最后性司法手段原则。

(二)树立统筹兼顾意识,奠定有效衔接基础

在行政执法阶段,行政执法人员要注意学习刑事执法的办案思路、调取证据、讯问等方面的经验技巧,对可能转为刑事案件的,在调查取证等方面,注意方法策略,为刑事执法打好基础。要有意识地对案件进行甄别,发现涉嫌犯罪后及时移交,并注意做好保密和控制人员、货物等工作。要明确不移送刑事案件的责任,作为考核评价指标,使行政执法部门移交刑事案件线索成为查办走私犯罪案件的一个重要来源。

在刑事执法阶段,要充分考虑到案件转为行政处罚的可能性,运用刑事措施的威慑力,依法加大对涉案货物、物品、违法所得的扣押和追缴力度,为行政执法打好基础。在难以追究刑事责任的情况下,能够通过行政处罚实现经济制裁,达到保证追究责任同时教育惩戒违法者的目的。

(三)正确理解法律适用条件,准确采取法律措施

要严格区分行政执法和刑事执法的法律属性,区分犯罪与走私违规行为的界限,针对不同行为采取不同措施,防止以刑事执法行为代替行政执法行为的发生,切实保护相对人的合法权益。如留置盘问权是《人民警察法》规定的一种限制有违法犯罪嫌疑人员的人身自由、以便对其继续盘问的措施,是人民警察因履行职责而由法律赋予的权力,仅是在依据《人民警察法》并作为独立的刑事执法主体时使用。缉私警察在办理走私违规等行政违法案件时,对犯罪嫌疑人前期采取的人身强制措施不能适用留置盘问措施,而只能适用海关扣留措施。

(四)及时办理转换手续,保证执法程序合法

一是立案转换。刑事立案前,行政执法部门未作行政立案,在刑

① 林山田:《刑法学》,台湾商务印书馆1986年版,第128页,转引自张明楷:《刑罚格言的展开》,法律出版社2003年版,第103~104页。

事执法程序终结确有必要转入行政程序时,行政执法部门应当行政立案;在行政立案后又转入刑事立案的,应当视为行政程序中止;[①]刑事部门立案后又转入行政处理程序的,行政执法部门可以不再重新立案,行政程序恢复(也有观点认为,行政案件移交刑事部门后,行政部门应当撤案,行政程序终止)。

二是证据转换。刑事案件转为行政处理程序后,其所获取的证据原则上可以直接作为行政处罚的证据使用,但言词证据应当重新制作,作为证明进入行政执法程序的一种标志。而行政案件转入刑事程序后,通过行政程序收集的全部证据并不必然直接作为刑事证据使用。行政执法部门依法调取的委托鉴定部门做的鉴定结论及有关书证、物证、视听资料,无须转换。除不可抗力(如当事人死亡、下落不明)等原因外,言词证据也以重新制作为宜。

三是强制措施的转换。《行政强制法》第21条规定:"违法行为涉嫌犯罪应当移送司法机关的,行政机关应当将查封、扣押、冻结的财物一并移送,并书面告知当事人。"刑事案件转为行政案件时,对犯罪嫌疑人采取的各种刑事强制措施应当立即解除,对刑事扣押的货物、物品、运输工具等也应解除扣押,非涉案的予以发还;对于涉案需要扣留的,办理行政扣留手续。反之,行政案件转为刑事案件后,对当事人、货物、物品、运输工具等采取强制措施也应予以相应转换。

(五)积极协调司法机关,对刑事案件在扣款物妥善处理

对于办理刑事案件过程中扣押的走私货物、物品、违法所得等,虽然最高人民法院《关于深入开展严厉打击走私犯罪专项斗争的通知》(法发〔1998〕11号)、《最高人民法院、最高人民检察院、海关总署关于办理走私刑事案件适用法律若干问题的意见》(法〔2002〕139号)都规定了要在刑事判决中没收走私货物,但在实践中法院往往在判决中并

---

① 练育强认为,由于行政执法机关将全部材料已经移送给公安机关,使得行政执法机关实际上处于"完全中止"状态。但法院采取的并不是"完全中止",而是"有限中止"。参见练育强:《行政执法与刑事司法衔接困境与出路》,载《政治与法律》2015年第11期。

不涉及。《海关行政处罚实施条例》规定的收缴是一种具体行政行为，不是行政处罚行为，对于走私犯罪案件转行政处理而言，能够适用收缴的范围非常有限。而一旦行政执法对法院判决走私犯罪案件的涉案货物、违法所得作出没收决定，则容易使海关背上了“一事二罚”的黑锅，成为行政诉讼案件的被告。

我国《刑法》第64条规定：“犯罪分子违法所得的一切财物，应当予以追缴或者责令退赔……违禁品和供犯罪所用的本人财物，应当予以没收。没收的财物和罚金，一律上缴国库，不得挪用和自行处理。”《最高人民法院、最高人民检察院、公安部、国家安全部、司法部、全国人大常委会法制工作委员会关于刑事诉讼实施中若干问题的规定》第48条规定，对于赃款赃物，除依法返还给被害人的财物及依法销毁的违禁品外，必须一律上缴国库。《人民检察院扣押、冻结款物管理规定》第3条规定，犯罪分子违法所得的一切财物，应当予以追缴和责令退赔。2006年，最高人民法院下发了《关于刑事案件有关涉案物款执行中有关问题的通知》(法〔2006〕114号)。因此，根据上述规定，对于有在扣走私货物、物品、违法所得的走私犯罪案件，争取通过积极协调法院，在判决中明确海关没收走私货物、物品或违法所得；如法院漏判，应协调法院作出补充判决；如仍未果的，则协调司法机关出具文书，由刑事执法部门直接追缴为宜，避免进入行政执法程序引起的被动和不利。

(六)加强人员轮岗，培养复合型专家型人才

王安石说，“理天下之财者法，守天下之法者吏也，吏不良则有法而莫守，法不善则有财而莫理。”①无论是行政执法还是刑事执法，都离不开人的力量。俗语说，隔行如隔山。如果长期从事并局限于刑事执法或行政执法的某一领域工作，则不可避免的产生思维定式，不能换位思考，很难谈得上两者之间能够有机的衔接。因此，在现有的机构、人员、资源情况下，应当有计划地组织实施办案人员的定期轮岗，使执法人员能够熟悉两种执法方式，具备大局观、全局观，使具备法治思维

① 参见王安石：《度支副使厅壁提名记》。

和法治方式的复合型专家人才脱颖而出,整体上提升人员的综合素质,真正适应形势发展和办案需要。

A Research of the Coordination of the Customs Administrative Enforcement and Criminal Enforcement

CHEN Shuguo　CHEN Kuan

[**Abstract**]　Coordination of the Customs Administrative Enforcement and Criminal Enforcement is the fundamental content of the deepening the reform of the administrative enforcement regime and the basic strategy of rule by law. The criminal judicial activities mean that a series of judicial procedures and activities which are, among other things, the filing a case, investigation, arrests, hearing, enforcement of the punishments with regard to the felonies which violate the Criminal Law. There commonly exists the issue of the coordination of Administrative Enforcement and Criminal Enforcement, including the Customs enforcement thereof. But China set up the Public Authority in the Customs to specially afford the duty of investigating smuggling, and exercise the investigation, detentions and arrests, and preliminary hearing according to the Criminal Procedure Law. The department of anti-smuggling in Customs undertakes the certain criminal judicial duties, and carries out the various measures and enforces different laws in accordance with the scope of functions and the specific cases. There are some problems existing in the coordination of the customs administrative enforcement and criminal enforcement which should be noticed and tackled.

[**Key words**]　Administrative Enforcement, Criminal Enforcement, Coordination, Customs anti-smuggling, Countermeasures

论我国外贸市场化改革和贸易管制措施选择

管伟星*

[摘 要] 对外贸领域存在的政府过度干预和市场失灵等现实问题,此可以我国出口法检和进口环境保护等制度为例。我国需正确处理外贸领域政府与市场之间的关系,探索出一条市场调节与政府干预分工合作、相得益彰的外贸改革发展之路。即在外贸领域市场化改革方面,要坚持以市场自我调节为主,尊重市场主体的首创精神,简政放权,减少甚至取消政府对外贸市场过度的、不必要的行政干预;而另一方面,政府除了起到推动和引导相关改革的作用,更要根据公共利益的需求,注意研究市场失灵特别是外贸领域存在的外部性现象,不断完善相关的法律制度,及时出台有针对性的外贸管制措施,转变政府职能,强化事中事后监管,从而维护正常的外贸秩序。

[关键词] 外贸市场化;管制;海关法

一、我国外贸市场化改革概述

政府与市场关系问题,是人类社会近400多年来经济理论乃至政治理论学界最有争议的理论命题和现实问题之一,如何厘清两者的边

* 管伟星:宁波海关法规处副处长。

界,如何能使两者都发挥最佳效能,是摆在全世界各国经济学家和政治家面前的普遍问题,更是正处于新一轮改革关键时期的发展中的中国所面临的一道现实难题,而外贸领域处于改革开放的最前沿,更应当认真的思考这一问题。

自党的十八届三中全会以来我国在外贸领域的改革实践,正是不断处理政府与市场关系,不断推进我国外贸市场化改革和发挥政府调控作用的过程,总体上呈现了以下趋势:一是对外贸易经营主体的多元化趋势,国有独资外贸公司占主导地位的外贸经营体制,逐步向包括国有、外资、私营等多种所有制形式的经营体制过渡;二是进出口商品和服务贸易的自由化趋势,中国主动降低进口关税税率,到2015年,中国进口关税总水平降至9.8%,远低于发展中国家46.6%的平均关税水平。并且逐步减少进口商品的配额、许可证和特定招标数量限制,加大对服务贸易开放力度;三是中国对外贸易法律政策的规范和透明的趋势,市场经济是法治经济,适应中国加入世贸组织的新形势,我国自改革开放以来,不断加强对外贸易领域的经济法制建设,出台了以《海关法》《对外贸易法》等为代表的一系列的法律、法规和规章,并加入了WTO所征订的有关双边或多边的各类贸易协定等国际条约,一个系统的、符合世贸组织规则和新时期对外贸易发展要求的外贸法律制度体系已经基本形成,进一步增强了贸易政策的规范性,提高依法管理对外经济的水平。

二、我国外贸领域存在问题及成因分析

虽然我国的对外开放取得了历史性的进步和举世瞩目的成就,外贸市场化改革也不断稳步推进,但对照党的十八届三中全会提出的构建开放型经济新体制的要求,仍然存在较大的差距,特别在处理政府与市场之间的关系上,由于历史的原因和形势的变化,仍然存在不少的问题亟待解决。总体而言,主要存在以下两方面的问题:

(一)政府过度干预

虽然我国经历了30多年的改革开放,特别是党的十四大明确的

提出经济体制改革的目标是建立社会主义市场经济体制以来,市场在对外贸易领域发挥着越来越重要的作用,我国的经济是从原来国家垄断、高度集中的计划经济体制发展而来的,加之在改革开放初期为了扩大出口和提升形象,而当时的市场经济体制不够成熟,相关的法律体系尚不完善,因此在某些制度的设计和安排上就加入了许多政府干预和管制的程序,随着我国外贸市场经济体制的逐步完善,相关配套的法律制度日益健全,本来这些政府干预和管制的程序和措施就应当退出历史舞台,把解决问题的钥匙还给市场,但现实所面临的情况是,政府干预和管制仍顽强的存在,并继续发挥作用。

以宁波口岸的出口商品检验为例,2012年宁波海关共办理逃避出口商检通关单案件8600起,占全部案件总量的72%左右,而如果再考虑出口货物查验率不足4%的因素,则实际逃避出口商检的数量远远不止于此。为什么会出现这么大量的逃避出口商检案件呢?让我们从市场和制度层面去分析其中的原因。宁波口岸的出口商品以义乌等地的小商品为主,义乌小商品的出口模式一般为"市场采购"模式,即外商或出口商直接到义乌市场看货采购,然后委托给当地货代或报关公司,要求其代理出口,"义乌小商品市场发生的国际贸易与市场的国内贸易相比,差异主要在于货物最终消费渠道不同,但对市场商户两者一般无二。"①但在2013年8月以前,外商在义乌市场采购的货物当中,包括毛绒玩具、塑料制品、饰品、电器等义乌市场支柱产业在内的2141余种货物属于法检目录下的商品,都需要有通关单方能出口。由于出口法检商品名录种类繁多,且出口商品一般需要在商品的生产地才能进行检验,且手续较为复杂,还须缴纳相关费用,而外商或出口商对货物出口的时间要求紧,货代或报关公司往往无法或不愿去做通关单,但大量市场采购的货物又必须出口,在这样矛盾的情形下,货代或报关公司只能选择用伪报品名、伪装藏匿等非法方式进行冲关。

---

① 万丽华:《转变经济发展方式视角下义乌国际贸易综合改革试点的思考及海关对策研究》,载《海关研究》2012年第2期。

需要指出的是,义乌等小商品市场并不区分外贸还是内贸货物,这些货物一般已经过国内质量检验或认证,上述法检范围内的商品,如果是卖给中国人自己使用,则无须进一步的检验,而如果销往国外,则即便外商亲自对其所购买的商品进行质量把关,也必须再进行检验,办理出境货物通关单。并且中国商检部门出具的通关单仅在出口报关环节使用,在国外并不被承认。出口商品的质量检验本应由进口国政府、贸易商、消费者来实施,国际上也通常通过GSG、ITS、AOV等第三方检验机构进行商品检验,这些检验机构的结果往往是被国外所承认,而我国却用大量的行政资源为他国提供"超国民待遇"服务,并且客观上滋生了外贸秩序的混乱和违法情事的普遍发生,严重影响外贸行业的正常发展,外贸企业反应强烈,其负面因素已超过其积极因素。

再从政府与市场之间的关系层面去剖析这一现象,政府在80年代出台出口商检等制度的初衷是为了规范出口秩序,提高出口商品的质量,提升我国产品在国际上的形象,这在当时市场经济体制不完善,我国外贸出口尚处于起步阶段是有其必要性的,然而随着外贸市场经济体制的不断完善,特别是随着义乌国际小商品城、跨境电子贸易、"零库存"物流等新型的贸易方式的不断涌现,传统的外贸监管模式已跟不上市场发展的需求,机械的执行原有的制度,设置烦琐的审批程序,过度的干预外贸市场,不但没有有效发挥其正面作用,反而滋生了许多负面效果,使其逐步成为市场发展的障碍。

目前在外贸领域,仍然有大量诸如此类的问题存在,然而受到传统做法的惯性和部门利益等因素的影响,这些问题往往难以得到及时有效的解决,相关的法律制度的立改废释程序也难以启动。

(二)贸易管制不足

所谓贸易管制,从广义上理解是指一国政府为了国家的宏观经济利益、国内外政策需要以及履行所缔结或加入国际条约的义务,确立实行各种制度、设立相应管理机构和规范对外贸易活动的总称。从狭义上理解,是指一国政府对进出口的货物、物品所采取的包括许可证管理、配额管理在内的限制货物、物品进出口的管理措施以及禁止货物、物品进出口的管理措施。

我国的贸易管制措施一般存在以下两方面的问题:一是重审批、轻管理,审批的程序设置的非常严格甚至苛刻,但是一旦审批下来之后,许可证件的如何使用就疏于管理,甚至出现了倒卖进出口许可证件的情况,使得限制进出口的贸易管制措施落空;二是多头管理,扯皮推诿,对于所管制的进出口货物、物品,从相关许可证件由相关职能部门审批,再到口岸部门在进出口环节把关,其中涉及了多个部门,各个部门都或多或少存在各自的利益,因此在设立和执行相关的贸易管制措施的时候,就容易出现职责不明确、扯皮推诿的现象。

以进口废物管制为例,进口固体废物存在巨大经济利益,在国外特别是发达国家按照规定对固体废物进行处理需支付不低的处理费。由于我国是发展中国家,需要大量的资源,这些国外废物经过处理后可以提取出来大量的金属、塑料等资源,因此如果这些废物如果输入到国内,国内买家便争相购买,价格不菲。一个在国外是企业要花钱处理的废货,运输到国内就可能"奇货可居"。如果单纯按照市场机制发生作用,在经济利益的驱使下,国外的废物势必不分良莠,大肆运输进境。但是这些进口废货在向国内输入可供提取的资源的同时,也将大量的污染源输入至国内,既破坏了国内的空气、水、土壤等自然资源,也严重地威胁着广大人民群众生命健康,光依靠市场本身的力量无法遏制这些污染源的输入,外部性的问题十分突出,因此政府必须严格加以管制,分类管理,严格的开展检验检疫和环境保护工作。然而虽然我国出台了《中华人民共和国固体废物污染环境防治法》《固体废物进口管理办法》等一系列的法律制度,通过进口固体废物实行相关许可证管理制度,对进口固体废物的相关国外供货商和国内收货人实行注册登记制度,对进口固体废物实行装运前检验制度等多项措施,加强对进口固体废物的事前审批管理,并且根据相关规定,列入《国家限制进口的可用作原料的废物目录》的任何废物,必须经国家环保部门审查批准才可进口。严格禁止任何个人和未列入名录的单位从事拆解、利用、处置固体废物的活动。但在实施过程中,一方面是行业内部存在倒卖或"调剂"环保批文的现象,不具有进口资质的企业只要买到批文就可以委托代理进口,代理公司协助清关后却不理会货物的真正去向。另一方面登记注册的回收企业进口废物大多卖给"地下工厂",或干脆将整个企业出租给其他人经营管理,自己专门从事进口许可证买卖,大大影响了国家对固体废物及其回收企业的有效监管。据宁波海关统计,在其2013年开展的"绿篱"行动中查获的通过买卖进口许可证进行固体废物走私案件15起,案值14.95亿元,查证涉案废物28.95万吨,这些非法行为既破坏了废货进口的正常秩序,也导致了周边环境的污染,产生成了严重的后果。

目前在贸易管制的过程中,仍然存在诸如此类的重事前审批,轻事中、事后监管,以及多部门权责交叉、多头执法等问题,使得贸易管制措施形同虚设,严重破坏了正常的市场监管秩序,亟待予以解决。

三、改革的方向和政策的选择

党的第十八届三中全会做出的《关于全面深化改革若干重大问题的决定》指出:"经济体制改革是全面深化改革的重点,核心问题是处理好政府和市场的关系,使市场在资源配置中起决定性作用和更好发挥政府作用。市场决定资源配置是市场经济的一般规律,健全社会主义市场经济体制必须遵循这条规律,着力解决市场体系不完善、政府干预过多和监管不到位问题。必须积极稳妥从广度和深度上推进市场化改革,大幅度减少政府对资源的直接配置,推动资源配置依据市场规则、市场价格、市场竞争实现效益最大化和效率最优化。政府的职责和作用主要是保持宏观经济稳定,加强和优化公共服务,保障公平竞争,加强市场监管,维护市场秩序,推动可持续发展,促进共同富裕,弥补市场失灵。"这一决定进一步理顺了政府与市场之间的关系,为解决外贸领域市场化改革和相关贸易管制措施的选择提供了总体的思路,针对外贸领域存在的政府过度干预和贸易管制不足等方面的问题,笔者认为应当采取如下策略。

(一)清理贸易管制措施,确保市场机制正常运行

1. 系统梳理贸易管制措施

如上文所述,在改革开放初期,在外贸市场机制不完善的情况下出台了许多贸易管制措施,这些措施在当时的情况下曾经为维护我国的外贸进出口秩序起到积极的作用,但随着我国市场经济体制的不断完善,对外开放水平的不断提升,特别是市场采购、跨境电子商务等新型贸易方式的出现,如果仍然刻舟求剑地执行这些计划经济体制下,或者说计划经济体制向市场经济体制转型时期所制定的贸易管制措施,则势必在相当程度上阻碍外贸市场的进一步完善和发展。因此当务之急,应当认真的梳理我国相关的贸易管制措施,并对这些管制措施的合法性、合理性和有效性进行科学、客观和全面的评估,在评估的基础上,研究相关贸易管制措施的完善、修改或废除。

2. 改变现行贸易管制措施制定模式

但是对现行贸易管制措施相关的评估工作,以及今后新出台的贸易管制措施的制定工作,笔者认为应当完善现行的立法模式,将立法工作交由相关部门与无直接利害关系且具有专业法律能力和业务素养的第三方共同完成,在立法的过程中,要全方位的收集和考量作为政策执行者的相关政府部门,作为利益相关方的其他政府部门或行业协会,作为政策承担者的相关企业和个人的建议和合理诉求,以保障市场机制的健康有序运行为衡量标准,在平衡相关各方的利益的基础上,作出科学合理的政策选择。

部门立法的好处在于作为政策执行者的相关政府部门更加熟悉相关领域的业务,而其弊端也是显而易见的,往往某项管制措施出台往往会为这个部门带来相关权力和利益,甚至是这个部门就是为了执行该项管制措施而设立的,因此在设计和修改相关制度时,往往从本部门的利益出发,往往不能站在公正的立场上去制定和执行相关的管制措施。

3. 做好废止或修改相关管制措施的工作

在评估结果出来之后,如果某项管制措施已失去了其存在的意

义,或者其负面效应超过了其正面效应,就应当进行废止或修改相关管制措施,把本该由市场调节的问题交还给市场去解决,用李克强总理的话说就是“把错装在政府身上的手换成市场的手”,在外贸领域,更要进一步解放思想,适应国际潮流,继续深化市场化改革,以行政审批制度改革为突破口,有效推进简政放权,充分发挥市场在资源配置中的决定性作用,尊重市场主体的首创精神。而要做好这项工作,需要中央统筹协调和各相关部门的高度自觉配合,要有壮士断腕的气概,要放弃掉一些既得利益,有的时候,甚至这个部门本身就要被合并或裁撤也在所不惜,这样才能防止防止出现明放暗不放,避重就轻,甚至是搞变相游戏,直至减少甚至取消政府对外贸市场过度的、不必要的行政干预。

仍以商检制度改革为例,2013 年 7 月国务院常务会议决定,研究确定促进贸易便利化推动进出口稳定发展的措施,减少法检商品种类,原则上工业制成品不再实行出口法检。抓紧研究法定检验体制改革方案。而后质检总局决定对《出入境检验检疫机构实施检验检疫的进出境商品目录》进行调整,对机电、轻纺和饰品 3 大类 47 个子类、1507 个海关商品编码,不再实施法定检验,取消商检的商品占原有数量的 70.43% 。通过简政放权,不仅激发了市场的内生动力,使得我国在后金融危机时代,外贸继续保持稳定的增长,同时也使得口岸的秩序得到了改善,特殊报关等现象大大减少,逃避出口商检案件的发案率也大大地降低,促进了外贸秩序的和谐和稳定。

(二)理顺贸易管制机制,确保实际监管到位

1. 贸易管制的必要性

使市场在资源配置中起决定性作用,并非如经济自由主义学派认为的,不需要政府干预,相反在外贸领域,存在大量的市场失灵的情况,并且外贸市场由于各国经济发展水平、社会制度、文化传统等国情不一致,较之国内市场存在更多的市场机制调节本身所无法解决的外部性问题,因此需要政府进行干预,并出台相应的管制措施,以规范进出口秩序。

2. 贸易管制的范围

政府干预的领域仅限在市场机制本身无法解决的范围内,市场自身能够解决或解决的更好的问题,就无须政府干预,并且应当通过制定“负面清单”的方式明确贸易管制的范围,给政府划定了运用权力的界限,避免权力介入市场中去产生权力“寻租”,防止行政垄断,保障市场主体的机会均等、交易自由、信息对称和权利公平。因此政府对外贸的管制措施主要集中在对政治、经济、文化、社会、生态安全造成影响,而通过市场机制本身又无法解决的领域,总体而言贸易管制应当重点强化以下四个方面:一是围绕维护国家、地方政治文化安全和社会稳定,强化对毒品(含易制毒化学品)、枪支、文物、涉黄涉非(非法出版物)等货物、物品的管制;二是围绕保护生态环境安全和人民群众身心健康,加强废物、冻品、濒危动植物及其制品等货物、物品的管制;三是围绕保护国家战略资源安全和落实宏观调控政策,集中打击出口环节走私,有效遏制稀土、核材料、镁砂、萤石、木炭、粮食等资源性产品的出口管制;四是围绕维护国家经济安全和规范贸易秩序,强化对成品油、煤炭等大宗商品以及汽车、手机等高档消费品的税收管制。另外要根据国内外形势的变化,及时地出台各项有针对性的政策和制度,并且完善相关的法律体系,构建相关的长效运行机制。

3. 贸易管制的方式

针对上述领域的管制措施有多种,应当根据不同类型的货物、物品选择采用不同的贸易管制措施,如对于毒品、来自疫区的动物及其产品由于危害性极大,就应当采取禁止进出口的贸易管制措施;而对于稀土、镁砂等资源性产品就可以通过配额、许可证或者征收出口关税等方式限制其出口,以调控出口数量。

对于上文所述的废物则要分各种情形采取不同的管制措施:对于受放射性污染的废物和医疗废物等危险废物,生活垃圾、电子垃圾等极易造成环境污染但回收利用价值不高的废物等要采取禁止进口的措施;对于对环境污染程度较低并且有较高回收利用价值的废物,则可以采取许可证等限制进口的管制措施,并且可以采用提高关税的方式,增加其进口的成本,控制国外的废货进口的数量,防止其无节制的向我国输入废物,从而有效地保护我国的环境,建设美丽中国。

4. 有效执行相关管制措施

在贸易管制的范围确定的情况下,最重要的是要确保这些贸易管制措施落到实处,使监管到位。一是要改变原来重审批、轻管理的理念,不可避重就轻,要从前期注册、备案、审批,到中期运输、报关、查验,再到后期加工、生产、销售,全过程予以监控,不能因为其无利可图,或者是监管难度大而放弃职责,而是要真抓敢管,切实将监管落到实处,坚决打击逃避贸易管制的走私、倒卖许可证件等违法犯罪行为。二是要加快大部制改革进程,以职能为主线精简机构,整合相关的监管资源。在不同的部门之间明确职责分工,充分利用现代科技,实现信息共享和执法联动,从而使相关贸易管制得到有效执行。三是要完善外贸诚信体系建设,对进出口企业和个人的通关的便捷程度,风险布控查验率、后续稽核率的高低则主要依赖于其企业或个人的信用等级来决定,对有意逃避贸易管制的企业和个人建立黑名单制度,通过进出口当事人自身诚信记录来做到分类通关,真正实现"守法便利,违法惩戒",让失信者寸步难行,让守信者一路畅通。

(三)适应外贸市场化,探索构建现代化的外贸体系

1. 重新定位政府职能

随着对外开放水平的不断加深,在我国推进外贸市场化改革的进程中,政府直接干预和采取贸易管制的范围呈逐年下降的趋势,但在一些领域,单纯地依靠市场调节或者单纯的依靠政府干预都不能解决问题,必须要通过政府与市场发挥各自的优势,分工合作,相互补充,这就需要政府不断地转变自身的职能,从管理走向治理,从监管转变为服务。在外贸领域,由于处于对外开放的第一线,为了能和国际接轨,与包括西方发达国家在内的各国竞争,政府就更应当解放思想,转变执法理念,主动转变职能,大胆改革创新,适应现代贸易方式和科技发展的变化,切实负起责任,保障进出口贸易的安全和公平竞争,加强市场监管,维护市场秩序,为外贸市场的有序健康运行保驾护航,积极

地维护我国企业和公民对外投资的保护体制,提供权益保障、投资促进、风险预警等更多服务,打造服务型、开放型、法治型的现代政府。

2. 建立新型的政府与企业间的合作关系

在新形势下,与企业和社会组织之间建立起合作伙伴的关系,将海关、商检等单位的监管作业与进出口的贸易流程无缝衔接,将政府的监管与服务内嵌入外贸过程之中,利用现代科技,全程实现无纸电子化作业,特别是利用电子口岸等大数据资源,为进出口企业提供各项服务,使监管更柔性和人性化,使服务更加贴身和便利。而政府也可以向阿里巴巴、百度、腾讯和360等互联网企业调用其数据,特别是相关的进出口企业或个人的信用数据、相关商品和服务数据,为政府监管服务,从而提高社会治理能力。

以浙江省试点的跨境电子商务为例,单纯地依靠市场或政府都不能打造一个既合法又便捷的商务平台,而通过电商与海关等部门的协作配合,政府各部门为该平台的开通做好相关配套服务从而构建了天猫国际"海外直邮"商品的购物模式,购物流程与国内淘宝基本无异,并且服务电商企业与海关进行数据对接,既实现了海关无纸通关状态下的监管和征税,也为个人提供跨境电子商务单证的查询服务。原来许多中小企业主要通过给外国经销商或中间商代工,赚取非常微薄的利润,大多数盈利被中间商赚走,但跨境电子商务为中小企业提供了"翻身"的机会,即这些企业可以通过互联网将商品直接卖给国外消费者,使市场机制更加充分地发挥作用,因此可以说在跨境电子商务试点过程中,通过政府与企业间的相互合作,通过现代科技实现了外贸市场的监管与服务双到位,探索构建现代化的外贸治理体系。自跨境电子商务试点以来,由于政府与企业合作默契,流程设计科学、合理和便利,进出口贸易额呈现大幅度上升的势头,取得了显著的成绩,这也为我国产业升级转型,政府治理模式现代化提供了思路和例证。

3. 构建现代化的外贸体系

一是要做好顶层设计,除了如上所说的简政放权之外,还要积极地搭建平台,参与双边和多边谈判,为对外贸易创造良好的环境,要大胆创新,坚持世界贸易体制规则,坚持双边、多边、区域次区域开放合作,扩大同各国各地区利益汇合点,以周边为基础加快实施自由贸易区战略,减少各国之间采取的不必要的贸易管制措施;二是要改革市场准入、海关监管、检验检疫等管理体制,加快环境保护、投资保护、政府采购、电子商务等新议题谈判,形成面向全球的高标准自由贸易区网络;三是要完善进行相应的法律制度,建立起与市场经济和外贸发展相适应的法律体系,市场经济是法治经济,只有完善相关的法律制度,政府和企业等市场主体自觉守法,才能建立起真正的外贸治理体系。

中国(上海)自由贸易试验区(以下简称上海自贸区)正是探索现代化的外贸体系的一个实例,上海自贸区是中国政府设立在上海的区域性自由贸易园区,属中国自由贸易区范畴。该试验区于2013年8月22日经国务院正式批准设立,面积为28.78平方公里,范围涵盖外高桥保税区、外高桥保税物流园区、洋山保税港区和上海浦东机场综合保税区4个海关特殊监管区域。建设中国(上海)自由贸易试验区,是顺应全球经贸发展新趋势,实行更加积极主动开放战略的一项重大举措,其主要任务是要探索中国对外开放的新路径和新模式,推动加快转变政府职能和行政体制改革,促进转变经济增长方式和优化经济结构,实现以开放促发展、促改革、促创新。通过进一步深化市场化改革,加快政府职能转变,探索政府经贸和投资管理模式创新,扩大服务业开放,建设具有国际水准的投资贸易便利、监管高效便捷、法制环境规范的自由贸易区。上海自贸区承担起了进一步推进改革和提高开放型经济水平的"试验田"的作用,其形成的可复制、可推广的经验,将发挥示范带动、服务全国的作用,促进各地区共同发展。这有利于培育我国面向全球的竞争新优势,搭建与各国合作发展的新平台,拓展经济增长的新空间,打造中国经济"升级版",从而构建现代化的外贸治理体系。

综上所述,在我国从传统的计划经济体制向市场经济体制转变的过程中,外贸领域也经历了广泛而深入的改革,取得了举世瞩目的成就,但外贸领域仍存在许多的问题亟待解决,从本文围绕我国外贸领域市场化改革和相关贸易管制措施的选择这一命题进行理论、实证的分析和实践探索,得出了以下结论:一是要真正地发挥市场在资源配置当中的决定性作用,根据简政放权的要求,清理不合时宜和不合理的贸易管制措施,确保外贸市场机制的正常运行;二是要理顺贸易管制机制,明确贸易管制的范围,采取有效措施,确保实际监管到位;三是要适应外贸市场化改革,转变政府职能,建立起政府和企业间的合作伙伴关系,积极开展自贸区和跨境电子商务等试点,构建现代化的外贸治理体系。

Option between the Market-oriented Reform and Trade Control in the Foreign Trade

GUAN Weixing

[**Abstract**] There are some realistic problems in the foreign trade area, such as excessive intervene by government and the market failure which could present in the export mandatory quarantine and environment protection in the importation. China should properly address the relation between the government and market in the foreign trade, explore a developing approach of foreign trade reform so that the market regulation and government intervenes can cooperate and harmonize according to the several duties and can bring out the best in each other. In the market-oriented reform aspect, China should stick to the market self-regulation as the main method and respect the innovation of the market players, streamline administration, simplify administrative procedures, delegate powers to lower levels, minimize the excessive and unnecessary intervene by governments. On the other aspect, the governments should more focus on the issues which exist the outside of the market, especially the market failure in the foreign trade area, should improve the legal system step by step, and promulgate targeted regulatory measures of the foreign trade, transform government functions, strengthen the supervision in the process and afterwards, thereby can safeguard the health foreign trade order.

[**Key words**] Market-oriented Foreign Trade, Control and Supervision, Customs Law

“长江经济带”通关一体化中的海关法律问题探析*

娄万锁**

[摘　要]　“长江经济带”建设是新时期我国重大发展战略之一。根据《国务院关于依托黄金水道推动长江经济带发展的指导意见》,构建长江大通关体制是长江经济带建设的重要内容之一。本文从海关通关一体化改革和海关与口岸其他执法部门“三互”建设两个维度,分析了长江大通关建设中存在的体制性障碍,以及海关立法、海关执法等问题。借鉴美国田纳西流域管理经验,制定《长江经济带发展条例》,设立长江经济带口岸管理局等专门执法机构,修改《海关法》《海关行政处罚实施条例》等法律法规,是完善长江大通关体制的建设性方向。

[关键词]　长江经济带;通关一体化;口岸“三互”;海关法

“长江经济带”发展战略是党的十八届五中全会以及我国国民经济和社会发展十三五规划提出的与“一带一路建设”“京津冀协同发展”等并重的几大国家发展战略之一,其战略目标在于带动内陆沿江

---

* 本文为上海市教委科研创新重点项目“垂直领导部门与地方政府关系研究——以海关为例”(项目号 14ZS165)的阶段性成果。

** 娄万锁,上海海关学院法律系副教授、副主任,法学(政治学)博士。

地区经济发展,缩小地区发展差距,优化沿江产业结构,保护长江生态环境,培育国际经济合作竞争新优势,使长江经济带成为带动区域协同发展的增长极,并成为推动我国区域协调发展的示范带。

构建长江大通关体制是长江经济带建设的重要内容之一。大通关就是口岸的海关、检验检疫、交通运输、仓储、银行、保险等各部门、单位和企业尽可能地减少、优化审批程序和办事环节,让物流、单证流、信息流高效、顺畅地运转,提高通关效率,提升贸易便利化水平。自2001年国务院提出大通关建设理念以来①,时至今日,长江经济带的通关一体化和贸易便利化水平已显著提高。但是,制约着一体化和便利化进一步提升的法律障碍依然存在,深层次的结构性矛盾尚未化解。

长江经济带建设与海关密切相关,长江经济带对外贸易发展需要统一、法治、高效的海关服务,统一的立法,统一的执法,以及简化顺畅的通关机制是贸易增长的必要条件。2014年9月国务院发布的《关于依托黄金水道推动长江经济带发展的指导意见》把长江大通关体制建设概括为海关区域通关一体化和检验检疫一体化,“加强内陆海关与沿海沿边口岸海关的协作配合,加强口岸与内陆检验检疫机构的合作,全面推进‘一次申报、一次查验、一次放行’模式,实现长江经济带海关区域通关一体化和检验检疫一体化。”②从海关法律角度上审视,长江大通关体制建设实际上就是理顺两个层面的法律关系:一是长江沿线各直属海关之间以及海关内部之间的关系,其核心是通关一体化;二是海关与检验检疫机构等口岸其他执法部门之间关系,核心是“信息互换、监管互认、执法互助”(简称“三互”),这二层关系中既有立法问题,也有执法问题。

---

① 2001年10月9日,国务院办公厅发布了《关于进一步提高口岸工作效率的通知》(国办发明电〔2001〕38号),被视为最早提出“大通关”理念的标志。

② 参见《国务院关于依托黄金水道推动长江经济带发展的指导意见》。

一、长江经济带通关一体化现状考察

中国海关是实行垂直领导体制的进出境监督管理机关,海关的隶属关系不受行政区划的限制,这种制度安排的根本动因在于保证对外贸易市场的全关境统一性,以及执法的对外一致性和高效性。在垂直领导的原则下,我国建立了以直属海关为中心的监管架构体系。海关总署下辖42个直属海关,基本上以各省省会市和进出口业务量较大的市为依据而设立,长江经济带涵盖十一个省市12个直属海关,各个直属关区之间基本上没有突破省际边界(杭州海关与宁波海关除外)。各关相互独立,关长均为正局级,各自对海关总署负责。虽然都承担着打私、征税、监管和统计等相同的职能,但各关之间缺乏足够的信息交流和监管合作,导致不同关区之间存在业务衔接不顺畅、执法不统一等现象;同时由于存在业务考核和政绩比拼,各直属海关之间甚至还成为了潜在的竞争对手,使海关内部难以形成合力。长期以来,这种直属海关体系制约着通关效率,阻碍了贸易便利化。

提升贸易便利化的突破口在于打破关区之间藩篱和壁垒,实行通关一体化,深化大通关改革。早在1998年中国海关提出现代海关制度第一步发展战略,目标是建立“四肢协调”的海关制度,当时就把通关作业改革作为中心环节。与此同步,自2003年1月1日起,隶属于长江经济带的宁波海关推出了“多点报关,口岸放行”监管模式改革,在宁波关区内,企业可以选择任一区域海关报关,由口岸海关对货物进行实货验放,打通了原来模式下的“转关瓶颈”,提高了通关速度。

2005年11月以上海、南京、杭州、宁波四个海关作为长三角试点,启动了区域通关一体化改革。当时从转关运输开始,实施“属地申报,口岸验放”作业模式试点。实现了跨关区通关“一次申报、一次放行”,改变了转关运输模式带来的“两次申报、两次放行”,大大简化了手续,促进了物畅其流。同时,从“简化、规范转关监管”入手,改变由人工逐票审核、逐票放行的传统监管方式,实施转关运输计算机自动化处理,提高转关效率。[①]

2014年9月22日长江经济带海关启动区域通关一体化改革。首先在上海、南京、杭州、宁波、合肥五地海关建立起统一的“一个中心,四个平台”,即区域通关中心,以及申报平台、风险防控平台、专业审单平台和现场接单平台四个平台,实行通关全流程的一体化管理机制和运行模式。2014年年底扩展至重庆、武汉、长沙、贵阳、成都、昆明、南昌七地海关,覆盖了整个长江经济带。

区域通关一体化使各海关之间打破了关区界限,“一中心、四平台”的作业架构下,企业可根据实际需要,自主选择口岸清关、转关,“属地申报、口岸验放”、“属地申报、属地放行”、一体化通关等任何一种通关方式;企业可按照经营单位注册地、货物进出境地(或直属海关集中报关点)自主选择接单现场,并据此确定报关单的申报口岸;对于需要实施查验的,可由企业根据物流实际需求,自主选择在口岸或属地海关监管场所实施查验。允许代理报关企业“一地注册、多地报关”,允许区域外报关企业在区域内设立的分支机构在区域海关直接报关。

据测算,选择区域通关一体化模式通关后,一个40尺进口海运集装箱(不查验)从上海外港运输到苏州地区,通关成本最高可节约27.5%。[②]“多地通关,如同一关”,企业通关时间大幅减少,成本大大节省。

2016年6月1日,中国海关启动全国通关一体化改革。实行“两个中心,三项制度”,进一步优化通关流程,提高通关效率。“两中心”是指建立海关总署风险防控中心和海关总署税收征管中心,前者对进出口货物统一实施安全准入(准出)风险分析、监控和处置,后者则按商品和行业分类对货物归类、价格、原产地等涉税要素,实行专业化、

---

① 孙毅彪:《长三角区域通关一体化的思考》,载《今日中国论坛》2006年第5期,第60~61页。

② 于广洲:《在国务院口岸工作部际联席会议第一次全体会议上的工作报告》(2015年8月28日)。

集约化、智能化的批量审核,这“两个中心”由海关总署直接管理,指令直达业务现场一线。“三项制度”中的第一项是指实施“一次申报、分步处置”通关管理模式,第二项是改革税收征管方式,进一步明确企业如实、规范申报责任,企业自报、自缴税款,第三项是建立协同监管机制,口岸海关主要实施通关现场监管,属地海关主要实施企业稽查和信用管理。全国通关一体化将真正实现“全国是一关”,企业可以选取任何一个海关进行申报,并自报、自缴税款,申报更自由、手续更简便,无需再办理转关运输,口岸放行速度将大幅提高,海关管理效能更高,执法更加统一,全国企业将享受“关通天下”的便利。

全国通关一体化是区域通关一体化改革的升级版,涉及的范围具有全国性,更为重要的是,全国通关一体化除了打破地域限制和关区藩篱,还在于对海关通关流程进行了再造,并对原来的直属海关架构体系进行了结构性改动,推出的“三项制度”减少了通关手续和作业环节,变“先审后放”为“先放后审”,降低了企业办理跨关区货物通关的时间和经济成本,大大提高了执法统一性,进一步提升了贸易便利化水平。

二、长江经济带通关一体化存在的法律问题

长江经济带覆盖上海、江苏、浙江、安徽、江西、湖北、湖南、重庆、四川、云南、贵州11个省(市),面积约205万平方公里,占我国国土面积21.35%;常住人口57,941万人,占总人口42.79%。2012年地区生产总值235,914.95亿元,占全国经济总量的45.41%,人均GDP40,873元,是全国平均水平的1.06倍。① 总体来看,长江经济带产业结构的区域特征明显,中上游地区以劳动力密集产业和资源密集型产业为主,科技含量低,下游地区则以外向型和高科技产业为主,附加值高。有黄金水道长江为纽带,在如此广阔而产业分工差异明显的

① 王林梅、邓玲:《我国产业结构优化升级的实证研究——以长江经济带为例》,载《经济问题》2015年第5期,第39~43页。

区域,无疑蕴含着巨大的贸易商机和活跃的交易活动。

从区域通关一体化到全国通关一体化,无疑将减少长江经济带对外贸易市场的制度成本,促进生产要素自由流动,推动地区经济互动互补和资源优化配置。但是,通关一体化改革仍存在许多执法障碍,主要表现在以下几个方面。

(一)执法主体多头而混乱

原来的直属海关架构体系下,各海关拥有相对固定的"地盘",各自的管辖区域是明确的,进出口企业也有一个"归属"的海关。但在通关一体化模式下,长江经济带从十二个直属海关被"虚拟化"为一个海关。根据《海关总署关于开展长江经济带海关区域通关一体化改革的公告》(2014 年第 65 号),"企业可自主选择向经营单位注册地、货物实际进出境地海关或其直属海关集中报关点办理申报、纳税和查验放行手续。"按照"属地申报、口岸验放"等便利规则,申报地海关与口岸海关均拥有查验、处罚等执法权,执法主体就变多头了。

假设一家注册在重庆的企业的一票报关单,在重庆海关申报,而在上海口岸进境,如果这票货物是鲜活农产品,按照区域通关一体化的"专业审单中心"分工,最后由宁波海关审单。如果宁波海关审单发现了该企业该票货物涉嫌走私违规,那应由何地海关进行管辖处罚?

本案中,货物堆放在上海,违法行为发生在重庆,而最先发现违法行为的是宁波海关。根据《海关行政处罚实施条例》第 3 条的规定,"海关行政处罚由发现违法行为的海关管辖,也可以由违法行为发生地海关管辖。两个以上海关都有管辖权的案件,由最先发现违法行为的海关管辖。"本案应该由宁波海关管辖。实际上,对宁波海关来说,除了审查报关数据,在网上虚拟空间跟该重庆企业有过交集以外,既没有实际控制该企业货物,也无法掌握该企业的更详细的信息。对企业来时,却要千里迢迢从重庆赶到宁波来配合调查。无论是对海关,还是对企业来说,显然增加了成本,背离了便利化精神。

再进一步假设,该重庆企业涉嫌走私犯罪,根据《公安机关办理刑事案件程序规定》第 15 条第 1 款的规定,"刑事案件由犯罪地的公安机关管辖。犯罪地包括犯罪行为发生地和犯罪结果发生地。也可以由犯罪嫌疑人居住地的公安机关管辖。”犯罪行为发生地在重庆或上海，犯罪结果发生地在上海。宁波既非犯罪行为地也非犯罪嫌疑人居住地，按照现行的程序，却要宁波海关审单中心把案件移交宁波海关缉私局管辖，导致没有管辖权而管辖的局面。

还有，申报地海关布控查验的，口岸海关是否可对有嫌疑货物径行布控查验？申报地海关在货物运输途中实施布控的，是否可委托口岸海关进行查验？如委托查验的，双方海关职责如何划分，信息如何联动？查验后处理权又归属何地海关？对此，无明确规定。①

此外，在全国通关一体化模式下，风险防控中心和税收征管中心由海关总署直接管理，有关风险布控参数由总署统一实施，指令直达业务现场一线。这两个中心的法律地位如何？是行政机关②还是法律法规授权的组织，抑或是海关总署的派出机构？一旦口岸海关依照风险防控中心指令作出决定，或者税收征管中心直接作出纳税决定，如果相对人对海关提起行政复议或行政诉讼，应诉主体应是谁？口岸海关还是税收征管中心？税收征管中心作为应诉主体是否适格？“两个中心”既非国务院决定设立的行政机关，也不是经某一部法律法规授权的组织，那只能算海关总署的一个派出机构。根据《行政诉讼法》第26条规定，“……作出行政行为的行政机关是被告。……两个以上行政机关作出同一行政行为的，共同作出行政行为的行政机关是共同被告。……”按照这个思路，相对人一旦起诉，就要以海关总署为被告。且不说海关总署将面临数量巨大的诉讼压力，根据被告举证原则，还要对全国所有“两个中心”所作出的行政行为承担提供证据的责任。这种情形，既与海关总署“偏重决策”的定位不相吻合，而且位于首都

① 马晓锦：《长三角区域经济一体化与海关通关管理对策分析》，同济大学2007年硕士学位论文。

② 《国务院行政机构设置和编制管理条例》第8条规定，国务院直属机构、国务院办事机构和国务院组成部门管理的国家行政机构的设立、撤销或者合并由国务院机构编制管理机关提出方案，报国务院决定。

的总署来应诉全国的案子也不利于诉讼效率。

(二)相对人主体不明确

除了执法主体,在通关一体化机制下,有些业务的相对人主体也不明确。譬如,因发生爆舱、漏装、甩箱,导致出口货物退关、转船、退箱的,以及须出口补税的,出口商如属异地企业,一般委托口岸所在地船代企业或货代报关企业向海关办理。在一体化通关模式下,为节约经营成本,异地企业也大多委托口岸企业办理。在这种情况下,管理相对人是谁?是异地的出口商,还是受委托的口岸报关企业?它们的法定权利义务如何?也不明确。①

(三)全国通关一体化的流程设置导致海关存在"行政不作为"的嫌疑

全国通关一体化推出"两个中心、三项制度",前推后移,改革征税制度,企业自报自缴,"先放后审",放行后批量审核,固然便利了通关,方便了企业,同时也由于整合了全国海关有关归类、价格、原产地等税收征管数据,减少了执法不统一的可能性,减轻了通关环节的工作压力,降低了海关关员的执法风险。但是,海关毕竟是国家执法机关,既要服务经济,也要把好国门。征收关税是海关的法定职责,"先放后征,事后监管"这种制度安排存在懒政怠政,行政不作为的嫌疑。"行政不作为是指行政主体负有某种作为的法定义务,并且具有作为的可能性而在程序上逾期有所不为的行为。"②在全国通关一体化的流程下,原本的通关防火墙拆除了,不法企业铤而走险、偷税漏税的概率提高了,对国家来说,税收流失的风险将上升。对于合法守规的企业来说,遇到像归类、估价、原产地等技术性较强的工作,原本在通关环节边学习边解决,将违法走私的可能性过滤掉,现在先放后征,丧失了学习的机会,无疑增加了不确定性,提高了被处罚的可能性。而对海关

① 马晓锦:《长三角区域经济一体化与海关通关管理对策分析以宁波海关为例》,同济大学2007年硕士学位论文。

② 周佑勇:《行政不作为构成要件的展开》,载《中国法学》2001年第5期,第64~73页。

关员来说,不仅减轻了审单压力,而且摆脱了“玩忽职守”这把达摩克利斯之剑,但实际上是放弃了法律所赋予的职责和担当。《海关法》第2条,第53条明确赋予了海关征税的职责,但通关一体化改革把该职责免除,显然违背了上位法的规定。而且,一旦相对人以行政不作为提起行政诉讼,海关也难逃败诉的后果。

三、海关与长江经济带其他执法部门之间合作面临的挑战

对外贸易不仅仅是海关一家的事情,大通关建设涉及许多执法部门,《关于依托黄金水道推动长江经济带发展的指导意见》专门提出,“推进口岸执法部门信息互换、监管互认和执法互助(简称‘三互’)”。各个执法部门分工协作,相互配合,才能促进贸易发展。那么,在大通关建设进程中,阻碍着海关与这些部门之间“三互”的,既有立法问题,也有执法问题。

政府不同部门作为政府的组成部分,原本应当根据政府工作目标,服从政府安排,各司其职,共同服务于社会经济发展。但是,随着我国市场化改革的推进,政府各个部门渐渐成为了利益主体。有学者分析,在改革大背景下,财政分灶吃饭式的“部门自养”政策以及中央财政对部门行政经费的减少,中央政府允许政府部门探索并进行市场化筹款是公共利益部门化的外部主因。而政府部门原先作为自在的利益集体,市场化筹款恰恰暗合其“有为才有位”的政绩需求冲动,从而激发了具有潜在自为意识的部门利益。因此,部门的政绩需求冲动成为了公共利益部门化的内部主因。而当外部主因与内部主因相互耦合时,市场化筹款在解决行政经费不足的同时,公共利益部门化便由此开始衍生。①

有些部门为了实现和维护本部门利益,不惜偏离公共目标,牺牲公共利益,凭借垄断地位,利用权力优势和资源优势,通过非正常手

① 孙力:《我国公共利益部门化生成机理与过程分析》,载《经济社会体制比较》2006年第4期。

段,谋取利益。在部门利益的驱动下,这些部门将公共权力部门化,部门权力利益化,部门利益政策化甚至法律化。有学者指出,各个部门在发展计划和投资预算方面拥有较强的独立性,因而各个部门都追求自己部门利益和预算的最大化,一个统一的"国家政策"难以形成;在政策执行过程中,每个部门都需要与其他部门各有关部门反复协调,出现了称之为"碎片化的威权主义"(fragmented authoritarianism)的局面。[①] 有些部门为了使自身部门利益合法化、定型化,往往通过制定部门规章,甚至主导制定法律、行政法规来予以确认,这些法律法规客观上巩固了该部门的权力和利益。

以海关与检验检疫部门为例。现行《海关法》第 23 条(1987 年《海关法》第 17 条)规定,"进口货物自进境起到办结海关手续止,出口货物自向海关申报起到出境止,过境、转运和通运货物自进境起到出境止,应当接受海关监管。"现行《海关法》第 37 条(1987 年海关法第 26 条)第 1、2 款规定,"海关监管货物,未经海关许可,不得开拆、提取、交付、发运、调换、改装、抵押、质押、留置、转让、更换标记、移作他用或者进行其他处置。海关加施的封志,任何人不得擅自开启或者损毁。"显然,《海关法》赋予了海关对进出口货物的全面监管权,或检验,或放行应由海关统一处置。

但作为出入境检验检疫部门执法依据的《进出境动植物检疫法》(1991 年公布)第 14 条第 1 款规定,"输入动植物、动植物产品和其他检疫物,应当在进境口岸实施检疫。未经口岸动植物检疫机关同意,不得卸离运输工具。"第 15 条第 1 款则规定,"输入动植物、动植物产品和其他检疫物,经检疫合格的,准予进境;海关凭口岸动植物检疫机关签发的检疫单证或者在报关单上加盖的印章验放。"这样,在海关监管过程中,又增设了一道环节,由出入境检验检疫部门对动植物和动

---

① Kenneth Lieberthal, "Introduction: The 'fragmented authoritarianism' Model and Its Limitations," in Kenneth Lieberthal and Michel Oksenberg, eds., *Policy Making in China: Leaders, Structures, and Process*, Princeton: Princeton University Press, 1988, pp. 1 - 30.

植物产品进行检疫,检疫后交海关放行。对进出口企业来说,如果进口动植物和动植物产品,就意味着要跑两个部门,提交两套资料,难免费时费力,增加成本。从贸易便利化的视角来审视,类似检验检疫这些技术性工作,完全可以让海关来实施操作,没有必要另外专设一个部门来执行。表面上,这是立法层面的问题,但实际上是国家利益部门化的结果。

此外,海关总署等国务院各部委都具有制定规章的立法权,所制定的规范性文件属于同一层级。在长江经济带大通关体制建设中,海关的举措难免与其他国务院部委的规定不一致,譬如,海关规定仅仅凭"出境货物通关单"即可在口岸放行的出口货物,对于异地企业来说,检验检疫部门还规定,在口岸报关时还须凭企业所在地检验检疫部门出具的"出境货物换证凭单"到口岸检验检疫部门换签"出境货物通关单"后才能报关出口。① 这无疑增加了通关手续,提高了企业的贸易成本。

在执法领域,海关与其他部门之间有时也会出现不一致,譬如2010 年海关针对入境旅客物品 IPAD 征税时,商务部就曾提出过不同意见。

口岸不同部门各自为政、相互隔绝的局面显然不利于外贸发展。海关总署与质检总局于 2005 年曾签署《海关总署、质检总局关于建立关检合作机制备忘录》,建立关检协同执法机制、关检 HS 编码与法检目录联动调整机制、打击走私和防止逃漏检的全面合作机制、涉及双方业务的重大政务信息相互沟通联系制度等合作机制。② 2015 年,国务院又出台了《关于改进口岸工作支持外贸发展的若干意见》,提出在加快实现"三互"的同时,"进一步优化监管执法流程,逐步由'串联执法'转为'并联执法'。在全面实施关检合作'三个一'(一次申报、一

① 马晓锦:《长三角区域经济一体化与海关通关管理对策分析》,同济大学 2007 年硕士学位论文。

② 海关总署、质检总局关于印发《海关总署、质检总局关于建立关检合作机制备忘录》的通知(署厅发〔2005〕125 号)。

次查验、一次放行)的基础上,逐步向'单一窗口'转变,实现口岸相关部门信息共享共用。"①这些文件和合作机制在一定程度上有助于外贸增长。但是,这些文件更多的是口号式的方向性指引,缺乏细化的可操作性,更没有法律约束力,导致"三互"推进缓慢。

四、完善长江经济带大通关建设的法律建议

实际上,制约着长江经济带大通关改革的深层矛盾首先在于该区域范围内的体制不顺畅,海关与其他执法部门之间,直属海关与直属海关之间相互交叉,都属于省部级、正局级,级别相同,谁也不服谁。面对利益,大家争抢;面对责任和担当,又各自推诿,不愿放弃原有的既得利益。如何破除长江经济带大通关建设中的立法、执法障碍,简化手续,提升贸易便利,促进对外贸易发展,美国田纳西河流域管理局(Tennessee Valley Authority,TVA)的经验,值得借鉴。

田纳西河位于美国东南部,全长1600公里,流域面积10.4万平方公里。流域内降水丰富,年均降水量达1320毫米。地跨弗吉尼亚、北卡罗来纳、佐治亚等7个州。自从19世纪后期以来,特别是到20世纪初,由于对资源进行不合理的开发利用,土地的过度耕种和过度开垦、森林过度砍伐、对矿物资源进行掠夺式开采等,田纳西流域水土流失、环境恶化,沿途各州处于广泛贫困状态。由于缺乏强大的经济后盾,流域内存在的一系列社会问题不能得到解决。1933年美国国会通过了《田纳西流域管理局法》,成立了田纳西流域管理局,进行流域综合开发管理,并要求它实现四大目标:(1)发展国家经济;(2)保护环境;(3)促进社会福利;(4)促进地区发展。1933年,田纳西流域人均收入仅168美元,是美国全国平均数的45%,是当时美国最贫困的地区之一。流域内劳动力就业结构以农业为主,约占总就业人数的62%,商业和服务业就业的比例是17%,制造业仅12%,其他为9%。经过五十多年的发展,到1984年,就业结构中从事农业的比例仅为5%,而商

① 《国务院关于改进口岸工作支持外贸发展的若干意见》(国发〔2015〕16号)。

业和服务业达45%，制造业上升到27%，其他为23%。[①] 田纳西流域管理局成为了世界上国内区域性治理的成功范例之一。

长江经济带与TVA有很多相似之处，都涉及许多省（州），而且也涉及农业部、财政部等许多政府部门，开始都面临很大阻力。考察TVA的成功经验，长江经济带大通关体制建设应该在以下几个方面进行改进。

（一）制定《长江经济带发展条例》

TVA取得成功的一个显著经验是制定了《田纳西河流域管理法》，把法制建设作为流域管理的基础和前提。明确了流域机构的地位、职责以及与地方的关系，使流域管理的各个方面都有法可依。要让长江经济带真正成为具有全球影响力的内河经济带，必须要赋予其合法的性质、地位和内容。只有将长江经济带置于法制的基础上，大通关建设等各项便利措施才能得到切实地贯彻执行。

前述《关于依托黄金水道推动长江经济带发展的指导意见》《海关总署、质检总局关于建立关检合作机制备忘录》《关于改进口岸工作支持外贸发展的若干意见》等文件都属于柔性文件，无刚性约束力，最后难免流于空文。只有制定具有强制约束力的法律法规，才能解决海关与其他执法部门之间、直属关区之间的纷争。鉴于制定全国人大常委会通过法律的时间过长，国务院可制定行政法规《长江经济带发展条例》，为长江经济带建设奠定法理基础，明确建设目标和功能定位。

（二）设立长江经济带管理委员会及长江口岸管理局等机构

除了制定法律，还要有执行法律的机构。目前的长江经济带发展部际联席会议，沿江省（市）长联席会议等机构既没有常驻的人员，也没有法定的职权和职责，更多的属于沟通和协商平台，最后难免形同虚设。许多学者提出建议，希望建立更加紧密、更加法制化的合作机

① 陈湘满：《美国田纳西流域开发及其对我国流域经济发展的启示》，载《世界地理研究》2000年第2期，第87～92页。

制。从行政协调机制转向利益协调机制,推动建立起各省市政府间的沟通与协调正常化、法制化机制,构建长江经济带省际利益协商机制,建立省际合作紧密联系的工作机制。[①]

田纳西流域管理局(TVA)作为联邦政府机构,只接受总统的领导和国会的监督。建立强有力的流域管理机构,赋予其流域协调等行政管理权,是TVA成功的另一个经验。

同样,长江经济带建设也可考虑设立长江经济带管理委员会,直接受国务院领导,赋予其生态保护、产业转型、航运、大通关建设等法定职权和职责。在长江经济带管理委员会内部,重组原有的长江水利委员会、长江航务管理局等单位,新设长江口岸管理局。口岸管理局由海关主导,承担单一窗口、大通关建设等贸易便利化职能,专门落实"一次申报、一次查验、一次放行"模式,推进口岸执法部门信息互换、监管互认和执法互助。有专门的执法机构、有固定的人员,有法定职责和职权,落实"三个一"和"三互"必将更加有效。

《长江经济带发展条例》赋予长江口岸管理局"单一窗口"的职能,对于前述《海关法》与《进出境动植物检疫法》因不同部门主导立法导致政出多门的问题,条例有权设立"单一窗口"予以协调解决。至于检验检疫部门规定的"出境货物换证凭单"等问题,根据《立法法》第88条的规定,行政法规的效力高于规章,上位法可直接否定下位法的效力,"出境货物换证凭单"的做法自然失效。

(三)完善现行海关法律

我国现行海关法律体系由2部海关法律(《海关法》与《关衔条例》)16部法规,122项规章及600多个公告组成。[②] 在法律层面上,现行《中华人民共和国海关法》颁布于1987年,后来于2000年和2013

---

① 王晓娟:《上海参与和服务长江经济带建设研究》,载《上海经济》2016年第1期,第57~71页。类似观点还有,如王林梅、邓玲:《我国产业结构优化升级的实证研究——以长江经济带为例》,载《经济问题》2015年第5期,第39~43页。

② 陈晖:《一带一路战略与我国海关法的修改与完善》,载陈晖主编:《海关法评论》(第5卷),法律出版社2015年版,第225~240页。

年共作了三次修改。按照今天贸易便利化和通关一体化的标准来审视,从立法指导思想上来看,海关法的主旨仍然偏重监管的部分,没有考虑到监管与服务的平衡。① 除此之外,海关法的制度设计更多的与出口导向战略相适应,偏重鼓励大进大出。今天,无论是长江经济带还是全国其他地区,都在强调服务型海关建设,呼吁贸易便利化;而且随着外贸进入新常态,我国从强调出口转向到了强调进口出口并重,因此,海关法的指导思想势必要予以调整,同时海关法内容也应根据长江经济带建设以及对外贸易发展予以修改。

1. 修改海关法条文

今天政府改革强调信息化、电子化、数据化,提高治理效率,海关推行无纸化通关,但《海关法》第25条还硬生生地规定着,“应当采用纸质报关单”,显然与时代发展趋势不相吻合,应尽快修改。此外,海关法还应修改或增加税收法律制度与税收征管模式改革的衔接,按照AEO国际通行规则完善并明确界定“收发货人”的概念,对转关法律制度的修改,口岸一体化管理制度的明确与授权,支持跨境电子商务等新型贸易业态发展的规定等。②

2. 对于执法主体多头化问题

原来的转关运输制度下,经收发货人申请,进口货物的收货人可以在设有海关的指运地、出口货物的发货人可以在设有海关的启运地办理海关手续。但转关运输有一个前提,就是“经(某一)海关同意”,且符合海关监管要求。③ 在区域通关一体化和全国通关一体化背景下,“经海关同意”的环节省略掉了,任何海关都可以接受申报,任何海关也都可以放行,这样,海关的职责就模糊起来了。对此,应根据效率原则,明确某一地海关为优先执法机关,譬如放行地海关。同样,行政

① 孙书凡:《海关区域通关一体化法律问题研究——以贸易便利化为核心》,华东政法大学国际法专业2015年硕士学位论文。

② 陈晖:《一带一路战略与我国海关法的修改与完善》,载陈晖主编:《海关法评论》(第5卷),法律出版社2015年版,第225~240页。

③ 《中华人民共和国海关法》第35条。

法规和规章层面的其他海关法律也作相应修改。如《海关行政处罚实施条例》第3条,可把违法行为发生地作为处罚主体的常态,而把违法行为发现地作为例外,这样就可避免通关一体化产生的执法主体多头化而带来的低效和不合理。

3. 对于相对人主体多元化的问题

根据相关规定,向海关申报的主体可以是依法直接进口或者出口货物的法人、其他组织或者个人,即进出口货物收发货人;也可以是接受进出口货物收发货人的委托,以委托人的名义或者以自己的名义,向海关办理代理报关业务,从事报关服务的报关企业。① 在通关一体化背景下,报关企业不再受地域限制,可以异地报关。"在长三角地区'一地注册、五地报关'。在长三角地区内任一海关备案的分支机构,均可以在长三角地区各海关从事报关服务。"②因此,对于前述出口货物退关、出口补税的情形,没有必要非得把异地的出口商作为管理相对人,根据便利化原则,除非追究刑事责任,口岸的报关企业可以作为管理相对人。

4. 避免海关行政不作为的风险

通关一体化改革中的关于税收征管方式改革,由逐票审查向抽查审核转变,企业自报自缴,先放后征,以及推广集中汇总征税模式等举措,作为管理流程改革无疑有助于提高通关效率,首先要在法律层面上固定下来,将新的税收征管方式合法化。同时,与其相悖的海关法相关征税条款,譬如第60条"海关填发税款缴款书之日起十五日内缴纳税款"等规定要作修改。

此外,对于批量审核,后续稽查过程中海关关员的法律责任并没有免除,新的《海关稽查条例》一方面加重了对企业不实申报行为的处罚力度,但另一方面并没有放松对海关关员的执法要求。海关工作人

① 《中华人民共和国海关报关单位注册登记管理规定》(海关总署令第221号)第43条。

② 《海关总署关于开展长江经济带海关区域通关一体化改革的公告》(2014年第65号)。

员在稽查中玩忽职守、滥用职权,尚不构成犯罪的,依法给予处分;构成犯罪的,依法追究刑事责任。① 因此,稽查时该发现问题时要发现问题,该补征税款的要及时补征,否则,容易构成行政不作为。通关一体化改革并没有降低关员严格执法的要求,海关关员不能放松警惕,避免由此带来行政不作为的诉讼风险。

Analyses of the Legal Issues of the Customs Clearance Integration in Yangtze River Economic Belt

LOU Wansuo

[**Abstract**] Building Yangtze River Economic Belt is one of the great development strategies in the new era of China. According to the State Council guidance of promoting Yangtze River economic belt development relied on the golden waterway, the construction of the Yangtze Customs clearance system is one of its important contents. This paper, from two perspectives which are the Customs clearance integration reform and building "Three Mutual" between Customs and other enforcement agencies at port, analyzes existing institutional barriers and Customs legislation, Customs enforcement and other issues in the construction of the Yangtze Customs clearance system. In order to improve the Yangtze Customs clearance system, Customs of China should make a reference to the managerial experience of Tennessee Valley Authority, U. S. A. to formulate Yangtze River Economic Belt Development Regulation, to establish specialized law enforcement agencies of the Yangtze River

① 《中华人民共和国海关稽查条例》第33条。

Economic Belt Port Administration, and meanwhile to amend the Customs law, the Customs regulation on administrative punishment, and other relevant laws and regulations.

[**Key words**] Yangtze River Economic Belt, Customs Clearance Integration, Customs Law

"一带一路"视域下"苏满欧"国际班列海关监管创新和发展

苏州海关课题组*

[摘　要]　"苏满欧"作为华东地区唯一的中欧"五定"班列,连接了国内最大的电子产品制造业基地——苏州与欧洲消费市场的铁路新丝绸之路,促成了苏州国际物流业空运、海运、铁路运输三位一体全面发展的战略格局,对华东地区开拓中、东欧市场具有重要的推动意义。本文从苏州海关推动"苏满欧"班列海关发展的做法和经验入手,展望了"苏满欧"班列发展前景,提出了"苏满欧"班列海关监管创新的思路和"苏满欧"国际班列快速发展的合理化建议。

[关键词]　一带一路;苏满欧;中欧班列;海关监管

苏州作为全球最大的电子产品制造业基地之一已成为国际供应链的源头,无论是苹果手机还是微软的 Surface 平板电脑,还是友达的液晶屏或三星的冰箱,抑或莱克电器的扫地机器人每天都在源源不断地输往世界各地。"苏满欧""五定"班列不但开辟了连接国内最大的电子产品制造业基地——苏州与欧洲消费市场的铁路新丝绸之路,促成了苏州国际物流业空运、海运、铁路运输三位一体全面发展的战略

* 苏州海关课题组,组长为苏州海关关长叶刚,执笔人为苏州海关监管通关处副处长康政。

格局;而且因为是华东地区唯一中欧"五定"班列,正逐步成为华东地区通往欧洲的大动脉,促使销欧物流向苏州铁路运输枢纽集中,对华东地区开拓中、东欧市场具有重要的推动意义。

"苏满欧"国际班列在2013年9月开行一列试运行,截至2016年1月24日共开行苏州始发经满洲里口岸出境运抵波兰华沙的班列131列,海关监管货物11,962标箱,货运量6.12万吨,货值11.28亿美元;进口班列11列、海关监管货物628标箱,货运量6130吨,货值5166万美元。随着国家"一带一路"战略的实施,班列得以迅猛发展:2015年"苏满欧"国际班列海关监管量大幅增长,累计监管"苏满欧"国际班列出口班列90列,货物4.15万吨,集装箱8388标箱,货值8.66亿美元,同比分别增长164%、144%、175%、290%;监管进口班列10列,进口货物5564吨,进口集装箱554标箱,货值4684万美元,实现了每月3列的旺季准常态化运行。

一、"苏满欧"班列海关监管的做法和经验

(一)倡导建设"苏满欧"国际铁路大通道

苏州、江苏乃至长三角地区运往欧洲的货物,主要通过海运和空运来实现,海运存在运输时间长、空运存在运输成本高、运力小、运输品种限制较多等因素。为了充分发挥苏州地区制造业的规模优势,借助铁路运输优势,开拓东欧、中欧市场,2012年10月南京海关隶属苏州海关积极开展企业调研,走访满洲里有关部门,倡导建设"苏满欧"国际铁路大通道,受到苏州市政府的高度重视。2013年"苏满欧"班列试运行,2014年"苏满欧"班列正式被确定为"五定"(定起终点,定线路,定时间,定运输内容和定运输价格)班列。苏州到欧洲的货物运输时间由海运的30天至40天缩短到铁路运输的13天。"苏满欧"班列的开通,填补了我国东部沿海地区一直没有通往欧洲的长途铁路直达货运通道的空白。

(二)全面协调通关流程

南京海关与满洲里海关多次召开"苏满欧"班列对接会,签署

《"属地申报,口岸验放"合作协议》,创新"苏满欧"铁路直运监管新模式。苏州海关与满洲里海关驻车站办事处加强联系配合,签订《出口转关监管联系配合办法》,进一步提高"苏满欧"班列通关效率。苏州海关先后参加各级工作会、协调会、推介会20余次,做好协助策划和政策咨询工作。同时,积极探索电子运抵、电子车牌、电子关锁等先进手段,简化通关手续;通过制定协调方案和应急预案,开辟专用申报通道,实行24小时预约通关服务,全面协调解决通关问题。

(三)实现班列通关便利化

"苏满欧"纵贯华东、华北、东北,而且运输速度最快,是全国仅有的以小时为单位计时的"中欧快线"。南京海关隶属苏州海关充分发挥"苏满欧"始发站(苏州铁路西站)靠近高新区综保区的地理位置优势,不断优化设计海关监管流程,研究综保区、苏州西站监管作业模式的有机整合,试点通关一体化;进一步简化转关手续,两地通关如同一关,推行"一次申报、一次查验、一次放行"的通关模式,在苏州完成申报、查验等工作,满洲里口岸通关时间压缩到3小时。

二、"苏满欧"班列发展展望

"苏满欧"班列的发展目标是依托长三角地区制造业基础和华东地区、长江经济带便捷的交通网络,通过多式联运,不断扩大"苏满欧"国际班列发展,打造出苏州地区以铁路国际口岸为中心的"一带一路"国际物流枢纽,辐射东南亚地区,贸通欧洲乃至全球。

(一)海铁联运

一是与太仓港的货运链接,将这条"铁路丝绸之路"与海上丝绸之路无缝对接,吸引港澳台、日韩以及我国南方地区企业借由太仓港搭乘"苏满欧"班列到达欧洲。二是开通苏沪海铁班列。从苏州西站出发,铁路运输至上海洋山芦潮港,无缝对接全球运输主干航线。今后苏州高新区综保区将设立中远换箱点,货物运至综保区完结通关手续后,如同登上了远洋轮。同时,经上海洋山港的海运货物也可搭乘该班列对接"苏满欧"抵达欧洲。苏沪海铁的开通可以形成铁路、海运往返欧洲的闭合循环,为国内及欧洲客户提供灵活选择。海铁联运的重大意义在于通过海铁联运逐步形成苏州国际铁路口岸与上海航运中心的有效对接、错位发展、合作共赢的"一带一路"新格局。

(二)江铁联运

长江是货运量位居全球内河第一的黄金水道,在区域发展总体格局中具有重要战略地位。根据国务院印发《关于依托黄金水道推动长江经济带发展的指导意见》,长江经济带联系将更加紧密。可以依托"苏满欧"沿线的太仓港、常熟港、张家港、南京港等沿江港口,吸引长江经济带沿线货物通过水运集中至沿江各港,通过"苏满欧"运至欧洲。

(三)陆铁联运

越南—广西—苏满欧线路打通。越南制造的货物,可以经广西凭祥友谊关口岸,运至苏州接驳"苏满欧"国际列车。目前这条线路已为微软公司越南工厂手机运往欧洲提供服务。

(四)"邮、快铁"联运

苏州拥有国际邮件互换局,跨境电子商务使邮件业务也在迅猛增长,据悉铁路合作组织《国际铁路货物联运协定》第一章第4条"在国际铁路直通货物联运中不准运送邮政专运物品"的明文规定于7月1日起废止,苏州邮政酝酿适时开通"苏满欧"行邮班列。11月5日苏州海关与满洲里海关驻车站办事处签订《铁路运邮测试运行监管联系配合办法》。11月6日"苏满欧"国际铁路运邮试运行第一票货物成功首发并按预期抵达莫斯科,为苏州国际邮件及跨境电子商务运输开辟了一条新通道。同时,高新区已启动与大龙网跨境电商项目,顺丰快递也提出搭乘"苏满欧"班列的合作意向。

(五)"空铁"联运

发展苏南硕放机场的空铁联运业务,将"苏满欧"班列进境急件快速分拨的国内各地,部分国内急件空运至苏南硕放机场后搭乘"苏满欧"班列运至欧洲等。同时加强与上海浦东机场等的合作。

"苏满欧"国际铁路大通道与其他运输方式的有机组合,将为企业提供更多的定制化服务。企业将会从中享受到物流多样、成本降低、通关便捷等诸多红利。

三、"苏满欧"班列海关监管创新

(一)设立国际铁路口岸

苏州海关积极建言献策,提出《苏州海关关于苏州铁路口岸申报及建设的意见建议》,建议苏州市参照重庆、成都、郑州等设立铁路口岸的做法,争取省政府和国家口岸办的支持,分步设立二类、一类国际铁路口岸。启动二类口岸开放申报,以苏州火车西站为基础,完善铁路口岸物流功能规划、合理设置铁路口岸区域作业流,对现有软硬件改造升级,按《中华人民共和国海关监管场所管理办法》(署令第171号)要求设立海关监管铁路货栈。铁路口岸要实现以"苏满欧"国际班列等为载体,以苏州及周边地区制造业为基础,立足苏州服务江苏以及长三角、华东地区,成为华东地区国际铁路运输集散地与始发地的发展目标。

(二)试点简化多式联运

根据《物流业中长期规划(2014～2020年)》将多式联运工程列为十二大重点工程之首,日前交通部试点多试联运中心已落户苏州。目前多式联运需要多次转关,作业效率低下,企业成本高。南京海关和满洲里海关等口岸海关密切合作,在总署监管司的指导下试点改革传统的多式联运模式,依靠先进的定位技术和水路空铁邮等运输管理系统的互联互通,实现对进出口企业供应链信息的有效获取;依据"由一个多式联运经营人一票到底、全程负责"的《联合国国际货物联合运输公约》的原则,将转关模式和过境、转运、通运等物流模式整合在多式联运管理系统中,建设多式联运海关转运集疏中心、多式联运转运集疏信息化平台和多式联运海关物流监控系统的海关监管体系,从而实现海关各种监管区域功能效应叠加,实现"全境通关"和"一次申报、一次查验、一次放行"即实施一次转关申报,启运地、换装地、指运地一次查验,对换装地不改变施封状态的予以直接放行,企业通关将更加便捷。

（三）探索分类高效监管

苏满欧货源分布：江苏占35.56%（其中苏州占17.19%）、浙江23.09%、广东14.69%、上海9.62%、鲁皖京津9.16%、闽湘鄂豫冀渝6.89%。货物品种：液晶显示屏、电源供应器等电子产品52.22%，钢化玻璃、橡胶传送带等工业零配件14.82%，汽车零配件、运动器材及办公用品12.51%，快速消费高端时装10.95%，家居用品、旅行用品、婴儿用品9.5%。苏满欧涉及企业有外贸公司、生产企业，其中中小微企业（小商品制造经销企业）较多，如义乌发运的出口集装箱每箱含有十几家企业的货物，海关监管难度大。海关根据企业、商品类别结合以往查验查获情况，对高资信特别是生产性企业及伪瞒报风险较低的商品通过风险参数设置减少查验率；对查获率高的企业和商品提高查验率，实施分类高效监管。

（四）引入通关一体化模式

随着全国通关一体化进程的不断推进，分属于长江经济带海关的南京海关与东北地区一体化的满洲里海关将具备一体化的基础。南京海关将与满洲里海关在出口转关直运的基础上，试点进口通关一体化，苏满欧回程班列在苏州报关、满洲里口岸进口后，货主可以选择在满洲里海关直接提货，自行运输沿线回程货物。积极探索区域通关一体化通关模式与检验检疫“出口直放”“进口直通”等区域一体化模式的有效衔接，实现货物进出口岸或申报人所在地海关与检验检疫机构同步办理报关报检手续。

（五）大力发展跨境电子商务

《中国海关关于“一带一路”沿线国家和地区海关能力建设合作安排》提出“持续关注电子商务这一新兴产业的兴起，积极参与WCO组织的国际联合行动，在严密海关监管的同时，提升通关便利化水平。”电子商务等新型贸易业态发展迅猛，不但体现在量的增加，而且对时效性也提出了更高要求，“苏满欧”国际班列的开通，为苏州产品输欧提供了一条高效便捷的通道。高新区大龙网项目正是看中了这一优势：大龙网在俄罗斯有200多个以电商为主的销售商，每天都汇总了大量中国(苏州)产品的订单,每周发货,发货国际段运输周期通常是13+1到13+7即14天到20天,基本满足了网购的需求。如果“苏满欧”国际班列实现每天发,发货国际段运输周期将缩短并稳定到14天,网购速度更快,客户将大幅增加。通过电子商务的发展,提高通关效率,降低物流成本,巩固苏州世界制造业工厂的地位。

四、推进“苏满欧”国际班列快速发展的几点建议

(一)立足“苏州制造”扩大辐射范围

作为我国第一大工业城市,苏州拥有12个国家级开发区,欧洲是苏州重要的出口市场,2014年苏州出口总额11,130亿元,其中出口欧盟2143.5亿元,增长12%,占到全市出口总额的19.2%。同时,苏州是欧美企业集聚区,自欧洲进口货物也快速增长,2014年自欧盟进口721.6亿元,增长6.8%,占全市进口总额7994.8亿元的9%。但目前通过“苏满欧”的进出口货物只约占苏欧贸易的2%,苏满欧班列需要逐步加密班列密度,争取一天一列的开行频率,特别是回程班列的常态化运行,进一步降低成本、高效透明运作,改变企业传统的物流格局,让更多的企业搭上直通车,打造全球网购供货基地。同时通过海内外影响力较强的媒体,加大宣传推介力度,提高知名度,吸引更多货源通过该班列进出口。面向华东地区、长江沿线、南方沿海和东南亚地区,积极拓展出口货源。加大境外货源组织力度,继续拓展汽车零部件、设备、高档消费品等进口货源,实现进出口运力平衡。采取保温集装箱,解决电子产品冬季运输问题。

(二)加强国际合作,争取实现互联互通

以“政策沟通、设施连通、贸易畅通、资金融通和民心相通”为指引,加强与班列沿线国家海关国际协作,在“信息互换、监管互认、执法互助”方面不断加强务实合作,共同探讨制定有关快速通关、运输安全的协议,推行标准化海关监管,简化沿线海关的通关手续,互认报关申报信息、货物归类决定、查验放行指令等,实现“一次申报,一次查放”,进一步提升通关便利化水平;拓展与班列沿线国家在货代、铁路运输、

物流仓储等部门的深度合作,共同构建物流信息平台,为政府和企业物流方面的信息发布、查询、交易提供标准化的接口和数据交换通道,实现物流信息的有效连接,促进整个物流产业的信息共享和服务融合,构建快捷高效物流大通道,确保贸易安全和便利。2015年"一带一路"海关高层论坛,中国海关总署于广洲署长提出开展海关国际合作,实现信息互换、监管互认、执法互助的6个方面建议获得了参会70多个国家和地区海关代表的广泛共识。

(三)争取国家、省政府加大支持力度

由于前期基础设施投入较大,建议财政部参照"丝路基金"设立基金专项扶持。同时将"苏满欧"班列发展纳入江苏省重点发展项目,作为全省稳增长、促转型的重要举措。在当前起步和初期阶段,政府给予一定的财政补贴。在该线路做大做强之后,逐渐减少财政补贴,以便促进市场充分竞争。并与内蒙古自治区以及满洲里市政府在政策支持等方面加强协同,发展物流业基础上同步实现产业梯度转移。

(四)统筹规划避免恶性竞争

根据国家发改委2015年9月统计,全国铁路货运量下跌超过15%。在铁路货运量下跌的情况,班列却越开越多,部分地方政府不顾当地产业实际需求,通过大量财政补贴不断刷新市场底价来推动国际货运班列开通,严重挤压了正常的铁路业务发展浪费政府资源。全国班列扩容后,"苏满欧"的优势正在弱化,不少地区政府补贴力度很大,承诺省外货物到站运费全免,影响了货物的正常物流,此外"中欧"回程班列各自零星发运,无法充分发挥铁路定时定点快速回程的优势。建议国家相关部门统筹规划:出口班列避免恶性竞争,消除可能造成的不良国际影响;回程班列集中管理,国外段如国内高铁统一名称"和谐号"一样,均命名为"丝绸之路号",形成"五定班列"(无论哪条"中欧"班列回程货物均能搭载),快速发运回国,到口岸后再解体发往各地。

推进"一带一路"建设,是党中央、国务院根据全球形势深刻变化,统筹国内国际两个大局作出的重大战略决策。国家"一带一路"战略部署正展现出一幅宏伟蓝图,中国与欧盟、俄罗斯、中亚各国以及亚太地区的经济联系将越来越紧密,这也为中国经济发展和对外贸易提供了新的机遇。通过推进“苏满欧”国际班列常态化运营,为国内企业“走出去”“引进来”提供了稳定、畅通的国际通道,可以进一步强化江苏与班列沿线国家的经贸联系,将新机遇转变为新的发展优势。

Creation and Development of the Customs Supervision on the "Suzhou-Inner Mongolia-Europe" International Train from the Perspective of "One Belt and One Road" Initiative

Research Group of Suzhou Customs

[**Abstract**] Launching the Project of Suzhou-Inner Mongolia-Europe "Five Scheduled" Train starts to connect Suzhou (the largest electronics manufacturing base of China) and European market as a New Railway Silk Road. It contributes to the strategic pattern of Suzhou International Logistics and enhances the trine comprehensive development of the transports by air, sea and rail. As the only "Five Scheduled" Train to the Europe in East China, it is gradually becoming the main artery leading to the Europe. Cargos sold to Europe gather to the logistics hub of Suzhou railway transport and it has an important promoting significance for East China to develop the Eastern European market. This article starts with an introduction of practices and experiences of Suzhou Customs to promote the Suzhou-Inner Mongolia-Europe "Five Scheduled" Train, illustrates the development prospect of the Suzhou-Inner Mongolia-Europe "Five Scheduled" Train, and makes reasonable suggestions on several creative customs supervisions on this "Five Scheduled" Train. This paper also provides a reference for the developments of the other China-Euro freight trains and customs supervision and control.

[**Key words**] "One Belt and One Road" Initiative, Suzhou-Inner Mongolia-Europe "Five Scheduled" Train, China-Europe Freight Trains, Customs Supervision and Control

海关行政承诺失当及其法律责任初探

洪更强*

[摘　要]　海关行政承诺在树立诚信政府形象、弘扬现代海关服务理念,提高行政效率、增强行政效能,密切海关和行政相对人的联系配合,实现关企共赢等方面都起到了重要而特殊的作用。与此同时,海关行政承诺失当甚至引发法律责任的风险也始终存在,如重复承诺、越权承诺、瑕疵承诺、诺而不践、选择性执行和变通执行承诺、承诺不公开等情况。海关行政承诺失当会导致行政相对人的信赖利益被损害,政府的诚信受到质疑,与海关行政管理目标背道而驰,造成海关自身与社会公众关系紧张,滋生权力"寻租"等风险,引发行政复议和行政诉讼的后果。因此,应当区分构成或不构成行政行为的海关行政承诺失当的法律责任。建议应充分认识到行政承诺本身的法律执行,并高度重视对实行行政承诺的海关的执法监督和对违诺责任的追究。

[关键词]　海关;行政承诺;法律责任

* 洪更强:上海海关稽查处科长。

一、海关行政承诺的基本概念

(一)海关行政承诺的性质

准确界定海关行政承诺的性质是讨论海关行政承诺失当的构成及其法律责任的前提。学理上对行政承诺的性质莫衷一是,定义也是五花八门。我们认为,首先,承诺是一个道德概念,行政承诺首先意味着对政府相关行为的道德约束;其次,行政承诺以"信用"为道德内核,但还必须以法律规制为保障手段。也就是说,在法治社会中,海关行政承诺既具有道德性质,亦应属于法律规范。作为行政机关的一项自律制度,海关行政承诺必须纳入法律调整的范畴。

海关行政承诺得以存在的基础是:基于现代海关行政事务的纷繁复杂,国家立法机关无法对海关行政管理中具体的法律适用问题预先做出统一、明确的规定,于是通过授予行政机关自由裁量权的方式交由海关自身来解决;在法律规定的框架下,海关可根据各类行政事务的特性和自身的执法能力,确定相对具体的管理和服务标准,并将之公之于众;在海关宣布将恪守此标准时,就构成了行政承诺。

海关行政承诺具有区别于其他行政行为而独立存在的价值。一般来说,海关行政承诺具有职权性(非法定性)、要约性、公共性和公开性。这是其存在的合法基础,也是其存在的优势。职权性指海关行政承诺是海关在职权范围内的自由裁量行为。要约性指海关行政承诺的实现需要行政主体和行政相对人的合作。公共性指海关行政承诺是出于海关行政管理活动和公共服务的需要。公开性指承诺公开既是海关行政承诺必要的实现途径,又是社会公众和行政相对人对海关行政承诺是否合理公平、是否得到履行进行监督的必要前提。

由此可以把海关行政承诺定义为:海关在法律规定的范围内,就其自身在行政活动中应予遵守的职业道德、执法程序、执法内容和服务事项等与职权相关的自由裁量内容向社会公开,并做出承诺自愿在违反承诺时承担相应的责任。

(二)海关行政承诺的构成

海关行政承诺是一种较为特殊的法律行为。它的构成要件包括:作出的主体必须是各级海关或其办事机构;必须有明确的行政管理和服务的意思表示并以公开的方式作出;必须有接受该意思表示的行政相对人或者受影响的行政管理相对物。显然,海关内部制定的工作规程和监管作业流程不属于行政承诺。如《上海海关工作规则》和《上海海关通关作业环节审批程序及作业简化工作实施方案(试行)》。同样,海关对兄弟海关或其他政府机关作出的服务经济社会发展方面的承诺和措施也不属于行政承诺。如《构建沪宁海关一体化管理机制》。

并不是所有的行政承诺都必然构成行政行为。只有具备行政行为成立基本要件的海关行政承诺才构成有效的海关行政行为。这些要件主要包括海关行政管理权能的存在、海关行政职权的实际运用、法律效果的存在和意思表示的存在。其中最主要的是法律效果的存在,即海关的行为必须对管理相对人的权利和利益造成了进出境监督管理和被管理方面的实际影响。

相应的可以把海关行政承诺划分为"行政行为"和"政策"两大类。类型不同,构成要件和法律后果也不尽相同。作为行政行为的海关行政承诺是指海关针对特定行政相对人所作的行政行为,属于具体行政行为,主要通过行政程序法与行政诉讼法进行规制与救济;作为政策的海关行政承诺是指海关针对社会公众或不特定行政相对人作出的普遍性规则或计划,在性质上可定位于抽象行政行为或"行政命令",有些则属于行政计划的范畴。

(三)海关行政承诺的原则

海关行政承诺的原则指反映海关行政承诺的本质和基本价值要求,体现海关行政承诺各环节内在联系,调节各类海关行政承诺关系的共同性规则,它们集中体现了海关行政承诺法律效果和社会效果的统一。具体包括:

合法原则。合法性是海关制定和履行行政承诺始终必须遵循的首要原则。除法律、行政法规、地方性法规及行政规章外,任何规范性文件都无权对海关的行政职权作出规定,海关也无权创设新的执法和管理事项。所以,海关行政承诺应以法律规定作为承诺的外围界限。

合理原则。每一个海关行政承诺本身都事关海关在行政管理中的自由裁量权的行使。① 这种自由裁量必须符合法律法规和社会正义,始终紧紧围绕"海关如何更好地履行把关和服务职能"这一目标。这是海关行政承诺的内在界限,即承诺事项的合理性和可行性。

公开原则。各级海关在制定行政承诺时必须充分重视民意,举行听证或进行充分调研;方案制订以后,要以海关公告、备忘录、通告、通知等公文形式表现出来,并向社会公众或管理相对人发布。公开是海关行政承诺发生效力的必经程序。

诚信原则。"言而有信"是行政相对人和普通民众对行政机关行为的基本期待和最朴素要求。海关一旦向社会宣称推行某项行政承诺,社会公众和行政相对人就会根据承诺具体内容对其自身的行为进行相应调整,以期在最短的时间内获得最大的利益。海关如果不能充分、及时、有效和善意地履行该行政承诺,必然会伤害正当权益因此受到影响的承诺相对人的感情。

二、海关行政承诺失当的情形及其后果

(一)海关行政承诺现状

实践中的海关行政承诺主要可分为三大类。② 第一类是各地海关在不同时期出台的支持地方经济社会发展的政策措施,如《昆明海关关于支持西部大开发促进云南外向型经济发展的若干措施》《上海海关支持浦东综合配套改革试点九项措施》(2006年9月)、《上海海关进一步推进浦东新区综合配套改革试点的若干政策措施》(2008年10

---

① 如《中华人民共和国行政许可法》《中华人民共和国海关实施〈中华人民共和国行政许可法〉办法》都对许可事项规定了时限。海关以法定的时限下限履职只是最低标准,如果海关作出承诺将依据法定时限的上限提供服务和管理,就属于自由裁量权的行使。

② 主要以近年来上海海关出台的行政承诺为分析对象。

月)、《上海海关支持扩大内需促进经济增长20项具体措施》(2008年12月)。第二类是海关制定的对自身职权进一步梳理细化以更好地服务行政相对人的工作措施,如《上海海关深化完善"5+2天"工作制若干措施》(2006年9月)。第三类是海关与符合特定资质的企业签署的旨在共建双方合作伙伴关系的谅解备忘录,如《上海海关与上海振华重工(集团)股份有限公司共建合作伙伴关系谅解备忘录》(2011年3月)、《上海海关与中国北方工业公司共建合作伙伴关系谅解备忘录》(2011年7月)。

(二)海关行政承诺失当的情形

随着海关在行政许可、行政登记、行政救济等领域作出的行政承诺日益增多,不可避免地会出现因为海关不能及时或完全履行承诺,而给行政相对人合法权益造成影响或损害的情形。主要包括:

1. 重复承诺。在行政承诺的具体事项与《中华人民共和国海关法》等法律法规赋予海关的法定职责完全重合(严格讲此时承诺行为并不具有行政承诺性质,仅仅是单纯的职权公示)时,海关对这种承诺的违反实际上是对法定职责的违反。此时承诺更多的应属于海关政务公开的范畴。

2. 越权承诺。当行政承诺事项超过了制定主体的法定职责范围,如为了追求轰动效应或其他原因,将属于上级海关审批权限或其他行政机关管理职能的事项也一股脑"承诺"。此时,该承诺行为不产生法律效力。但行政承诺归于无效并不必然免除行政主体责任。

3. 瑕疵承诺。如对相对人权利义务的设置明显不合理;承诺程序存在瑕疵;对承诺的义务予以否认、打折扣;不在规定期限或者合理期限内履行义务,无故拖延;附加给行政相对人增加额外的、不合理的条件或负担等。

4. 诺而不践。指海关对合法有效的行政承诺因为种种不可归责于行政相对人的原因能够履行而不履行或只是部分履行,如违反承诺中自己制定的规则、不履行承诺中应有的附随义务、违反承诺中的约定等。

5. 选择性执行和变通执行承诺。基于信赖利益保护原则,构成行政行为的海关行政承诺,只有在情势变更或承诺违法的情形下,海关才可变更、撤销①。选择性执行和变通执行实质上都是对服务承诺的变更,只有在符合法定职责和具备合理性可行性的前提下,海关自由裁量权的行使才是有效的,因而也才是可免责的。

6. 承诺不公开。一是海关行政承诺没有对社会和行政相对人公开发布,此时承诺相对人就无从知晓其内容,该承诺自始不具有拘束力;二是行政承诺在履行过程中由行政机关中途撤销,却未公示,此时不发生承诺撤销的法律效果。

(三)海关行政承诺失当的后果

1. 行政相对人的信赖利益被损害。2001年,英国上诉法院通过考夫兰案(R. v. North and East Devon HA ex p. Coughlan)判决确立了行政法上的实体正当期待原则。一般来说,行政承诺失当损害了行政相对人对行政承诺的信赖利益和正当期待,并因此产生精神利益和物质利益损失,并且越来越多的人认为它还可能引发社会公众对“行政立法”的失控和随意性的担忧。

2. 政府的诚信受到质疑。现代社会中,政府失去诚信的后果不堪设想。在法治社会背景下,现代政府的良好信用不仅仅是道德要求,更受到法律的刚性规制。重视对海关行政承诺的规范和完善是树立诚信海关形象的重要路径。

3. 与海关行政管理目标背道而驰。海关在承担着征税、监管、缉私和统计等传统职能的同时,知识产权保护、海关边境保护与打击跨国非法废物运输等非传统职能也日益繁重。不断提高行政效率、增强行政效能是实现现代化海关管理目标的现实期待和必然要求,也是我们制定海

① 行政行为撤销和撤回不同,撤销是指行政机关针对违法且又没有达到无效的行政行为作出的一种消除该行政行为法律效力的行政行为;撤回是针对合法行政行为作出的一种消除该行政行为法律效力的行政行为。我们认为,构成行政行为的行政承诺撤销,固然产生法律责任;在撤回的情形下,基于信赖利益保护和公平原则,行政机关也应该承担一定的法律责任。

关行政承诺的初衷。但是如果承诺失当,会造成行政资源浪费,效率低下,影响海关职能的充分发挥并最终损害海关现代服务理念。

4. 造成海关自身与社会公众关系紧张。当前各地海关正在大力推进和谐海关建设,改进公共服务质量、树立海关良好形象。行政承诺失当会对当前海关系统旨在进一步密切海关和行政相对人的联系以及深化关企合作的进程产生严重的负面效应。

5. 滋生三个风险。不规范的海关行政承诺为权力"寻租"、权力扩张、权力利益化提供了宽松、自由的环境,从而引发执法、管理和廉政风险,行政腐败就生长于斯。海关行政承诺失当符合渎职侵权行为和渎职侵权违法犯罪的法定情形和构成要件的,还会构成国家工作人员渎职侵权犯罪。

6. 引发行政复议和行政诉讼。尽管不是所有的海关行政承诺都是可诉的行政行为,目前海关执法实践中也尚未发生因为行政承诺失当而被承诺相对人诉诸法律的案例,但是随着海关行政管理活动的日益精细复杂和行政相对人的权利勃兴,因为承诺失当而导致海关卷入法律程序的情形完全可能发生。

三、海关行政承诺失当的法律责任

"没有无权利的义务,也没有无义务的权利"。在海关行政管理领域,行政承诺作为海关履行进出关境监督管理和服务职能的具体措施,一旦失当,海关理当承担相应的法律责任。同时,"无救济则无权利"。行政机关作出再多的承诺,如果在这些承诺不被诚信履行之后,公民无法获得有效的法律救济的话,那么,这些承诺都将成为毫无意义的口号。海关行政承诺应有相应的、必要的法律控制。

(一)构成行政行为的海关行政承诺失当的法律责任

1. 责任主体

责任自负是法治原则的基本要求。"凡是实施了违法行为或违约行为的人,应当对自己的违法行为或违约行为负责,必须独立承担法律责任"。在海关行政承诺失当的情况下,做出承诺的主体是海关,接收承诺的是与其具体行政管理职权相关联的公民、法人或其他组织,因此,在承诺失当时,应由海关向有关社会主体或行政相对人承担一定的违诺责任。绝不能因为海关在行政法上的特殊地位而免于责任的承担。

2. 责任内容

责任的内容应与违诺造成的损害相适应。行政相对人能否通过行政或司法途径对自己因行政承诺失当而遭受的预期利益或实际利益损失得到救济,取决于海关行政承诺的性质和承诺失当的法律责任形式。对海关所承担的违诺责任而言,应充分考虑承诺失当行为给行政相对人所造成的损害,包括精神损害和物质损害,并对违诺造成的直接损失承担补偿责任;对违反行政道德的,海关应赔礼道歉,并根据具体情节,酌情承担一定的经济责任。

3. 责任依据

对违诺责任而言,行政相对人申请法律保护的理由是什么呢? 尤其在海关的行为虽然违反承诺但并不违反法律规定的情况下,社会公众如何获得法律的保护? 我们认为,海关在作出行政承诺的同时就意味着建立了一个新的公平的行政事务处理规则,此后即应遵循"行政自我拘束原则",对相同事件作相同的处理。违反此规则(或说违反此承诺)就构成对行政相对人宪法上平等原则的侵犯;即使是在承诺本身不违法的情况下,也应考虑到对社会公众信赖利益的保障。[①]通过援引行政平等原则和行政信赖保护原则,追究海关行政承诺失当的法律责任就获取了正当性支持。这样一来,社会公众除通过行政途径获得救济外,也可有条件地通过司法途径获得救济。

4. 责任追究

在违诺责任的追究上,主要是通过有关社会主体或行政相对人的

---

① 此时也可以借鉴英国司法审查中的"行政机关实施一项新的政策或者新的实践作法以代替原先的海关行政承诺(政策)而产生的对当事人正当期待的侵害"和"行政机关对特定相对人作出的行政行为与一般的政策或者惯常的做法不一致而产生的正当期待之侵害"情形。

投诉或举报,然后由实行行政承诺制的海关依据承诺进行相应追究。目前对于这部分的实践还付诸阙如,理论研究也大都或浅尝辄止。这是"重实体,轻程序"和"重执行,轻救济"在行政管理领域的体现,应予纠正。

(二)不构成行政行为的海关行政承诺失当的法律责任

海关执法实践中的各类施政承诺、行政服务承诺具有明显的"作为政策的海关行政承诺"的特征。这类行政承诺属于海关施政或为了实现特定行政目的而发布的纲领、计划或规则,它们并不具有直接针对特定行政相对人的拘束力,但其引起的社会期待则往往是普遍性的。在当前我国的行政诉讼制度中,此类行政承诺因其性质属于抽象行政行为而不能进入救济范围。解决这个问题的根本路径是将抽象行政行为纳入诉讼范围,让公民的合法权益得到司法机关更好地保护。[①] 然而基于司法权一般应回避政策判断的宪政原则以及司法权与行政权的分工,法院在审查海关"作为政策的行政承诺"及其变动时,应以什么为审查基准?如何把握合理的审查力度?对于这些问题,在我国当前的行政诉讼制度下也还没有现成的答案。

(三)与相关责任形式的区别

海关行政承诺失当法律责任不同于海关行政赔偿责任。行政赔偿是国家赔偿的一种,又称行政侵权损害赔偿,是由行政机关对于因自身行使公权力的侵权行为造成的损害后果承担赔偿责任的活动。海关和海关工作人员行使职权,只有在具备《中华人民共和国国家赔偿法》第3、4条规定的侵犯公民、法人和其他组织合法人身

---

① 武汉市一女孩被车撞后,群众拨打"110"报警,并在警车赶到前将女孩送医院。现场群众认为"110"出警太晚,将警车掀翻。女孩终因抢救无效死亡,女孩的父母状告公安机关,要求确认警方延迟履行法定义务进行赔偿。一审法院根据《人民警察法》"立即救助"和《武汉市110出警规范》"5分钟出警"的规定,认定"110"延迟出警。二审法院却认为《110出警规范》仅是对干警的工作要求,不具有法律效力,因此驳回原告。因此,行政主体对不构成行政行为的行政承诺不履行或不完全履行,行政相对人很难追究其法律责任。

和财产权益的情形并造成损害时,才有行政赔偿的义务。即使是修改后的《国家赔偿法》,实行的也是严格责任的归责原则,即只有在法律明确规定的情况,才构成国家赔偿。海关行政承诺作为法律框架内自由裁量权的行使,不具备构成国家赔偿的基础;即便是在行政承诺的事项和法定职权竞合(重复承诺)的情形下,海关因为侵犯相对人合法权益而承担国家赔偿责任也仅是因为对法定职权的违法,不应视为行政承诺失当的后果。[①] 在海关行政承诺虽然没有违法定职权,但确实给行政相对人造成了损失的情况下,只可能构成国家补偿。[②]

海关行政承诺失当的法律责任与海关行政执法责任制也有本质的区别。"行政执法责任制是行政机关将自身职权层层分解并最终落实到具体的公务员,当出现行政行为违法或不当时,根据最初确定的职责分工来追究公务员责任的工作制度"。[③] 由此可见,海关行政执法责任制是一种纯粹的自律制度,其内容主要涉及海关内部的职责分工、奖惩制度、年度考核和提拔使用等,与社会公众的权益无任何直接关系,其对外公开的目的是希望社会公众协助海关做好对公务员的监督管理工作。两相比较,海关行政承诺是一种特殊的自律制度,其内容涉及社会公众和行政管理相对人的权益,对外承担违诺法律责任的

---

① 据统计,1995年《国家赔偿法》实施以来,全国海关共发生行政赔偿案件127起,涉及行政处罚、强制措施、税收征管、通关监管、货物保管和变卖等各类海关具体行政行为,尚没有一起是因海关行政承诺失当引发。

② 国家补偿是国家机关工作人员在行使职权过程中,因其合法行为给公民、法人或者其他组织造成的损失,国家对其给予弥补的制度。它的根本属性在于国家对特定受害的公民法人或者其他组织损失的填补,旨在求得因公共利益而遭受特别损失的公民、法人或者其他组织提供补救,以体现其与普通公众间的利益平衡,并不意味着任何对国家的非难。

③ 如《海南省行政执法责任制实施办法》(1999年12月13日海南省人民政府第53次常务会议通过,2000年1月6日实施)第3条明确规定:"本办法所称行政执法责任制是指各级行政执法机构依照法定的管理权限,将法律、法规、规章规定的行政执法权逐级分解到每个行政执法岗位,实行量化管理,并对其进行监督、考评和奖惩的工作制度。"

主体是行政机关,虽然也存在对内的责任追究,但这已不是行政承诺失当法律责任讨论的范畴。①

四、当前防范海关行政承诺失当的几点建议

建设法治社会,既要保障公民权利,又要限制政府权力,两者相辅相成,不可偏废。公民权利保障过程中最大的障碍来自政府权力的干预。海关行政承诺的功能是与法治目标一致的,通过对海关行政承诺的规范和完善,是平衡海关行政权力和承诺相对人权利这一对矛盾的有效途径。这也是我们探讨海关行政承诺失当及其法律责任的终极目标。

首先,要充分认识到行政承诺本身是一把"双刃剑",关键是看我们如何用好它。当海关严格履行承诺并在承诺失当时承担相应的法律责任时,该制度将大大拉近海关与社会公众和行政相对人之间的距离,有效提升海关在社会公众心目中的地位;相反,如果海关将承诺仅仅停留在口头或纸面上,或只是作为营造政绩的手段甚至是吸引大众眼球的噱头,那么必然会侵犯社会公众和行政相对人的正当权益,使行政机关与社会公众的关系处于紧张状态,最终让制定者信誉扫地。"工欲善其事,必先利其器"。为避免出现行政承诺失当的尴尬局面,各级海关在决定是否推行行政承诺制度及确定自身的执法标准之前,应该明确该制度的基本定义和要求,并对自身的执法和履约能力做出全面客观的正确评估。这样才能最大限度地避免海关行政承诺失当的发生。

其次,应高度重视对实行行政承诺的海关的执法监督和对违诺责任的追究。因为,"不言监督的信任是轻信,放弃监督的信任是纵容。"作为海关行使管理职能的具体表现,对海关行政承诺的监督应该是全

① 《昆明海关关于支持西部大开发促进云南外向型经济发展的若干措施》中规定:"我关将不定期地组织人员对上述措施及承诺的执行情况进行监督检查。……凡遇群众举报、投诉,经调查落实情况属实的,海关将按照《公务员奖惩暂行条例》和海关总署关于考核奖惩的有关规定对相关人员进行处理,并及时向举报人反馈处理意见。"

面的、连续的,要贯穿整个承诺制定和履行过程始终,履行完毕还要及时做好后期考核评估。有关监督机关应依法严格追究违诺主体的法律责任。社会公众对海关实施行政承诺监督的外在动力很大程度上是来自有关机关或部门对承诺失当海关的责任追究。如果包括承诺主体和司法机构在内的监督机关对社会公众发现的违诺现象置若罔闻时,社会公众就会失去监督的积极性,直至对行政机关的言行漠不关心,即便推出再多的行政承诺也得不到公众的积极回应,最终受到损害的还是作为承诺制定者的海关。所以,各级海关不仅应勇于制定和善于实施方方面面的行政承诺,而且应敢于承担承诺失当的法律责任。① 当前,要从根本上防范海关行政承诺失当,应当将行政承诺的规范统一纳入海关执法领域内控机制的范畴,从制度机制上夯实防控三个风险的基础。这不仅是新时期海关行政实践的客观需要,更是建设法治政府对现代化海关的必然要求。

Inappropriate Administrative Commitments by Customs and the Liability thereof

HONG Gengqiang

[**Abstract**] The administrative commitments by customs has an important and special role to set up the government image of good faith, advance the modern ideology of customs service, enhance the efficiency of administration, increase the effect of administration, close ties between the customs and the business. Meanwhile, Customs administrative

① 如上海海关专门制定《上海海关备忘录审批报备管理办法》,进一步规范该关与外单位签订合作备忘录审批报备工作,并加强对各类备忘录约定事项的组织落实和跟踪督办。这些都是对海关行政承诺进行监督、防范承诺失当及其法律风险的有效措施。

commitments may cause risks that lead the customs to assume the liabilities, such as repetition of commitments, commitments exceeding its competency, improper commitments, lack of realizing the commitments, selective implementing, lack of disclosure of the commitments, etc. Inappropriate Administrative Commitments by Customs may result in the harm of the interests of the business which are reliance on these commitments, the doubts of the good faith of the government, deviating from the original purpose of the customs administration, and maybe result in the risks including the tension relation between the customs and the public or the power rent-seeking, and triggering the administrative review or the lawsuit. Therefore, it's suggested that customs should be aware of realization of their commitments and focus on the supervision on the customs which undertook the commitments and investigation on the liability of the Inappropriate Administrative Commitments.

[**Key words**] Customs, Administrative Commitments, Liability

商品归类行政裁定制度浅析

陈映川*

[摘　要]　商品归类行政裁定与归类决定、预归类决定等一同构成了海关商品归类的确认体系,就法律效果而言,商品归类行政裁定较之其他效力更高。2015年6月3日,海关总署作出商品归类行政裁定制度创设以来首例裁定。本文首先从国内法及国际法视角阐述了商品归类行政裁定的功能和意义,并着重分析了商品归类行政裁定法律性质与其救济途径之间的关系,指出商品归类行政裁定属于抽象行政行为,但并不影响其作为规范性文件而可以受到司法审查的约束。

[关键词]　商品归类;行政裁定;法律救济

根据2007年2月14日海关总署发布的《海关进出口货物商品归类管理规定》,其对"商品归类"的定义如下:"……商品归类是指在《商品名称及编码协调制度公约》商品分类目录体系下,以《中华人民共和国进出口税则》为基础,按照《进出口税则商品及品目注释》《中华人民共和国进出口税则本国子目注释》以及海关总署发布的关于商品归类的行政裁定、商品归类决定的要求,确定进出口货物商品编码的活动。"

准确的归类是海关对进行征税与监管最主要的前提和基础,也是

* 陈映川:上海海华永泰律师事务所律师,法学博士。

通关效率与行政相对人权益的保障。2015年6月3日,海关在受理了上海日东光学有限公司提交的商品名称为"偏光片(偏光板)"的商品归类行政裁定申请后,作出行政裁定如下:

表1 海关对上海日东光学有限公司的商品归类所作行政裁定

编号	商品税则号列	商品名称	英文名称	其他名称	商品描述	归类决定
C 0001	9001.2000	偏光片	POLARIZING FILM	偏光板	该商品偏光片,由保护层、偏振片、保护薄膜、黏合层、剥离层或其他涂层构成,报验状态为卷状或片状,规格尺寸不同,用户根据需要进行切割使用。其可将入射光分解成相互垂直的2种偏光成分的光,只允许其中某个方向的偏振光通过,吸收并分解另一种偏光成分的光,用于液晶显示板的生产制造	根据归类总规则一,"具有法律效力的归类,应按税目条文和有关类注或章注确定"。该商品由经特殊处理的塑料板片构成,需经裁切后支撑偏振元件,符合税则税目90.01"偏振材料的片及板"及《税则注释》对90.01"二、片状或板状偏振材料,由经特殊吹里的塑料板片或在单面或双面衬有其他塑料或玻璃板片的激活塑料层构成。这类板片材料经裁切成型后制成……偏振元件"的描述,根据归类总规则一及六,应归入税则上述商品应归入税则号列9001.2000

这是自《中华人民共和国海关行政裁定管理暂行办法》(海关总署令第92号)于2002年1月1日施行以来,海关总署作出的首例商品归类行政裁定。

一、对商品归类行政裁定的理解

我国海关进出口商品归类的法律依据主要有:(1)《进出口税

则》;(2)《进出口税则商品及品目注释》;(3)《进出口税则本国子目注释》;(4)海关总署发布的关于商品归类的行政裁定和商品归类决定。由海关作出并对外公布生效的确定商品归类的文书种类更为繁多,主要有以下几种:

表2 海关作出并公布生效的确定商品归类的文书种类

名称	作出主体	生效范围	法律依据	作用
《海关行政裁定》	由海关总署或总署授权机构做出,由海关总署统一对外公布	具有海关规章的同等效力,全国范围内生效	《海关法》《海关进出口货物管理规定》《海关行政裁定管理暂行办法》等	海关行政裁定是指海关在货物实际进出口前,应对外贸易经营者的申请,依据有关海关法律、行政法规和规章,对与实际进出口活动有关的海关事务做出的具有普遍约束力的决定
《商品归类决定》	1. 由海关总署或总署授权机构按职责制发; 2. 由总署发布的我国海关协调制度商品归类技术委员会所做出的; 3. 由总署公告执行的世界海关组织协调制度委员会做出	具有普遍适用性,全国范围内生效	《海关进出口货物管理规定》等	依据《进出口税则》《进出口税则商品及品目注释》《进出口税则本国子目注释》等法规、规定,对涉及进出口货物做出的具有普遍约束力的商品归类意见

续表

名称	作出主体	生效范围	法律依据	作用
《商品预归类决定书》	直属海关	本关区内有效	《海关进出口货物商品归类管理规定》	海关经审核认为申请预归类的事项属于《进出口税则》《进出口税则商品及品目注释》《进出口税则本国子目注释》及海关总署发布的关于商品归类的行政裁定、商品归类决定有明确规定的,在接受申请之日起15个工作日内制发《海关商品预归类决定书》,并告知申请人
《海关进出口货物商品归类认定书》	直属海关	本关区内有效	《海关进出口货物商品归类管理规定》	海关应当依法对收发货人或者其代理人申报的进出口货物商品名称、规格型号、商品编码等进行审核

其中,效力最高的当属海关行政裁定。我国于2000年修订的《海关法》确立了行政裁定制度。2001年年底,海关总署颁布实施《中华人民共和国海关行政裁定管理暂行办法》(以下简称《行政裁定管理暂行办法》)。《行政裁定管理暂行办法》第2条第1款规定:"海关行政裁定是指海关在货物实际进出口前,应对外贸易经营者的申请,依据有关海关法律、行政法规和规章,对与实际进出口活动有关的海关事务作出的具有普遍约束力的决定。"在海关行政裁定的体系中,商品归类无疑是其中的核心部分。归类裁定的特殊之处在于:

(1)行政裁定的作出主体只能是海关总署及其授权机构,并且只能由海关总署统一对外发布。

(2)根据《行政裁定管理暂行办法》第2条第3款的规定,海关行政裁定自作出公布之日起就在全国关境内统一适用,“具有海关规章的同等效力”。

综上所述,商品归类行政裁定与归类决定、预归类决定等一同构成了海关商品归类的确认体系。就法律效果而言,行政裁定较之其他效力更高。

然而,从行政裁定制度确立直至首例商品归类裁定作出,历经14年有余,全国海关未曾作过一起商品归类行政裁定。关于行政相对人提出申请的商品归类结果的确定,全部是由预归类决定进行处理。如前文所述,《商品归类管理规定》中规定了直属海关有权作出商品预归类决定的范围,只能是根据相关法定归类依据已经有明确规定的商品归类事项。那我们只能得出两种推论:或者是14年来我国行政相对人提出申请的归类事项都是属于《进出口税则》《进出口税则商品及品目注释》《进出口税则本国子目注释》以及海关总署发布的关于商品归类的行政裁定、商品归类决定有明确规定的;或者是由于某些原因,海关并不愿意使用行政裁定制度确定商品归类结果,而用不具有普遍适用性的预归类决定不适格地替代了归类行政裁定本该发挥的作用。笔者认为后者的可能性更大,因为仅在2013年一年中,海关总署对于归类不明确而需要用归类决定进行确定的商品种类就有54项之多。[①] 每年有如此多的归类不明确货物,而14年来却没有一个归类裁定作出,这不得不说是一个遗憾。

二、商品归类行政裁定制度的功能与意义

(一)国内法的角度

1.实体层面的必要性——归类总规则与注释包含不明确的法律概念

何为不确定的法律概念,理论界各有定义。有观点认为,所谓不

① 参见归类决定与归类裁定查询,载 http://www.customs.gov.cn/Default.aspx?Tabid=719,访问日期:2016年9月5日。

确定的法律概念,是指某些法律概念(用语),其必须借助个案中之具体事实适用其上时,才能具体化其内涵,在此之前该法律概念皆无确定性,譬如公共安全、公共利益、社会秩序、情节重大、危害等。① 也有学者认为不确定法律概念是指未明确表示而具有流动性特征的法律概念,其包含一个确定的核心以及一个多少有些含糊不清的概念范围,此种概念一般见于法律的构成要件部分。②

从上述两种对“不确定法律概念”的定义可以得到关于“不确定法律概念”的构成要素:第一,概念意思表达的模糊性,即对于具有共同专业背景的法律共同体中的不同成员而言,经过一个合乎法律逻辑的推导过程后,对同一概念会得到不同理解;第二,这样的概念一般出现在法律的构成要件中,或者说其只有存在于构成要件中,才有被讨论的价值。因为法律要件是发生一定法律效果的前提,其对于法律效果的产生具有决定性因素。

“不确定法律概念”的出现是因为法律采取了文字作为其表述的方式,而文字本身的表达就带有多义性与不确定性。同时基于法律抽象普遍之本质,在法构成要件上除极少数是由明确法律概念所组成者外,大部分均有不同程度的不明确性。③ 作为一种抽象的行为规范,法律是立法者根据过往经验提炼总结最后升华的产物,而人类的经验与观念总是随着时间的推移而不断发生改变,因此若想所设立的法律能最大程度的满足不断变迁的社会需要,使用不确定概念用以突破成文法的相对僵化在所难免。

商品归类的主要法律依据《商品名称与编码协调制度》是世界各国为了统一国际货物贸易中的商品名称、归类原则与结构序列等各方

---

① 李建良:《不雅的名字——“不确定法律概念”之解释适用与司法审查》,载《月旦法学教室公法学篇》2002年第1期,第121~122页。

② 翁岳生主编:《行政法(上)》(第3版),元照出版公司2006年版,第195~196页。

③ 吴庚:《行政法之理论与实用》,中国人民大学出版社2005年版,第112~113页。

面的不一致而设计的。它产生的最初目的就是形成一套世界范围内通行的、公认的商品目录。因此它在内容上包含了6条归类总规则,还包括了类、章、品目与子目注释等,力求能形成一个能够适用于世界上所有商品的分类体系,使进出口货物总能在其中找到理论上唯一确定的商品编码。正因为《协调制度》希望能对已经出现和未出现的商品都能兼容并包并找到唯一对应编码,因此在其中存在大量不确定的概念。笔者认为,以《协调制度》为基础制定的我国《进出口税则》本身就是一种解释与适用法律的行政行为,此外作为商品归类主要法律依据的《协调制度》《进出口税则商品及品目注释》《进出口税则本国子目注释》中,也都不乏不确定概念的存在。以《协调制度》归类总规则第3条第1款为例:"列名比较具体的品目,优先于列名一般的品目。但是,如果两个或两个以上的品目都仅述及混合或组合货品所含的某部分材料或物质,或零售的成套货品中的某些货品,即使其中某个品目对该货品描述得更为全面、详细,这些货品在有关品目的列名应视为同样具体。"其中何为"成套货品",何为"更为全面详细",就是不确定的概念,在实践中也引发较多争议。

2. 程序层面的必要性——商品归类程序的正当化

在归类行政裁定制度确立以前,我国海关对于商品归类结果的确定机制无论从合法性或合理性而言,均存在瑕疵。行政机关内部的归类问答书制度由于合法性的欠缺,近年来已不再作为海关确定进出口货物商品归类的依据。在2007年我国颁布了《商品归类管理规定》后,预归类制度有了很大改进,其执法依据、执法程序以及执法内容方面都得到了进一步完善。但是预归类决定与生俱来的缺陷,使它的运行始终与商品归类应当遵循的法律原则相悖,体现在:预归类决定按规定只对作出海关与申请人二者有效,也无法在关境内统一适用,势必也已经造成商品归类执法的不统一。于是,"同品名、同规格"的商品,在不同口岸,或同一口岸的不同部门,或同一部门的不同关员,在不同时期都可能作出不同的预归类决定。这种归类执法的不统一带来最大的危害就是直接损害了行政相对人的信赖利益。对进出口商而言,以商品归类结果为基础确定的关税水平、价格监控、原产地要求以及贸易管制措施等均是影响其商业判断的重要因素。朝令夕改的归类结果,哪怕没有令其遭受行政处罚或归类补税等财产负担,但也足以使行政相对人失去了作出商业判断的基础,损害其对海关作出的归类结果认定的信赖利益。

(二)国际法的角度

根据GATT1994第10条第1款关于WTO透明度原则的规定,"任何缔约方实施的关于下列内容的普遍适用的法律、法规、司法判决和行政裁定应当迅速公布……"但问题在于GATT1994并未就哪些规范性文件具有普遍适用性进行界定。WTO争端解决小组在"美国与日本关于胶卷进口案"中,对GATT1994第10条第1款的具体适用范围进行了阐释。争端解决小组认为,行政决定一旦具有普遍适用性,即属于GATT1994第10款第1条所要求公布的范围,而对于只适用于个别企业的行政决定,只有它从根本上改变了法律、法规的原则或标准,才属于公布范围。也就是说,WTO透明度原则下必须公开的规范性法律文件有两类,若不公开将构成成员方义务的违反:第一类,与商品归类规则有关的具有普遍适用性的法律、法规、司法判决和行政判决;第二类,虽不具有普遍适用的效力,但如果该规范性文件从根本上改变了商品归类的原则与执法标准,也应予公布。

三、商品归类行政裁定的法律性质分析及其法律救济

(一)商品归类行政裁定的法律性质分析

如前文所述,海关进出口货物的商品归类属于解释法律与适用法律的行政行为。关于归类行政裁定究竟属于具体行政行为还是抽象行政行为,目前还存在很大争议。表面上这两种行为具备了抽象行政行为的特征:针对不特定对象作出且具有普遍约束力,①

抽象行政行为是行政主体针对不特定行政相对人单方作出的具

① 归类行政裁定与商品归类决定均是商品归类的法律依据。

有普遍约束力的行政行为,或者说它是制定行政规则的行为;[①]具体行政行为是指行政主体针对特定行政相对人作出的行政行为。[②] 关于两者的区分,理论界主要存在以下几种标准:根据行为对作出前的事件是否具有约束力的“溯及力标准”;[③]根据行政行为是否为法律关系设置模式的“功能性标准”;[④]根据行政行为是否直接作用于相对人的“效力标准”;[⑤]根据行政行为是否针对特定对象为标准的“对象标准”[⑥]等。最高人民法院在1999年作出的《关于贯彻执行〈中华人民共和国行政诉讼法〉若干问题的解释》中对抽象行政行为的判断标准作了解释。根据该说明,确定抽象行政行为和具体行政行为的区分标准应为行政行为是否“反复适用”和是否“针对特定对象”。从表面上看,似乎海关行政裁定符合了行政立法以外的抽象行政行为的判断标准。这也是目前理论与实务界关于行政裁定行为法律性质的主流看法。

但是也有不同观点认为进出口商品归类行政裁定不管从形式、内容上看,还是从保护行政相对人权益的角度考虑,都应当属于具体行政行为。理由如下:

首先,从两者的规范对象内容看,它们实际上是将海关具体针对的某个归类事项扩大到全国关境范围适用,它们针对的客观对象其实是单一和具体的。只是将个别的个案统一化使其具有普遍约束力,对海关行政管理而言更为直接与便利。所以,我们可以发现,无论是归类决定抑或是归类行政裁定,它们所针对的对象与事项都非常具体,

---

① 姜明安:《行政法与行政诉讼法》,北京大学出版社1999年版,第95~96页。

② 姜明安:《行政法与行政诉讼法》,北京大学出版社1999年版,第96~97页。

③ 宋晓辉:《也谈抽象行政行为与具体行政行为的划分标准——兼与张树义教授商榷》,载《中国法学》1994年第1期,第11~12页。

④ 方世荣:《再论具体行政行为的几个基本理论问题》,载《法商研究》1994年第6期。

⑤ 胡建淼:《行政法学》法律出版社2010年版,第314~315页。

⑥ 杨小君:《我国行政复议制度研究》法律出版社2002年版,第90~91页。

并不是制定普遍性行为规范的“制定行为规则的行为”。①

其次,从两者作出的表现形式看,它们与抽象行政行为的表现形式不同。抽象行政行为的结果通常是一种规范的产生,一般来说都带有规范本身所应当具备的结构与层次;而归类行政裁定和商品归类决定一般都是以决定书的形式出现,这种形式更像是一种具体行政行为的表现形式。

最后,也是最重要的一点。从保护行政相对人权益的角度看,因为归类决定和归类行政裁定所调整的是具体特定货物的商品归类。所以,对从事该类货物进出口贸易的企业或个人而言,上述两者直接关系其财产权益。若这两种行为被认为是抽象行政行为,那也就代表它们不具有可诉性。行政相对人哪怕明知该行政行为会对自身权益产生影响,也无法在货物实际进出口前启动司法审查程序对行政行为进行监督。而且如果行政相对人在通关过程中不采用已有的归类裁定和决定认定的结果申报,还要承担伪报责任的风险,这无疑对行政相对人合法权益的保护极为不利,“只有赋予与国家利益相对立的私人利益在法律上的请求权,并尊重它,赋予相互义务与权利,才有产生这一法律的根本基础。”②

综上可以看出,关于商品归类行政裁定法律性质的争论,很大程度是基于其可诉性上的考虑。但笔者认为,伴随新《行政诉讼法》的修订,该问题已能得到较好的解决。

(二)商品归类行政裁定的法律救济

1. 商品归类行政裁定应当属于抽象行政行为

笔者认为,商品归类行政裁定制度确立至今罕有被使用,固然有程序烦琐和法律性质无法确认等制约行政相对人申请提起的因素。但也有很大一部分原因是因为海关内部对行政裁定制度的抗拒使用。

---

① 罗豪才、湛中乐主编:《行政法学》,北京大学出版社2000年版,第137~138页。

② 拉德布鲁赫著:《法学导论》,米键等译,中国大百科全书出版社1997年版,第131~132页。

因为行政裁定一经作出,即全国适用,且被海关总署认为具有行政规章的功能,属于抽象行政行为。[①] 而需要海关总署作出归类裁定的问题恰恰都是进出口商品归类中的疑难问题,海关总署要对该问题作一种无法回转的判断,责任重大。

2. 抽象行政行为存在司法救济途径

我国于2014年11月对《行政诉讼法》进行了修订。这次修订一个重要的制度创新就是通过多种途径扩大对行政行为的司法审查范围,让更多的行政行为接受司法监督。其中主要在两方面扩大了法院对行政行为司法审查的强度:

(1)当事人起诉时可一并请求对行政行为依据的规章以下的规范性文件进行审查规范性文件

新《行政诉讼法》第53条和第64条规定了当法院认为被审查规范性文件不合法的,不作为认定行政行为合法的依据,并向制定机关提出处理建议。而在原《行政诉讼法》中,法院并不允许在行政诉讼中审查规范性文件,而只能对具体行政行为作出合法性审查。

(2)法院可以对行政行为进行合理性审查

原《行政诉讼法》规定撤销判决限适用有五种情形的行政行为:主要证据不足;适用法律法规错误;违反法定程序;超越职权;滥用职权。这五种情形涉及的均是合法性问题而基本不涉及合理性。[②] 而新《行政诉讼法》增加了一种情形——"明显不当",即将撤销性审查的范围扩展至行政行为的合理性。

上述两点新变化,即意味着在现行行政诉讼程序中,规范性文件已经有了司法救济的渠道。

3. 商品归类行政裁定应当属于规范性文件

虽然目前我国关于规范性文件的概念和识别没有统一的界定标

---

① 《海关行政裁定管理暂行办法》第2条第3款:"行政裁定具有海关规章的同等效力。"

② 姜明安:《论新行政诉讼法的若干制度创新》,载《行政法学研究》2015年第4期。

准,但是《行政诉讼法》第 53 条规定:"公民、法人或者其他组织认为行政行为所依据的国务院部门和地方人民政府及其部门制定的规范性文件不合法,在对行政行为提起诉讼时,可以一并请求对该规范性文件进行审查。前款规定的规范性文件不含规章。"从该条款的表述,可以推导规范性文件应当具备如下两个特征:

(1)制定主体特定

规范性文件的制定主体被限定在"国务院部门和地方人民政府及其部门"。根据《国务院行政机构设置和编制管理条例》第 6 条第 1 款的规定:"国务院行政机构根据职能分为国务院办公厅、国务院组成部门、国务院直属机构、国务院办事机构、国务院组成部门管理的国家行政机构和国家议事协调机构……"

作出商品归类行政裁定的机构为海关总署,海关总署属于国务院直属机构。

(2)文件内容的特定性

一般而言,规范性文件内容应当符合以下要件:①

①应当涉及公民、法人以及其他组织权利义务的外部行政事项,如果仅涉及行政机关的内部事务,不对公民、法人以及其他组织的权利义务产生直接影响,就不应当属于规范性文件;

②应当具有规范性和普遍约束力。规范性文件的规范性体现在制定主体的严格限定、制定程序的严格要求,且一经制定并对外公布即具有普遍约束力;

③其调整对象为不特定的行政相对人或事项;

④其应针对现在及将来事项且需要通过具体行为执行或落实,在一定期限内能反复适用。

如前所述,商品归类行政裁定一经海关总署作出,即在全国关境内就有普遍适用性,而且裁定所规范的主体也是不特定的对象,具有

① 程琥:《新行政诉讼法中规范性文件附带审查制度研究》,载《法律适用》2015 年第 7 期。

反复适用性,其完全符合规范性法律文件的特征。

或许有观点认为,根据《行政裁定管理暂行办法》所述,商品归类行政裁定"具有海关规章的同等效力",那是否意味着其属于规章,因此不受司法审查的约束?笔者对此并不认同。根据《宪法》和《立法法》等相关法律规定,我国对规章的制定,从立项、起草、审查、决定、公布、解释、备案以及监督均作出了明确而严格的规定,这种规定并不能因为《行政裁定管理暂行办法》中一句简单的表述就被改变。

综上所述,笔者认为承认商品归类行政裁定属于抽象行政行为,并不会影响司法对行政相对人权利的保护。而且,《行政裁定管理暂行办法》对行政裁定的申请、初审、审核等环节亦有明确规定,笔者认为,关于行政裁定作出的程序性问题是关涉行政相对人合法权益的具体行政行为当无疑义,亦具有可诉性。

综上,商品归类行政裁定制度自建立后终于开始启动运行,无论是从行政机关所追求的商品归类一致性与商品归类法治化角度,还是从行政相对人均具有重大的历史意义。而一旦该制度开始运行,如何将其纳入司法审查的约束,便是接下来要考虑的问题。《行政诉讼法》的修订,为对商品归类行政裁定进行司法审查打开了新的路径,裁定本身和与裁定相关的程序,都应当被纳入司法审查的范畴。

Analysis of the Administrative Ruling of Customs Classification

CHEN Yingchuan

[**Abstract**] China's customs classification determination system consists of the administrative ruling of customs classification, classification decision and advance decision of classification. The legal effect of the administrative ruling of customs classification is higher than the others. On 3rd of June, 2015, the General Administration of China Customs issued its first administrative ruling of customs classification from the establishment of the legal system of the administrative ruling of customs classification. This paper states the function and meaning of the administrative ruling of customs classification from the domestic and international perspectives, especially analyze the legal nature and the relations among the remedies to the administrative ruling of customs classification, and then points out the administrative ruling of customs classification is one kind of the abstract administrative act which should be the subject to the judicial review as the regulatory instrument.

[**Key words**] Customs Classification, Administrative Ruling, Legal Remedy

《行政诉讼法》证据制度的修改对海关通关查验业务的影响

胡晓鹏*

[摘　要] 《行政诉讼法》证据制度的修改涉及新增了"电子证据",被告的举证责任等方面。因此,证据制度的明确对海关通关查验证据固定产生了影响,如电子证据的特殊性增加证据固定难度,证据固定中的程序正义问题,证据固定亟待加强。对此,海关通关查验部门应当加强技术支持,提高固定证据的能力,规范执法行为,树立程序正义理念,严格遵守证据提交规定,严格遵守"先取证、后决定"的行政程序,以合法手段固定证据,树立法治思维,严格依法依规行政。

[关键词] 行政诉讼法;证据固定;通关查验;法治思维

2014年11月1日,第十二届全国人大常委会第十一次会议表决通过了《全国人大常委会关于修改〈行政诉讼法〉的决定》。2015年5月1日起,新的《行政诉讼法》正式实施。新法在有选择地吸收《最高人民法院关于执行〈中华人民共和国行政诉讼法〉若干问题的解释》

---

* 胡晓鹏:昆山海关通关科副主任科员。

(以下简称《行政诉讼法解释》)和《最高人民法院关于行政诉讼证据若干问题的规定》(以下简称《证据规定》)中的证据规则的基础上,以法律的形式进一步丰富了证据制度,使其更具有可操作性。

一、《行政诉讼法》修改后对证据制度的明确

(一)新增"电子证据"

为适应信息化时代和电子政务的现实需要,新《行政诉讼法》与时俱进,摒弃了《证据规定》第12条①将以计算机数据为代表的电子证据归入视听资料的做法,明确将"电子证据"作为法律意义上证据的一种单独列出。

2015年2月新出台的《最高人民法院关于适用〈中华人民共和国民事诉讼法〉的解释》第116条第2、3款对"电子证据"作出了相应规定,即"电子数据是指通过电子邮件、电子数据交换、网上聊天记录、博客、微博客、手机短信、电子签名、域名等形成或者存储在电子介质中的信息。存储在电子介质中的录音资料和影像资料,适用电子数据的规定"。鉴于三大诉讼法均将"电子证据"单独列出,且三大诉讼法中的证据种类之间又存在共通性,因此此条司法解释对于新《行政诉讼法》中"电子证据"的界定也具有一定的指导意义。

(二)被告的举证责任

《行政诉讼法》规定被告对作出的行政行为(如若没有特殊说明,此处及之后出现的"行政行为"均指"具体行政行为")负有举证责任,应当提供作出该行政行为的证据和所依据的规范性文件,即被告负有法定的举证责任。在此基础上,新《行政诉讼法》对被告法定的举证责任进行了进一步的限制。

1. 逾期提供证据的责任

新《行政诉讼法》规定,"被告不提供或者无正当理由逾期提供证

---

① "根据行政诉讼法第31条第1款第(3)项的规定,当事人向人民法院提供计算机数据或者录音、录像等视听资料的,应当符合下列要求……"

据,视为没有相应证据”。这表明,一旦被告逾期提供证据,其所作出的行政行为就将被认定为没有相应的证据,进而要承担败诉的法律责任。与此同时,针对司法实践中,行政行为可能涉及第三人合法权益的情况,新《行政诉讼法》进一步规定,在被告逾期提供证据的情况下,“第三人提供证据的除外”。那么现在就有一个问题,何为逾期?《行政诉讼法解释》第26条第2款规定:“被告应当在收到起诉状副本之日起10日内提交答辩状,并提供作出具体行政行为时的证据、依据;被告不提供或者无正当理由逾期提供的,应当认定该具体行政行为没有证据、依据。”据此,无正当理由,被告自收到起诉状副本之日起10日内需提供证据,否则即要承担逾期提供证据的责任。

2. 取证限制

新《行政诉讼法》第35条规定:“在诉讼过程中,被告及其诉讼代理人不得自行向原告、第三人和证人收集证据。”结论应当产生于调查取证的末尾,不能“先决定、后取证”。被告及其诉讼代理人在诉讼过程中取证,即使其获取的证据证明作出的行政行为合法正确,也改变不了“先决定、后取证”违反行政程序的性质即违法的事实;换句话说,就是“在具体行政行为作出时未采用过的证据只能用来证明具体行政行为的违法性”①。

3. 特定情况下原告的举证责任

在行政诉讼中,由被告行政机关对被诉行政行为合法性负有举证责任,但这并不意味着被告对行政诉讼的所有事实均要承担举证责任,在某些情况下,原告也要承担举证责任。

新《行政诉讼法》中明确规定了两种情况下需由原告承担举证责任:其一,对于依申请的行政行为,在起诉被告不履行法定职责的案件中,原告应当提供其向被告提出申请的证据,有正当理由如被告受理

① 杨海坤、朱中一:《跨入21世纪的中国行政诉讼法学》,载陈光中、江伟文编:《诉讼法论丛》(第4卷),法律出版社2000年版,第352页。

申请的登记制度不完备①等不能提供证据的除外；其二，在行政赔偿、补偿的案件中，原告应当对行政行为造成的损害提供证据。因被告的原因导致原告无法举证的，则由被告承担举证责任。

4. 人民法院证据收集制度

人民法院的证据收集包括依职权收集证据和依申请收集证据两种。

其中，依职权收集证据主要包括两种情况：一是涉及国家利益、公共利益或者他人合法权益的事实认定的；二是涉及依职权追加当事人、中止诉讼、终结诉讼、回避等程序性事项的。这两种情况下法院可以向当事人双方要求调取证据，但须坚守一底线，即“不得为证明行政行为的合法性调取被告作出行政行为时未收集的证据”。

依申请收集证据则主要包括三种情况：一是由国家机关保存而须由人民法院调取的证据；二是涉及国家秘密、商业秘密和个人隐私的证据；三是确因客观原因不能自行收集的其他证据。但是依申请收集证据，仅限于原告和第三人不能自行收集证据的情况下，申请法院调取证据，也就是说被告行政机关是无权向法院申请调取证据的。

5. 非法证据排除规则

非法证据排除规则源自英美法，于20世纪初产生于美国，是“针对那些与案件事实具有关联而本应加以使用的证据，因基于人权保障或其他政策的考虑，或者为了防止不可靠的证人与误导性的证言对案件的定性和判决产生不利的影响，明确规定将以非法手段获取的证据加以排除的证据采信法则”。②

新《行政诉讼法》规定：“以非法手段取得的证据，不得作为认定案件事实的根据。”这样就以法律的形式明确了非法证据排除规则，从制

---

① 《证据规定》第4条第2款：在起诉被告不作为的案件中，原告应当提供其在行政程序中曾经提出申请的证据材料。但有下列情形的除外……（二）原告因被告受理申请的登记制度不完备等正当事由不能提供相关证据材料并能够作出合理说明的。

② 梁文凤：《论行政诉讼法中非法证据排除规则的确立》，载《重庆科技学院学报》（社会科学版）2007年第2期，第24页。

度层面完善了我国的行政诉讼制度,为保障人权和公民权提供了应有的救济。同时,也为规范行政机关及其工作人员合法合规地收集、固定证据提供了更高位阶的法律依据。

新《行政诉讼法》对证据规则不是重构,而是以法律的形式确认了《行政诉讼法解释》和《证据规定》中的相关条款,并做出了与时俱进的微调,在法律层面上进一步丰富了证据制度,使其明确而具有可操作性,从深层意义上来看,从司法解释、证据规定到法的过程,表明国家在调整立法权限、严格立法边界、规范司法解释等方面坚持法治理念、民主理念,确保人大及其常委会主导立法,更加重视和发挥人大及其常委会在立法中的作用。

二、证据制度对海关通关查验证据固定的影响

(一)电子证据的特殊性增加证据固定难度

证据是证明案件事实是否客观存在的材料,诉讼的过程就是运用证据查明案件事实的过程。目前,随着海关执法领域信息化技术的全面覆盖,在通关查验环节以电子数据形式表现的证据大量存在。然而电子数据自身所具有的特性对于海关通关查验部门固定这一证据类型是一个重大的考验。

第一,电子数据在安全性方面存在隐患,容易遭到病毒、黑客的侵袭,相关人员的误操作也可能轻易将其毁损、消除,特别是针对电子证据这种易失证据,通关查验部门现场关员往往缺乏保留第一手证据的意识。

第二,电子数据的存取、阅读和传输依赖于现代信息技术的支撑,提取证据需要相应的电子设备和专业人员,而受限于经费和人才结构等方面的问题,固定电子证据更具复杂性。

第三,电子数据因为存储于电子介质中,也容易被当事人伪造、篡改、损毁,进而丧失原本的样态。

(二)证据固定中的程序正义问题

行政法区别于其他部门法的重要一点就是,行政法是实体与程序

并重的法①,“行政法的实体性规范与程序性规范在具体的行政法律规范中并没有明确的划分,两者通常交织在一起,共存于同一个法律文件之中”。② 在行政诉讼的司法实践中,通常存在打实体与打程序之争。大多数情况下被告作出的行政行为在实体层面不存在问题,而在程序层面由于多年来“重实体、轻程序”思想作祟,往往存在漏洞,于是大量的行政诉讼案件就从程序方面入手论证行政行为的不合法性。由此,在行政诉讼领域,程序正义被提高到前所未有的高度,证据制度作为行政诉讼的关键概莫能外。

1. 逾期提供证据

在海关系统内,逾期提供证据发生的概率较小,笔者认为的一种可能原因是对“正当理由”的理解存在偏差,将人为因素错误归入“正当理由”的范畴,而按照《证据规定》第1条第2款有限列举的情况,只有“……不可抗力或者客观上不能控制的其他正当事由……”才是“正当事由”;另外,依据《证据规定》,向法院申请延期提供证据,需要书面申请,故仅口头表达延期提供证据的意愿并不作数。

2. 固定证据的时间

综合新《行政诉讼法》《行政诉讼法解释》《证据规定》的相关规定,海关只有在作出行政行为之前固定的证据才可作为认定案件事实的依据,也即海关在作出行政行为时须遵循“先取证、后决定”的行政程序。然而从实践来看,海关在通关查验环节还是存在“先决定、后取证”的情况,即收集的证据不足以支撑相关行政行为的作出。

3. 固定证据的手段

以宁关法函〔2015〕107号“对合理期限内扣留侵权嫌疑货物案例分析及执法指引”中的案例为例,B海关经查验发现A公司货物商标涉嫌侵犯知识产权,遂在一个多月后以中止办理涉嫌侵权货物通关手

---

① 肖杰:《程序与实体:在作为与不作为边界——以行政不作为案件的合法性审查强度为视角》,载中华人民共和国最高法院行政审判庭编:《行政执法与行政审判》,中国法制出版社2010年版,第26页。

② 关保英主编:《行政法与行政诉讼法》,中国政法大学出版社2011年版,第7页。

续的方式,扣下货物并对其立案调查。当事人认为B海关中止办理通关手续的行为实际是变相的扣留行为,但却并未在合理期限内履行扣留程序,致使其须承担滞箱费、仓储费等共计200余万元,于是向法院起诉,引发争议并直接致使B海关因程序违法而承担行政诉讼败诉后果。

中止办理通关手续和扣留,都是海关对货物、物品进行监管的过程中固定证据的手段。B海关的错误在于以中止办理通关手续代替了扣留。实际上,海关单方面中止办理通关手续会导致货物、物品的去向处于待决状态,应当设定合理的期限或条件,防止其与扣留相混淆;同时,在期限届满或条件成就时须转入进一步的扣留程序,以提高行政效率,保障相对人合法权益。

(三)证据固定亟待加强

以署加发〔2012〕285号文《海关总署关于支持苏州市加工贸易转型升级有关试点工作的通知》效力的延长为例,该文为支持苏州加工贸易转型升级共出台了5项改革措施,其中第3项规范特殊区域旧设备出区管理中规定,“从境内区外采购退税入区的国产机器设备进入特殊区域时,应向海关备案,接受海关监管;上述机器设备进入境内区外时,无需提交许可证件;并自进入特殊区域之日起,按照每年20%的折旧率折旧征税”。据此,从境内区外采购退税入区的国产旧设备满5年解除监管出区,因折旧为零而无需缴税。285号文最后规定试点2年,至2014年7月20日结束试点。2014年7月21日即该文失效之际,接上级海关邮件通知,“总署加贸司电话回复,在新的规定出台之前,仍旧按照署加发〔2012〕285号文执行”。8个月之后,2015年3月18日,海关总署加贸司下发《海关总署关于全面推广加工贸易转型升级创新成果的通知》(署加发〔2014〕74号),将试点的5项改革措施由苏州地区扩大至全国范围。

自2014年7月21日至2015年3月18日,本该失效的285号文因为加贸司的“一个电话”,顽强地存活了近8个月的时间,这期间本该被征缴税款的国产旧设备却享受着免税待遇。从法理上来讲,规范性法律文件效力的延长,属于法律文件的重大修改事项,由制定机关总署加贸司决定是符合相关规定的,但加贸司仅凭电话通知不妥,因为该规范性法律文件效力的延长还涉及税款征缴问题,用电话这种内部通知的方式有悖于税收法定原则。另外,从严格的法律意义上来讲,如果南京海关相关处室没有将加贸司的电话作为证据固定下来,比如录音、做笔录等,那么在法律上这通电话存在被认为不存在的可能性。实际上,下级海关出于对上级海关的信任以及长期以来形成的某些约定俗成的工作方法,这种电话通知最后被录音固定或者形成书面材料的可能性微乎其微,这从某个侧面反映出海关系统内部证据固定的意识亟待加强。

三、海关通关查验部门对证据制度相关规定的应对措施

(一)加强技术支持,提高固定证据的能力

1. 电子证据的固定

海关通关查验部门在进行通关查验作业过程中,发现行政相对人及其代理人有违法违规行为的,建议对于那些可以直观或直接反映或证明案件事实的电子证据,可采用直接将有关内容打印在纸张上的方式进行取证。打印后,可以按照提取书证的方法予以保管、固定,并注明电子证据打印的时间、数据信息在通关查验电子数据平台的位置或来源、取证人员、见证人等。见证人必须在文字说明上签名或者盖章。如果见证人拒绝签字盖章,海关人员应当在文件中说明情况,或者将提取、复制有关电子数据的过程拍照或者录像。该说明文件能够证明证据收集、固定程序的合法性,在审查判断电子数据时具有重要意义和证明价值。

2. 提升海关监管查验装备现代化水平

2015年4月,《海关总署关于印发〈海关移动查验单兵作业指导意见(试行)〉的通知》(署监函〔2015〕140号)正式下发,南京海关作为首批试点单位,逐步开始为查验人员配备移动查验单兵作业系统和相应查验设备、装备,使其能够"应用移动查验单兵作业系统和相应查验

设备、装备,对进出口货物、物品、运输工具等实施查验,并对查验过程进行全程记录……"基层海关查验部门应当充分发挥先行先试的先发优势,加强培训学习工作,严格执行指导意见中的操作规范,使用执法记录设备进行拍照、录证,客观、真实地记录查验情况及相关证据;同时,对于查验实践中发现的改进意见,要及时向上级海关部门反馈,进一步完善海关移动查验单兵作业系统,提升海关监管查验装备的现代化水平,提高海关固定证据的能力。

结合新修订的《行政诉讼法》,笔者认为,《海关移动查验单兵作业指导意见(试行)》中"录证资料的保存期限"与《行政诉讼法》中诉讼时效的相关规定存在冲突。前者规定:"使用执法记录仪进行查验录证的,在完成查验后,应及时存储声像资料。原始声像资料保存期限不少于3个月。作为重要执法证据使用的声像资料保存期限按相关规定执行。有下列情形,应当采取刻录光盘、使用移动存储介质等方式,按照报关单存储期限保存……"按规定,海关报关单电子数据存储期限一般为1年,进出口货物报关单证自进出口货物解除监管之日起保存3年。据此,作为重要执法证据使用的声像资料保存最短为1年,最长为3年。后者第46条第1款规定:"公民、法人或者其他组织直接向人民法院提起诉讼的,应当自知道或者应当知道作出行政行为之日起六个月内提出。法律另有规定的除外。"新的《行政诉讼法》将诉讼时效由3个月延长到6个月,故笔者建议,将《海关移动查验单兵作业指导意见(试行)》中原始声像资料保存期限"不少于3个月"的规定,改为"不少于6个月",并在实践中照此执行。只有这样才能适应行政诉讼诉中诉讼时效延长的规定,避免行政相对人及其代理人发起行政诉讼而海关原始声像资料已销毁的尴尬。

(二)规范执法行为,树立程序正义理念

1. 严格遵守证据提交规定

一方面,海关通关查验部门要加强对新《行政诉讼法》以及两个司法解释相关条款的学习、研究,吃透法律条文及司法解释条文,明确三点:一是明确证据提交的时间点要求,即被告应当在收到起诉状副本之日起10日内提交答辩状,并提供作出具体行政行为时的证据、依据;二是明确延期提供证据的正当事由,即因不可抗力或者客观上不能控制的其他正当事由,可提出延期提供证据;三是明确延期提供证据的申请方式,即应当在收到起诉状副本之日起10日内向人民法院提出延期提供证据的书面申请。另一方面,海关各个部门要高度重视证据提交工作,笔者建议在隶属海关层面可以实行涉案科室分管关领导负责制,自上而下督促涉案科室依法依规提交证据。

2. 严格遵守"先取证、后决定"的行政程序

海关通关查验部门要加强海关系统内部行政程序违法典型案例的学习工作,牢固树立程序正义理念,在作出行政行为时严格遵守"先取证、后决定"的行政程序,并且只有在证据确实、充分,能够强有力支撑行政行为的情况下,才能作出相关行政行为;坚决杜绝"先决定、后取证""先决定、不取证"等违反程序正义理念的行为。

3. 以合法手段固定证据

新《行政诉讼法》以法律的形式规定了非法证据排除规则,只有通过合法手段固定的证据才可作为定案依据,而这里的"合法"不仅包括实体合法,还包括程序合法。以宁关法函〔2015〕107号中的案例为例,2011年6月4日,原告A公司向被告B海关申报出口一批货物。经查验,B海关认为该批货物涉嫌侵犯C公司在海关总署备案的商标专用权。2011年7月27日,B海关向C公司送达《关于确认进出口货物知识产权状况的通知》,C公司在海关规定期限内提交了采取知识产权保护的申请书及保证金。7月28日,B海关依法中止办理涉嫌侵权货物的通关手续,并立案进行调查。A公司不服B海关中止办理货物通关手续的行为,于2012年3月27日向某中级人民法院提起行政诉讼及行政赔偿,该院于当日受理此案,并于4月24日公开开庭审理。2012年6月26日,该院作出判决,认定被告B海关已于2011年7月28日实际扣留了原告的涉案货物,扣留行为事实清楚,适用法律、法规正确,但程序违法。因此,判决确认被告扣留行为违法,但驳回原告要求撤销被告扣留行为和立即放行原告出口货物并赔偿经济损失的诉

讼请求。A公司不服该中级人民法院上述行政判决,向该省高级人民法院提起上诉。该省高级人民法院于2012年8月27日作出行政裁定,裁定准许上诉人A公司撤回上诉。

就本案来讲,笔者认为,海关在固定证据的手段上,究竟采中止办理通关手续还是扣留,取决于两者的不同特性。海关通关部门中止办理通关手续,会使海关监管的货物、物品的去向处于待决状态,这种行政行为只能是一种临时性措施,应当设定合理的期限或条件,在期限届满或条件成就时转入进一步的扣留程序,具体到本案从2011年7月28日中止办理通关手续到2012年3月27日行政相对人提起诉讼,这么长的一段时间内一直处于中止通关手续状态,显然不妥,应采取扣留方式固定证据;同时,海关通关查验部门实施扣留需严格遵循法定程序:如实施前须向海关相关负责人报告并经批准,通知当事人到场,当场告知当事人采取扣留措施的理由、依据以及当事人依法享有的权利、救济途径,听取当事人的陈述和申辩,制作《扣留决定书》及《扣留现场笔录》等。

4. 树立法治思维,严格依法依规行政

从法理上讲,规范性法律文件存废、效力延长等,属于法律文件的重大修改事项,应当由制定机关决定,具体到署加发〔2012〕285号文《海关总署关于支持苏州市加工贸易转型升级有关试点工作的通知》的效力延长问题,由制定机关总署加贸司决定是符合相关规定的,但加贸司仅凭电话通知不妥,因为该规范性法律文件效力的延长还涉及税款征缴问题,用电话这种内部通知的方式有悖于税收法定原则。笔者建议,再遇到类似情况时,南京海关相关处室应就法律文件的存废等问题向总署相关规范性法律文件的制定机关发请示函,再由总署相关制定机关以书面批复的形式明晰法律文件的存废,这样南京海关相关处室就可以拿到书面凭证,再以书面形式告知基层海关遵照执行。

此外,海关系统内部要做好规范性法律文件的集中清理工作,特别是对于那些临近有效期的规范性法律文件,一经发现及时上报该文件的制定机关并持续追踪;同时,制定机关对于该类规范性法律文件到期后是废是留还是作出相应修改等要及早定夺,并将存废结果以书面形式下发下级部门,避免出现无法可依的尴尬局面。

Influence on and Challenge to the Customs Examination Operation during the Clearance Caused by the Amendment of the Evidence System of the Administrative Litigation Law

HU Xiaopeng

[**Abstract**] The amendment of the Evidence system of the Administrative Litigation Law includes provisions of E-evidence and burden of proof assumed by the defendant. The new clarification of the Evidence system impacts on the customs examination operation during the clearance, such as the Specificity of the E-evidence increases the difficulty to fix the evidence, the procedural justice during the process of fixing the evidence. Therefore, the rules for the fixing evidence should be improved urgently. From this view, the department of customs examination should strengthen the technical support, enhance the capacity to fix the evidence, regulate the enforcement, and set up the idea of procedural justice, strictly comply with the rules related to the provision of evidence and relevant administrative procedure, fix the evidence through legal measures, establish the idea of rule by law, and administration according to laws and regulations.

[**Key words**] Administrative Litigation Law, Fixing the Evidence, Customs Examination, Idea of Rule by Law

走私法律问题

Legal Issues Relating to Smuggling

走私犯罪最新司法解释适用中出现的问题及处理

——兼论走私犯罪的特殊性和认定规律性

陈 晖*

[摘 要] 两高关于走私罪的最新司法解释在司法实践中遇到许多新的问题,实践中有争议。应坚持从严对待走私罪、正确理解走私罪空白构成要件、认识走私罪的本质以及“法律不理会琐细之事”来处理新的问题。区别于其他犯罪,走私罪具有行政犯罪、跨境犯罪和单位犯罪突出等特点,应从“宽严相济”刑事政策、罪刑法定原则、罪刑均衡原则、实质解释论、走私行为实质和市场经济活动规律来把握走私犯罪认定的规律。

[关键词] 走私罪;司法解释

2014年8月12日最高人民法院、最高人民检察院颁布施行了《关于办理走私刑事案件适用法律若干问题的解释》(以下简称《解释》),解释共计25条,对走私武器弹药罪、走私伪造的货币罪、走私文物罪、走私珍贵动物及其制品罪、走私国家禁止进出口的货物物品罪、走私淫秽物品罪、走私废物罪、走私普通货物物品罪,以及走私既遂未遂、

* 陈晖:上海海关学院副院长,教授,博士后。

单位走私、走私相关条文理解和概念界定等进行了规定。该解释发布实施后,最高人民法院先前颁布的《关于审理走私刑事案件具体应用法律若干问题的解释》(法释〔2000〕30号)和《关于审理走私刑事案件具体应用法律若干问题的解释(二)》(法释〔2006〕9号)同时废止。《解释》的出台,解决了司法实践中长期存在的一些争议问题,有助于准确定罪量刑。但《解释》实施以来,实践中也出现了一些新的问题,司法实践中有争议,需要从理论上进行甄别和分析。

一、走私犯罪最新司法解释适用中出现的问题

(一)关于走私武器弹药罪适用法律问题

关于走私武器弹药罪适用的主要法律问题包括:一是走私气枪铅弹的起刑点和量刑数量标准问题。《解释》第1条对走私铅弹行为的起刑点规定为500发至2500发,超过2500发的,则应判处7年以上有期徒刑。但实践中,铅弹体积小,一小盒即为数百发,一次携带动辄千发以上,有意见认为走私铅弹行为的起刑点和量刑数量标准似乎存在偏低的问题。二是走私钢珠弹等其他气枪子弹的法律适用问题。《解释》第1条第2款中明确了走私气枪铅弹的起刑点和量刑标准,但未同时列明走私钢珠弹等其他常见气枪子弹的起刑点和量刑标准。有意见认为,虽然实践中查获钢珠弹案件很少,但应对此作出明确规定,不给犯罪分子可乘之机。

(二)关于走私仿真枪、管制刀具适用法律问题

此方面主要法律问题包括:一是对旅检、邮递渠道走私仿真枪的起刑点问题。《解释》第5条中规定,走私国家禁止或者限制进出口的仿真枪、管制刀具,构成犯罪的,依照《刑法》第151条第3款的规定,以走私国家禁止进出口的货物、物品罪定罪处罚。具体的定罪量刑标准,适用《解释》第11条第1款第6、7项和第2款的规定。按此规定,走私仿真枪的,重量达到20吨以上或价值达到20万元的,方可构成犯罪。实践中,旅检、邮递渠道走私仿真枪数量上不可能达到20吨,价值上也通常难以达到20万元,因此旅检、邮递渠道实际上不可能存

在走私仿真枪构成犯罪问题。只有货运渠道批量走私仿真枪的,才有可能达到上述起刑点作为走私犯罪处理。二是货运渠道走私出口仿真枪的行政违法依据问题。目前,法律法规等规范性文件方面,与货运渠道走私出口仿真枪有关的禁止和限制规定,主要是:《中华人民共和国枪支管理法》第22条规定,禁止制造、销售仿真枪;海关总署令第43号(《中华人民共和国禁止、限制进出境物品表》)中将"各种武器、仿真武器、弹药及爆炸物品"规定为禁止进出境物品,此外没有直接将仿真枪规定为禁止或限制出口的法律法规依据。三是仿真枪鉴定标准问题。主要是对《公安机关涉案枪支弹药性能鉴定工作规定》(公通字〔2010〕67号)中规定的仿真枪鉴定标准(枪口比动能低于1.8焦耳/平方厘米)有争议,认为其中枪支和仿真枪区分标准不够科学,对世界多数国家不认定为枪支实际也并无多大杀伤力的枪口比动能较低的仿真枪作为枪支予以认定,极易导致个案定罪不当和量刑畸重,显失公正。

(三)关于走私珍贵动物、珍贵动物制品罪适用法律问题

主要是《濒危野生动植物种国际贸易公约》(CITES)附录中的野生动物,如果在《解释》附表中没有可参照的同属或同科动物的,是否可以作为犯罪处理的问题。《解释》第10条第2款中规定,走私《解释》附表中未规定的珍贵动物的,参考附表中规定的同属或者同科动物的数量标准执行。但是,如果走私的动物未列入附表且在附表中没有可参照的同属或者同科动物时,如何处理便成为问题。有意见认为,应严格遵循罪刑法定原则,不作为犯罪予以追究,对走私行为做行政处理为宜。

(四)关于走私国家禁止进出口货物、物品罪适用法律问题

此方面的主要法律问题集中在未经许可进出口国家限制进出口的货物、物品的走私行为(通常所谓"逃证走私"行为)的定罪量刑方面。一是《解释》第21条在文字表述上将偷逃各种许可证进出口国家限制进出口的货物、物品行为均可纳入刑事打击范围,而此类行为在《解释》出台前一直仅作行政处理,且从国家管制进出口的有关规定及

禁止、限制进出口货物目录列举的具体货物属性来看,禁止进出口货物、物品与限制进出口货物、物品在危害性和管制的严厉性方面大多数应该说存在一定甚至明显差别。有意见认为,对逃证走私行为的打击范围适当进行限制。二是《解释》第21条第2款规定,取得许可,但超过许可数量进出口国家限制进出口的货物、物品,构成犯罪的,按照走私普通货物、物品罪处罚。有意见认为,在逃证走私问题上,超过许可数量走私国家限制进出口的货物、物品行为,与未取得许可走私国家限制进出口的货物、物品行为,本质上并无区别。而《解释》的规定对两者作区别对待,适用不同罪名予以处理,理论依据似不甚充分。另外,对于可能发生的只涉证不涉税的超过许可数量走私国家限制进出口的货物、物品行为,因无法适用走私普通货物、物品罪,便无法作为犯罪处理,造成处罚上的空当。

(五)关于走私珍稀植物及其制品行为的处理问题

此方面的主要法律问题是对走私一、二级保护野生植物以外的珍稀植物及其制品行为的定罪量刑问题。《解释》第11条第1款第1项规定,走私珍稀植物及其制品行为的起刑点为"走私国家一级保护野生植物五株以上不满二十五株,国家二级保护野生植物十株以上不满五十株,或者珍稀植物、珍稀植物制品数额在二十万元以上不满一百万元"。据此规定,走私一、二级保护野生植物以外的珍稀植物及其制品行为的定罪量刑只能以珍稀植物、珍稀植物制品的价值为标准。实践中,CITES附录中的某些野生植物,因无明确的核定价值标准且无成型的交易市场及相对稳定的交易价格,各地林业主管部门和物价部门往往无法或不愿出具估价意见,导致对相关行为的刑事追究无法顺利进行。

(六)关于单位犯罪处罚中加重情节问题

《解释》第16条第2款对自然人实施走私普通货物、物品犯罪的加重情节进行了列举,但《解释》第24条对单位犯私普通货物、物品罪的规定中并未规定单位犯罪的加重情形,在此情况下,对单位走私普通货物、物品罪,即使存在第16条第2款规定的诸如犯罪集团的首要分子、使用特种车辆从事走私活动、为实施走私犯罪向国家机关工作人员行贿、教唆或利用未成年或孕妇等特殊人群走私、聚众阻挠缉私5种加重情节的,也不能予以加重处罚。

二、对走私犯罪最新司法解释适用中出现问题的处理意见

(一)从严对待走私犯罪是处理司法实践中具体问题的基本态度

"宽严相济"是我国目前基本的刑事政策,是指导处理司法实践中具体问题的基本立场。"宽严相济"的含义是严惩严重刑事犯罪,必须突出重点,依法进行,必须确保做到严之有据、严之有理、严之有度、严之有效。要切实做到"宽以济严""严以济宽",确保宽严"相济",注意做到具体分析、区别对待,严中有宽、宽以济严,宽中有严、严以济宽。[①]具体到走私犯罪司法实践,应明确走私罪是刑法重点规制的对象,也是司法中重点打击的对象,否则就不能解释刑法分则中为何单独规定"走私罪"一节,下设10个走私个罪,并作出详细规定;也不能解释中央多次召开打击走私工作会议,布置全国打私工作,严厉打击走私犯罪违法活动。因此,若坚持走私武器弹药是"宽严相济""严"的对象,是对国家和社会安全带来严重威胁的犯罪,那么认为铅弹体积小,容易携带,起刑点500发至2500发偏低的观点就是不正确的;同样道理,认为仿真枪鉴定标准(枪口比动能低于1.8焦耳/平方厘米)较一些国家"严"的观点也是站不住脚的;而认为旅检、邮递渠道走私仿真枪起刑点太高,要求将重量达到20吨以上或价值达到20万元的标准下降的观点则又没有体现"严中有宽"的精神,混淆了货运渠道利用货物进出口走私仿真枪和旅检、邮递渠道携带、邮寄走私仿真枪两种不同行为性质的区别。

(二)正确理解走私犯罪的空白构成要件

区别于自然犯罪,走私犯罪司法实践中最突出的问题,是走私对

① 参见最高人民法院:《关于贯彻宽严相济刑事政策的若干意见》(法发〔2010〕9号)。

象不断变化,海关实际查获的物品中经常出现未明确规定在刑法或司法解释规定中的走私对象,对此该如何处理?有观点认为,对于那些刑法或司法解释没有明确规定的,即使行政法律法规可以纳入,也应恪守罪刑法定原则,刑法无明文规定不能定罪处罚。如对于走私的动物未列入《解释》附表且在附表中没有可参照的同属或者同科动物的,应严格遵循罪刑法定原则,不以犯罪处理。

上述观点貌似坚持了罪刑法定原则,实际上是对走私犯罪这类行政犯罪的特征没有把握,没有正确理解行政犯罪之空白构成要件的要义。走私犯罪系行政犯罪,其最大特点是以行为违法为前提,且刑法条文表现为空白构成要件,即刑法直接对走私行为进行描述,但对什么是走私、走私具体对象的界定等却由海关法等行政法律法规加以规定,行政从属性特征十分明显。对于行政犯罪罪刑法定原则的理解,不能仅认为"法无明文规定"的"法"仅指刑法,还应包括行政法律、法规,甚至规范性文件,当然前提是"系基于法律之授权,认为法律之作用",实质是由刑法授权由行政机关以其制定的行政规章、命令来补充空白刑法中所没有规定的事项,是符合罪刑法定原则的。① 因此,对于走私动物未列入附表且附表中没有可参照的同属或同科动物的,只要行政法规、规章明确规定不允许进出口,就应定罪处罚。至于没有具体数额或数量规定的问题,则由司法解释进一步明确,这是另外的问题。

需要指出的是,行政犯罪以行政违法为前提,但这里的行政违法不仅指违反国内法,也包括违反我国加入的没有做出保留的国际公约相关规定;不仅指违反行政法律,也包括违反行政法规、规章,甚至规范性文件。因此,对于走私珍贵动物虽未列入《解释》附表,但是我国加入的《濒危野生动植物种国际贸易公约》附录中的野生动物,也应认为具有行政违法性;对于货运渠道走私出口仿真枪的问题,目前只有

---

① 刘艳红、周佑勇:《行政刑法的一般理论》,北京大学出版社2008年版,第36~50页。

《解释》明确规定,行政法律法规、规范文件没有直接规定,应该通过行政法律进一步确定其行政违法性。

(三)认识走私犯罪的本质

刑法的本质是保护法益,犯罪的本质是侵害法益。走私罪是违反海关法等行政法律法规、逃避海关监管、运输、携带或邮寄国家禁止、限制或应税货物物品进出境的行为。走私罪侵害的法益是国家对进出境活动的监管制度,走私的本质是逃避海关监管。理解走私的本质是侵害海关监管制度,对准确认识和把握走私行为十分重要。

《解释》第21条规定,未经许可进出口国家限制进出口的货物、物品,构成犯罪的,以走私国家禁止进出口的货物、物品罪等罪名定罪处罚。这一规定和海关法的规定不一致,海关法是按走私对象来划分走私行为的种类,即区分禁止进出境货物物品、限制进出境货物物品和应缴纳税款货物物品来界定违法行为种类,并分别规定不同处罚。[①]《解释》第21条没有按照海关法对违法行为以对象来分类,而是根据行为性质来界定什么是禁止进出口,什么不是禁止进出口。全国人大常委会法工委刑法室针对部分驯养繁殖的野生动植物及其制品在经国务院行政主管部门批准并取得证明书的情况下可以合法进出口的问题,在回复有关单位的意见中明确指出:"《刑法》第一百五十一条规定的走私国家禁止进出口的珍贵动物、珍稀植物及其制品的行为,是指走私未经国家有关部门批准,并取得相应进出口证明的珍贵动物、珍稀植物及其制品的行为。"显然,这里刑法是根据走私罪侵害的法益是海关监管制度来界定禁止进出口行为的含义的,即未经国家批准并取得相应许可证件进出口的,都属于禁止进出口的行为,这和海关法按照走私对象来界定走私禁止进出境货物物品、走私限制进出境货物物品是有很大的不同,我认为这种解释是符合刑法保护法益的精神的,并无不妥。租用、借用他人许可证和未经许可进出口国家限制进出口货物物品的行为在行为性质上是一样的,都是未经国家许可进出

---

① 《中华人民共和国海关行政处罚实施条例》第7条、第9条规定。

口,同样定走私禁止进出口货物物品罪。

至于有意见认为,取得许可,但超过许可数量进出口国家限制进出口的货物物品的,同样应定走私国家禁止进出口货物物品罪,该观点实际上混淆了和根本没有经过许可擅自进出口限制进出口货物物品行为之间、行为人主观故意之间的区别,应按照《解释》第 21 条第 2 款的规定按照走私普通货物物品罪处罚。对于有观点提出对于可能发生的只涉证不涉税的超过许可数量走私国家限制进出口的货物物品行为,因无法适用走私普通货物物品罪,无法作为犯罪处理的观点,纯粹是臆想的伪问题,因为如果取得许可证进出口数量范围内的限制进出口涉证不涉税货物物品当然合法,如果超过数量范围进出口国家限制进出口涉证不涉税货物物品,那么这种行为符合《解释》第 21 条第 1 款规定的未经许可进出口国家限制进出口的货物物品,以走私国家禁止进出口的货物物品罪定罪处罚。

(四)“法律不理会琐细之事”——走私个案不应成为修改法律的理由

“法律不理会琐细之事”的含义是,法律不规定和处理过于轻微的事项,相反,只是规定和处理较为重大的事项。① “法律不理会琐细之事”实质上表达了刑法的谦抑性,即刑法的补充性、刑法的不完整性和刑法的宽容性。“对于极为罕见的行为,即使法益侵害较为严重,也没有必要规定为犯罪。因为法律是普遍适用的规范,法律针对最常见的情形而制定;对于更容易实施的行为法律更严格地禁止,所以,立法者不尊重稀罕之事,不得以稀罕之事为据制定法律。或者说,立法者忽略偶尔发生一二起的案件。”②

因此,对于走私案件中一些偶发的、或很少发生的个案,应考虑这类案件的发生概率,考虑法律是普遍适用的规范,不是一次性消费的产品,尊重法的宽容性,不要动不动以填补法律漏洞为由频繁

① 张明楷:《刑法格言的展开》(第 3 版),北京大学出版社 2013 年版,第 166 页。
② 张明楷:《刑法格言的展开》(第 3 版),北京大学出版社 2013 年版,第 173 页。

修改法律。例如,司法实践中查获的气枪一般为铅弹,很少有走私钢珠弹的情形,司法解释对铅弹定罪量刑标准有规定,但对钢珠弹没有做出规定,是否要对此做出规定,就必须了解走私钢珠弹情形是否普遍,如果只是个案,且数量不多,危害不大,不以犯罪处理也是符合法律精神的。再如,走私珍稀植物案件中因走私的龟甲牡丹系国家一、二级野生植物外珍稀植物,根据《解释》只能根据其价值而不是数量来处理,但龟甲牡丹在国内没有成型的交易市场和稳定的交易价格,无法对其进行价格鉴定,因此无法定罪量刑,实际上从市场的交易也反映这类案件并不普遍,属于个案,是否要修改法律或司法解释值得研究。

三、对走私犯罪特殊性和认定规律性的认识

(一)走私犯罪特殊性的认识

由于走私犯罪是逃避海关监管的犯罪,但凡进出境活动中出现的新问题一旦反映在走私犯罪上,往往就会出现刑法规定和司法解释无法一一对应的情形,或者说刑法或司法解释一颁布就过时了,走私犯罪中最突出的问题就是新的犯罪对象层出不穷,现有法律或解释只是针对过去已经发生的做出的规定,但无法预测未来还会出现哪些走私对象。我国税制规定的商品名录中商品超过八千,而国家禁止、限制进出境的货物物品又分散规定在上百部法律、行政法规规章中,要穷尽一切未知对象似乎不可能。“认为刑法典可以毫无遗漏,是荒唐的幻想;希望刑法典做到毫无遗漏,是苛刻的要求。承认刑法典必然有遗漏,才是明智的想法”。[①] 问题的关键在于把握走私犯罪特殊性的基础上,对走私犯罪认定规律性的把握。

区别于自然犯罪和其他行政犯罪,走私犯罪的特殊性主要表现在以下三个方面:

一是走私犯罪是行政犯罪,行政从属性特别强。具体来讲,行政

---

① 张明楷:《刑法格言的展开》(第3版),北京大学出版社2013年版,第7页。

从属性表现在:(1)概念上从属海关法等行政法律法规。走私犯罪认定中许多概念需要通过海关法或其他行政法律法规规章来确定,如《解释》第2条规定:"《刑法》第一百五十一条第一款规定的'武器、弹药'的种类,参照《中华人民共和国进口税则》及《中华人民共和国禁止进出境物品表》的有关规定确定",第12条第2款规定:"本解释规定的'古生物化石',按照《古生物化石保护条例》的规定予以认定"。(2)空白罪状构成要件需要通过海关法等行政法律法规来补充。走私罪,是违反海关法等行政法律法规,逃避海关监管,运输、携带、邮寄国家禁止进出境货物物品、限制进出境货物物品和应税货物物品进出境,情节严重的行为。这里,什么是违反海关法等行政法律法规,以及什么是逃避海关监管、偷逃应缴税款等,需要通过海关法等行政法律法规来确定、进行补充。(3)因海关或行政机关的许可阻却走私犯罪构成。逃避海关监管是走私犯罪的本质,假如没有逃避海关监管,换句话讲经过海关许可,当然就不成立走私犯罪,因此海关或行政机关许可行为人进出境具有阻却走私犯罪的功能。走私犯罪行政从属性特点,决定了走私犯罪在违法性上具有双重违法性,即不仅具有刑事违法性,也同时具有行政违法性;行政违法性上由于行政法具有变动性,因此走私犯罪具有一定程度上的不稳定性,突出表现在走私犯罪对象的变动性上。

二是区别于其他行政犯罪,走私犯罪是跨境犯罪。由于走私犯罪涉及进出境货物物品,包括属于国际贸易的进出口应税商品、需要许可证件的商品,以及进出境个人物品等,因此走私犯罪在犯罪形态上,特别是走私既遂未遂、走私共同犯罪上和其他行政犯罪有很大的不同。以走私既遂未遂为例,如果以刑法总则规定的着手实施犯罪,但因意志以外的原因没有得逞的未遂规定来判断,走私既遂未遂应以是否逃避掉海关监管为标准,因为走私侵害的法益是海关监管制度,区分走私与否的关键也是以是否逃避海关监管,逃避掉海关监管也就意味着法益受到损害,应为走私既遂。但由于走私是跨境犯罪,所以不同于在境内犯罪,若以此为标准,那么在通关走私中,进出境海关情形下海关现场查获的都是走私未遂,没有既遂案件,显然不尽合理,所以《解释》第23条第1款第1项规定,在海关监管现场被查获的,应当认定为犯罪既遂。再以共同犯罪为例,由于国际贸易是一个完整的供应链条,涉及生产商、贸易商、物流商、仓储企业、运输企业、报关公司等,一旦走私,实际上牵扯到方方面面,如果严格按照共同犯罪理论,只要有共同故意、共同行为就是共同犯罪,都得定罪处罚,那么可能会出现参与人众多、法不责众的情形,此时有必要斩断共同犯罪链条,只对共同犯罪的组织者、策划者、主要参与者进行定罪处罚,而对一般性参与者进行行政处罚,类似的还有海上走私。

三是走私犯罪中单位犯罪突出,单位犯罪认定处罚上有特殊性。我国从事国际贸易的主体不仅数量多,而且主体性质也比较复杂。据中国报关协会的统计,依法在海关注册登记的报关单位有823,490家,专门从事代理报关业务的报关企业有11,140家。按照刑法对单位的规定,这当中有法人单位的,有自然人的,也有界限模糊的,特别是随着外贸经营权放开、公司设立门槛降低,单位利益和个人利益混淆在一起,有时很难辨别。但我国刑法对单位走私普通货物物品罪的处罚区分了单位和自然人,实施的是区别的处罚原则,对单位的处罚轻于自然人,因此是定单位,还是自然人不仅是理论问题,更是司法实践中的争议问题。我国1987年制定《海关法》时明确规定了对法人单位走私犯罪进行处罚,第一次确立了法人犯罪的主体,这是立法上的一大贡献,也反映出走私犯罪中单位犯罪很突出。现在司法实践中依然存在对于承包是定单位还是个人、出资额不足是定单位还是个人、过了年检期限是定单位还是个人等定罪争议问题,同时也存在对单位走私普通货物物品罪和个人走私普通货物物品罪是否应同等处罚、单位走私普通货物物品罪是否应增加加重量刑情节等量刑争议问题。

(二)走私犯罪认定的规律性

走私犯罪这些特点,决定了在认定走私犯罪时,除坚持刑法基本原则和犯罪构成原理外,还应把握以下走私犯罪认定的规律性:

一是坚持“宽严相济”的刑事政策。“宽严相济”是我国基本的刑事政策,对打击刑事犯罪和认定处理犯罪具有指导意义。刑法不是封闭的理论体系,走私犯罪的认定处理也应接受“宽严刑事”刑事政策的指导,帮助正确定罪处罚。实践中,可以分别从社会危害性、人身危险性、走私犯罪对象上把握“严”,从主观目的上把握“宽”,做到宽以严济、严以济宽、宽严相济。①

二是坚持罪刑法定原则下对走私罪空白构成要件的理解。走私犯罪系行政犯罪,其犯罪构成由行政法律规范来填充,不能因为刑法或司法解释没有规定就认为法无明文规定不能定罪处罚,而应看到行政法律法规也是“法”无明文规定的重要来源,行政犯罪首先是行政违法,才是刑事违法,这符合罪刑法定原则的含义,因此完善行政法律法规是走私犯罪立法完善的一个重要方面。

三是坚持罪刑均衡原则。这既包括走私个罪与个罪之间的均衡,也包括自然人走私犯罪和法人单位走私犯罪之间的均衡,还包括走私罪与相关犯罪之间的均衡,如走私普通货物物品罪与逃税犯罪、骗取出口退税犯罪之间的均衡;不仅包括立法上的均衡,还包括司法上的均衡。通过对走私案件的实证统计分析,发现在司法实践中,存在区分主犯、从犯并不会对实际宣告刑产生重要影响;是否共同犯罪无论对于有期徒刑、罚金的影响程度都低于罪后酌定表现;未完成形态对有期徒刑的影响程度低于罪后酌定表现对有期刑的影响程度;累犯对有期刑的影响程度远远低于罪后酌定表现对有期刑的影响程度等问题,需要在司法实践中解决这些罪刑不均衡问题。②

四是坚持实质解释论立场。实质刑法观和形式刑法观是两种不同的刑法立场,但在刑法基本原则的前提上是一致的,只是对刑法做

① 陈晖:《从“宽严相济”刑事政策看走私罪的法律修正》,载《政治与法律》2009年第1期。

② 陈晖、陈菊、贾亮亭:《从实证统计分析看走私普通货物、物品罪罪刑均衡的若干问题(二)》,载《海关与经贸研究》2015年第6期。

出了不同的解释。从司法实践来看,要让“法律不是嘲笑的对象”,就应坚持实质解释论立场,这也是在走私犯罪具体适用法律时应坚持的立场。以单位犯罪为例,司法实践中,我们看到以下几种情况下都是从实质特征出发来判断是个人犯罪还是单位犯罪:“单位设立后,以实施犯罪为主要活动的不以单位犯罪论处”;单位被吊销营业执照后仍使用单位名义的,按个人犯罪处理;公司设立后,投资金额未实际到账按个人犯罪处理;单位内设机构是否构成单位犯罪主体;个人承包按个人犯罪处理。①

五是从对走私行为的实质来把握。走私的本质是逃避海关监管,是否逃避海关监管是区分走私与否的关键。由于走私逃避海关监管,而海关是进出境的监督管理机关,因此走私系跨境犯罪这一特征在适用刑法总则时应和境内犯罪有所区别。

六是从市场经济活动规律来区分罪与非罪。市场经济活动有自身规律,特别是我国在经济新常态下,对外贸易活动有许多改革创新,包括设立自由贸易试验区先行先试,海关特殊监管区优化整合,加工贸易改“两头在外”为“一头在内、一头在外”、内外贸综合改革等,对于这些领域出现的和现有海关监管制度相冲突的问题,应坚持刑法的谦抑性,不要急于动用刑法,否则效果适得其反,破坏市场经济活动。②

---

① 陈晖:《走私犯罪司法认定中的若干问题》,载《上海海关学院学报》2009年第2期。

② 以自由贸易试验区为例,有论证前瞻性地研究自由贸易试验区内走私犯罪问题,但实际上很多研究是凭空臆想,并没有实际案例支撑,且在自由贸易区内,由于货物一般处于保税状态,因此只要不发生擅自销售区外牟利的问题,在区内不涉及走私问题。参见刘宪权、卢勤忠:《自贸区走私犯罪问题研究》,载《海关与经贸研究》2015年第1期。

On Issues Involving New Judicial Interpretation About Smuggling Crime by"Supreme Court and Procuratorate"

—On Distinctiveness of Smuggling Crime and Rules of the Determination

CHEN Hui

[**Abstract**] The new judicial interpretation about smuggling crime issaed by "supreme court and procuratorate" faces many new questions. We should engage in hardly anti-smuggling crime activities , understand blank constitutive requirements in criminal law, realize the essence of smuggling and does not ignore the futile. Compared with other crimes, smuggling crime has its own distinctive such as being administrative crime, crossing territory crime and most of them is legal person crime. The common rules of determining smuggling crime should be approached respectively from the criminal policies, legally prescribed punishment, balancing between crime and penalty, substantive interpretative theory, essence of smuggling and the rules of market economic activities.

[**Key words**] Smuggling Crime, Judicial Interpretation

对走私犯罪中几个常见争议问题的思考

曹 坚*

[摘 要] 偷逃应缴税额是判断走私普通货物、物品罪与非罪、罪重与罪轻的重要条件,司法实践中须依据法律规定的时间节点准确计算应缴税额。税率在行为时和案发时不同,对走私行为的税额计算应当以案发时为准。一般不应将赠品作为货物核定走私应缴税额。认定珍贵动物制品的价值,应以有关行业主管部门的规定为依据来核定。行为人在走私废物时夹带普通货物的走私犯罪行为应以数罪论处。建议将单位走私与个人走私的定罪量刑标准予以统一。

[关键词] 走私;税额;数罪;单位

刑法关于走私犯罪的规定经历了由单一到系统的发展历程,由1979年刑法中的单一罪名——走私罪,发展到1997年刑法依据走私对象属性的标准确定走私犯罪的具体罪名,形成类罪名,作为刑法的单独一节,罪名设置更加精确完善,有利于严密刑法法网,适应缉私工作发展的需要。走私犯罪是典型的行政犯,而国家关税的相关行政法规处于经常变化的状态,客观上影响到对走私行为的行政处理乃至刑

* 曹坚:上海市人民检察院第一分院公诉处副处长,法学博士,主任检察官,上海市检察业务专家,上海市优秀中青年法学家。

事认定,因此相关刑法修正案及司法解释对走私犯罪的有关条款进行了修正或细化。但在司法实践中仍存在一些争议问题,有必要予以明确。

一、如何确定核定偷逃应缴税额的时间点

偷逃应缴税额是判断走私普通货物、物品罪与非罪、罪重与罪轻的重要条件,司法实践中须依据法律规定的时间节点准确计算应缴税额。根据《最高人民法院关于审理走私刑事案件具体应用法律若干问题的解释》(该解释已于2014年被废止)第6条第2款规定,走私货物、物品所偷逃的应缴税额,应当以走私行为案发时所适用的税则、税率、汇率和海关审定的完税价格计算。其后出台的《海关计核涉嫌走私的货物、物品偷逃税款暂行办法》(已被修正)规定,在计核涉嫌走私的货物或者物品偷逃税款时,应当以走私行为案发时所适用的税则、税率、汇率为准,具体计算办法是:有证据证明走私行为发生时间的,以走私行为发生之日计算;走私行为的发生呈连续状态的,以连续走私行为的最终之日计算;证据无法证明走私行为发生之日或者连续走私行为终结之日的,以走私案件的受案之日(包括刑事和行政受案之日)计算;同一案件因办案部门转换出现不同受案日期的,以最先受案的部门受案之日为准。最高人民法院的司法解释与海关总署的行政规定在表述核定偷逃应缴税额的时间点上并不完全一致,是否存在矛盾,司法实践中如何协调,一直存在争议。

对此,在相关司法解释未重新修订之前,还是应当以最高人民法院的司法解释确定的标准即案发之日,作为核定偷逃应缴税的时间点,海关总署的相关行政规定应当在最高人民法院司法解释的框架内予以理解适用。司法解释具有准法律的性质,其法律效力应当高于行政机关的内部规定。"走私行为案发时"应当理解为犯罪行为被海关发现之日。具体而言,如果是单次走私犯罪的,应当以该走私犯罪被海关查获之日作为计税时间点;如果是连续走私,应当以最后一次走私行为被海关查获之日作为计税时间点,即使之前实施的走私行为时

间能够确定的,也应当以案发之日作为计税时间点。

走私普通货物、物品犯罪的偷逃应缴税额并非一成不变,国家会根据进出口贸易的客观情况适时调整税率。走私行为发生之日计税标准与走私行为案发之日计税标准不一的,如果案发之日计税标准低于走私行为发生之日的,当然以案发之日计算;如果走私行为发生之日计税标准低于案发之日的,仍然应当以案发之日的应缴税额来认定,但可以将走私行为发生之日较低的应缴税额作为酌定情节在量刑时予以考虑。此种情况下,一律依案发时的征税标准认定对行为人确有不妥,因为行为人是依据当时的计税标准来计算其实施走私犯罪的成本与收益,对行为实施之后关税税率的变化情况并不明知,依据刑法从旧兼从轻的原则就低认定其犯罪数额,似乎更为客观公平。建议在修订新的走私犯罪司法解释时规定,一般以案发之日的计税标准计算偷逃的应缴税额,但走私行为实施之日能够查清,且当时的计税标准低于案发之日的,以走私行为实施之日的计税标准计算偷逃的应缴税额。

二、关税税率变动是否影响偷逃关税数额的计算

关税税率往往因国家政策的因素而不断调整,特别是高科技材料、化工原料等货物的关税经常发生变动。在一些走私案件中,行为人进口货物时关税税率较高,而在案发时或者审判时关税税率已经降低甚至全免,关税税率的变动是否影响偷逃关税数额的认定,实践中存在不同的意见。一种意见认为,仍应当以行为时的关税税率作为核定偷逃应缴税额的基础。国务院关税税则委员会、海关总署下发的关税税率文件的变动,不属于刑法意义上的法律变更,不具有溯及力;而且被告人的行为客观上已经造成国家税款的流失,不能因为关税税率的变动而影响先前行为的认定。另一种意见认为,应以变动后的关税税率作为核定偷逃应缴税额的基础,关税税率的调整在实质上属于法律变更,根据刑法从旧兼从轻的追溯原则,应以变动后的税率来计核偷逃税额。

依照《刑法》第12条的规定,刑法溯及力的效力体现为两方面:(1)当时的法律不认为是犯罪的,适用当时的法律;(2)当时的法律认为是犯罪,且应当追诉的,按照当时的法律追究刑事责任,但是新法不认为是犯罪或者处刑较轻的,适用新法。这里需要解决一个问题,就是怎样理解"当时的法律"。笔者认为,"当时的法律"存在两个范畴,大的范畴是新刑法施行之前的刑法及其他所有规定犯罪与刑罚的有关决定、解释等规定;小的范畴则是指行为实施时所依据的具体刑法条文的实质内容。决定刑法是否溯及既往,既要比较新旧刑法之间关于定罪与量刑的差异,又要比较新刑法与既有的有关惩治犯罪的规定整体之间关于定罪与量刑的差异,还要比较同一部刑法中某一条文的实质内容是否发生变化。

走私犯罪是比较典型的行政犯,相关关税税率直接影响到对进出口贸易行为的性质认定。但是,刑事认定也要遵从相应的规则,法定性和稳定性是刑事司法活动的基石,反映在刑事司法活动中就是既要依法评价犯罪行为,又要确保刑事评价的前后连贯性,避免对犯罪行为的认定处于不稳定的状态。对这个问题的理解,应当与前述确定核定偷逃应缴税额时间的问题联系起来看。税率在行为时和案发时不同,对走私行为的税额计算应当以案发时为准:如果案发时税率发生变化,税率降低甚至免除的,自然应当依新情况来评价该走私行为,对其从轻认定或者不认定是犯罪;如果案发时税率升高的,也应当适用升高后的税率,但可将行为时的较低税率的情况作为酌定量刑情节在量刑时予以考虑。同样地,税率在案发时和审判时不同,对走私行为的税额计算应当以案发时为准,不能一律依案发后税率的变化来调整对走私行为的认定,还是要以案发时税率为定罪量刑的基准,辅之以案发后税率的变化情况调节量刑。如果涉案的国家关税税率降低甚至归零的,可作为酌定情节对案件从轻处理。如果对该走私行为从轻处罚尚无法体现罪责刑相一致原则,可适用《刑法》第63条无法定减轻处罚情节的,报经最高人民法院核准,也可以在法定刑以下判处刑罚。

三、促销赠品是否应认定为走私货物

实践中,境外供货商在出口货物时,基于开拓市场等考虑,有时会与国内进口商约定,在一定时段内依据一定比例给予国内进口商赠品(与进口货物完全相同),例如"满十送一"或"满十送二"等。对赠品是否应计算在走私犯罪数量中存在不同的意见。一种意见认为,在核定偷逃应缴税额时,如果有证据证明该货物系赠品的,应将赠品排除在走私货物之外。另一种意见认为,即使报关的货物中存在促销赠品,对于赠品也应当按照相同货物成交价格估价,并以此核定偷逃应缴税额。

对此,考虑到赠品的属性,一般不应将赠品作为货物核定走私应缴税额。赠品系无偿取得,无偿取得的物品的数量和价值一般不会太大,对其免予征税合乎情理,客观上也有利于促进对外贸易活动。但是,对以假借赠品名义行走私货物之实的,仍应将所谓赠品视为货物,一并计算应缴税额。在判断赠品是否属实时,要注意查证分析多方面的证据,例如有关买卖合同的约定,赠品本身的价值,赠品的价值在货物贸易交易总价中所占的比例等。此外,促销赠品是否认定为走私货物的问题,固然应当依据我国的刑法规定,但对境外贸易行为发生地的法律规定、通常做法也应酌情加以考量。

四、走私珍贵动物制品案件中动物制品价值的认定

涉案珍贵动物及其制品的价值认定,在2014年"两高"《关于办理走私刑事案件适用法律若干问题的解释》(简称2014年《解释》)施行之前,参考依据是2001年国家林业局《关于发布破坏野生动物资源刑事案件中涉及走私的象牙及其制品价值标准的通知》以及国家林业局、公安部《关于森林和陆生野生动物刑事案件管辖及立案标准》等行业主管部门的规定。2014年《解释》明确了走私珍贵动物制品罪"情节较轻""情节特别严重"以及基准量刑情节的具体内涵,更加便于司法实践认定。但在司法实践中,珍贵动物制品的市场交易价格往往远

远低于行业主管部门核准的价格,在此情况下应以何种标准为准,司法实践中有不同的认识。

认定珍贵动物制品的价值,应以有关行业主管部门的规定为依据来核定,而不能以市场交易价格为准。理由在于:首先,珍贵动物制品并不是普通的商品,而是国家禁止交易的特殊物品,法律上不存在所谓市场交易价。其次,市场交易价格存在易变性,不利于对相似犯罪行为作出相似处罚,而行业主管部门核准的价格相对固定,有利于对走私珍贵动物制品的犯罪行为作出接近一致的判罚。虽然行业主管部门的核定价可能远高于市场交易价,但禁止交易珍贵动物制品表明了国家保护珍贵动物的态度,对此行为从严惩处有其合理性。当然,强调以行业主管部门的规定为计价标准并非一概排斥对市场交易价格的参考,相对刚性的行业主管部门计价而言,灵活柔性的市场交易价格可以在实际定罪量刑中起到必要与合理的调节作用。笔者认为,司法机关在办理走私珍贵动物制品案件时,应当从严把握价格认定,将行业主管部门的核定价格作为类似鉴定人的意见予以考虑,而非一概以核定价格认定此类案件。具体而言:一是当行业主管部门的核定价格与犯罪嫌疑人提供的购买发票显示的价格差距悬殊时,应当委托第三方权威鉴定机构重新鉴定;二是当重新鉴定后的价格仍然与市场交易价格差距较大时,应要求侦查机关提供该珍贵动物制品购买地的市场平均价格,将其与核定价格再做比较;三是侦查机关无法提供该制品购买地的市场平均价格时,可要求侦查机关提供该制品生产国出口到第三国的平均市场价格或国际市场平均价格。之所以强调要查证真实的市场交易价格,就是在以行业主管部门核定价格作为量刑主要依据的同时,以真实的市场交易价格合理调节量刑,防止出现司法裁判与社会公众认识偏差较大的情况。

从2014年《解释》的标准看,不以牟利为目的,为留作纪念而走私珍贵动物制品进境,数额不满10万元的,可以免予刑事处罚;情节显著轻微的,不作为犯罪处理。而根据当前司法实践中的情况,即便是10万元的入罪标准仍显过低,为避免刑法打击范围过大,建议仍可继续适当调整追诉标准,合理提高走私珍贵动物制品犯罪的入罪门槛。

五、走私废物中夹带普通货物的罪数认定

司法实践中,对行为人在走私废物时夹带普通货物的走私犯罪行为,是以走私废物罪一罪论处,还是按走私废物罪和走私普通货物罪两罪论处,存在不同意见。笔者倾向于数罪论,理由如下:

第一,将一次走私多种不同犯罪对象的走私犯罪评价为数罪符合刑法文本及相关司法解释的认定规则。走私犯罪的罪名经历了由单一罪名向多个罪名的演化过程,即从简单的走私罪发展为以走私的具体对象的属性分别确定罪名。刑法如此变更,有其合理内涵,因为不同属性的走私对象所侵犯的法益存在较大差异,相应的刑罚也难以做到整齐划一,分别设置相应的罪名能更好体现刑法对不同法益的保护,这也是走私犯罪刑事立法精细化的体现。例如,走私珍贵动物、动物制品罪侵犯的法益是国家对珍贵动物资源的保护,而走私普通货物、物品罪侵犯的法益是国家进出口贸易的关税制度,两者相去甚远。基于这种立法转变,"两高一署"发布的《关于办理走私刑事案件适用法律若干问题的意见》对行为人对其走私的具体对象不明确的案件的处理问题作出解答,即走私犯罪嫌疑人主观上具有走私犯罪故意,但对其走私的具体对象不明确的,不影响走私犯罪构成,应当根据实际的走私对象定罪处罚。但是,确有证据证明行为人因受蒙骗而对走私对象发生认识错误的,可以从轻处罚。其蕴涵的认定规则是,行为人在确有走私犯罪故意的前提下,不论实际走私的对象是何种,实际构成数罪的均以数罪论处,即使受到蒙骗,也只能作为酌定从轻处罚的情节予以考虑。之后,《最高人民法院关于办理走私刑事案件具体应用法律若干问题的解释(二)》进一步明确了这一认定规则,对在走私的普通货物、物品或者废物中藏匿《刑法》第151条、第152条、第347条、第350条规定的货物、物品,构成犯罪的,以实际走私的货物、物品定罪处罚;构成数罪的,实行数罪并罚。该解释虽然已废止,但对走私实际对象的罪数认定原则是基本一致的。遵循这一认定规则,在其他

特殊属性的走私对象(如枪支、弹药)中藏匿普通货物、物品,或者在走私的普通货物、物品中藏匿特殊属性的走私对象(如枪支、弹药)的,均应实行数罪并罚。

第二,行为人对实际的走私对象持放任的主观认识态度,既不能简单以实际走私的对象来认定数罪,也不应偏信行为人一面之辞而认定一罪,而应当坚持主客观相一致的刑法评价原则。犯罪单位为追求非法利润最大化,一般不会进口单一属性的货物、废物或其他对象,常将两种或多种对象混杂在集装箱中,案发后犯罪单位及相关责任人会借口实际走私的对象超出事先约定,由此逃避数罪并罚。依据前述认定规则,行为人在具有走私犯罪故意的前提下,对实际走私对象不明知的,不影响成立数罪。进言之,从主观方面看,犯罪单位及相关责任人如果一贯实施此种走私犯罪手法,主观上对实际走私的对象并不关心,也不实际查明货柜货物性质的行为即反映出放任的主观故意心态。从客观方面看:首先,以司法实践中多发的走私货物与废物混杂的案例来看,走私货物与走私废物的目的均在于通过进口贩卖谋求经济利益,在废物中藏匿货物,或者在货物中藏匿废物符合走私行为人的主观动机和犯罪目的;其次,界定货物与废物属性的边界并非那么清晰,两者在一定条件下可以相互转化,例如有的二手机器,境外可能将之视为废物而予以抛弃,但进口后可能还能发挥作用,又具有货物的属性,又例如主观上想进口的是货物,但因货物超过使用期限而成为废物,在货物与废物属性不明的情况下,行为人对走私对象是货物还是废物持放任态度,对走私部分货物部分废物的行为认定为两罪也符合主客观情况。同理,在走私的普通货物、物品中夹藏枪支、弹药的,除了行为人确实不知的情形外(例如在不知情情况下他人偷偷在货物、物品中夹藏枪支、弹药),应当以走私普通货物、物品罪与走私枪支、弹药罪两罪并罚。

第三,追求罪刑均衡并非简单排斥数罪并罚,关键是要做到对各个罪名的合理判罚。司法实践中部分司法人员之所以主张按行为人事先约定的走私对象定罪,而不按实际走私的多种对象定数罪,重要的原因就是避免因数罪并罚造成罪刑失衡。姑且不论以量刑调节定罪的司法认定逻辑是否合理,即便从量刑角度出发,数罪并罚也并非一定会导致量刑畸重。走私普通货物、物品罪原来的刑法条文是分别以“偷逃应缴税额五十万元以上”“偷逃应缴税额在十五万元以上不满五十万元”“偷逃应缴税额在五万元以上不满十万元”来设置相应的法定刑,而《刑法修正案八》以“应缴税额较大”“应缴税额巨大”“应缴税额特别巨大”以及相应情节重新设置法定刑,特别是废除了该罪的死刑,一方面表明立法者将对走私普通货物、物品罪裁量刑罚的空间赋予司法机关,另一方面表明适当提高走私普通货物、物品罪的入罪门槛,符合经济犯罪特别是税收型犯罪刑罚轻刑化的发展趋势。地方司法机关完全可以不必再拘泥于原有具体数额生硬量刑,而应根据本地经济发展水平适当提高该罪的犯罪数额,并充分考虑到具体犯罪的各种情节,处以更加合情合理的刑罚。2014年9月9日发布的《最高人民法院、最高人民检察院关于办理走私刑事案件适用法律若干问题的解释(三)》明确了走私普通货物、物品罪的量刑数额标准,相比原刑法规定的数额均有一定程度提高,充分考虑到当前贸易走私犯罪的现状,兼顾到惩罚与教育并重的刑事追诉原则,避免片面从重打击。

六、单位走私与个人走私定罪量刑标准的统一

对单位走私与个人走私的定罪量刑标准是否需要统一的问题,实践中也存在不同意见。一种意见认为,单位犯罪不同于个人犯罪,对单位犯罪中直接负责的主管人员和其他直接责任人员的刑事责任应当与个人犯罪的刑事责任有所不同,一般对前者的处罚要轻于后者;另一种意见认为,单位走私应与个人走私的定罪量刑数额标准保持一致,以防止犯罪分子借壳逃避处罚,也体现法律面前人人平等的原则。而根据《刑法》第153条第2款之规定,单位犯前款罪的,对单位判处罚金,并对其直接负责的主管人员和其他直接责任人员,处3年以下有期徒刑或者拘役;情节严重的,处3年以上10年以下有期徒刑;情节特别严重的,处十年以上有期徒刑。2014年《解释》进一步规定,单

位犯走私普通货物、物品罪,偷逃应缴税额在20万元以上不满100万元的,应当按照《刑法》第153条第2款的规定,对单位判处罚金,并对其直接负责的主管人员和其他直接责任人员,处3年以下有期徒刑或者拘役;偷逃应缴税额在100万元以上不满500万元的,应当认定为"情节严重";偷逃应缴税额在500万元以上的,应当认定为"情节特别严重"。实际上采取了两倍于自然人走私普通货物、物品犯罪的定罪量刑标准。

因此建议将单位走私与个人走私的定罪量刑标准予以统一,除了前述观点的理由之外,另一个重要依据是刑法在规定其他经济犯罪时对单位犯罪与个人犯罪的处罚并未作出区分。例如,《刑法》关于生产、销售伪劣商品罪一节中,就在第150条明确规定,单位犯本节之罪的,对单位判处罚金,并对其直接负责的主管人员和其他直接责任人员,依照各该条的规定处罚,并没有对单位犯罪的刑罚标准作出与个人犯罪不同的区分。走私犯罪与生产、销售伪劣商品罪同属刑法第三章破坏社会主义市场经济秩序罪,犯罪属性比较接近,走私犯罪单位与个人的定罪量刑标准完全也可遵照生产、销售伪劣商品罪的规定,统一单位走私与个人走私的刑罚标准。当然,考虑到单位犯罪与个人犯罪在犯罪的主观恶性程度、客观危害等方面还是存在一定的差异,在具体量刑时可酌情对单位犯罪中的自然人刑事责任人从轻处罚。

七、走私犯罪形迹可疑型自首的认定

对于如何认定贸易通关型走私案件中形迹可疑自首,实践中有较大争议。第一种意见认为,贸易通关型走私案件的自首认定标准宜从宽把握。走私犯罪往往隐藏在正常商业贸易的表象之下,其证据具有相当的隐蔽性,海关缉私部门能够直接收集的证据较少,并且有关涉案真实合同、发票、单证等证据往往被犯罪分子藏匿或者放置在国外供货商处。因此,对于行为人在海关缉私部门进行调查询问时,其如果能够如实供述自己的犯罪事实,并且配合提供相关书证材料的,一般都可以认定为形迹可疑型自首。第二种意见认为,在《刑法修正案

(八)》已经明确将坦白作为法定从轻处罚情节的情形下,对走私犯罪中的自首情节应更加严格界定。对于海关调查部门掌握了有关走私犯罪线索,并找到行为人当面进行查询或核实时,即使其如实供述并配合提交相关书证材料的,也不符合因形迹可疑被查而作如实交代的自首,只能认定为坦白。第三种意见认为,对于海关调查部门掌握了有关走私犯罪线索,并找到行为人当面查询或核实,其即如实供述并配合提供证据的,需在具体分析海关所掌握的证据程度的基础上,区分情形认定是否构成自首。

笔者倾向于第三种意见。《最高人民法院关于处理自首和立功若干具体问题的意见》对形迹可疑型自首进行了界定,在认定形迹可疑型自首时,需要把握三个关键点:一是罪行未被发现。如果有关部门、司法机关已经发现行为人的罪行,就不再具备认定形迹可疑型自首的前提。所谓罪行被发现,是指有关部门、司法机关已经知道该犯罪已经发生,且掌握相关线索或证据,知道该犯罪可能系该行为人所为。二是形迹可疑。司法环境中的"形迹可疑",是指行为人因犯罪在逃或图谋犯罪心怀不轨而在穿着、神色、行为举止、语言语调等方面与常人有异。三是虽然因形迹可疑遭盘问、教育后主动交代犯罪事实,但随身处发现涉案物品的,也不能认定为自首。如果发现行为人身上有与犯罪有关的凶器、血迹、赃物等,足以表明其与犯罪有密切关系,极有可能系犯罪分子,此时司法人员对其进行的询问就有了高度的针对性,具有讯问的性质,其即使如实交代犯罪事实的,也只能认定是坦白。

须以刑法及相关司法解释对自首的界定为指导,同时结合贸易通关行为的特征来认定走私犯罪中的形迹可疑型自首,关键是看海关调查部门是掌握了行为人涉嫌走私的犯罪线索或相关证据,还是仅凭工作经验怀疑其涉嫌走私而对其进行询问。对掌握了线索或证据的,在海关人员的针对性询问下,行为人如实交代的,可认定为坦白;对海关未掌握线索或证据而只是进行例行询问的,海关工作人员发现行为人神情紧张,或者感觉进出关货物、物品外表可疑等情形下询问的,因海关尚未发现行为人涉嫌走私的犯罪线索,也没有实际掌握其涉嫌走私的相关证据,在这种情况下行为人如实交代走私犯罪的,应认定为自首。这里需要强调的,对海关工作人员凭工作经验而产生的怀疑与海关工作人员因发现相关物证、书证等涉案证据而进行的调查核实工作要进行必要的区分。海关工作人员凭职业敏感,在工作中积累的经验,有时会凭直觉而对某些潜在的走私犯罪行为人产生警惕和怀疑,并会加强相应的检查和询问,但这种检查和询问不是建立在犯罪证据基础上,有可能在进一步的查验中得到证据的印证,也有可能这种怀疑被证明与事实不符,行为人在此情况下如果主动交代走私犯罪行为的,能够节约司法成本,认定自首符合法理。如果海关工作人员已经发现通关单据上的品名与实际货物、物品存在较大差异,或者行为人随身携带物品包装方式不正常(例如藏匿在箱包的夹层中),再对其进行针对性询问的,应视为海关工作人员在掌握涉嫌犯罪线索或者相关证据的基础上进行询问,行为人如实交代的行为只能认定是坦白。

Thoughts to the Several Common Arguable Issues in the Smuggling Crime

CAO Jian

[**Abstract**] The amount of evasion of the taxes and duties is the threshold to identify whether or not the activity belongs to the crime of smuggling ordinary goods or articles and is the key condition to identify to severity of this crime. The amount of the taxes and duties payable should be calculated according to the timeline provided by the law in the judicial practice. Since the rates of duties and taxes are different at the time of the occurrence of the crime and at the time of the crime to be discovered, the amount of the taxes and duties payable should be calculated based at the time of the crime to be discovered. The value of the precious animal products should be determined according the relevant competent authorities of the certain sectors. The violation should be regarded as the plural crimes when the violator smuggles the wastes which are accompanied by ordinary goods or articles. It is suggested to unify the standards of conviction and punishment of the smuggling by the entity or the natural person.

[**Key words**] Smuggling, Amount of the Taxes and Duties, Plural Crimes, Entity

藏赃型走私犯罪案件海关查验取证之困局及应对

苏 云 薛 培*

[摘　要] 藏赃型走私犯罪具有封闭性、隐蔽性、即时性、典型性的特点。藏赃型走私犯罪查验取证方面存在案件发现难,证据搜集、固定难,各类犯罪证据收集难度较大,藏赃型走私犯罪证据运用难等困难。因此,藏赃型走私犯罪查验取证的完善应当规范查验记录形式,明确查验、检查笔录的诉讼证据地位,增强查验取证中的证据意识,确保证据规范合法,完善证据收集手段,加强对各类证据的收集,以及适度运用推定规则认定行为人的"明知"的主观要件。

[关键词] 藏赃型走私;走私犯罪;查验;侦查取证

一、藏赃型走私犯罪的现实情形及基本特点

违禁物品因其具有特殊的使用价值或高额的经济价值历来是犯罪分子追索的对象,作为一种较为常见的犯罪类型,藏赃型走私犯罪一般是指利用帽子、内裤、鞋子等随身物品、行李箱包甚或身体藏匿、

* 苏云:二级高级检察官,全国检察理论人才,全国检察业务专家,四川省成都市人民检察院副检察长,法学博士;薛培:四级高级检察官,全国检察理论人才,四川省检察业务专家,四川省成都市人民检察院侦查监督一处副处长。

携带毒品、假币、文物、艺术品、珍稀动植物制品等违禁物品以及淫秽电子磁介质及非法出版物、宣扬恐怖主义和极端主义的电子磁介质及非法出版物等其他违禁物品的犯罪行为。① 根据行为方式的不同,藏赃型走私犯罪又可分为两种类型:一是直接以行李箱包作为工具,利用行李箱包本身的构造或部件来藏匿赃物。例如,利用行李箱包的滚轮、夹层、拉杆等部件隐藏违禁物品,这种属于典型的行李箱包藏赃;二是利用帽子、内裤、鞋子等随身物品和人体本身结构,采用将严密包裹的毒品或贵重物品如黄金、钻石、文物、艺术品、高档电子产品如手机等物品藏匿在随身物品之上、捆绑在身体上、包裹后吞食到胃内或塞进肛门、阴道等方式予以藏匿。在此情形下,行李箱包、随身物品或人体是一种掩盖犯罪事实或逃避检查的工具,属于典型的藏赃型走私行为。无论是哪一种行为方式,藏赃型走私犯罪一般都具有以下几个方面的特点:

1. 封闭性

封闭性一般体现在以下几个方面:首先,藏赃型走私犯罪中无论是利用随身物品、人体或者行李箱包本身具有封闭性(或是在身体上捆绑、夹带、藏匿物品也是掩藏在衣服之下,也具有一定的封闭性)。与一般的犯罪工具不同,人体或行李箱包是一种具有独立封闭空间的携带工具,通过在衣服下捆绑及掩藏、包裹后吞进体内或塞进阴道,或通过箱包锁匙的关闭均即可实现与外界空间的相对隔离。其次,犯罪

① 藏赃型走私犯罪是一个基于刑事诉讼实务的描述概括性概念,而并非一个规范的学术理论概念,笔者在此仅根据其行为特点对此类犯罪进行粗略性描述。同时,此处论证的违禁物品除传统意义上的毒品、假币、珍稀动植物制品等违禁物品之外,尚包含了应缴纳关税的普通货物和物品(如黄金、钻石、艺术品、文物、有价票证等)以及其他违禁物品如淫秽电子磁介质及非法出版物、宣扬恐怖主义和极端主义的电子磁介质及非法出版物等。另外,笔者此文论证的藏赃型走私犯罪仅限于利用帽子、内裤、鞋子等随身物品、行李箱包、人体藏匿违禁物品的行为,不包括利用汽车、火车、轮船、集装箱等藏匿、夹带违禁物品的行为,当然,利用汽车、火车、轮船、集装箱等工具与利用帽子、内裤、鞋子等随身物品、行李箱包、人体藏赃型走私犯罪在本质特征上基本类似,在此笔者不再赘论。

现场具有封闭性。与其他具有较为开放性的犯罪现场的犯罪行为不同,藏赃型走私犯罪的现场具有封闭性,犯罪现场一般集中在海关监管区域为中心的现场,以人体或行李箱包为点位,除非因事前获取到可靠的举报或线索,极少与中心现场之外的其他事物发生关联,因此很难通过常规的外界线索发现此类犯罪。

2. 隐蔽性

隐蔽性主要体现为以下几点:首先,人体及行李箱包自身的构造具有相应的隐蔽性。由于随身物品、人体及行李箱包构造十分复杂,随身物品的夹层、行李箱包的很多部件如滚轮、夹层、拉杆等很容易被用来藏匿违禁物品。如果犯罪分子再想方设法对违禁物品进行隐藏、夹带、掩饰或混淆,其犯罪行为就更加隐蔽,很难直接发现。其次,在自然人犯罪中,由于人所具有的自然天性,海关关员常常可以通过观察行为人的表情、行为、举止等来判断行为人是否有犯罪嫌疑,进而发现犯罪线索和行为。但是,在藏赃型走私犯罪中,犯罪分子一般都是将违禁物品藏在随身物品、人体内或行李箱包内,借助随身物品、人体或行李箱包的掩盖,很难观察到其中的犯罪行为,这极大增加了海关关员对藏赃型走私犯罪案件查验的难度。

3. 即时性

藏赃型走私犯罪作为一种利用随身物品、人体及行李箱包隐匿犯罪标的物或赃物的犯罪手段,其一个重要的特点就是藏赃的时间相对较短。犯罪分子在犯罪过程中,出于尽量不被他人发现乃至海关查验以最大保护自身安全及违法违禁物品安全的考虑,利用随身物品、人体及行李箱包机动性较强能随时变更去向,封闭性较强不易从外面直接观察注意到,在遭到海关关员发现追缉时可随时弃置,同时兼具稳定、便捷、快速的特点,其目的是将犯罪标的物或赃物在较短时间转移,通常情况下不会长时间让犯罪标的物或赃物在随身物品、人体及行李箱包上藏匿,以减少被他人发现举报及被海关查验乃至侦控之可能性。与此同时,通常情况下由于各个海关经过的进出境旅客数量都较大,出于通关时间和效率的考虑以及囿于海关人力物力限制的问题,在通关过程中很难全面准确仔细查验每个旅客及每个行李箱包、随身物品已成为一种常态,因而,查验本身也具有即时性的特点。

4. 典型性

随着行李箱包功能的不断完善和普及率的提高以及出于随身物品、人体易掩蔽违禁物品的本身目的,越来越多的犯罪分子选择随身物品、行李箱包和人体作为实施藏赃型走私犯罪行为的工具,藏赃型走私犯罪在近几年呈现出普遍性的特点。在走私、运输、贩卖毒品及走私普通货物、物品等特定的犯罪类型中,藏赃型走私甚至已经成为了一种重要的行为方式。在走私毒品,非法持有毒品,走私普通货物、物品,出售、购买、运输假币,持有假币等诸犯罪中,以藏赃型走私为手段的犯罪行为占据了很大一部分。

二、藏赃型走私犯罪查验取证之困局

从以上分析我们可以得知,藏赃型走私犯罪作为一种具有典型特征的犯罪方式,在实践中呈现出发案率高的特点,甚至已经成为毒品、假币、艺术品、文物、珍稀动植物制品等犯罪类型的主要方式之一。由于毒品、假币、艺术品、文物、珍稀动植物制品等犯罪具有特殊的社会危害性,尤其对社会管理秩序会造成极大的隐患和风险,因此,加强对藏赃型走私犯罪的打击对减少违法犯罪,维护社会治安,保障社会公共安全都具有十分重要的意义。然而,受多种原因的制约和影响,特别是受查验措施本身具有查验对象的非特定性、临场遭遇性、查验即时性、直接强制性和短暂拘束性等诸多特点的影响,藏赃型走私犯罪的发现、查验、取证等各方面都存在一些问题,导致在实践中对此类犯罪的打击力度不够。其问题主要表现在以下几个方面:

(一)藏赃型走私犯罪案件发现难

1. 藏赃型走私犯罪案件线索短缺

上文已述,藏赃型走私犯罪具有隐蔽性、封闭性、即时性、普遍性等诸特点,这些特征都很好地隐藏了犯罪线索和脉络,再加上犯罪嫌疑人千方百计地对犯罪行为进行隐藏、掩饰,因此,在实践中较难发现此类犯罪的蛛丝马迹。大部分情况下,侦查机关都是通过对“形迹可疑”的行李箱包及人体进行查验、检查发现案件线索,但是,“形迹可疑”是一个主观性极强的认定与预判,而并非一个客观的标准,具有很大的不确定性,在实践中很难操作。再加上“形迹可疑”与走私犯罪并无必然的联系,这就造成藏赃型走私犯罪案件线索的发现十分困难。

2. 藏赃型走私犯罪查获比例较小

查获比例较小表现为以下两方面:首先,随着我国经济社会的快速发展,进出境人数的不断增加,庞大的进出境人数增加了对进出境的管理难度,怀有各种目的进出境的人员显性上扬,而怀有违法犯罪目的的人员也隐藏在其中,促使了藏赃型走私犯罪的增加,也增加了对此类犯罪的查获难度。其次,在实践中,藏赃型走私犯罪的发现一般都是通过查验、检查等方式查获,然而,由于受海关人力的限制以及担心造成进出境口岸拥堵等原因,对行李箱包及人体实施查验、检查的地点一般仅限于海关监管区附近,而对海关监管区外的其他地点则很少设置查验、检查点。虽然这种在关键节点设置查验点的方式查获了大批的藏赃型走私犯罪,但是由于这种查验方式过于固定和集中,大量的藏赃型走私犯罪可能轻而易举地逃避查验。①

(二)证据搜集、固定难

1. 搜集、固定、保全、完善证据前期准备不足

在打击藏赃型走私违法犯罪中,调查取证的启动可以分为两种情形:一是在案件发生后或者发生时,海关缉私部门接到报案或者举报,再派人前去调查取证;二是海关缉私部门在工作中发现犯罪行为,进而直接开展调查取证,藏赃型走私犯罪的调查取证一般属于这种情形。在第一种情况下,由于案件已经发生或正在发生,海关缉私部门在接受报案或举报时已经对基本的案情有所了解,在开展调查取证活

---

① 根据笔者对海关缉私部门的走访,发现海关查验在现实中具有很大的局限性,除非事前获取到准确的情报信息之外,在查验时间、查验方式设置和选择上,基本上都是相对固定的,而对查验对象的选择则是随机的,这种缺乏针对性而属于固定性、常态化“漫天撒网”或“大海捞针”式的查验一定程度上为犯罪分子逃避查验提供了方便。

动开始之前可以做好准备和预案,甚至有时间调取所需的专业设备或人员提供相应的技术支撑,以保障调查取证的顺利进行。然而,由于大部分的藏赃型走私犯罪都是通过临时查验的方式查获,对海关缉私部门来说案件的发生具有突发性和即时性,事实上,在多数藏赃型走私案件被查获之前,海关缉私部门并未掌握任何犯罪线索,因此对案件的具体情形也无法做出准确预测和提前准备,也就很难采取切实有效的措施来对证据进行收集、固定、保全、完善。特别是在遇到毒品、假币、艺术品、文物以及珍稀动植物制品等专业性极强的犯罪,在缺乏专业的检测工具和设备的情况下,对案件的性质做出准确认定都存在很大的困难。

2. 犯罪现场及标的物容易被湮灭破坏

具体而言:首先,走私犯罪一般不存在被害人或者直接的危害结果,也没有典型的犯罪现场,犯罪行为的外在表现很不明显,再加上海关缉私部门的查验、检查主要是为了发现可能存在的犯罪行为,因此很难从收集证据的角度来做好犯罪现场的保护工作。在犯罪行为被发现后,案发现场往往已经被破坏,甚至一些关键性的证据已经在查验、检查的过程中被湮灭,此时如果再掉过头来去搜集、调查证据,已经很难收集到没有被破坏过的证据。其次,按照《中华人民共和国海关进出口货物查验管理办法》的要求,海关查验分为开箱查验、外形查验、机检查验、彻底查验、抽样查验以及人体查验六种方式。针对进出境旅客进行查验的方式具体情况如下:一是开箱查验,是指将货物(物品)从行李箱包等箱体中取出并拆除外包装后,对货物实际状况进行查验的查验方式;二是外形查验,是指对外部特征直观、易于判断基本属性的货物(物品)的包装、外观等状况进行核查的查验方式;三是机检查验,是指以利用技术检查设备,对行李箱包中的货物(物品)实际状况进行验核的查验方式;四是彻底查验,是指将行李箱包中的货物(物品)逐件开拆包装、验核货物(物品)实际状况的查验方式;五是抽样查验,是指按照一定比例(根据各个关区的规定)随机有选择地对一票货物(物品)中的部分货物(物品)进行验核实际状况的查验方式;

六是人体查验，即对可能存在非法利用人体携带违禁物品的旅客采用机器探测、X光检验并配之以督促自行解除、搜身等方式进行查验。针对旅客的海关查验应当遵守一定的程序，即旅客申报→出示证件→旅客停止→接受查验，这一系列的操作程序一般会占用一定的时间。虽然这段时间并不算长，但在这个时间段中行为人并不受到查验人员的控制，出于逃避检查的本能，行为人往往会利用这段空隙迅速地实施隐藏犯罪现场、销毁赃物、破坏证据的行为。① 当海关关员真正开始进行查验时，犯罪现场有可能已经是遭到了严重的破坏，在这种情况下发现犯罪行为和取证就存在很大的困难。

3. 搜集、固定证据程序不够严密规范

具体而言：首先，侦查人员证据意识不强。所谓“证据意识”，是指在查办藏赃型走私犯罪中，侦查人员应在每一步工作中，都应当树立正确运用证据的思维方式，即对运用证据去证实犯罪要有预先的思想准备，并具体体现在办案过程的每一步工作中。证据意识的有无与强弱，对整个案件能否收集到足够充分的证据具有决定性的影响。如果查验的海关关员证据意识不强，有些证据就难以获取，或者使本来可以获得的证据无法获取，甚至因疏漏了证据收集、固定所必备的程序和要件而使已经获取的证据失去了证明力。例如，在一起持有毒品犯罪中，海关关员发现一名旅客在海关监管区外徘徊、神情紧张，反复多次进入厕所，后海关关员在疑问下进入厕所后意外发现垃圾桶内有一个黑色塑料袋，其中有疑似毒品的物质，经提取然后互相传递查看包内物质，而没有依规范的程序对该物证进行封存和固定。后经鉴定证实包内物质确为毒品，但犯罪嫌疑人否认塑料包为自己所有，为获取塑料袋为犯罪嫌疑人所有的证据，海关缉私部门对包装毒品的塑料袋进行了指纹提取工作，但由于塑料袋上的指纹已经在传递过程中被破

---

① 笔者在办案过程中，有针对性地对一些海关关员进行了走访，这些海关关员都反映在查验藏赃型走私犯罪过程中都遇到过进出境旅客故意拖延时间、有意不配合甚至对抗查验和检查的情况。

坏,无法提取到完整的指纹,最后该犯罪嫌疑人因证据不足没有被批准逮捕。其次,收集固定证据的手段不足。在实践中,藏赃型走私犯罪大部分都是在查验、检查过程中发现,然而,海关关员实施查验、检查的主要目的是发现可能存在的违法犯罪行为,而不是对犯罪行为进行调查、取证。发现犯罪行为和调查、取证这两种行为在行为性质、目标指向、行为特点、法律要求等方面都存在巨大区别,将两者混同于同一行为方式之下,必然会造成两种行为之间的互相掣肘和削弱,其直接后果就是查验、检查行为的调查、取证能力不足,而且很难保障调查、取证的规范性。

(三)各类犯罪证据收集难度较大

1.实物证据相对单一、孤立

根据我国的犯罪构成和证据学理论,犯罪行为一般包含主客观两个方面的内容,因此,在证据收集过程中,应当对主客观两方面的证据进行收集,特别应当收集对认定犯罪事实有重要意义的物品、痕迹等"实物证据"。然而,在藏赃型走私犯罪中,由于受犯罪现场、证据意识、取证手段等因素的影响,从现场收集到的实物证据一般都局限于显而易见的毒品、假币、艺术品、文物、珍稀动植物制品等违禁物品,很难收集到其他能够证明犯罪事实的物品和痕迹,因此,藏赃型走私犯罪中实物证据很多情形下总是呈现出孤立、单一的特点。根据证据的证明原理,实物证明仅仅是证明有犯罪行为的客观要件之一,只能证明有犯罪行为的"可能性",而无法从根本上证明犯罪事实。[①] 因此,孤立、单一的实物证据,很难将被挡获的违禁物品与实施犯罪行为的行为人联系起来,也很难对其进行定罪。例如,在上文列举到的毒品案例中,侦查机关虽然查获了毒品,在行为人否认毒品为自己所有时,如果能够从毒品外包装上提取到行为人的指纹,就可以直接否定其不实口供,依据客观证据直接对犯罪嫌疑人定罪。但是由于现场侦查人员的失误,致使将实物证据与犯罪嫌疑人联系起来的指纹证据灭失,

① 陈瑞华:《实物证据的鉴真问题》,载《法学研究》2011年第5期。

在仅有单一、孤立的实物证据的情况下,很难对犯罪嫌疑人定罪。

2. 犯罪嫌疑人供述难以收集

犯罪嫌疑人的供述因可以直接证明犯罪事实的发生,是证明犯罪行为最直接的证据,因此,在实践中常常被视为"证据之王"。然而,在藏赃型走私犯罪中,犯罪嫌疑人的供述和辩解一般都很难收集到,"零口供"是很多藏赃型走私犯罪案件不得不面对的现实。出现这种状况的原因主要有以下几个方面:首先,藏赃型走私犯罪一般都与毒品、假币、艺术品、文物、珍稀动植物制品等犯罪相关,而我国法律对毒品、假币、艺术品、文物、珍稀动植物制品犯罪一直保持高压态势。例如,《刑法》规定:走私、贩卖、运输、制造毒品行为,无论数量多少均构成犯罪。因此,犯罪分子被抓获后,受畏罪心理支配,知道其一旦供述犯罪事实,就有可能被科以重刑,因此往往会拒不交代犯罪事实。其次,藏赃型走私犯罪被挡获后,犯罪分子一般都会采取一定的手段掩盖犯罪事实、销毁犯罪赃物,尽量撇清赃物与自己的关系,从而大大增加犯罪分子对抗海关缉私部门的心理基础。在实践中,很多犯罪分子不仅对海关缉私部门的查验、取证拒不配合,有的甚至会"反咬"一口,依仗海关没有查到直接证据而大闹查验现场,引来围观群众或造成交通拥堵以给海关查验人员制造压力。最后,侦查人员收集证据的措施有限。一般情况下,海关执行侦查工作的人员不会多于两人,而某些藏赃型走私犯罪中查获的犯罪嫌疑人和证人的数量远远超过两人。在此情况下,侦查人员既需要对犯罪现场的证据进行收集固定,又需要对犯罪嫌疑人进行盘问检查,还需要守候询问证人,繁重的工作量导致查验取证工作很难做细、做实。而且,在人数占优的情况下,犯罪嫌疑人之间容易达成默契,形成攻守同盟,在此情况下想要获得有效的犯罪嫌疑人的供述难度就会大大增加。

3. 有效的证人证言不易获取

从人与涉案货物(物品)的关系角度划分,藏赃型走私犯罪包含以下两种形态:一是涉案行李箱包、帽子、内裤、鞋子等属于犯罪嫌疑人所有,即犯罪嫌疑人利用自己的行李箱包帽子、内裤、鞋子等乃至身体从事犯罪行为。二是涉案行李箱包不属于犯罪嫌疑人所有,犯罪嫌疑人利用他人从事犯罪行为,在此形态下犯罪嫌疑人一般都是借口自身携带物品较多请求他人代劳或请求他人帮助推行行李箱包。然而,无论是第一种情形还是第二种情形,获取有效的证人证言都十分困难。在第一种情形中,同行旅客如果知道藏赃型走私的事实,则一般都会被认定为同案犯,但是由于查验现场的开放性,经常出现犯罪嫌疑人之间的陈述不一致的情形,很难获取直接证明犯罪事实的有效证言。如果同行旅客对犯罪嫌疑人的犯罪事实不明知,则其一般被视为证人。然而,由于对犯罪嫌疑人的犯罪行为缺乏明知,其提供的证言一般都仅限于公安机关挡获犯罪嫌疑人和查获赃物的事实,只能在其视野内证明犯罪结果的发生,并不能直接证明犯罪事实的发生。① 在第二种情形下,同行旅客的身份仅仅为善意帮忙者,对犯罪事实并不知情,即使大部分同行旅客都十分愿意为公安机关作证,但其证言与第一种情形中的证人证言相类似,并不能直接认定犯罪嫌疑人的犯罪事实。因此,在藏赃型走私犯罪中,要获取有效的证人证言存在很大的难度。

(四)证据运用难

运用证据证明犯罪行为是证据的根本目的所在,在藏赃型走私犯罪中,运用证据证明犯罪行为存在一定的困难,而其中最为突出的问题就是犯罪嫌疑人的主观明知认定难。由于主观明知是认定藏赃型走私犯罪必不可少的一个方面,这一问题也成为藏赃型走私犯罪证据运用中的一个“瓶颈”。藏赃型走私犯罪涉及的犯罪类型中有很大一部分为非法持有毒品、非法持有假币等“持有型”犯罪,对此类犯罪有观点认为除《刑法》第172条对“明知”作出特别规定的外,其余的均属

① 笔者通过对四川省成都市检察院近年来办理的藏赃型走私犯罪的案卷进行了查阅,发现其中大部分证人证言都只是对犯罪现场档获经过和事实的叙述,很少有对犯罪嫌疑人实施犯罪行为的描述。虽然此类证人证言对于认定犯罪事实具有一定的意义,但是对物证和犯罪嫌疑人供述都较为匮乏的藏赃型走私犯罪来讲,此类证据并不具有实质性的证明力。

“严格责任犯罪”,只要证明持有就无需证明其是否具有主观故意,其刑事责任即成立。[①] 事实上,这一观点显然不适当地增加了犯罪嫌疑人的刑事责任,虽然《刑法》对172条以外的其他“持有型”犯罪作出明确规定,但是如同其他绝大多数故意犯罪条款都没有明确规定“明知”一样,认定犯罪嫌疑人的主观明知仍然是其他“持有型”犯罪的要件之一。因此,认定犯罪嫌疑人的主观明知是藏赃型走私犯罪必然要遇到的一个问题:首先,口供可以作为认定行为人主观明知的直接证据,但如前所述,大部分情况下行为人都会否认自己对查获的违禁物品具有认识,从而否定自己对犯罪行为、犯罪性质和社会危害性的认知。在很多情况下,即使行为人在海关缉私部门查验时做了陈述,但是在后续环节中常常会推翻自己的陈述,导致其口供无法有效证明其主观明知,再加上侦查机关、检察机关、审判机关之间对行为人主观明知的认定缺乏统一、可操作性的判断标准,这就有可能出现同样的行为在不同的环节出现不同结论的情况。[②] 其次,在刑法理论上,虽然可以通过客观行为来具体反映行为人的主观故意,但是不可否认的是客观行为与主观故意并不是同一或等同的,同样的一种客观行为后可能会有不同的主观心态,而不同的主观心态又会导致不同的犯罪后果。例如,同样是在行为人随身物品、行李箱包或人体上查获毒品,行为人既有可能是持有毒品的行为,也有可能是贩卖、运输、走私毒品的行为,还有可能是确实不明知而不构成犯罪。这些可能性的存在,既说明了认定行为人主观明知的重要性,更说明了认定行为人主观明知的困难性。正是由于对行为人主观明知认定存在困难,导致很多藏赃型走私案件无法对行为人的主观明知作出准确的判定,最后不得不对案件做降格或者无罪处理。例如,在一起走私毒品犯罪中,犯罪嫌疑人胡某携带一个透明塑料封口袋乘坐一国际航班,行至海关监管区内时被海关关员挡获,经鉴定塑料包内物品为“K”粉。但犯罪嫌疑人否认自己

---

① 陈兴良:《刑法哲学》,中国政法大学出版社1992年版,第315页。

② 张洪成:《毒品犯罪争议问题研究》,博士学位论文,武汉大学,2010年。

知道包内东西为“K”粉,辩解称自己是在飞机上捡到一个手提袋,在袋内有一包白色粉末状物品,就准备带回家。由于此案无其他证据证明犯罪嫌疑人对包内物质为毒品的“明知”,其辩解的合理性无法排除,最终因证据不足而未批准逮捕。

三、完善藏赃型走私犯罪查验取证的对策

藏赃型走私犯罪在查验取证中存在的问题带来了较为严重的负面影响,一方面,由于证据上的短促和缺陷,很多案件不得不降格处理,甚至做无罪处理,这就放纵了犯罪行为,增加了社会的不稳定因素;另一方面,有的案件最终无法定罪量刑,不仅浪费了宝贵的司法资源,而且损害了司法权威。虽然从一定层面来讲,藏赃型走私犯罪在查验取证中面临的困境,具有一定的客观性和必然性,但是,我们也不能否认其中因工作方式、工作能力等方面存在的不足和问题。对此,笔者认为做好藏赃型走私犯罪的查验取证工作,应当从以下几个方面着手:

(一)规范查验记录形式,明确查验、检查笔录的诉讼证据地位

查验是介于任意性调查行为与强制性调查行为之间的中间行为。海关为拦阻、留置相对人或物品得采用必要的强制力手段,但是具体强制力度应遵循比例原则、有限原则、权衡原则的要求,参照并斟酌案情是否具有重大性、涉案人员及物品可疑的程度、查验的必要性和紧急性等因素综合权衡后再予以决定。由于查验行为本身所具有的必要性、权且性、紧急性、临时性等诸特点,受事态紧急、准备不充分、现场无法及时查验讯问处置等客观条件的限制,目前,查验记录在实践过程中尚未进行完全规范。由此产生的查验记录可能会出现两种情形,即具体为《检查(查验)笔录》和《挡获经过(说明)》两种形式,事实上,它们在制作主体、形成时间空间、证明内容等方面具有不同特点,其在刑事诉讼中所具有的证明力也不尽一致,应当说,《检查(查验)笔录》较之《挡获经过(说明)》具有更高的证据效力,通常情况下,庭审中《检查(查验)笔录》一般均能在质证过程中得以直接采信,而《挡获

经过(说明)》则需要借助其他辅助证据经过较为严格的质证后才能得以采信,其缘由是《检查(查验)笔录》无论在形式上还是内容上都较为规范和严格,其记载相对比较细致完善,既有进行查验、检查的时间及地点,查验、检查办案人员的姓名,查验、检查前告知的法律法规及事实依据,查验、检查的具体事实和过程,查验、检查所获取的违法犯罪事实结果,被查验、检查人员初步认可型的犯罪事实供述及签字捺印,符合证据的一般特点和要求。而《挡获经过(说明)》在形式上及内容上则相对比较简略、自由而松散,一般由海关办案人员直接根据查验、检查过程中所获取的涉案事实进行书写,或者由接受移送案件办案人员间接根据查验、检查人员所叙述的查验过程事实进行书写,通常情况下都没有严格的书写范式,少数情况下甚至没有书写海关办案人员的姓名、时间或办案单位盖章,其表现形式多呈主观性描述,且对细节描述不够清晰明了,由于其形式和内容不完全符合证据的基本要求,因此,多数情况下须在其他证据的辅助下经过严格的质证才能得以采信,个别时候甚至需要海关办案人员出庭进行质证才能得以采信。

《检查(查验)笔录》和《挡获经过(说明)》之所以证明力存在高下之分,其原因是源于不同的应对机制。《检查(查验)笔录》具备了证据的基本要素,其诉讼证据资格一般不会受到质疑,这是因为在"违法—犯罪二元追诉机制"下,刑事立案前的查缉活动由负责日常查验事务的海关关员依法进行,由此获得的证据必然具有合法性。在证明作用方面,《检查(查验)笔录》因其证明形式的规范性,证明内容的综合性、直接性和不可替代性,从而具备了很强的诉讼推进能力;而《挡获经过(说明)》则不然,由于其证明形式的随意性,证明内容也较为简略、单薄、松散、间接,尤其是对犯罪嫌疑人(被告人)定罪科刑有利的法定、酌定从轻减轻情节记载相对比较简略甚至有所忽视,其遭受犯罪嫌疑人(被告人)及其辩护人异议、质疑、诘问直至反对的可能性极大,因而需要借助其他辅助证据予以证明。就此,借用学者对盘查(与查验基本类似)的论证:"从立法完善角度,应当统一盘查记录的形式,规范其制作方式和记载内容,明确盘查记录的诉讼证据地位。"①笔者认为,对查验进一步规范势必成为今后海关完善执法机制之要务。

(二)增强查验取证中的证据意识,确保证据规范合法

当前,随着我国刑事法律的不断完善和发展,证据已经成为整个刑事司法的核心,侦查环节证据收集的完备与否对后续的刑事司法程序有着决定性的影响。为进一步增强藏赃型走私犯罪查验取证的实效,侦查人员必须树立证据观念,强化证据意识,增强依法获取与妥善保存证据的自觉性。换句话说,侦查人员要对运用证据去证实犯罪要有预先的思想准备,并需要具体贯穿于案件办理的始终。② 事实上,查验包括对违法犯罪嫌疑人的问讯,对有关人员的查验和对涉嫌行李箱包、人体随身物品的检查。查验既是海关关员执行任务的手段,也是防范、发现、查获违法犯罪的重要方法,因此,每个海关关员都应掌握查验的方法、技巧,并能在值守工作中熟练运用。具体到藏赃型走私犯罪中,就是要求侦查人员要始终保持高度的证据意识,从对嫌疑行李箱包及人体开始进行查验时就应当注重对各类主客观证据的收集,在发现案件线索后应马上转换到对证据的收集、固定上去,围绕中心现场准确、全面、规范收集到案件所需的证据。同时,要根据案情的需要分析所需的证据体系的构成和证据类型,有针对性地收集证据,确保收集到的证据全面、系统、协调一致。

(三)完善证据收集手段,加强对各类证据的收集

1.强化对物证、视听资料的收集及固定

为改变藏赃型走私犯罪中实物证据单一、孤立的情形,应当从以下几个方面来加强对物证和视听资料的收集工作:(1)做好现场保护工作。在查验中如果发现有疑似犯罪物品,应当立即保护现场,采取规范的搜查手段,通过拍照、文字记录、绘图等方式将所查获物品的原

---

① 马静华:《刑事证据视野中的盘查记录》,载《证据科学》2010年第1期。

② 陈锡章、程生彦:《毒品犯罪案件中证据认定问题研究》,载《法学杂志》2010年第9期。

始状态客观、真实地记录下来,在有条件的情况下,应尽量将整个过程进行全程录音录像,以作为回放整个案发现场状况的证据。(2)做好现场查获的可疑物品的固定、提取工作。对现场查获的可疑物品应当在第一时间进行固定、拍照、记录,全方位记录可疑物品的位置、形状、品种、可疑点等内容,并围绕可疑物品对犯罪嫌疑人展开盘问、讯问工作。在此之后做好对可疑物品的提取、封存工作,以待日后做进一步的检验和鉴定。特别是遇到毒品犯罪案件,应当对查获的毒品进行清点、标记、封存,同时应当当场进行称量,并记录下毛重和净重的准确数值。在有条件的情况下,可以现场对毒品进行鉴定,增加对犯罪事实认定的准确程度。(3)加强对痕迹证据的收集。在犯罪嫌疑人否认实施犯罪行为的情况下,通过对犯罪现场出现的手印、指纹以及其他痕迹物证的收集,可以起到很好的认定犯罪事实的作用。因此,在查验过程中,除要收集显而易见的实物证据外,还要仔细查找包装物、附着物,各种作案工具的表面,对其中可能存在痕迹证据的要着手进行现场保护和提取工作。① (4)注意对非显性证据的收集。在藏赃型走私犯罪中,有很多实物证据表面上看与整个案件并没有直接的联系,但是如果注重发现这些证据中的线索,不仅可以有效加强证据之间的联系,提高证明力,而且可以直接揭露犯罪嫌疑人供述中的虚假成分,进而证明犯罪事实。因此,侦查人员应当注重收集行李箱包内以及人体上查获与犯罪事实无直接联系的物品,并注重从中发现有用的证据材料。

2. 规范对行为人口供的收集与完善

(1)克服口供至上观念

由于口供具有直接反映和认定犯罪事实的优点,很多侦查人员形成了浓重的口供依赖情节,一旦查获犯罪行为,就寄希望于让其自证有罪,将收集到犯罪嫌疑人的口供作为中心工作。事实上,口供具有片面性、不稳定性及认定难等缺陷,仅靠言词证据,尤其是“一对一”的

① 宋萍:《贩卖毒品案件的证据运用与法律适用》,载《法治论坛》2009年第3期。

口供,根本无法定罪量刑。《刑事诉讼法》第53条第1款规定:“对一切案件的判处都要重证据,重调查研究,不轻信口供。只有被告人供述,没有其他证据的,不能认定被告人有罪和处以刑罚。”因此,侦查人员一定要树立正确的“口供”观念,在加强对口供收集的同时,应当注重对其他各类主客观证据的收集。

(2)加强对犯罪现场的控制

口供获取的过程实质上是一种心理博弈,出于人趋利避害的本性,大部分犯罪嫌疑人在供述犯罪事实时都会存在自我保护心理,刻意隐瞒某些犯罪事实。此时,如果能够从外界加强对犯罪嫌疑人的心理强制,让犯罪嫌疑人感受到自己的犯罪行为迟早要被查证属实,就能够打破其侥幸心理,突破其心理防线,从而获得准确的供述。加强外部强制,首先要加强对犯罪现场的控制,侦查人员在挡获犯罪嫌疑人特别是查获可疑物质后,要立即通过开启录音录像设备、增调警力、隔离同行旅客、携带警犬等方式强化对现场的控制,达到震慑犯罪嫌疑人的目的。其次要加强对犯罪嫌疑人的盘问、讯问力度,增加讯问的强度和技巧,善于发现犯罪嫌疑人陈述中的矛盾、错误之处,揭露其口供的虚伪性,到达突破其心理防线的目的。

(3)做好口供固定工作

为应对犯罪嫌疑人翻供,从初次讯问起,如果有条件,就尽可能当场录音录像,把犯罪嫌疑人交代问题的全过程完整地留存下来。同时,应当提高制作现场盘问笔录的水平,严格按照法律规定的程序进行,避免在此过程中因工作疏忽造成瑕疵证据甚至非法证据的出现,确保口供的证明效果。

3.重视对证人证言的收集和完善

虽然证人证言在藏赃型走私犯罪中并不是必需的证据,但详尽、有效的证人证言不仅可以很好地证明犯罪事实,而且可以接露出犯罪嫌疑人供述中的虚假之处。对证人证言的收集,必须把握迅速、准确、全面的原则。所谓迅速,就是指在人员流动性较大的藏赃型走私犯罪中,侦查人员应当迅速对犯罪嫌疑人旁边的人员进行甄别,在排除了同案犯的嫌疑之后,应当马上对乘务员及同行旅客调查取证,获取有价值的证言,否则,作为证人的乘务员或者同行旅客在事后就很难再去查证。所谓准确,就是指对证人的确定,侦查人员应当准确的区分证人与同案犯之间的区别,对其中有可能是犯罪嫌疑人同案犯的人员要加强对其身份的审查,否则,不仅会影响到证人证言的准确性,而且可能会放纵犯罪。所谓全面,就是指在收集证人证言时,应当全面收集证人证言,这其中既包括能够直接证明犯罪事实的证人证言,也包括对认定犯罪事实有利的其他证言;既要收集证明犯罪嫌疑人有罪的证人证言,也要收集证明犯罪嫌疑人无罪的证人证言。

(四)适度运用推定规则认定行为人的"明知"

行为人主观明知认定难是造成藏赃犯罪中证据运用难、案件认定难的主要原因,这一问题不仅具有根本性而且具有普遍性,各国各地区的司法实践中均面临着这一问题。事实上,在藏赃型走私犯罪中,由于对行为人主观明知的要求只是"概括的明知",即行为人只要对涉案的犯罪对象可能是违禁物品并具有危害性有概括性认识,就可追究其刑事责任,至于物品的具体种类及名称,一般不影响对行为的定性。例如,针对走私犯罪中经常遇到的毒品犯罪,"嫌疑人对犯罪对象虽然要求明知是毒品,但这并不等于法律要求行为人非常确定地知道该对象为毒品,否则,间接故意的成立就可能出现问题,因此,只要行为人知道、认识到、意识到或者怀疑到'可能'是毒品,更不要求确切地知道是哪种毒品、毒品数量、毒品含量、具体藏毒位置,等等"。[①] 这为在此类犯罪中适用"推定"这一方式来证明行为人的主观明知创造了条件。"推定"就是指根据一定的规则和客观实际情况,对犯罪嫌疑人的明知、故意、目的等作出判定,进而概括性地推导出行为人的主观明知状态。[②] 由于推定在认定行为人"主观明知"中的重要作用,运用推定来推断行为人主观明知也成为实践中各国、各地区普遍采用的方式。例

---

① 张寒玉:《毒品犯罪主观明知的认定》,载《人民检察》2007年第21期。

② 沈曙昆:《毒品犯罪中主观故意认定的困境》,载《人民检察》2007年第21期。

如,英国司法实践中规定:“警察在犯罪嫌疑人的身边或住处查获了可疑物品、材料或痕迹后,根据这些基础事实,控方有权要求犯罪嫌疑人对此做出解释,在当事人不愿或不能做出合理解释的情况下,即可推定其对持有物品的性质具有概括的认识。”①在我国香港地区的刑事法中亦有推定应用的情形,1969年通过的《危险药物条例》第47条就制造毒品的主观目的及非法持有毒品的主观目的的推定予以规定,按照第47条规定:“(1)任何人经证明实质管有:(A)任何容载或支承危险药物的物件;(B)任何容载危险药物的行李、公文包、盒子、箱子、碗柜、抽屉、保险箱或其他类似的盛器的钥匙,则直至相反证明成立为止,须被推定为管有该药物。(2)任何人经证明或被推定管有危险药物,则直至相反证明成立为止,须被推定为已知悉该药物的性质。(3)本条规定的推定,不得借证明被告人从未实质管有该危险药物而被推翻。”按照该条例的规定,对于确定行为人是否知道其所持有的包装内有无毒品时,具有非常好的知道意义,因为这就没有必要在每一个案件中让被告说明他是否打开了容器或者检验了其内容。因为对于一些可能用于装载危险物品的容器,行为人一般具有怀疑的可能,从而具有检查的义务,如果行为人具有一定怀疑,但未进行检查的,则可能被推定为对该物品系毒品具有明知,从而承担非法持有毒品的不利后果。香港法院亦以这一推定规则对一些持有毒品的案件进行过判决。② 以上关于推定的规定,可以作为我们在实践中对藏赃型走私犯罪中犯罪嫌疑人主观明知认定的重要借鉴,在具体的藏赃型走私犯罪查验取证中,若出现以下几种情形,行为人无法作出合理解释或无其他证据证明行为人确实不知情,则可以认定行为人对犯罪行为在主观上具有明知的故意:③

(1)行李箱包属于行为人所有,在行李箱包内查获经过精心包装

① 崔敏:《查处毒品犯罪中的疑难问题与解决问题的思路》,载《中国人民公安大学学报》2004年第6期。

② 杨春洗、刘生荣、王新建:《香港刑法与罪案》,人民法院出版社1996年版,第445~446页。

③ 劳东燕:《认真对待刑事推定》,载《法学研究》2007年第2期。

或者伪装的违禁物品,或违禁物品隐藏在行李箱包的滚轮、夹层、拉杆等特定部位内,行为人事先否认自己知情的;

(2)违禁物品在行为人的身上或者其随身携带的行李包裹、提包内发现,其中所放置的物品明显属于行为人自己私有,行为人否认自己知情且无其他同案犯同行的;

(3)行李箱包被档获后,海关缉私部门事先明确告知当事人若行李箱包内存在违禁物品必须依法上缴,并告知应当承担的法律责任,当事人在被提示后没有自行申报或上缴物品,后被查到是违禁物品的;

(4)在行李箱包及行为人被挡获或者查验过程中,行为人抗拒检查或者逃避检查的特征十分明显,后在行李箱包、身体上或者其随身携带包裹、提包内查获违禁物品的;

(5)在实施检查、查验过程中,行为人丢弃相关物品,后证实被丢弃物品属于行为人所有,并且被丢弃的物品属于违禁物品或者其中藏有违禁物品的;

(6)行为人存在伪造证件、报关文件、购物发票、免税证明等有意隐瞒行李箱包、随身物品真实信息的行为,或者有证据证明行为人有刻意隐瞒行李箱包、随身物品的来龙去脉、同行旅客关系等信息的行为,并且在其行李箱包内查获违禁物品的;

(7)行为人不按照正常路线行走,其行动路线有明显绕开监管区、检查点、监控探头等特征,并在其行李箱包内或人体内查获违禁物品的;

(8)从高额的报酬或不等值回报的运输行为来进行甄别,有的行为人虽然称不明知所带的是违禁物品,但称帮人带该物品到某个地方,可得到数值不菲的报酬,有的老板还另付运费并给其手机及手机卡以便联系,这种情况,完全不符合当前社会生活中人际交往的客观实际,且违背常识常情常理,只要有证据证实行为人携带的物品是违禁物品的;

(9)从行为人是否有违法犯罪前科进行分析认定,一些行为人本身就有违法犯罪前科,对违禁物品的认识能力都较常人有着更直接的感受或经验,具有较强的反侦查、抗审讯能力和拒供、串供、翻供经验,能够猜度侦查人员和司法人员的讯问意图并予以应对,正因为如此,此类行为人被查获时,往往会找出各种理由否认其主观上的明知。这种情况,可以根据其前科材料,结合全案的其他证据运用推定的方式予以认定。

当然,由于推定结论并不是用证据证明了的确凿的事实,有可能出现误差或者错误,因此在使用的时候必须慎重。在对事实进行推断的过程中,应当注意把握以下三个方面:一是必须综合分析案件事实的客观性;二是必须确保基础事实的真实性;三是必须承认推断事实的或然性。① 一般来讲,推定的使用仅能够作为判断事实的参考,而且必须有相关的客观证据加以印证支持,若无其他证据加以印证支持,仅有推定的结论并不能作为定罪的依据。实践中对"明知"的推定应根据具体情况从日常生活经验出发,既要按照有利于当事人原则予以认定,也要让当事人享有充分的不安抗辩权和主动防御权,即应当允许当事人对推定事实予以反驳,若当事人能够提出充分的理由、确凿的证据或者其他事实能够证明推定结论难以成立或者无法排除合理怀疑,在此情况下推定结论就应当被否定。

Predicament of the Customs Examination to Collect Evidence in the Case of the Smuggling Crime Through the Method of Hiding Illegal Goods and Countermeasures Thereof

SU Yun　XUE Pei

[**Abstract**] The smuggling crime committed through hiding illegal goods has the features of closure, disguised behavior, instantaneity, and

① 龙宗智、夏黎阳主编:《中国刑事证据规则研究》,中国检察出版社2011年版,第168页。

typicality. There are several issues including the difficulty to discover, difficulty to collect and fix the evidence, difficulty to obtain and use the evidence related to the smuggling. Therefore, the improvement the rules of the customs examination to collect evidence should regulate the form of examination record, definite the status of proof of examination and verification notes, enhance the evidence awareness in the customs examination to collect evidence, make sure to the regulation and legality of the evidence, improve the measures of collecting evidence, and properly use the presumption rules to determine the "with acknowledge" by the smuggler.

[**Key words**] Smuggling Crime Through the Method of Hiding Illegal Goods, Smuggling Crime, Customs Examination, Investigation to Collect the Evidence

海关法评论(第6卷)

知识产权海关保护

IPRs Customs Protection

一带一路"有关的知识产权海关执法:中国—欧亚经济空间,中—欧合作

张乃根

[摘　要]　一带一路新理念主要促进了亚欧之间的经贸合作。建设丝绸之路经济带对中国发展与中亚与欧洲国家之间通过洲际铁路运输的转运十分重要。中国就欧亚经济空间与丝绸之路经济带之间联系合作与俄罗斯签订了协议,该协议需要实施包括知识产权海关执法在内的进一步海关合作。一带一路对于欧洲而言,不仅希望与中国与亚洲国家通过公路运输开展更多的贸易,也有更多的转运货物的目的地在于欧盟境内,与此同时中国仍然是欧盟边境上被暂停放行的假冒和盗版货物的主要来源。因此,与中国政府合作打击来源于中国的侵权货物是欧盟的战略。本文基于中国-欧亚经济空间以及中欧之间的合作,通过介绍欧亚经济空间和欧盟的海关法与知识产权执法的最近发展,对一带一路有关的知识产权海关执法予以初步分析,并且对中国政策制定者和立法者尤其可以从欧盟对于转运货物知识产权海关执法中借鉴进行比较研究。

[关键词]一带一路;知识产权;海关合作;海关执法;欧亚经济空间;欧盟

I. Introduction

The strategy or initiative of "One Belt and One Road" ("Belt & Road") is very important for China to promote international economic cooperation and trade relation with countries and regions along the Belt & Road in the new era of globalization. It was proposed by Chinese President Xi Jinping while paying the state visits in Kazakhstan and Indonesian respectively two years ago. ① The official statement of Belt & Road was issued by Chinese government in March 2015, which describes the One Belt as the Economic Belt of Silk Road with three key roads by land from China to Europe (Baltic Sea) via Central Asia and Russia, to Persian Gulf and Mediterranean Sea via Central and Western Asia, to Indian Ocean via Southeast Asia and South Asia; One Road as the 21st Century of Silk Road by Sea with two key navigation lines from China coastal ports to Indian Ocean via South China Sea and extends to European destinations, to South Pacific Ocean via South China Sea. ②

The implementation of Belt & Road depends on mainly bilateral, regional and somehow multilateral cooperation. China and Russia signed the joint declaration on linked cooperation between the Economic Belt of Silk Road and the Eurasian Economic Union (EAEU) in May 2015 as the

① President Xi Jinping addressed on the Economic Belt of Silk Road in Kazakhstan (7 September 2013); President Xi Jinping addressed on the 21st Century of Silk Road by Sea in Indonesian (3 October 2013), See http://www.fmprc.gov.cn/web/ziliao_674904/zt_674979/dnzt_674981/qtzt/ydyl_675049/zyxw_675051/default_7.shtml. Visited on 26 November 2015.

② The Vision and Actions Promoting Cooperation to Build the Economic Belt of Silk Road and the 21st Century of Silk Road by Sea, jointly issued by the State Commission on Development and Reform, the Ministry of Foreign Affairs and the Ministry of Commerce (authorized by the State Council of People's Republic of China), March 2015.

first regional cooperation in this regard.[①] The EAEU began its operation on 1 January 2015 and has included Armenia, Belarus, Kazakhstan, Kyrgyzstan and Russian covering the major areas along the Economic Belt of Silk Road. From the perspectives of geographic politics and economic benefits for China and the member states of the EAEU, it would be more practical to carry out this cooperation. China is one of the largest trade partners with the EAEU countries and more goods in transit to be expected across Kazakhstan and Kyrgyzstan by intercontinental train to Russia and other European destinations or vice versa.[②] Therefore, the customs cooperation shall be improved to include the customs enforcement of Intellectual Property Rights (IPR) against counterfeits and pirated copyright goods. The statistics of China's General Administration of Customs demonstrates that Russia was one of the main destinations for exporting goods suspended of violating IPR in 2014.[③] It is reported that China continued to be the main source country from where IPR infringing goods were shipped to the European Union (EU) in 2014.[④] It is no doubt that the IPR customs enforcement must be enhanced by China-EAEU and China-EU cooperation.

The existing international laws on IPR customs enforcement are

---

① The Joint Declaration between the People's Republic of China and the Russian Federation on Linked Cooperation of the Economic Belt of Silk Road and the Eurasian Economic Union(Signed by Chinese President Xi Jinping and Russian President Putin on 8 May 2015 in Moscow).

② In 2014, China was the second largest destination for both Russian and Kazakh exporting goods and the largest supplier of goods imported into Russia and Kazakhstan. See http://countryreport. mofcom. gov. cn/new/view110209. asp? news _ id. Visited on 26 November 2015.

③ China's General Administration of Customs: the Status of China's Customs Enforcement of Intellectual Property Rights in 2014(8 May 2015).

④ Country of provenance by articles(China 80.08%) and by value(China 66.42%) See the European Commission: Report on EU Customs Enforcement of Intellectual Property Rights, Results at the EU Border 2014, published in October 2015.

based on the General Agreement on Trade and Tariff (GATT) and Agreement on Trade-Related Aspects of Intellectual Property Rights (TRIPS). ① The Article 5 of the GATT requires that the Members of World Trade Organization(WTO) shall provide the freedom of transit for any goods across their territories in a complete journey beginning and terminating beyond their frontiers. No customs or transit duties and charges shall be imposed on such goods except charges for transportation or those commensurate with administrative expenses entailed by transit or the cost of services rendered. Accordingly, the TRIPS Agreement provides that there shall be no obligation for WTO Members to apply the customs measures against counterfeits or pirated copyright goods in transit. ② However, the goods imported into the member states of the EAEU or the EU shall be subjected to the IPR customs enforcement, and even, the goods in transit would be treated similarly also if they are under the customs control or regarded likely to enter into territories of those states.

The EAEU has the Customs Code of the Customs Union in force since 2010, ③ which provides that the customs bodies, within their sphere of reference, shall take measures to protect the rights of the IPR holders for the objects of IPR if the signs of violation of the IPR are founded. Those customs measures are not applied to goods in transit. The EU has the new

---

① WTO Legal texts. See https://www.wto.org/english/docs_e/legal_e/legal_e.htm. 2016.09.10.

② See Art. 51 of TRIPS Agreement, footnote 13.

③ Customs Code of Customs Union(Appendix to the Treaty on the Customs Code of the Customs Union Adopted by Resolution No. 17 of November 27, 2009 of the Interstate Council of the Eurasia Economic Community, with the Amendments and Additions of April 16, 2010). See Research Group of Shanghai Customs College, "On Impacts of Customs Union between Russia, Belarus, Kazakhstan upon China Customs International Cooperation and Its Countermeasures"(2011)2 Review of Customs Law 3.

2013 regulation of the IPR customs enforcement,① which not only includes more IPR such as trade names in so far as they are protected as exclusive property rights under national law, but also implies that goods in transit should be subjected to the EU customs control, which definitively includes the IPR customs enforcement.

In considering the significance of China's implementation of the strategy of Belt & Road and necessity of customs cooperation among China, the member states of the EAEU and the EU to enhance the IPR customs enforcement, this article is part of research following my recent publications on the IPR customs enforcement,② and will be focused on analysis of the legal systems of the IPR customs enforcement in the EAEU and the EU in comparison with recent development of China's IPR customs enforcement so as to improve further international cooperation combating counterfeits or pirate copyrights goods. The section I is an introduction to the conception of Belt & Road with brief explanation on the linked cooperation between the Economic Belt of Silk Road and the EAEU as the mostly practical way implementing the Belt & Road while keeping mind of more restrictive IPR customs enforcement taken placed in the EU. The section II and III will analyze the Belt & Road-related IPR customs enforcement cooperated with the EAEU and the EU in comparison with China respectively. The analysis is aimed to improve the cooperation accordingly. The section IV is the conclusion.

---

① Regulation(EU) No 605/2013 of the European Parliament and of the Council of 12 June 2013 concerning customs enforcement of intellectual property rights and repealing Council Regulation(EC) No 1383/2003.

② See Zhang Naigen, "Goods in Transit: Enforcement of IP Rights by Customs Officers, (2012) 20 Asia Pacific Law Review, 257"; Zhang Naigen, "Enforcement of Intellectual Property Rights in Special Customs Surveillance Zone of China", (2014) WIPO-WTO Colloquium Papers: Research Papers from the WIPO-WTO Colloquium for Teachers of Intellectual Property Law 2013, 7.

II. Belt &Road-Related IPR Customs Enforcement Cooperated with the EAEU

A. the framework on China-EAEU cooperation of the IPR customs enforcement.

The policy framework is set by the joint declaration on linked cooperation between the Economic Belt of Silk Road and the EAEU to enhance related IPR customs enforcement. The joint declaration states that "both parties will have consultation on efforts to link conductions of the Economic Belt of Silk Road and the EAEU in order to ensure sustainable economic growing of those regions, to enhance regional economic integration, to maintain regional peace and development."① It is a long-run goal to establish a regional free trade area between China and the EAEU. In respect of the China-EAEU cooperation on the IPR customs enforcement, the bilateral customs cooperation in general would be indispensable.

The new EAEU Custom Code is being drafted to replace the existing Customs Code of the Customs Union on 1 January 2016, ② but it is expected to remain essentially unchanged. Under the existing Code, the legal regulation of relations is pertained to the moving of goods across the customs border of the Customs Union, their transportation across the single customs territory of the Customs Union under customs control, temporary storage, customs declaring, release and use in accordance with customs procedures, customs control, transfer of customs payments, as well as authoritative relations between the customs bodies and parties implementing the rights of

① The Joint Declaration(n.3).

② The New EAEU Customs Code will be entered into force. See http://kz.mofcom.gov.cn.2016.09.10.

possession, use and disposal of the mentioned goods.① The customs procedures include customs transit, temporary import and export, re-import and re-export, duty-free trade, free customs zone and free warehouse.② The customs transit is the customs procedure when the goods are transported under the customs control over the customs territory of the Customs Union, including the territory of the not being a member of the Customs Union, from the customs body of departure to the customs body of destination without the payment of customs duties, taxes while applying prohibitions and restrictions, except for the measures of non-tariff and technical regulation.③

The trade on goods in transit is particularly important for the linked cooperation between the Economic Belt of Silk Road and the EAEU. China has developed the intercontinental railway from Xinjiang Autonomy Region to Russia and European countries via Kazakhstan. In 2011, China and Kazakhstan jointly declared several projects related to the New Eurasian Land (Railway) Bridge including Actaha-Almaty railway in Kazakhstan, Jinghe-Yining-Huoerguosi- Zhetygen railway linking China and Kazakhstan,④ which makes the second trans-boundary railway available in addition to the existing one through China's Alataw Pass to Kazakhstan. More infrastructure investments are required to build compatible and reliable railways so as to reduce the costs of transportation. In 2014, total 308 Chinese scheduled trains were passed through either Kazakhstan or Russia to European countries with 26,060 containers,⑤ i. e., less than one scheduled train per day, which shows huge potentialities of trade on goods in transit.

---

① Customs Code of Customs Union(n.9), Art. 1.

② Ibid., Art. 202. 1.

③ Ibid., Art. 215. 1.

④ The Joint Declaration on Developing the Comprehensive Strategic Partnership between China and Kazakhstan, 13 June 2011.

⑤ See 加快构建中欧铁路大通道为实施"一带一路"战略提供运输保障。http://society.people.com.cn/n/2015/0120/c1008-26417898.html. 2016.09.10.

B. Legal bases on cooperation of the IPR customs enforcement: China-Russia as an example.

While continuing infrastructure investments along the Economic Belt of Silk Road, China must advance the customs cooperation for future development of the trade on goods in transit by the New Eurasian Land Bridge. China has reached the agreements on customs cooperation with Russia, Kazakhstan, Kyrgyzstan, Uzbekistan and Belarus respectively, ① which afford the legal bases for cooperation of the IPR customs enforcement.

For an example, the Article 2. 1(2) of China-Russian agreement on customs cooperation requires the customs authorities of two parties to cooperate with each other and provide mutual assistance including prevention, examination and punishment of any violations of customs laws and regulations in their competence under domestic laws. China and Russia have already made their domestic laws of the IPR customs enforcement. ② Any violation of those laws

① Agreement between the Government of the People's Republic of China and the Government of the Russia Federation Regarding Cooperation and Mutual Assistance in Customs Matters(3 September 1994), Agreement between the Government of the People's Republic of China and the Government of the Kyrgyz Republic Regarding Cooperation and Mutual Assistance in Customs Matters(4 July 1996), Agreement between the Government of the People's Republic of China and the Government of the Republic of Kazakhstan Regarding Cooperation and Mutual Assistance in Customs Matters (26 February 1997), Agreement between the Government of the People's Republic of China and the Government of the Republic of Uzbekistan Regarding Mutual Assistance in Customs Matters (25 May 2005), Agreement between the Government of the People's Republic of China and the Government of the Republic of Belarus Regarding Cooperation and Mutual Assistance in Customs Matters(10 May 2015).

② The Regulation of People's Republic of China on Customs Protection of Intellectual Property Rights(adopted on 5 July 1995, amended on 17 March 2010); Federal Law No. 311 - FZ of November 27, 2010 on Customs Regulation in the Russian Federation (with the Amendments and Additions of June 27, July 11, December 6, 2011), Adopted by the State Duma on November 19, 2010, Approved by the Federal Council on November 24, 2010. This Russian Regulation includes the Article 12. 1(7) of Chapter 2 with customs function ensuring the protection of the rights to items of intellectual property within the scope of their powers.

shall be prevented, examined and punished accordingly. China regulation on the IPR customs enforcement shall be applied to IPR "related to import or export goods", but not expressly to goods in transit.① The IPR covers copyrights and related rights, registered rights of trademark and grated rights of the patentee for the purpose of China's customs enforcement. The Russian regulation on IPR customs enforcement provides that "1. Customs bodies shall take measures for protecting rights to intellectual property items relating to the suspension of clearance of goods, in accordance with Chapter 46 of the Customs Code of the Customs Union and the present chapter. 2. Measures for protecting rights to intellectual property items shall be taken in respect of goods containing subjects of copyright law and allied rights, trademark, service marks and appellation of origin of products (hereinafter referred to as 'subject of intellectual property') included on an application of the right holder in the customs register of intellectual property items. Customs bodies are entitled to take measures for protecting rights to intellectual property items without an application of the right holder in accordance with the present chapter."② The Russian regulation on the IPR customs enforcement shall be applied to "the import of goods into the Russian Federation or the export thereof out of the Russian Federation or when other actions take place involving goods being under customs control."③

In comparison, there are two differences between Chinese and Russian IPR customs enforcement. First of all, the subjects of customs IPR enforcement are different. China's customs enforces the protected copyrights, trademarks and patents as well as the Olympic symbols and World Exposition symbols. Russian IPR customs protection explicitly excludes patent, but it extends to appellation of origin. Under the TRIPS Agreement, China and

① China's Regulation on Customs Protection of IPR(n. 20), Art., 2.

② Russian Customs Regulation(n. 20), Art., 305. 1 and 2.

③ Ibid., Art. 306. 1.

Russia as the Members of WTO shall enforce at least copyrights and trademarks against the importation of counterfeit trademark or pirated copyright goods. ① In this term, China and Russia have been fully compliance with the minimum standard of the TRIPS Agreement. It is not clear if Russian customs does not enforce the rights of patentees at all or it has alternative way similar with the procedure of section 377 of the United State. ② Secondly, Russia IPR custom protection is not only applied to the IPR involving import and export goods, but also to the goods being under customs control, i. e., "multitude of measures taken by the customs bodies" to ensure the observance of the Russian customs legislation and relevant domestic laws. ③ It would be understood that Russian customs bodies might take necessary measures to enforce IPR related to goods in transit being normally under customs control. China' s IPR customs enforcement is expressly limited to the import and export goods, ④ which is confirmed by China' s custom IPR registration system covering only importation and exportation. ⑤ Interestingly, China' s Customs Law provides that all of "inward and outward goods" including the good in transit shall be subjected

---

① See Art. 51 of TRIPS Agreement, the first sentence. See also Peter-Tobias Stoll, Jan Busche and Katrin Arend, WTO-Trade-Related Aspects of Intellectual Property Rights (Martinus Nijhoff Publishers, 2009).

② The United States has, in addition to the customs procedure to enforce copyrights, trademarks and trade names under the Customs Regulations, the special procedure under the Section 337 of the Tariff Act of 1930 to enforce the rights of patentees. See Zhang Naigen, Intellectual Property in International Trade (Fudan University Press, 2007), See also Askan Deutsch and Robert Zimerman, "Customs seizure proceedings in the European Union and the United States" (2014) 9 Journal of Intellectual Property Law & Practice, 276.

③ See Customs Code of Customs Union (n. 9), Art. 4. 1. (31). Russian Customs Regulation does not define the term of "customs control", but Customs Code of Customs Union is applied to Russia.

④ China' s Regulation on Customs IPR Protection (n. 20), Art. 2.

⑤ See China' s Customs Enforcement of IPR website: http://www.customs.gov.cn/ipr. Visited on 26 November 2015.

to Customs control, and "where deemed necessary, the Customs may examine such goods". ① In principle, China's IPR customs enforcement may extent to goods in transit, but few cases in practices.

In order to coordinate the IPR customs enforcement between China and Russia, two countries reached the agreement to strengthen the cooperation on border enforcement of IPR in 2010, ② which is the third one following the similar agreements signed between China and the United States in 2007, China and the EU in 2009. ③ Furthermore, China and Russia decided to establish a working group on IPR under the sub-committee of customs cooperation to exchange information of IPR cases and to promote the rights holders cooperation.

C. Further cooperation of the IPR custom enforcement to be explored.

It seems that China-Russia customs cooperation on IPR enforcement has paved the way for the linked cooperation between the Economic Belt of Silk Road and the EAEU to enhance related IPR customs enforcement. It is priority to have a comprehensive China-EAEU agreement on customs cooperation, and it is also necessary to take China-Russia customs cooperation on IPR enforcement as the model with the EAEU members Kazakhstan, Kyrgyzstan, Armenia and Belarus as well as the non-EAEU member Uzbekistan. There are many complicated issues to be explored in this regard, one of which is the relationship between international standard

---

① The Customs Law of the People's Republic of China(adopted on 22 January 1987, amended on 29 June 2013), Art. 23, Art. 36. 2.

② Memorandum between the General Administration of Customs of the People's Republic of China and theAdministration of Customs of the Russia Federation Regardingthe Strength of Cooperation on Border Enforcement of Intellectual Property Rights(23 November 2010).

③ Memorandum between the General Administration of Customs of the People's Republic of China and the Customs and Border Protection of United States of America Regarding the Strength of Cooperation on Border Enforcement of Intellectual Property Rights(22 May 2007); Action Plan concerning EU-China Customs Cooperation on IPR(30 January 2009).

under the TRIPS Agreement and bilateral cooperation.

The cooperation should be based on the TRIPS Agreement with the minimum requirements of IPR customs enforcement implemented by China, Russia, Armenia and Kyrgyzstan as the WTO members. ① Kazakhstan joined the WTO as new member in 2015, ② and will fully implement the TRIPS Agreement as of the date of accession including establishment of legal regime of the IPR customs enforcement. ③ Before its accession into the WTO, Kazakhstan had no such regime under its customs laws because of no task for its customs authorities to IPR enforcement. ④ In accordance with Kazakhstan' s Law on Customs Affairs, "Customs regulations in the Republic of Kazakhstan shall be carried out in accordance with the customs legislation of the Customs Union, and where it is not regulated by such legislation, it shall be carried out in accordance with the legislation of the Republic of Kazakhstan."⑤ It means that the Customs Code of the Customs Union shall prevail over its domestic customs laws. The Code provides that the customs bodies, within their sphere of reference, shall take measures to protect the rights of the IPR holders for the objects of IPR if the signs of

---

① It was the date of accession into the WTO for China(11 December 2001), Russia Federation(22 August 2012), Armenia(5 February 2003) and Kyrgyz Republic(20 December 1998) respectively.

② WTO: 2015 News Items(27 July 2015) "General Council approved Kazakhstan' s membership terms, only ratification left." See https://www.wto.org/english/news_e/news15_e/acc_kaz_27jul15_e.htm. 2016. 09. 10.

③ WTO: Overview of Kazakhstan' s commitments. See https://www.wto.org/english/news_e/news15_e/kazakhannex_e.pdf. Visited on 16 November 2015.

④ See Customs Code of the Republic of Kazakhstan(April 5, 2003), Art. 19 Tasks of the Customs Authorities; See also On Customs Affairs in the Republic of Kazakhstan, The Code of the Republic of Kazakhstan dated June 30, 2010 No. 296 – IV, Art. 2. Management in the Customs Issues.

⑤ On Customs Affairs in the Republic of Kazakhstan(n. 35), Art. 1. 2.

violation of the IPR are founded. ① Those customs measures are not applied by customs bodies to "goods moved across the customs border", ② i. e., to goods in transit. Belarus is not the WTO member yet, but as the member of the EAEU, it shall implement the Customs Code of Customs Union also, therefore the IPR customs enforcement shall be taken. Uzbekistan is neither the member of WTO nor the EAEU. Although Uzbekistan has no obligations of customs IPR enforcement under the TRIPS Agreement, its law requires the customs authority to prohibit the import and export of goods for the purpose of IPR protection, ③ but no further procedures provided.

Taking into account of above situation, China should promote positively cooperation with those countries and the EAEU on IPR customs enforcement. The priority should be put on renewing China-Russian agreement of customs cooperation which signed in 1994 or concluding a new agreement between China and the EAEU so as to have a more solid foundation for IPR customs enforcement. In the term of existing China-Russian cooperation on the IPR customs enforcement, it is the model for China to develop similar cooperation with those countries along Economic Belt of Silk Road such as Kazakhstan, Kyrgyzstan, Armenia, Belarus and Uzbekistan. However, China-Russian cooperation on the IPR customs enforcement is still very limited and needs to be updated. It was the year of 1994 when both China and Russia were not the WTO Members. Nowadays, the fundamental changes have been already taken placed due to their WTO Memberships and economic powers. It should be not only their obligation to implement the TRIPS Agreement to enforce IPR relating to import and export goods, but also their common goal to build the linked cooperation

① See Customs Code of Customs Union(n. 9), Art. 6(9); Art. 328. 1.

② See Customs Code of Customs Union(n. 9), Art. 328. 2.

③ See Customs Code of the Republic of Uzbekistan(Valid since March 1, 1998) Art. 9. 1.

between the Economic Belt of Silk Road and the EAEU. The trade volume on goods in transit through the Central Asia to Russia and European countries would be increased significantly if the infrastructure, in particular, the intercontinental railway could be modernized with more capabilities of transportation. From perspective of future development, China and Russia must cooperate to improve the IPR customs enforcement. Based on improved cooperation with Russia, China may have similar ones with Kazakhstan, Kyrgyzstan, Armenia, Belarus and Uzbekistan. Ideally, the China-EAEU comprehensive agreement should be concluded on custom cooperation as the framework for IPR customs enforcement. It is noted that China has accepted the WTO Trade Facilitation Agreement(TFA) on 4 September 2015.① China is preparing the entry into force of the TFA by intensive customs reforms for trade facilitation in China(Shanghai) Pilot Free Trade Zone(SHFTZ).② China may lead to promote cooperation on IPR customs enforcement with countries along Economic Belt of Silk Road.

III. Belt & Road-Related IPR Customs Enforcement Cooperated with the EU

A. Relevance of Belt & Road to China-EU cooperation of the IPR customs enforcement.

It is a great idea to revitalize the ancient Silk Road in 21st century of

---

① Members accepted the Protocol of Amendment to insert the WTO Trade Facilitation Agreement into Annex 1A of the WTO Agreement. See https://www.wto.org/english/tratop_e/tradfa_e/tradfa_agreeacc_e.htm. 2016.09.10.

② See http://en.china-shftz.gov.cn/Guide/Customs/. Visited on 10 sept. 2016. The SHFTZ was officially established on 29 September 2013. See the State council Announcement on the Overall Programme of the China(Shanghai) Pilot Free Trade Zone [2013] No.38.

globalization and to aims development of trade and economic relation among China and many countries along the Belt & Road destined for Europe. The EU has been the largest trade partner of China since 2004 and China has become the EU second largest trade partner in 2015. ① The EU will be benefited from the linked cooperation between the Economic Belt of Silk Road and the EAEU. It is obviously one of reasons why major Member States of the EU joined Asian Infrastructure Investment Bank (AIIB) ② which will contribute to the infrastructure of the New Eurasian Land Bridge. At present, China-EU trade on goods mostly relies on transportation by sea because of limited capacities of railway passing through the Central Asian countries such as Kazakhstan. China wants to develop parallel trade by land and sea along the Belt & Road destined for European countries. It is obviously the relevance of Belt & Road to China-EU cooperation of the IPR customs enforcement.

China-EU customs cooperation is part of development of bilateral trade relation. The existing China-EU agreements on customs cooperation was signed in 2004, ③ and followed by the action plan on IPR customs enforcement in 2009 ④and the strategic framework on customs cooperation including on IPR enforcement in 2010. ⑤ The agreement provides that "all

---

① China Customs Statistics. See http://www.customs.gov.cn; China-EU Trade Report dated on July 2015. See: http://countryreport.mofcom.gov.cn/new/view110209.asp?news_id=46254. 2016.09.10.

② The founding members of AIIB include United Kingdom, France, Germany, Italy, Finland, Sweden, Austria, Netherlands, Luxembourg, Demark, Portugal, Poland, Spain and Malta. See http://www.aiibw.com/. Visited on 26 November 2015.

③ Agreement between the Government of the People's Republic of China and the European Community on Cooperation and Mutual Administrative Assistance in Customs Matters(8 December 2004).

④ Action Plan(n.31), 30 January 2009, renewal on 21 December 2010.

⑤ EU-China Strategic Framework for Customs Cooperation(21 December 2010).

cooperation and assistance under this Agreement shall be performed by the Contracting Parties in accordance with their relevant laws, provisions, and other legal instruments."① The administrative mechanism has been established with three levels of enforcement, i. e., the Joint Committee of Customs Cooperation (JCCC) as the top level of China-EU ministerial dialogue, the Steering Group as the second level to coordinate programs of China-EU customs cooperation, the Working Group as the executive level to carry out the programs on IPR customs enforcement. ②

China-EU cooperation on IPR customs enforcement is moving to the new step of exchanging information of suspected IPR infringements between competent customs bodies of China and the EU under the new action plan of IPR(2014 - 2017). ③ For an example, a recent case was published as a successful cooperation between Shanghai and Hamburg customs officials regarding the counterfeit sport shoes infringing famous brand "*Nike*" in amount of pairs 10164 and of values over 5 million RMB. ④ Those goods of counterfeit trademark were transshipped at the port of the SHFTZ to another country, which is the first disclosed case of China's customs enforcement on goods in transit and meanwhile, imply that the deepen cooperation on customs IPR enforcement is just beginning in respect of the authorized customs bodies of China and the EU to exchange information of suspected IPR infringements under the new plan of IPR action. ⑤

---

① China-EC Agreement on Customs Cooperation(n. 44), Art. 4.

② The information on China-EU customs cooperation(updated on 15 October 2014) See http://www.chinamission.be/chn/zogx/hgsw/zohghz/t1200908.htm. 2016.09.10.

③ Action Plan concerning EU-China Customs Cooperation on IPR(2014 - 2017), 16 May 2014.

④ See 海关查获自贸区首起进境侵权货物案, http://www.china-shftz.gov.cn/NewsDetail.aspx?NID=8b61a28b-f2f2-49cc-9d32-4c54ad0956d0&CID=f672f518-99a3-4789-8964-1335104906b4&MenuType=2. 2016.09.10.

⑤ See The Action Plan(2014 - 2017)(n. 49).

China and the EU must cooperate to enhance customs IPR enforcement by exchanging more information for effective actions. In principle, it shall be performed in accordance with their legal systems, which needs to harmonize their legislations and practices not only under the TRIPS Agreement, but also the higher standards of the IPR custom enforcement.

B. the efforts by the EU and China in their legislations and practices to deepen cooperation.

The EU has made great efforts to update its customs code①and to revise the regulation concerning IPR customs enforcement in 2013. ②The customs code provides the Commission with implementing powers to specify the procedural rules and to adopt measures to ensure uniform application of customs control. "' Customs control' means specific acts performed by the customs authorities in order to ensure compliance with the customs legislation and other legislation governing the entry, exit, transit, movement, storage and end-use of goods moved the customs territory of the Union and countries or territories outside that territories, ... "③ In comparison with the previous Modernized Customs Code of 2008, the Union Customs Code of 2013 seems to focus on unified and effective enforcement of the EU customs legislations, which is also reflected on the new EU regulation of IPR customs enforcement and Council resolutions on the EU customs action plan to combat IPR infringements for the years 2013 – 2017.

The new EU regulation of IPR customs enforcement emphasizes that

---

① Regulation(EU) No 952/2013 of the European Parliament and of the Council of 9 October 2013 laying down the Union Custom Code (UCC). This Code replaced the Modernized Customs Code of 2008, but its substantive provisions will apply only on 1 May 2016, once the UCC-related Commission acts are adopted and in force no later than 1 May 2016.

② Regulation Concerning IPR Customs Enforcement(n. 10).

③ Union Custom Code(n. 52), Art. 5(3).

"the customs authorities shall be competent to enforce intellectual property rights with regard to goods, which, in accordance with Union customs legislation, are liable to customs supervision or customs control, and to carry out adequate control on such goods with a view to preventing operations in breach of intellectual property rights laws."① It is the principle and, in fact, that the EU customs enforce IPR related not only to import and export goods, but also to any good under customs control including procedures being in transit with a destination out the EU.② The underlying policy is that "customs play a key role in enforcement: once IPR infringing goods have entered the Single market, they are much more difficulty to interrupt. Coordinating and planning European customs activities to combat IPR infringements related to cross-border trade is paramount."③ The roadmap has been made to effectively implement and monitor the new EU regulation of IPR custom enforcement, in particular, to strengthen cooperation with key source, transit and destination countries, which includes actions to reinforce customs cooperation on IPR with China, to develop the mechanism exchanging information with China on goods in transit/transshipment across the EU.④ It is the result of implementing the EU resolution that the new EU-China action plan of IPR(2014 - 2017) was signed and the subsequent case was made in March 2015 due to cooperation between Shanghai and Hamburg customs officials as mentioned above.

---

① Regulation Concerning IPR Customs Enforcement(n. 10), preface(4) See Askan Deutsch and Robert Zimerman, "Customs seizure proceedings in the European Union and the United States"(2014)9 Journal of Intellectual Property Law & Practice, 276.

② In 2014, 0.18% of all cases was related to the goods discovered as infringing IPR whist being in transit with a destination out the Union. See Report on EU IPR Customs Enforcement(n. 6), 11. Customs procedure.

③ Council Resolutions on the EU customs action plan to combat IPR infringements for the years 2013 - 2017(2013/C 80/01).

④ Ibid., specific objective 3.1.

China emended the customs law in 2013,[①] but the provisions on IPR customs enforcement remains unchanged, providing that "Custom shall, in accordance with laws and administrative regulations, protect the intellectual property rights related to inward and outward goods." [②] Chapter III of China's Customs Law entitled "Inward and Outward Goods" includes three categories: "(1) import goods and export goods; (2) transit, transshipment and through goods; (3) bonded goods." Therefore, in principle, China's customs shall not enforce IPR only on goods related to import and export. However, China's Customs Law expressly provides that "where it is necessary to declare to the Customs the status of intellectual property rights, the consigner for export goods and the consigner for export goods as well their agents shall, in accordance with State regulations, make a truthful declaration to the Customs and produce supporting documents for the lawful use of the rights." [③] China's regulation of IPR customs enforcement provides accordingly that it shall be only applied to IPR "related to import or export goods."[④] Apparently, there are inconsistences or somehow vagueness in China's legislations of IPR customs enforcement, which means that, on the one hand, the IPR customs enforcement is not excluded to the goods in transit, on the another hand, the implementing rules does only limit to import or export goods. It was not changed by the recent amendments of China's customs law, but the new efforts have been made to improve IPR customs enforcement in the SHFTZ.

The SHFTZ is authorized to promulgate the new rules of IPR customs

---

① Customs Law of the People's Republic of China(adopted on 22 January 1987, amended on 29 June 2013).

② Ibid., Art. 44. 1.

③ Ibid., Art. 44. 2.

④ Regulations of the People's Republic of China on Customs Protection of Intellectual Property Rights(adopted on 5 July 1995, amended on 24 March 2010).

enforcement as experiment. The Regulations of SHFTZ provides that "it is imperative to strengthen the intellectual property rights protection work in the FTZ and improve the mechanism of linking the administrative protection and judicial protection."① The new IPR office was established on 26 September 2014 to be responsible for IPR protection in the SHFTZ except on borders where such issues are inspected by the customs officials.② It is an institutional innovation to have an IPR office in FTZ to coordinate with customs office to enforce IPR, which, in particular, would reduce possibilities of IPR infringing goods in productive activities in FTZ. Since 2013, China has established four FTZs in Shanghai, Tianjin, provinces of Fujian and Guangdong and more FTZs are to be set up.③ It is very important to prevent IPR infringements before border measures taken by customs in FTZ. In addition, the customs office of the SHFTZ coordinated with the local court to enforce IPR. For an example, a truck crushed a large pile of bladeless fans on 17 September 2014 in SHFTZ. The goods infringed the patent rights owned by British technology company Dyson Ltd. The case was registered by Dyson Ltd in SHFTZ Customs to complain that a Chinese company intended to export their bladeless fans infringing its patent. The suspended IPR infringing goods were destroyed after the court ruling as the first case in SHFTZ.④

Based on above efforts, China and the EU reached the new agreement in 2014 to deepen China-EU cooperation on IPR customs enforcement. It

---

① Regulation of China(Shanghai) Pilot Free Trade Zone(adopted on July 25, 2014), Art. 51. 1.

② See: An independent intellectual property rights office set up in the free trade zone to unfy management and law enforcement of patents, trade marks, and copyrights , http://en.china-shftz.gov.cn/News-Information/News-update/331.shtml. 2016. 09. 10.

③ Approval of 3 more FTZs, http://en.china-shftz.gov.cn/News-Information/News-update/440.shtml, 2016. 09. 10.

④ Fake fans flattened first for FTZ. http://en.china-shftz.gov.cn/News-Information/News-update/315.shtml, 2016. 09. 10.

recognizes the key role of customs in preventing the international trade in IPR infringing goods. The joint customs enforcement efforts to combat the trade of IPR infringing goods will be more effective if cooperation is structured with clear actions. Five key actions are listed to promote China-EU cooperation on IPR customs enforcement with evaluation criteria, including(1) joint analysis of seizure statistics to detect general trends and risks; (2) target high risk consignments in key ports via A. direct exchange of case-specific information on detentions and B. regular newsletter exchanges with general risks information; (3) promote cooperation between customs and other law enforcement agencies and authorities in order to stop production and wind up distribution networks; (4) joint development of partnership with business communities in the EU and China; (5) exchange of knowledge and experience of each other' s IPR enforcement policies and practices.① It is believed that those actions would be carried out effectively.

C. the IPR customs enforcement on goods in transit for future development of Belt & Road.

The one of keys for future development of Belt & Road is linking the Economic Belt of Silk Road and the EAEU for more trans-boundary trades on goods to Europe. In comparison, the EU has more advanced experiences to hand the cases in this regard for Chinese policy makers and legislators to learn from. On 1 January 2015, the EU issued a guideline on trade in transit consolidating previous versions since 2004.② It is relevant to compare the external community transit under this guideline with international transit. The international transit is mainly governed by the Convention on

① Action Plan(2014 - 2017)(n.49).

② European Commission: Transit Manual, TAXUD/A2/005/2015, Brussels, 1 January 2015.

International Transport of Goods Under Cover of TIR Carnets (TIR Convention) which was initiated by European countries after the Second World War and establishes an international customs transit system with maximum facility to move goods in sealed vehicles or containers from a customs office of departure in one country to a customs office of destination in another country without requiring extensive and time-consuming border checks at intermediate borders while, at the same time, providing customs authorities with required security and guarantees. ① The ITR system not only covers customs transit by road but a combination is possible with other mode of transport(e. g. , rail, inland waterway, and even maritime transport) as long as at least one part of total transport is made by road. ② All of the member states of the EAEU and the EU are the contracting parties of the ITR Convention, but China is not yet.

It is necessary for China to join the ITR Convention while implementing the TFA which requires the WTO Members to cooperate and coordinate each other on at least issues of customs transit regarding "charges, formalities and legal requirements, and the practical operation of transit regimes". ③ China must learn from European experiences to modernize its legal regime of trade in transit under the ITR Convention and TFA, otherwise, it will be difficult to promote cooperation on IPR customs enforcement with countries along Belt & Road, in particular, Economic Belt of Silk Road destined to European countries.

As mentioned above, the EU IPR customs enforcement is, in principle, related not only to import and export goods, but also to any good under customs control including procedures being in transit with a destination out

---

① Ibid. , Part IX-the TIR Procedure, 1. 2 The principles of the TIR system.

② As of July 2015, there are 69 parties to the Convention, including 68 states and the EU. See http: //www. unece. org/tir/system/tir-system-countries. html. 2016. 09. 10.

③ The WTO Trade Facilitation Agreement(n. 40), Art. 16.

the EU, and even "in line with the Union's international commitments and its development cooperation policy, with regard to medicines" in external transit of the EU, "customs authorities should, when assessing a risk of infringement of intellectual property rights, take account of any substantial likelihood of diversion of such medicines onto the market of the Union."① In practice, the EU customs did suspend some infringing goods in external community transit, although it accounts very small numbers of total cases of IPR customs enforcement.②

China customs officials enforced IPR related to goods in transit as the "*Nike*" case in SHFTZ.③ But, it was made under the Action Plan concerning EU-China Customs Cooperation on IPR(2014 - 2017), and has not been general practices of China customs procedure. China must learn from European experiences to extend its practice in SHFTZ to other FTZ and even any special customs surveillance zones in nationwide,④ otherwise it might be impossible to change the inconsistence between the principle of China's customs law regarding IPR customs enforcement which may be applied to goods in transit and the implementing rules expressly excluding the goods in transit as discussed above.⑤ Only if it is put into practices in China generally, it will be possible to promote further cooperation with the EAEU and the EU on IPR customs enforcement for achievement of China's

---

① Regulation Concerning IPR Customs Enforcement(n. 10), preface(11). See Carl De Meyer and Carina Gommers, "The transit dilemma revisited: the new Customs Regulation and the legislative package on trade marks", 8 Journal of Intellectual Property Law & Practice (2013), 771.

② See Report on EU IPR Customs Enforcement(n. 6), 11. Customs procedure.

③ See the section III. A.

④ Regarding special customs surveillance zone in Chinas, see Zhang Naigen, "Enforcement of Intellectual Property Rights in Special Customs Surveillance Zone of China", (n. 11).

⑤ See the section II. B and III. B.

goal to develop trade and economic relation under the strategy of Belt & Road.

IV. Conclusion

The strategy of "Belt & Road" is initiated by China with the idea of promoting cooperation and win-win for all by development of trade and economic relationship among countries and regions mainly in Asia and Europe. Under the rules of international law, the implementation of "Belt & Road" shall be compliance with the legitimate approaches including the IPR customs enforcement, which needs governmental cooperation. As China is arising as the largest trade partners with many nations in the world, it is challenge for China's government to combat exporting counterfeits and pirated copyrights goods. One of the priorities should be focused on the IPR customs enforcement.

It has been reached, in different levels, between China and the EAEU and the EU as well as their member states on customs cooperation including the IPR enforcement. But, there are still some problems in further cooperation. China hasn't concluded any agreements with the EAEU member states Armenia, Belarus, Kazakhstan and Kyrgyzstan on IPR customs enforcement even though China wants to build the New Eurasian Land (Railway) Bridge through, in particular, Kazakhstan for more goods in transit to Europe. China hasn't joined the ITR Convention for international trade in transit because of very limited China's foreign trade on goods by road so far, which might be due to poor infrastructure in Central Asia. It is expected to improve the infrastructure of the countries and regions along the "Belt & Road" by the new established AIIB, and to have more trade in transit. Therefore, it is necessary to improve the "legal infrastructure" of customs cooperation among China and the EAEU and EU countries with the strengthened IPR customs enforcement.

"Belt & Road"—Related IPR Customs Enforcement: China-EAEU, China-EU Cooperation[*]

ZHANG Naigen[**]

[**Abstract**] The "Belt & Road" is the new idea to promote economic cooperation and trade mainly in Asia and Europe. To build the Economic Belt of Silk Road is very important for China to develop trade in transit with Central Asia and European countries by the intercontinental railways. China signed the agreement with Russia on linked cooperation between the EAEU and the Economic Belt of Silk Road, which needs implementation of further customs cooperation including IPR customs enforcement. The "Belt & Road" is relevant for the EU not only to hope more trades with China and Asian countries by road, but also to concern more goods in transit destined to the EU territories while China is still the main source of counterfeits and pirate goods suspended at the EU border, therefore, it is the EU strategy to cooperate with Chinese government to combat the infringing goods originate from China. This article provides a primary analysis on "Belt & Road"-related IPR customs enforcement based on China-EAEA, China-EU cooperation with the introduction to the

---

* This Article is written primarily for the 8th Annual Forum on the Customs Law (December 11 - 12, 2015). This Forum has a special session on the legal issues relating to China's "One Belt and One Road" strategy. "一带一路"有关的知识产权海关执法:中国—欧亚经济空间,中—欧合作。

** ZHANG Naigen: University Professor of Law, Director for the Center of International Law and Intellectual Property, Fudan University.

recent development of customs laws and IPR enforcement in the EAEU and the EU, and the comparative studies for Chinese policy makers and legislators to learn from, particularly, the EU experiences of IPR customs enforcement on goods in transit.

[**Key words**] "Belt & Road", IPR, Customs Cooperation, Customs Enforcement, EAEU, EU

自贸区知识产权海关保护制度与TPP对接机制研究

颜　晨　姜　铭*

[摘　要]　TPP为国际知识产权边境执法设定高标准,我国有必要考虑在自贸区知识产权边境执法方面对接TPP,以适应全球贸易新规则和中国自身改革发展的需要。自贸区知识产权海关保护制度与TPP相关条款相比,距TPP设定的标准还有很大差距。TPP协议影响力不会仅局限于缔约国之中,而将扩大适用于国际贸易的共同标准。中国作为美国最重要的贸易伙伴之一,无论是否加入,都无可避免地要受到TPP的影响。据此,自贸区内知识产权海关保护立法应明确授权自贸区内实施知识产权海关保护,对自贸区内转运货物施行知识产权海关保护,并针对自贸区内知识产权海关保护设定特殊规则。

[关键词]　自贸区;知识产权海关保护;TPP;边境执法

跨太平洋伙伴关系协议(Trans-Pacific Partnership Agreement,简称TPP)是由美国主导的,美国、日本等12个国家共同参与谈判的一项多边自由贸易协定。2015年10月5日,包括美国、日本、加拿大、澳大利亚、墨西哥、越南、秘鲁、马来西亚、新西兰、新加坡、智利和文莱在内的12个TPP谈判成员,在美国佐治亚州亚特兰大举行的部长会议上达

* 颜晨:原天津海关法规处,主任科员;姜铭:天津海关加贸处,处长。

成基本协议,同意进行自由贸易,并在投资及知识产权等广泛领域统一规范。规模占全球四成的巨大经济圈应运而生。同年11月5日,美国贸易代表办公室(USTR)公布了TPP文本,这份号称“史上最高标准”的自由贸易协定全文超过两千页,包括30个章节以及相关附录,内容不仅覆盖一般自贸协定中的关税减免、贸易便利化措施等要求,还对政府采购、国企和指定垄断、知识产权、劳工、环境等方面设定了更高门槛。[①] 其中,在知识产权保护方面,TPP提出了更为严格的执法体系,包括民事程序、临时措施,边境措施以及针对商业规模的商标假冒和侵犯版权等行为采取刑事程序和惩罚等,被誉为当今国际知识产权保护的最高标准。

一、TPP为知识产权边境执法设定高标准

由于WTO多哈回合谈判久拖不决,各国纷纷选择通过双边和区域自由贸易谈判等形式来促进相互间的贸易与投资。美国在全球范围内主导了跨太平洋伙伴关系协议(TPP)、跨大西洋贸易与投资伙伴协议(TTIP)和服务贸易协定(TISA)谈判,其核心目标是实现全面的贸易自由化,特别是包括金融领域在内的服务贸易自由化。美国试图利用TPP谈判树立全球贸易新标准,打造“21世纪自由贸易协定范本”,使之成为其“重返亚太”战略的重要支柱。在此过程中,知识产权成为谈判重点之一,其主要目标在于突破《与贸易有关的知识产权协议》(以下简称TRIPS)所确立的知识产权保护模式,构建“TRIPS-plus”模式。

(一)TPP谈判历程

TPP的源起,可追溯到由智利、新西兰、新加坡三国在2002年亚太经合组织(APEC)峰会期间发起的《泛太平洋战略经济伙伴关系协

---

① Summary of the Trans-Pacific Partnership Agreement, https://ustr.gov/about-us/policy-offices/press-office/press-releases/2015/october/summary-trans-pacific-partnership#, 2016.09.10.

定》(Trans-Pacific Strategic Partnership Agreement,又称“P3 协定”,2005 年文莱加入后成为“P4 协定”)。2008 年初,美国开始与 P4 成员前期协商,P4 协议转而被称为 TPP。2009 年 11 月美国正式宣布加入 TPP,澳大利亚、秘鲁、越南紧随其后加入。2010 年 10 月马来西亚加入。2012 年 12 月,加拿大和墨西哥首次参与协商。2013 年 7 月,日本正式宣布加入 TPP 谈判,使得 TPP 在全球经济金融中的影响力进一步增强(图 1)。至此,TPP 成员的 GDP 总和约为 27 万亿美元,占全球 GDP 总量的近 40%,货物贸易占全球总量 1/3。① 2015 年 10 月 5 日,美国、日本等 12 个国家联合宣布 TPP 基本达成。

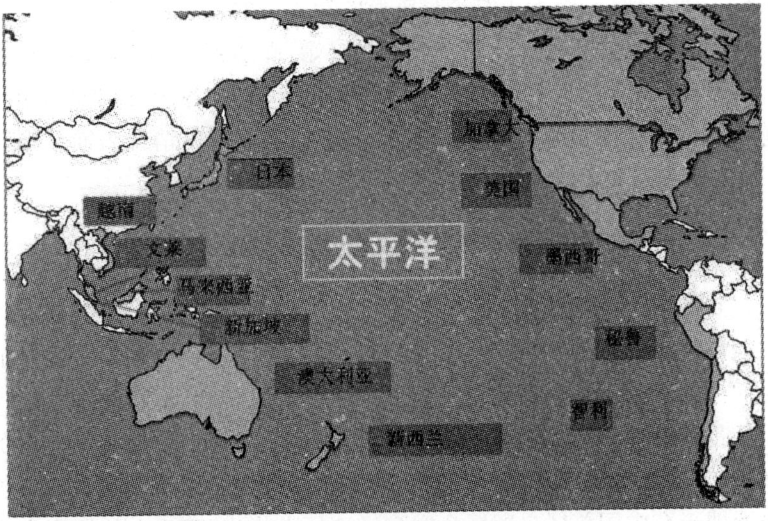

图 1　TPP 成员国的地理分布

来源:美国贸易代表办公室 http://www.ustr.gov。

① TPP, Trade Ministers' Report to Leaders, http://www.ustr.gov/sites/default/files/tpp%20trade%20ministers%20report%20to%201eaders%2010082013.pdf,访问日期:2016 年 9 月 10 日。

(二)TPP的知识产权边境执法标准

TPP的知识产权保护内容涉及专利、商标、地理标志等领域,覆盖了边境执法、民事和行政执法、刑事执法、数字环境下的知识产权执法等各个层面的知识产权保护措施。[①] 与TRIPS相比,TPP大幅提高了知识产权保护标准和执法标准,对TRIPS确定的许多规则作了颠覆性改变,有些方面甚至超越了美国主导的《反假冒贸易协议》(ACTA),是目前所有自由贸易协定中要求最高、涵盖范围最大的贸易协定。在知识产权执法的一般原则上,要求缔约方不能以执法资源有限为由不履行TPP规定的知识产权执法义务;设立了严厉的侵权制裁措施和极低的入刑门槛;并引入了对平行进口的禁止条款。

具体而言:其一,只要货物有侵权之嫌,即达到了实施边境措施的门槛标准,无需初步证据;其二,除申请人申请外,各国有权部门也可依职权启动边境措施,"依职权"即"无需任何正式申请或表面证据";其三,应当给予进口与出口的双向边境执法措施保护。

二、自贸区知识产权边境执法对接TPP的必要性

TPP自谈判伊始便受到国际社会的广泛关注。究其原因,国务院发展研究中心副主任隆国强认为:TPP被认为代表了未来经贸规则的走向。美国要引领新一轮世界经贸规则的制定,TPP不会停留在仅仅限于目前的12个成员,未来还会扩容,而且一定会主动地向其他自贸区、向多边经贸组织来推广这些规则。[②] 上海自贸区政策研究局局长张湧博士在中国首届自贸区金融高峰论坛上指出:TPP大的原则和党的十八届三中全会的大方向是一致的,但是路径却大有不同。四大自

① Summary of the Trans-Pacific Partnership Agreement, https://ustr.gov/about-us/policy-offices/press-office/press-releases/2015/october/summary-trans-pacific-partnership#,访问日期:2016年9月10日。

② "中国应对TPP的根本之策——访国务院发展研究中心副主任隆国强",2015年11月03日,载http://news.xinhuanet.com/politics/2015-11/03/c_128388373.htm,访问日期:2016年9月10日。

贸区是公认的中国迎接或者应对 TPP 的一种策略和尝试。[①] 我国自贸试验区的建立开启了以开放倒逼改革、以局部试点引发全局改革的重要窗口,区内相关制度与 TPP 的对接本就是自贸区设立的题中应有之义。区内制度与 TPP 对接基于深刻的国际和国内背景:

(一)适应全球贸易新规则的需要

美欧日三大经济体力图通过 TPP、TTIP 和 TISA 打造 WTO 升级版,形成更高规格和要求的全球经济和贸易规则,以孤立包括中国在内的新兴发展中国家,逼迫他们"二次入世"。如果被排除在如此庞大的自由贸易区之外,我国将可能在新一轮全球化进程中被边缘化,后续发展堪忧。为了避免被边缘化,中国必须掌握主动权。以整个国家进入新格局并非易事,因此,选择一个小区域,打开与全球对接的门户,先行先试。一旦成功,即可将经验推广全国,实现中国与全球对接;反之,小范围的失败,其影响力有限,也不会造成严重后果。

(二)中国自身改革发展的需要

从国内来看,经过30余年的改革开放,中国经济享受到了改革的制度红利和加入 WTO 获得的全球化红利。但同时,发展带来的贫富差距、社会冲突、环境污染、资源消耗等问题得不到有效解决,经济增速有放缓的长期趋势;国内区域经济发展不平衡,体制改革涉及行政体制、财税金融、民生等多方面,在条件较为成熟的地区先行先试,对于探索经验,深化改革意义重大。因此,设立自贸区,可以释放更多的制度红利,促进中国经济转型:一是有助于促进贸易发展,激发企业活力,带动产业、产值快速提升;二是有效拉动内需,重振地方乃至全国经济;三是推动政府职能转变,释放改革红利,打造中国经济的"升级版"。[②]

目前,四大自贸区相关制度的设立本就是中国对接 TPP 的有益尝

---

① 根据"'2015 上海金融高峰论坛'在沪举行"实录整理,参见 http://topic.eastmoney.com/jrgf/,访问日期:2016年9月10日。

② 姜铭、颜晨:《对自由贸易试验区内知识产权海关保护制度的思考》,载《海关法评论》(第5卷),法律出版社2015年版,第292页。

试。中国作为世界上最大的发展中国家,不能不融入亚太地区涵盖范围最大、涉及领域最全面的自由贸易区中。我国不仅应在服务贸易、货物贸易等法律政策上做出合理调整,也应在知识产权边境执法等制度上与TPP对接,推进和完善经济运行环境的市场化、法治化与国际化水平。

三、自贸区知识产权海关保护制度与TPP相关条款的比较分析

TPP协议中所指的"知识产权边境执法"是指海关等货物进出境监管部门在其管辖范围内对进出境的货物进行知识产权执法,主要侧重于发生在边境环节的行政执法,即进出境(关境)环节的知识产权保护。我国的知识产权海关保护制度,即海关根据《海关法》的授权,①在进出口环节进行的知识产权边境保护。② 根据《知识产权海关保护条例》,"知识产权海关保护"是指海关对与进出口货物有关并受中华人民共和国法律、行政法规保护的商标专用权、著作权和与著作权有关的权利、专利权(以下统称知识产权)实施的保护。本文中所指的知识产权海关保护制度,特指我国海关在进出境环节的知识产权行政执法,不涉及刑事保护相关制度。

对于涉自贸区的知识产权海关保护,笔者认为应与区外无异,同样适用我国现行的各种法律、法规、规章及相关规范性文件。因为根据《京都公约》中对"自由区"的相关规定,"境内关外"仅就进出口税费而言,而就知识产权海关保护而言,不存在任何特殊区域。③ 因此,本文对于自贸区内知识产权海关保护制度主要引用《海关法》及《知识产权海关保护条例》的相关规定,来与TPP条款做比较分析。

TPP在知识产权海关保护方面设定的高标准主要针对过境货物。

---

① 《海关法》第44条第1款规定,"海关依照法律、行政法规的规定,对与进出境货物有关的知识产权实施保护"。

② 陈晖、朱秋沅:《比较海关法》,中国海关出版社2011年版,第415页。

③ 姜铭、颜晨:《对自由贸易试验区内知识产权海关保护制度的思考》,载《海关法评论》(第5卷),法律出版社2015年版。

我国《海关法》规定,“过境、转运和通运货物,是指由境外启运、通过中国境内继续运往境外的货物。其中,通过境内陆路运输的,称过境货物;在境内设立海关的地点换装运输工具,而不通过境内陆路运输的,称转运货物;由船舶、航空器载运进境并由原装运输工具载运出境的,称通运货物。”在此,《海关法》对“过境货物”中的“过境”做了狭义理解;而对TPP所称的“过境”应做广义理解,即GATT5.1规定的“过境运输”。本文讨论的“过境”货物亦为广义概念,指别国出口货物通过本国国境,未经加工或改制,在保持原状条件下运往另一国的货物,包括狭义的过境货物、转运货物和通运货物。具体比较如下:

第一,TPP将知识产权边境执法的范围扩大到“过境”环节。TPP赋予了缔约国海关扣押过境货物的权力。货物在经过某国领土时,一旦涉嫌侵犯所在国的知识产权,哪怕货物仅是过境,权利人就可以申请该国海关扣押货物,海关也可以在边境执法过程中依职权扣押涉嫌侵权的货物,只要该货物有仿冒的嫌疑或与已注册的商品“令人混淆地类似”。TPP还规定,权利人可以要求严厉的惩罚及经济赔偿。这无疑增加了我国企业在TPP缔约国过境被查扣的风险,尤其是商标侵权风险。我国许多企业是OEM企业,知识产权意识薄弱,对于委托方货物是否可能涉嫌侵权缺乏足够警惕,容易陷入“被动侵权”陷阱。TPP严格的边境执法措施将直接影响我国的出口加工贸易企业,加剧我国贴牌加工企业知识产权侵权风险。

第二,TPP中海关判定货物侵权的标准降低。TPP规定,只要货物有侵权之嫌,即达到了实施边境措施的门槛标准,无需初步证据,海关只是“初看”并“怀疑过境货物存在侵权的可能性”就可依职权扣押货物。原文使用的是“prima facie”,意即“初步”。缔约国海关审查过境货物是否侵权的标准关键在于货物涉嫌侵权的“初步”证据,边境执法更多依赖主观判断,而不进行实质审查,导致对过境货物侵权的审查门槛降低。我国《知识产权海关保护条例》第13条第1款规定:“知识产权权利人要求海关扣留侵权嫌疑物货物的,应当提交申请书及相关证明文件,并提供足以证明侵权事实明显存在的证据。”可见,我国海关对于进出口货物的审查前提为申请人提出证明侵权事实明显存在的证据。

第三,TPP扩大了海关权力。TPP规定:“每一成员国应该赋予海关依职权启动措施的权利。”这里使用的是“shall”,即“应该”。据此,TPP缔约国“应该”赋予海关中止放行涉嫌侵权过境货物的权力。而我国《知识产权海关保护条例》第12条规定:“知识产权权利人发现侵权嫌疑货物即将进出口的,可以向货物进出境海关提出扣留嫌疑货物的申请。”在执法实践中,我国海关扣留侵权货物主要由权利人依申请启动。

可见,当前我国的知识产权海关保护制度距TPP设定的标准还有很大差距。美国致力于将TPP打造成“21世纪自由贸易协定范本”,协议影响力不会仅局限于缔约国之中,而将扩大适用成为所有成员国对外贸易的共同标准。中国作为美国最重要的贸易伙伴之一,无论是否加入,都无可避免地要受到TPP的影响。据此,对既有知识产权海关制度予以重构显得十分必要。

四、自贸区内知识产权海关保护现状及对接TPP的制度重构

“知识产权”在TPP谈判的过程中一直是重点,也是难点。TPP成员国经济发展水平差距较大,美国基于自身在知识产权制度方面的优势,希望通过向其他成员国推广本国的知识产权制度体系,以最大程度地获益。TPP代表着未来国际经贸的走向,在国际贸易转型升级、知识经济飞速发展、“互联网+”推动新兴产业地位升级的今天,企业的收益越来越依赖知识产权的创新驱动。在自贸区内的知识产权海关保护制度向着TPP的方向对接,是我国未来在国际经贸领域实现转型升级的重要途径,这就需要对现有规则加以重构,从而适应未来国际经贸发展的新形势、新趋势、新规则、新变化。

(一)立法应明确授权自贸区内实施知识产权海关保护

理论上,海关可以在自贸区内执法;但自贸区和知识产权海关保护法律体系中均无明确的立法授权和具体规定,我国海关也几乎没有严格意义上在自贸区内知识产权执法的实践。特别是十八届四中全

会以来,"依法治国""依法行政""法无授权不可为"的执法理念深入人心,立法的缺位自然导致执法的"不可为"。自贸区内加工制造业、物流服务业发达,或将为假冒、盗版货物的生产、存储、销售、转运、加工等提供便利。以上海自贸区为例,《中国(上海)自由贸易试验区总体方案》规定:上海自贸试验区"允许企业凭进口舱单将货物直接入区,再凭进境货物备案清单向主管海关办理申报手续"。在海关对区内知识产权侵权缺少执法依据的前提下,仿冒者容易利用执法盲区,将假冒或盗版货物分解运至自贸区,利用自贸区的优惠政策,在区内完成货物的装配加工、再包装、更换标签等操作。立法的缺位不仅直接导致自贸区内知识产权边境执法不力,更容易使自贸区成为滋生假冒、盗版货物的温床。

据此,我国应明确立法授权海关在自贸区内拥有执法权,为在区内进行知识产权海关保护确立执法依据:一是在法律层级上,应在《海关法》中明确自贸试验区的法律地位为"关境之内的海关特殊监管区域",明确规定海关应当在区域内实施知识产权海关保护,同时规定海关在自贸试验区内的执法权力及其范围。二是在法规层级上,在海关特殊监管区域相关法规和《知识产权海关保护条例》中明确规定自贸试验区内应适用我国现行知识产权海关保护一般规则,并在加工贸易、转运等方面授权部门规章予以变通与细化。

(二)对自贸区内转运货物施行知识产权海关保护

自贸区中分装、转运与生产、加工等业务发达,如果海关不在此类区域内提供知识产权边境保护,则自贸区会成为侵权产品重要来源地与流通枢纽。目前,世界上许多货标分离的侵权案件就是利用自贸区作为其跨国侵权行为链条的关键一环,跨境分工合作,共同实施侵权。侵权行为被分解为若干部分,各部分单独衡量都不能认定为侵权,但组合起来即构成侵权,侵权组织者常利用各国自贸区作为其组合跨国侵权的场所。例如,来自世界各地的无牌货物"自由"地进入自贸区后,侵权人将单纯的侵权标识加贴于无标识货物中(一般而言,贴标行为属于流通性增值服务,较之区内的生产加工行为更容易获得海关的许可,海关的监管也更为宽松),并获得免税仓储的自由,最后形成侵权货物后再“自由”地转运出境。①

目前,我国海关的知识产权边境执法一般限于“进出口货物”,没有对转运货物执法的先例。但是,为了实现与TPP相关制度的对接,顺应未来经贸规则的新趋势,维护自贸区的健康发展,我国有必要对自贸区内转运货物进行知识产权海关保护。应在《海关法》或《知识产权海关保护条例》中规定:自贸区内的过境贸易不得违背我国海关法和知识产权相关法律的规定,区内“自由”仅限于进出境税费的免除和通关程序的便利。同时,《海关法》亦应授予海关对过境货物进行知识产权边境执法的权力,并在具体规范上予以细化。

(三)针对自贸区内知识产权海关保护设定特殊规则

针对自贸区内知识产权海关保护可以设定如下规则:一是从国家知识产权立法层面上,重新梳理《商标法》《著作权法》《专利法》及相关实施细则等知识产权法律体系,将滞后的不利于我国知识产权保护和经济发展的条款予以修改或废除,结合我国实际调整或增加与未来国际知识产权导向一致的条款,选择性地与TPP中有利于我国经贸和知识产权发展的条款相对接,促进我国知识产权保护制度的整体提升。

二是利用自贸区先行先试的优势,尝试设立一些特殊的知识产权海关保护规则,小范围与TPP做更深层次的对接,为未来我国整体对接TPP规则做出新的有益尝试。例如,设定自贸区内从事商业行为经营人的合理审慎义务。海关可向自贸区内商业行为经营人发出“合理审慎清单”,告知其在知识产权方面需要尽到审慎义务的合理范围,帮助经营人进行知识产权合规守法。在明确告知与提醒的前提下,经营人仍然从事了专利侵权行为,则应承担边境侵权责任。②

---

① 朱秋沅:《中国自贸区海关法律地位及其知识产权边境保护问题的四点建议——主要基于美国相关立法美国诉Intrigue公司案的分析》,载《电子知识产权》2014年第2期。

② 陈晖、朱秋沅:《比较海关法》,中国海关出版社2011年版,第303页。

三是建立行政执法保护与司法保护的衔接机制。目前,知识产权行政执法与刑事司法的衔接机制尚不完善。应在自贸区内积极完善知识产权公共服务平台、信息共享平台等,积极开展国际间的执法合作,完善行政执法保护与司法保护的衔接,建立海关与相关政府部门的联合执法机制。

Study of the Harmonization Regime of the System of IPR Customs Protection of the Free Trade Zones and TPP

YAN Chen JIANG Ming

[**Abstract**] TPP sets up the international high standards of IPR border enforcement. It' s necessary to consider the harmonization regime of the system of IPR Customs protection of the free trade zones and TPP so that China can meet the demands of Reform and development of its own and the fit into the new rule of global trade. Though the comparison, there is a big gap between the system of IPR Customs protection of the free trade zones and TPP. The influence of TPP could not be only limited within its contracting members, but also will be the common standards of the foreign trade. China, as the major trading partner of the US, must be inevitable impacted by TPP. Hereby, the legislation of IPR Customs protection of the free trade zones should delegated the free trade zones to carry out the IPR customs protection, and exercise IPR customs protection to the good in transit, and establish the special rules of IPR Customs protection of the free trade zones.

[**Key words**] Free Trade Zones, IPR Customs Protection, TPP, Border Enforcement

完善知识产权海关担保制度研究*

孙益武**

[摘　要]　知识产权担保应当具有防止滥用、赔偿权利人损失和海关赔偿风险的作用。目前,我国知识产权海关担保制度存在担保形式单一、担保金额偏高等诸多问题。从保护知识产权的角度来看,担保金额设置较高可能阻碍权利人寻求救济;设置过低则容易启动程序,遭到权利人滥用。制度完善应当秉持其海关担保的目的,在动态调整以适应贸易便利化需要的同时,契合不同权利人的需求,提高知识产权海关担保的实效性。从促进知识产权保护角度来看,总担保制度应适用于所有海关保护客体,应当允许企业自身提供信用担保和知识产权质押担保,并根据个案动态调整担保金额。从促进通关便利角度来看,完善反担保放行制度,将商标和著作权相关反担保放行申请交由法院裁决。

[关键词]　知识产权;海关保护;担保制度

---

*　[基金项目] 2015年度浙江省哲学社会科学规划课题"跨境贸易电子商务知识产权海关保护机制研究"(15NDJC040YB)和2015年度杭州市科技计划软科学研究项目"杭州市应对跨境电子商务知识产权纠纷的对策研究"(20150834M20)的阶段性研究成果。

**　孙益武:杭州师范大学沈钧儒法学院讲师,法学博士。

一、问题的提出

知识产权海关保护是履行《与贸易有关知识产权协定》(以下简称TRIPs)边境措施条约义务,[①]维护公平竞争贸易环境的重要举措。在知识产权国际条约中,知识产权海关保护已经与民事执法、刑事执法和网络执法等并列,成为知识产权执法规则的重要组成部分,甚至在条文篇幅上独树一帜。[②] 自1995年制定的《知识产权海关保护条例》开始实施,中国知识产权海关保护制度经过20年的发展,取得了显著成绩。在经历一次主动修订和一次被动修改之后,[③]我国知识产权海关保护规则体系已经完全符合TRIPs的条约义务,在保护环节、保护客体和保护模式上都超越TRIPs的最低标准。虽然我国知识产权保护体系和效果的整体形象不佳,但海关保护却是风生水起,得到国际社会的肯定。根据海关总署公布的历年数据,中国海关在阻击侵权货物出口上成绩突出,但出口货物侵权案件仍然频发;[④]表示执法成绩的数据同时预示着海关保护面临许多压力,特别是贸易便利化的要求越来越高,知识产权海关担保制度的优化也势在必行。实践中,我国知识产权海关担保制度较好地发挥了作用,对于打击知识产权侵权货物进出口起到重要保障作用。但随着贸易便利化的要求不断提高,知识产权海关担保制度在担保金额、担保方式和担保适用等诸多方面存在阻碍权利人维权、抬高国际贸易成本、妨害贸易便利化的因素。

---

① 参见世界贸易组织《TRIPs》第51条至第60条。

② 例如,《反假冒贸易协定》(ACTA)中边境措施部分共有10个条文,民事程序6条,刑事程序4条,网络执法程序1条。

③ "主动修订"是指2003年制定的《中华人民共和国知识产权海关保护条例》,1995年7月5日国务院发布的《中华人民共和国知识产权海关保护条例》同时废止。"被动修改"是指为了履行WTO中美知识产权争端案(DS362)的裁决,2010年修订《知识产权海关保护条例》,自2010年4月1日起施行。

④ 海关总署发布的《中国海关知识产权保护状况》,载http://www.customs.gov.cn/Default.aspx?Tabid=2559,访问日期:2016年8月22日。

我国知识产权海关保护存在两种模式,即依申请保护模式和依职权保护模式。[①] 在依申请保护模式中,知识产权权利人请求海关扣留侵权嫌疑货物时,应当向海关提供不超过货物等值的担保,用于赔偿可能因申请不当给收货人、发货人造成的损失,以及支付货物由海关扣留后的仓储、保管和处置等费用。在依据职权保护模式中,海关发现进出口货物有侵犯备案知识产权嫌疑的,应当立即书面通知知识产权权利人;权利人自通知送达之日起3个工作日内提出保护申请,并依照规定提供担保,海关扣留侵权嫌疑货物。所以,权利人在每件案件中申请担保并提供保证金成为海关扣押或中止放行侵权嫌疑货物的前提条件。虽然,海关已经提供总担保制度,却只适用于商标保护。此外,知识产权海关保护中并没有免担保申请扣押嫌疑货物的制度设计。

知识产权海关保护中的担保分为两种:一种是权利人提出的申请扣押涉案货物的担保;另一种是收发货人提出的申请放行涉案货物的担保,常称为“反担保”。目前,我国对于嫌疑侵犯专利的货物,法律规定允许收发货人提供等值的反担保请求放行嫌疑货物。在实践中,基层海关已将反担保放行制度适用于嫌疑侵权商标的假冒货物。[②]后文提出根据风险管理原则,针对不同主体灵活适用担保形式和设定担保额度,限制反担保放行等制度构想,以期完善现行知识产权海关担保制度。

---

① “保护模式”的提法并非直接源于法律条文。根据《海关法》《知识产权海关保护条例》和《中华人民共和国海关关于〈中华人民共和国知识产权海关保护条例〉的实施办法》等法律法规,并没有明确提及“保护模式”的概念,但理论上和实践中已经形成了约定俗成的说法,所以本文就继续采用“保护模式”的概念。参见朱秋沅:《知识产权边境保护制度理论与实务》,上海财经大学出版社2006年版,第206~224页;周阳称之为“海关保护的模式”,参见周阳:《美国海关法律制度研究》,法律出版社2010年版,第199页;王殊称之为“保护执法模式”,参见王殊:《中国知识产权边境保护》,北京师范大学出版社2011年版,第12页。

② 参见浙江省义乌市人民法院(2012)金义知初字第13号判决书。

二、制度完善的法理基础:对知识产权海关担保的性质和目的的再认识

《海关事务担保条例》对海关担保的立法目的、适用范围和实施原则有清楚的界定,但对海关事务担保的性质和目的没有进行界定,不知是有意回避,还是难以达成妥协才加以舍去? 尽管《海关事务担保条例》将知识产权海关担保视为海关事务担保的一种;但从性质上说,知识产权海关担保与普通海关事务担保存在较大差异。

(一)海关事务担保:用担保换取通关便利

对海关事务担保从以下几方面来进行认识:首先,虽然海关事务担保借用民法中"担保"概念,但却与民事担保存在本质区别。民事担保多发生在借贷、买卖、货物运输、加工承揽等经济活动中,为平等主体所创设的一种民事法律关系,属于《民法通则》《担保法》《合同法》等实体法调整的范畴,且属于私权范畴。《担保法》规定的担保方式为保证、抵押、质押、留置和定金;债权人需要以担保方式保障其债权实现的,可以依照《担保法》规定设定担保;其根本目的是促进资金融通和商品流通,保障债权的实现。担保法律关系的基础是主合同当事人之间的主债权与主债务关系,这是分析和界定海关事务担保性质的逻辑起点。海关是依法管理海关事务的行政主体,当在征税法律关系中,海关代表政府行使债权人的权利和义务,且具有强制执行的法律后果。所以,海关对行政相对人征收的关税构成一种"海关债"。无论是"海关债",还是作为普通债,债权债务关系是相通的,债权人与债务人地位的不同、债的原因不同、债的实现方式不同,并不影响债务人履行债务、债权人主张债权等基本法律关系。因此,将当事人负有义务的海关事务作为当事人所负有的"海关债"来加以处理是有理论依据的。①

其次,海关事务担保是指与海关管理有关的当事人在向海关申请从事特定的经营业务或者办理特定的海关手续时,由其本人或海关认

---

① 石少侠、车震震:《论海关事务担保法律性质的认定及其意义》,载《当代法学》2013年第1期。

可的第三人以向海关提交现金、实物或者保证函等方式,保证在一定期限内履行其承诺的义务的法律行为。根据《海关事务担保条例》,海关事务担保分为强制性担保与选择性担保。强制性担保是当事人申请办理特定海关业务的,必需按照海关规定提供担保,如货物、物品暂时进出境的或货物进境修理和出境加工。① 选择性担保是指,在特定情形下,当事人可以选择在办结海关手续前向海关申请提供担保,要求提前放行货物。② 在强制性担保程序中,行政相对人为了满足货物清关需要不得不提交担保。在选择性担保程序中,海关管理的行政相对人通过提交担保换取通关便利,降低交易成本。无论是选择性担保还是强制性担保,担保手续的简便与否决定着通关效率的高低。

最后,在国际层面,世界海关组织《京都公约》和世界贸易组织《贸易便利化协定》等海关(贸易)类国际条约都对海关担保作出规定,例如《贸易便利化协定》对担保金额的上限、担保的及时解除、总担保的运用等都有明确指引。③ 国际协调的目的在于迫使相关条约的成员方在其国内法中对海关担保有所约束,避免国内法滥用海关担保制度影响贸易的自由和便利。

(二)知识产权海关担保:保护权利与防止滥用并重

如前所述,海关事务担保是一种非典型的担保关系,它并非是以民事法律关系为基础而产生的;既存在征税等海关债的情形,也存在行政管理中为保护不同行政相对人利益而设定的担保,知识产权海关保护中的担保扣押与反担保放行都属于此种类型。侵犯知识产权的行为不仅是民事侵权行为,同时也是违反《海关法》和《知识产权海关保护条例》的违法行为,可受到海关行政处罚,交纳罚金;尽管可以将这种罚金视为广义的海关债,但放行担保主要目的并不是为了保障海关债权的实现。

---

① 《海关事务担保条例》第5条。
② 《海关事务担保条例》第4条。
③ WTO《贸易便利化协定》第7条。

知识产权海关担保与普通给付关税的海关事务担保不同,前者主要是担保错误扣货或放行给相对人造成的损失。在这点上,知识产权海关担保同诉讼保全担保类似,其目的在于保障被申请人利益不至于因申请人的错误申请而遭受损害。不同点在于二者所指向的对象不同,诉讼保全担保需向法院提出,其并非依据合同关系产生,而是基于诉讼关系产生,也将随着诉讼结束、申请人撤回担保申请、当事人双方对争议达成一致等原因而消灭。知识产权海关担保的对象是海关,基于进出口货物的知识产权争议而产生,随着海关认定或法院判决的执行而终止。诉讼保全担保的生效需经法院审查,如果法院认为符合条件则担保可以生效,无须其他机关的介入;当事人对担保裁定不服可以提起上诉。知识产权海关担保由于多为现金或保函形式,由海关自主认定是否符合担保条件;当事人对海关担保认定结果不服,则可以请求行政复议或司法审查。

此外,知识产权海关担保是海关扣留侵权嫌疑货物,进行侵权认定的前提条件。知识产权海关担保防止权利人滥用海关保护程序,合理制衡维权程序。在实践中,权利人以侵权为由启动知识产权海关保护程序,其主要意图可能并不在于处理侵权纠纷,而在于通过海关扣留程序,造成竞争对手迟延履行合同、对第三方违约、信誉下降,最终实现客户订单向自己转移。权利人可能利用知识产权海关保护制度对进出口实行控制或干扰,控制相关产品进入国际或国内市场。在这种背景下,如果不要求权利人提供担保即可扣留涉嫌侵权的货物,则会助长权利人提起海关保护程序的动机和实践,从而对合法贸易和整个国际贸易进出口秩序造成严重干扰。

《知识产权海关保护条例》的立法目的表述为:"为了实施知识产权海关保护,促进对外经济贸易和科技文化交往,维护公共利益,而制定该条例"。虽然知识产权海关保护制度的直接受益人是知识产权权利人,但其根本目的是维护公共利益。所以,整个知识产权海关保护制度体系的设计,除了保护权利人利益之外,也需要关于保障社会公共利益的规定。海关保护担保制度是落实和执行维护公共利益的具体表现之一。

相比较而言,TRIPS协定对海关担保放行的定位更加明确和具体,规定海关当局有权要求申请人提供足以保护被申请人和主管当局并防止滥用的担保或同等保证,这些担保或同等保证不应不合理地妨碍诉诸这些程序。① 保护被申请人是为了防止错误申请和扣押对嫌疑人造成经济损失;保护海关当局是防止海关可能在行政复议或司法审查中被认定为违法而面临的行政赔偿,防止滥用则是有效抑制权利人滥用知识产权的有效措施。从维护公共利益的角度来看,三个目的是有机统一的,兼顾知识产权权利人和第三人利益,同时维护有序的竞争环境,符合利益平衡理论。

综上,知识产权海关担保是海关事务担保的一种类型,它是以实现海关管理任务为目的的新型担保关系。普通的海关事务担保是以通关便利成为担保制度的首要价值目标,而知识产权海关保护担保则以权利平等保护为首要原则。海关担保的目的是保护知识产权,防止权利人滥用海关保护制度,保障进出口贸易安全。

三、促进知识产权保护的海关担保制度完善

(一)总担保制度的完善

海关担保作为一种制度设计较好地平衡权利人和收发货人的利益,但任何制度和程序应当公平和公正,不应不必要地烦琐和费用昂贵。对于经常维权的权利人,在每件个案中都提出扣押嫌疑货物的担保,会大大增加权利人维权的经济成本和时间成本。所以,《知识产权海关保护条例》针对商标权利人设定总担保制度,规定在海关总署备案的商标专用权的权利人,经海关总署核准可以向海关总署提交银行或者非银行金融机构出具的保函,为其向海关申请商标专用权海关保护措施提供总担保。总担保的担保金额应当相当于知识产权权利人上一年度向海关申请扣留侵权嫌疑货物后发生的仓储、保管和处置等

---

① TRIPS协定第53条。

费用之和,但担保金额不低于20万元人民币。[1] 商标权人申请知识产权海关保护总担保,权利人向海关一次性提供担保后,在一定时间内向海关多次申请扣留侵权嫌疑货物,不再需要逐批提供担保,这大大减轻知识产权权利人向海关寻求保护的经济负担和时间成本。

此外,总担保制度是非强制性的,商标权人可根据维权需要自愿选择。实践中,是否向海关提供总担保都不影响权利人向海关寻求保护,权利人完全可以根据情况决定是否向海关提供总担保。如前所述,海关设立总担保制度的出发点是为了向屡遭侵权之扰的权利人提供更大便利,那些在海关案件较少的权利人则没有必要使用总担保制度,否则反而会加重自身负担。[2]

目前,总担保制度只适用于保护商标客体,尽管实践中海关保护中商标争议占比很高,显示出总担保制度有其必要性和合理性。但在实践中,少数主体的专利权(特别是外观设计专利)或著作权经常遭到侵权。因此,应当允许这些权利人积极申请总担保,充分利用总担保制度的便利性。作为自愿选择的措施,权利人会从理性的角度加以权衡,法律规则层面没有必要对保护客体设定门槛。所以,总担保制度应适用于《知识产权海关保护条例》涵盖的专利、商标和著作权等知识产权客体。

对于总担保的担保形式,除了银行或金融机构出具保函等方式之外,应当允许有实力的企业或个人,以担保承诺的方式出具承诺书,以企业自身信用加以担保。虽然通过银行或金融机构的第三方担保在客观上解决企业自身担保资金的流通问题,但仍然需要向银行和金融机构支付担保费用。企业自身信用担保的具体要求可以是:企业财务状况良好,能够充分承付其担保项下的相应债责;提供材料可以包括法定代表人签名并加盖企业法人公章的连带保证担保书、企业法人营

---

① 《中华人民共和国海关关于〈中华人民共和国知识产权海关保护条例〉的实施办法》第24条。

② 李群英:《知识产权海关总担保》,载《中国海关》2006年第7期。

业执照副本复印件、法定代表人身份证明书、最近六个月的资产负债表、损益表以及由其基本账户开户银行或者审计机构出具的资信证明等相关文件材料,以供海关审查决定。①

(二)担保形式的多样性

在知识产权海关担保中,尽管担保财产不限于现金资产;但在实践中,海关往往优先选择资金财产担保,因为不用顾虑担保财产本身的灭失和变动,没有查封和司法限制等问题,不需要其他执法主体的配合和参与,执法主动性较高。但如果一味坚持高额资金担保,权利人可能因为流动资金受限无法支付高额的担保金,而不得不放弃扣留嫌疑货物的保护申请,特别是对财力有限的自然人和中小企业等权利主体。如此,就会有悖于知识产权海关担保制度设计的初衷。相较于1995年《知识产权海关保护条例》,2004年《知识产权海关保护条例》对于担保形式的提法已经从"担保金"改成"担保"。② 另外,TRIPS协定和ACTA都承认担保形式的多元化,允许使用担保(Security)或同等保证(equivalent assurance);③《贸易便利化协定》允许使用担保(surety)、保证金(deposit)或其他适当的担保工具(appropriate instrument),④但担保形式不应不合理地妨碍诉诸这些程序实施。

此外,海关应当允许权利人将涉案的知识产权进行质押担保。权利人利用知识产权资产进行海关担保是减少筹措资金的经济活动,也是盘活知识产权的经济价值,实现知识产权价值变现的重要形式。如果知识产权质押担保得以在海关保护中得以推广应用,那么可以大大减少权利人的维权支出。此外,由于错误扣押的概率较低,权利人因错误扣押申请而赔偿收发货人损失的情况并不多见;即使需要权利人

---

① 上海市高级人民法院:《上海市高级人民法院关于财产保全工作的规定》[沪高法(审)〔2014〕3号]第31条。

② 1995年《知识产权海关保护条例》第14条和2004年《知识产权海关保护条例》第14条。

③ TRIPS协定第50条第3款和第53条,ACTA第18条。

④ 《贸易便利化协定》第7条第3款。

赔偿损失,权利人也可以通过支付现金等方式加以偿还,而不用顾虑涉案知识产权被强制拍卖或转让等极端情况出现。

综上,完善银行或者非银行金融机构出具保函、引入企业信用担保、知识产权质押融资担保等担保方式是丰富知识产权海关保护担保形式的重要补充。

(三)调整担保金额

对于担保金额的数额,根据保护模式有不同要求。在依申请保护模式中,采用"全额担保",即知识产权权利人请求海关扣留侵权嫌疑货物,应当在海关规定的期限内向海关提供相当于货物价值的担保。在依职权保护模式中,采用"比例担保":请求海关扣留侵权嫌疑货物的,货物价值不足人民币2万元的,提供相当于货物价值的担保;货物价值为人民币2万至20万元的,提供相当于货物价值50%的担保,但担保金额不得少于人民币2万元;货物价值超过人民币20万元的,提供人民币10万元的担保。

由此,可以看出,在依职权保护模式下,权利人支出的担保金额相对较少。然而,权利人要实现海关依职权保护,必须在海关总署备案其知识产权;虽然增加了备案成本,[①]但较于担保金的支出,权利人仍然倾向于选择备案知识产权,积极利用依职权主动保护模式。实践也证明,依申请保护模式形同虚设,从近五年统计数据看,我国海关所查处的知识产权侵权案件大约95%以上都是海关依职权主动保护的。[②]因此,如果增加依申请保护模式的适用,调整差别的担保金额要求则势在必行;否则,权利人出于经济理性的考虑必然会选择依职权保护模式。

依据1995年《知识产权海关保护条例》,如果申请人请求海关扣留侵权嫌疑货物,应当向海关提交与进口货物到岸价格或者出口货物

---

① 原来每项人民币800元,后减为人民币600元;目前,已经暂停收取。参见海关总署公告2015年第51号(关于暂停收取海关知识产权备案费的公告)。

② 王莲峰:《海关应慎重认定涉外定牌加工货物的商标侵权——基于对近年〈中国海关知识产权保护状况〉的分析》,载《知识产权》2015年第1期。

离岸价格等值的担保金。这种要求没有对保护模式作出区分,也没有因不同知识产权客体类型而有任何差别。比较1995年《知识产权海关保护条例》和2004年《知识产权海关保护条例》对担保金额的规定,可以明显看出海关担保减轻权利人(申请人)担保负担成本的趋势。但在2004年《知识产权海关保护条例》中只有"货物价值"或"货物等值"的表述,也没有"进口货物到岸价格或者出口货物离岸价格等值"的表述。因此,无论是依申请保护中的"全额等值担保"或依职权保护模式中"货物价值等比例担保",都首先需要确定的涉案货物的价值。如果海关对于当事人申报的价值不予认可,海关则会根据内部的价格审核系统,对相同或类似的货物进行价格比对,确定为市场价格。因此,出于规避关税等考虑,实践中的货值低报现象不时发生;从权利人维权的角度,支出的担保金相应减少。然而,即便如此,但进出口货物案值较高时,担保金对于中小企业和自然人等权利主体而言仍然是不小的经济负担。因此,未来的担保金额应当根据不同情况,调整权利人向海关提交担保的数额;改变目前根据货值"一刀切"的做法,分别针对不同类型的知识产权和不同信用企业主体制定不同的担保数额标准。然而,较小比例的担保可能会导致权利人滥用海关保护程序,恶意干扰竞争对手等问题,海关应科学合理地设计担保金额标准和比例要求,既能让权利人得以及时启动海关保护程序,同时不至于滥用程序。

此外,担保金额的设定难以明确考虑因申请人错误申请给被申请人所造成的损失的真实范围。例如,ACTA规定担保金应以在主管机关决定被中止放行或被扣押货物并不侵权时使被申请人免于任何损害为条件。[①] 因申请人错误申请给被申请人造成的损失范围包括直接损失,如被扣押货物财产出现短缺、或因疏于管理造成变质等损失,申请人对此部分损失应承担担保责任。对于被保全货物在扣押期间价格下跌所造成的价差损失以及对合同相对方所负的违约责任损失,申请人应承担担保责任,否则海关担保制度的作用无从体现,也易造成申请人

① ACTA第18条。

不计后果而轻易申请扣押担保,从而影响正常的国际贸易秩序。但难点在于,对于间接损失应否包括在内,例如因货物被保全而错失商业机会所造成的损失。实践中因货物中止放行而错失商业机会所造成的可得利益损失较大,特别是对送货时间有明确要求的季节性商品。

另外,在依职权保护模式中,向海关提交的担保金额与司法诉讼保全的担保金额之间差距巨大。权利人一旦申请法院对侵权嫌疑货物进行财产保全,依据《民事诉讼法》第100条的相关规定,法院作出裁定时通常要求申请人提供与侵权嫌疑货物等值的担保;那么,在诉讼标的额较高的案件中,司法保全的担保金额往往会远远超过海关依职权保护模式下要求的不超过10万元的担保。

最后,为防止海关保护中的程序性权利被滥用,虽有必要设定一定的担保金额,但海关不应从担保金中扣除支付仓储、保管和处置等费用,除非因申请人错误扣押而造成的损失。然而,根据《知识产权海关保护条例》,海关协助人民法院扣押侵权嫌疑货物或者放行被扣留货物的,由知识产权权利人而非侵权嫌疑人支付货物在海关扣留期间的仓储、保管和处置等费用。所以,当海关没收侵权货物时,权利人应当按照货物在海关扣留后的实际存储时间支付仓储、保管和处置等费用。如果权利人未按照规定支付有关费用的,海关可以从权利人提交的担保金中扣除有关费用或者要求担保人履行担保义务。因此,这种担保并非是担保海关债的履行,而是支付行政执法的成本。然而,这种费用理应由违法者支付,而法律却规定由权利人承担。虽然,权利人可以通过司法途径嗣后向侵权行为人追偿,但无疑增加了权利人的维权成本。所以,《知识产权海关保护条例》应当加以修改,涉案货物的仓储、保管和处置等费用不能从担保金中扣除,而应当与罚金合并一起向侵权行为人收取。

四、促进通关便利的海关担保制度完善

(一)现行反担保放行制度的实践

根据2004年《知识产权海关保护条例》,涉嫌侵犯专利权货物的

收货人或者发货人认为其进出口货物未侵犯专利权的,可以在向海关提供货物等值的担保金后,请求海关放行其货物。因此,我国知识产权海关保护反担保放行仅适用于涉及专利权的进出口货物;且担保形式唯一只能是"等值的担保金"。而在修订前1995年《知识产权海关保护条例》则适用于所有知识产权客体,且担保形式为相当于进口货物到岸价格或者出口货物离岸价格二倍的担保金。

在依申请保护模式中,海关自扣留侵犯专利权嫌疑货物之日起20个工作日内,收到人民法院协助扣押有关货物书面通知的,应当予以协助;未收到人民法院协助扣押通知或者知识产权权利人要求海关放行有关货物的,海关应当放行涉案货物。这条规定可以理解为,海关在收到收发货人提出的书面申请和提供与货物等值的担保金之后,有义务放行涉案专利货物。因此,在依申请保护模式中,权利人应当积极通过司法途径进行诉前(中)保全扣留涉案嫌疑货物;如果在20个工作日后,没有收到协助扣押通知,海关则可以根据收发货人的担保后放行涉案专利货物。

在依职权保护模式中,海关依法对扣留的侵权嫌疑货物进行调查,海关不能认定货物是否侵犯有关专利权的,收发货人向海关提供相当于货物价值的担保后,可以请求海关放行货物。海关同意放行货物的,按照相关规定办理。但是,如果海关认定侵权成立,能否适用反担保放行,法律则没有明确规定。因此,在依职权保护模式下,是否同意反担保放行是海关裁量权范围内的事项;海关在收到担保金后也可拒绝放行请求或直接拒绝反担保放行请求。

实践中,义乌海关已经对涉嫌侵权商标的货物进行反担保放行。[1]这种实践是否违反《知识产权海关保护条例》?从行政执法的角度来看,法无授权不可为,《海关法》和《知识产权海关保护条例》没有授权或禁止海关反担保放行假冒和盗版货物。从公民权利保护角度来看,法不禁止即可为,收发货人有权利提出反担保放行申请。然而,海关

---

① 参见浙江省义乌市人民法院金义知初字(2012)第13号判决书。

收到反担保放行是一种合法的自由裁量权,还是法外行权？如果反担保放行后,嫌疑货物被认定为侵权货物,权利人如何得到充分有效的救济？下文将作出回答。

(二)反担保放行的适用客体

根据2004年《知识产权海关保护条例》,反担保放行为何只适用于专利货物,而不涉及商标或著作权,特别是与国际贸易密切相关的商标客体？在1995年《知识产权海关保护条例》中,收发货人认为自己并未侵犯相关知识产权权的,海关可在收取货值两倍的担保金后放行货物。由此可以看出,现行反担保放行制度的适用在知识产权客体上进行严格限制。

从理论上说,尽管海关收取与货物等值或双倍价值的担保金,反担保放行仍有较大法律风险,不排除涉案货物嗣后被司法机关认定为侵权货物。从法律责任的角度来看,赔偿损失只是其中一种形式;权利人在提出赔偿损失之前,往往会追求停止侵权,防止损失扩大。但是,一旦侵权货物已经进入国际或国内市场,侵权货物会带来潜在的难以预估的市场影响。尽管权利人的直接损失得以从反担保放行的担保金中获得一定补偿,但并不能保证其获得全额补偿或惩罚性赔偿。所以,反担保放行制度意在追求自由贸易和贸易便利的目标,在权利保护方面有所保留。这种制度可以视为对海关追求权利保护和贸易安全价值目标的一种再平衡。

反担保放行只适用于专利保护,可能源于专利本身的技术性和复杂性,海关有限的执法资源难以全面客观认定专利侵权与否。所以,在制度设计上,考虑到进出口贸易中收发货人对贸易便利和成本的考虑,通过反担保放行平衡权利人和货主之间的利益。

在中国语境下,海关执法中涉及专利侵权的案件较少,货值占比不大,对国际贸易进出口秩序的影响有限。因此,即便是制度设计和实施过程中,存在不利后果,其影响面也十分有限。但是,如果对商标和著作权客体全面放开反担保放行,执行中出现滥用或异化,则可能产生较大冲击。

最后,反担保放行制度的国际协调没有将商标和著作权相关货物纳入其中。从TRIPS协定最低义务的角度来看,WTO成员方有权对所有知识产权客体的海关保护是否设定反担保放行。从国际趋势来看,反担保放行的适用受到严格限制。例如,《反假冒贸易协定》规定:只有在例外情况下或依据司法命令,缔约方可允许被申请人在提交担保书或其他担保时获得涉嫌侵权的货物。①欧盟2013年修订的《知识产权海关执法条例》规定货物提早放行制度(early release of goods),对于设计、专利、实用新型、半导体产品拓扑图或植物新品种权利是否被侵犯,货物所有者可以请求海关当局提早放行货物或终止扣留。海关放行货物或终止扣留货物的前提是:(1)报关者或货物持有者已经提供足以保护决定持有者利益的担保(guarantee);(2)有权决定是否侵权的当局没有授权预防性措施;(3)所有的海关手续已经结清。此外,提早放行的担保不应影响权利人享有的其他法律救济。②所以,从国际范围来看,没有将反担保放行适用于嫌疑盗版和假冒货物的普遍实践。

(三)反担保放行有限适用的法理基础

从民事担保的角度来看,反担保由债务人提供,保障担保机构在代偿后能够向债务人或债务人提供的第三方担保进行有效追偿;其实质是求偿担保。在知识产权海关保护中,收发货人提供担保金请求海关放行嫌疑货物并不是担保法中严格意义的"反担保",《知识产权海关保护条例》和《中华人民共和国海关关于〈中华人民共和国知识产权海关保护条例〉的实施办法》的条文中也未出现"反担保"的表述。③如果全面实行反担保海关放行制度,则会将扣押与放行货物担保引入

---

① ACTA第18条和《欧加全面经济贸易协定》(Canada-European Union: Comprehensive Economic and Trade Agreement,CETA)第22章第24.4条。

② 2013年《欧盟知识产权海关保护条例》第24条。

③ 国务院法制办公室关于《国务院关于修改〈中华人民共和国知识产权海关保护条例〉的决定(送审稿)》公开征求意见通知有"反担保"的提法。参见国务院法制办网站,载http://www.chinalaw.gov.cn/article/cazjgg/200912/20091200144478.shtml,访问日期:2016年8月10日。

无限循环的困境。因为,如果假定嫌疑货物被认定为侵权货物的可能性较大,嫌疑货物被扣押时,形成一种类似留置或质押的担保;那么,权利人申请扣货担保,已经构成某种形式的"反担保";收发货人申请放行担保则构成"反——反担保"。如此,整套反担保规则其实是可以无限循环下去的,进而总会剩余一项债权无法得到"担保"的保护。①为了避免这种循环怪圈,海关或司法机关应当主动作为,积极评估侵权风险,在法律授权范围之内谨慎地开展"反担保"放行操作。但值得注意的是,权利人提供担保申请冻结嫌疑货物的行为,实际并没有赋予权利人对涉案货物的质权或抵押权;因为如果涉案货物被认定为不侵权,涉案货物虽有经济价值,由于没有侵犯权利人的知识产权,权利人没有机会实现所谓质权或抵押权;如果涉案货物被认定为侵权,海关对侵权货物加以没收处置,涉案货物则没有经济价值,也难以抵偿权利人的经济损失。

从性质上说,收发货人提供的放行反担保与权利人提供的申请扣押担保应属于相同类型,即当主管机关决定放行或中止放行货物时,担保无辜的申请人(被申请人)免于任何损害。既然如此,权利人提供的申请扣押担保可以广泛适用,为何收发货人申请放行的担保却有严格限制?如前所述,知识产权海关担保制度不同于债权中的担保制度,也不同于负有支付关税之债的狭义海关事务担保。反担保放行制度的主要目的是保护权利人、海关和防止保护程序的滥用。如果全面实行反担保放行制度,则权利人的扣押担保制度形同虚设,因为嫌疑货物并没有得到有效扣留,反而大张旗鼓地进入国际和国内市场。

综上,为了平衡和抑制反担保放行的适用,如果反担保放行制度要适用于商标和著作权客体,②反担保放行在程序和材料要求方面不能简单地要求提供担保金,应同时出具并不侵权的初步法律意见,必

① 张淑隽、潘皞宇:《论反担保制度的形成原理及其立法、司法层面的操作理念》,载《法学评论》2010年第2期。

② 徐枫、王正伟:《对涉外定牌加工行为的再思考——以知识产权海关保护执法实践为视角》,载《知识产权》2015年第7期。

要时可举行权利人和收发货人在场的听证会。此外,反担保放行的申请人应当承诺如果事后被司法机关终裁认定构成侵权,海关有权加重行政处罚;法院也可将其视为可适用惩罚性赔偿的酌定情节。如果能将反担保放行制度与海关行政处罚、知识产权惩罚性赔偿等制度有机衔接,必将有利于反担保制度的有机运行。在实践中,由于权利人无法直接从海关行政程序中获得赔偿,且需要支付仓储费、处置费等维权成本,权利人不得不另行通过民事诉讼进行追偿;所以,绝大多数海关保护的知识产权争议案件嗣后进入司法程序。

另一种完善方案是,专利货物的反担保放行仍由海关依法裁量,但著作权和商标权相关的反担保放行申请由法院作出裁定,海关协助执法。我国已经有类似的实践,且效果较为理想。在宁海永来旅游用品有限公司与中华人民共和国宁波海关的行政诉讼中,发货人向宁波市中级人民法院提交100万元人民币现金担保后,法院裁定解除查封并要求宁波海关协助执行放行涉案货物;虽然权利人就相同涉案货物再次提出扣押申请,海关坚持放行涉案货物。海关的理由是:如果按照权利人的要求再次予以扣留,事实上是一种变相的重复查封,也将直接违反法院《协助执行通知》所要求海关履行的法定义务。法院认为:发货人向法院提供的100万元人民币远远超过担保对象本身的价值,权利人基于同一事实和理由向宁波海关申请再次扣留发货人的货物,明显是一种滥用权利的恶意行为。法院最终认定涉案货物并非侵权货物,在针对发货人的民事诉讼和针对海关的行政诉讼中,权利人的主张均没有得到法院支持。①

综上所述,对于依申请保护和依职权保护,海关实行全额担保与比例担保的不同做法;《海关法》和《知识产权海关保护条例》对此没有说明,这种差异化实践构成对依申请保护模式的某种"歧视",客观上使得依申请保护模式形同虚设。此外,知识产权海关担保以保证金

① 参见浙江省高级人民法院(2013)浙行终字第163号,本案于2014年4月被浙江省高级人民法院评定为2013年度浙江十大知识产权典型案例。

和保函(总担保)为主,企业提供保证金或银行保函可能减损企业经济活动能力,抵押、质押和企业信用担保等担保方式极少使用,担保的资金融通和商品流通作用没有充分发挥。无论是担保扣押还是反担保放行,申请人须以提交一定数额的担保金作为保护知识产权的前提条件。相关主体可能因无法提交高额的担保金而放弃对知识产权的保护或放弃放行货物的请求,故知识产权海关保护中需提交固定金额或相应比例担保金的做法存在一定的不合理性。在实际中,因根据风险管理原则,考虑按照不同的情况实施全额担保、按比例担保或免除担保。海关总署应当完善知识产权权利人和企业的信用体系,依托海关企业管理系统以及海关知识产权备案系统,对在海关备案知识产权的企业(个人)和曾经申请启动海关保护措施的企业建立信用档案,实施分类管理;对不同信用风险等级的企业提出不同的担保要求,提高海关知识产权保护的质量。

目前,我国知识产权海关担保制度已有现金担保和保函信用担保等形式,但仍然值得完善和丰富。首先,应当引入企业自身信用担保;如果申请人系社会公众普遍认知的大型企业或者有足够资产的金融机构的,经审查并认可后,该申请人可用本企业的信用作担保。从促进知识产权运用和管理的角度来看,如果涉案知识产权为核心自主知识产权,无形资产评估较高,且能为本企业带来良好的经济效益和社会效益,这种知识产权密集型企业也应当可用自身信用提供扣押担保。其次,允许多种形式的实物担保和权利凭证担保,例如,债券、存款单、提单、知识产权权益证书等权利凭证担保。再次,根据风险管理原则,针对个案灵活评估担保形式和担保金额。海关应将担保方式与企业信用相结合,对不同类型的企业实施不同的担保条件和方式,这既有利于引导企业自律守法,切实做到守法便利、违法严惩,也有利于海关有效实施监管,提高海关的管理效率。例如,根据《海关企业信用管理暂行办法》规定的企业信用分类,认证企业对允许企业提交的保函申请扣押侵权嫌疑货物,免收担保金;一般信用企业适用常规知识产权海关担保管理措施;失信企业必须提交保证金,保证金可按规定比例上限交纳。最后,海关还应研究制定免担保扣押嫌疑货物制度,一方面可以在认证企业中进行试点;另一方面针对需要维权帮助的小微企业和自然人,在知识产权权利状态稳定、侵权事实明显的前提下,允许其申请免担保扣押嫌疑货物。

On Improvement of Guarantee System under Customs Protection of Intellectual Property Rights

SUN Yiwu

[**Abstract**] The customs guarantee helps to prevent the abuse of intellectual property rights, to compensate for losses of the right holder and administrative risks for the Customs. At present, there are many issues in the customs guarantee of intellectual property protection, such as the limited form of the security and the requirement of amount of money. From the perspective of the protection of intellectual property rights, a higher amount of the guarantee may impede the rights of IPR owners seek to reinedg. If the guarantee standard is too low, it could be easily launch the Customs protection of IPR, the rights have been abused. System improvement should uphold the purpose of improving its customs security, adjust to meet the needs of trade facilitation dynamically, and also fit the needs of the different right holders, improve the effectiveness of customs guarantees finally. From the perspective of promoting the protection of IPR, a comprehesive guarantee system should apply to all categories of IPR, and should allow to provide a security or equivalent assurance with the applicant' s credit, and dynamically adjusts the amount of the guarantee case by case. From the perspective of promoting the facilitation of customs clearance, it should set up reasonable counter guarantee mechanism, the release of the goods involving trademarks and copyrights could be enforced based on the court ruling.

[**Key words**]　IPR, Customs Protection, Guarantee System

海关法评论(第6卷)

国际与外国海关法

International and Foreign Customs Law

从TPP关于海关的规定看海关法律规则的发展

何 力*

[摘 要] TPP是当今高标准的国际贸易投资规则,其中海关规则集中规定在第五章《海关当局与贸易便利化》,此外还有很多海关规则散见于第二章到第八章很多条文之中。TPP的海关规则与WTO《贸易便利化协定》的相关规定有很多重合之处,也有若干区别,但并非像其他TPP规则那样在贸易便利化方面有重大突破。相反,TPP的海关法律规则都是在充分意识到WTO相关规则存在前提下制定的,在具体规定上经常都要规定或厘清与WTO相关规则的关系。中国虽然眼下还不是TPP的成员,但有必要充分评估TPP海关法律规则对中国的影响。

[关键词] TPP;海关;贸易便利化;WTO

一、TPP及其关于海关的规定

TPP即《跨太平洋伙伴关系协定》(Trans-Pacific Partnership Agreement)的简称,是在新加坡、新西兰、智利和文莱四国2002年达成《跨太平洋战略经济伙伴关系协定》(Trans-Pacific Strategic Economic

---

* 何力:复旦大学法学院教授,上海海关学院兼职教授,博士生导师,法学博士。

Partnership Agreement)[①]基础之上,美国等国主导下签署的一个区域性大型贸易投资协定。它于2010年3月在美国主导下开始谈判,2012年日本参加谈判,最终有12个亚太地区国家于2015年10月5日在美国亚特兰大达成协议,并于2016年2月4日在新西兰的奥克兰正式签署。从此以后各缔约方开始进入国内审议和批准程序阶段。按照TPP的规定,TPP要在两年之内完成批准程序后60天正式生效。如果届时还有国家没有完成批准程序,则由占TPP各国GDP总量85%的6个以上的国家批准60天后生效。

TPP被认为是高标准的贸易投资规则。它承接了北美自由贸易协定(NAFTA)和《美国投资协定2012年范本》的贸易投资规则,并成为美国与欧盟谈判《跨大西洋贸易与投资伙伴协定》(Transatlantic Trade and Investment Partnership,TTIP)的基础和模版,也被称为是"21世纪贸易协议的标准模式"。它首先是一部贸易协定,建立的是自由贸易区。这是在TPP一开始的条文里就确定的其性质,并必须要服从WTO相关规则,即《关税与贸易总协定》(GATT)第24条和《服务贸易总协定》(GATS)第5条规定。[②] 但是,与WTO协定为代表的现行经济贸易规则不同,TPP是一个全面而有深度的大型区域一体化协定,已经不是至今为止的一般的自由贸易区(FTA)所能归类和概括的。它作为一个自由贸易协定,与WTO有重合之处,比如其中的关于货物贸易和服务贸易规则的各种内容。但相比WTO的传统贸易规则而言,原则上无例外和即时实施的零关税意味着这是一个远远

---

① 现在的TPP《跨太平洋伙伴关系协定》有12个缔约方,称为P12。2002年达成的最初的TPP《跨太平洋战略经济伙伴关系协定》有4个缔约方,称为P4。已有韩国、菲律宾、泰国、印度尼西亚4国准备进行加入TPP谈判,谈成后的TPP有16个缔约方,为P16。

② TPP第1章《初始条款和一般定义》第1.1条规定,本协定各缔约方,在与《1994关税与贸易总协定》第24条和《服务贸易总协定》第5条相一致的基础上,特此依照本协定条款建立自由贸易区。

超出WTO以最惠国税率为基础的自由贸易协定。[①] 它将WTO多哈回合十几年达不成协议的大部分议题一步到位。在农业及其补贴和支持、非农业产品市场准入、服务贸易、竞争规则、贸易便利化、发展议题、知识产权、环境议题等方面,TPP都达成了远远超过多哈回合议题目标的成果。它还将各种"面向21世纪议题"纳入其中,包括跨境服务、跨境电子商务、劳工标准、环境标准、能力建设、竞争中立、防止腐败行为规则等等诸多方面。它的第28章争端解决更是有减损国家司法主权之嫌。所有这些内容都处于同一部协定之中,与之配套的文件文书长达两千页之多,构成一个可以相互适用的庞大体系,使得即使是与以往的协议相同内容的规定,在TPP里面其性质也发生了根本性变化。贸易条款只是TPP一个部分而已,一半以上的条款都是贸易以外的条款。投资虽然只有一章,但很多章节都与投资有关。因此,已经不能简单地把TPP作为其他很多双边或区域性的自由贸易协定(FTA)那样来看待。

TPP第5章《海关当局与贸易便利化》是其海关规则的专章。主要条文有12条。第1条规定了海关程序和贸易便利化的总原则,缔约方保证其海关程序可预见性、一贯性和透明性。第2条是海关合作,鼓励与其他缔约方就影响缔约方之间货物贸易的重要海关事务开展合作,并要求有关TPP协定关于进出口规定的实施和运用、海关估价协定的实施、使用和运用、进出口禁止或限制、逃税及走私违反海关法律行为的调查和预防以及其他海关事务的各缔约方法律法规保持一致。海关合作包括有关法律法规制定修改废除的通知、信息的提供、缔约方之间应请求提供技术性建议和协助等多方面的合作。第3条规定了海关预裁定制度,包括商品归类、海关估价(其标准依照《海关估价协定》对一个案子的适用)、原产地三大领域的海关预裁定,以及缔约方可能决定的其他事项的预裁定。关于所作出的预裁定,还规

① 最初的TPP谈判目标是100%无例外全部零关税,最后谈成达成的协议是98%零关税。参见潘寅茹:《TPP协议公布:98%产品关税免除,几家欢喜几家愁》,载http://www.yicai.com/news/2015/11/4707906.html(一财网),访问日期:2016年9月5日。

定了修改、撤销、行政复议等程序规定。第4条是对建议或信息请求的答复,即缔约方应贸易商或生产商的请求提供关于关税配额条件、关税减免适用、原产国表示等的信息或作出建议。第5条规定了对海关决定或裁定的行政救济和司法救济制度。第6条是海关手续自动化规定,要求各缔约方努力使用国际标准,认真考虑接受世界海关组织的标准和劝告,努力实现电子通关。第7条急件的快速通关规定。第8条是认可各缔约方根据本国海关法规采取的处罚。第9条规定各国海关当局实行风险管理。第10条是关于货物放行的通关便利化的规定。第11条是要求各缔约方海关法令及其行政程序等要求尽可能用英语公布。第12条是保密条款。

除此之外,TPP还有若干章的规则也是要由海关当局加以实施才能实现。这属于广义上的海关规则。除了第2章规定的国民待遇及货物贸易的市场准入之外,还有第3章原产地规则及原产地程序、第4章纺织品与服装、第6章贸易救济、第7章动植物检疫措施、第8章贸易的技术壁垒。

TPP的海关法律规则在一定程度上可以折射出现在和未来海关法律规则的若干特征。TPP虽然是一个划时代的自由贸易协定,但对于海关法律规则的发展而言是否也有同样重大的意义?对于这个问题,有必要通过TPP中的海关规则与WTO《贸易便利化协定》的相关规定的比较进行分析。

二、TPP中的海关规则与WTO《贸易便利化协定》的比较

WTO《贸易便利化协定》于2013年12月在印度尼西亚巴厘岛WTO部长会议上通过,预定在2015年年底获得法定成员方批准后开始生效实施。中国于2015年9月5日向WTO秘书处递交了批准书,成为第16个接受该协议的WTO成员方。贸易便利化的核心是通关环节,因此这一协定是直接规范WTO各成员方海关措施,实现贸易和通关便利化的专门性海关规则协定,对于海关法律规则而言具有里程碑意义。

《贸易便利化协定》是多哈回合贸易便利化议题谈判的具体成果。

贸易便利化最早是在1997年新加坡WTO部长会议上提出,与政府采购透明度、贸易与投资、贸易与竞争政策一起被列入“新加坡议题”。但关于通关环节的WTO规则的最初渊源却是1947年GATT的规定。GATT第5条是过境自由,第8条是进出口规费和手续,第10条是贸易法规的公布和实施。和很多GATT条文类似,这些条文规定比较原则和抽象,缺乏具体性和可操作性,因此难以得到真正的实施。通过GATT争端解决机制的实践和后来的各轮多边贸易谈判,GATT的很多条文才通过另外达成协议而具体化,成为可操作的规则。WTO成立后,形成了若干新的协议,但有关通关环节的规则并不包含在内,而是作为WTO时代多哈回合议题进行谈判。最后,这一问题在《贸易便利化协定》中才得以解决。该协定本着贸易便利化的宗旨,对GATT这三个条文进行了详细的澄清和大幅度改进,一起进一步加速货物的流动、放行和清关,包括过境货物。①

TPP第5章内容与《贸易便利化协定》的实质性规定相比见表1,有共同之处和不同之处。当然,最大的共同点就是二者的目的和宗旨完全一样,都是为了促进贸易便利化而制定的。

表1　TUA条文与TPP条文之比较

主题	TUA条文	TPP条文
宗旨		第1条
信息发布和提供	第1条、第2条	第4条、第11条
预裁定	第3条	第3条
申诉或审查程序	第4条	第5条
公正、非歧视和透明度其他措施	第5条	
进出口费用和收费的准则	第6条	

① 《商务部世贸司负责人就贸易便利化协定有关情况进行解读》,载http://www.mofcom.gov.cn/article/ae/ai/201501/20150100864841.shtml(商务部官网),访问日期:2016年9月13日。

续表

主题	TUA 条文	TPP 条文
货物放行和清关	第7条	第10条
边境机构协调	第8条	
海关监督下的货物进口运输	第9条	
进出口和过境相关手续	第10条	
过境自由	第11条	
海关合作	第12条	第2条
机构性安排	第13条	
国际标准化、单一窗口和自动化		第6条
急件通关		第7条
海关处罚权力		第8条
风险管理		第9条
海关合作中的信息保密		第12条

由此可见,两个协定中的共同规定的主题有信息发布和提供、预裁定制度、申诉或审查程序、货物放行和清关、海关合作几个方面的内容。《贸易便利化协定》公正、非歧视和透明度是其他措施的、进出口费用和收费准则、边境机构协调、海关监督下的货物进口运输、进出口和过境相关手续、过境自由、机构性安排等条文的规定TPP里面没有,很多条文是对应GATT第5条、第8条和第10条而设计的。它们有的是在TPP的原则中加以体现,或者在其他章节内容加以规定,当然也适用于第5章。有的则是根据各谈判方或世界海关组织的实践而加进来的。而TPP中有但在《贸易便利化协定》中没有的内容有国际标准化、单一窗口和自动化、急件通关、海关处罚权力、风险管理、海关合作中的信息保密。其中国际标准化、单一窗口和自动化的若干内容在《贸易便利化协定》第10条进出口和过境相关手续的规定中也有体现。急件通关则是TPP专有的主题。海关处罚权力

和海关合作中的信息保密规定则是对国家的海关权力的保留,并且也有海关行政互助的意思。风险管理的规定则是TPP对缔约方海关更高的要求。

三、对TPP的海关法律规则的评价——以WTO规则为参照物

通过以上比较可以看出,TPP在海关和贸易便利化方面的规定与WTO《贸易便利化协定》相比虽然各有千秋,但总体上看并无重大突破和明显的提升,基本上是处于同一水准上。也就是说,这就给我们提出了一个问题:为什么TPP这样的高标准的贸易投资协定在海关事务上不相应跟进,而是继续保持在国际海关合作的现有阶段上呢?对此我们可以这样理解,海关法律规则现在已经相对稳定,技术性和便捷性就是其追求的目标。这样的目标与TPP其他很多新规则比起来相对比较中立,与政治和政策的重大变动关系不大,并且海关国际法规则与海关国内法规则也有很高程度的融合。

海关法律规则有国际法规则和国内法规则。国内海关法历史悠久,是海关法律规则的本源。国际法规则源于各国国内海关法规则的相互协调,但现在海关法律规则中国际法与国内法相互影响,相互融合,不仅使得海关国际法规则更加具有普遍性,而且让各国海关法规越来越相互接近。

在海关法的国内法时代,各国海关法在相对封闭的环境中独立发展,各有各的特色。1947年成立了GATT,除了关税减让、市场准入、最惠国待遇和国民待遇等需要海关当局来实施外,还对于包括非关税壁垒在内的若干海关措施加以规定,使得缔约方国内海关法规则遭遇到了国际海关法规则。但GATT体制下,除了关税措施的GATT规则得到各国海关当局的实施之外,非关税措施的GATT规则并没有强求国内海关规则的一致性。GATT体制下也没有强制性手段让各缔约方的国内海关法与其协调一致。到了WTO时代,由于有了争端解决机制和多边贸易协定的"一揽子协

定”性质①,很多非关税措施方面的外国海关法规则开始向WTO规则接近和协调,比如《海关估价协定》和《原产地规则协定》就有这样的效果。但就GATT第5条、第8条、第10条有关海关当局具体措施方面,仍然没有将各成员方相关国内规则与WTO规则加以统一或协调起来。

虽然贸易便利化的理念最早体现在GATT规则中,但真正结合各国国内海关法规和措施加以推进的却是世界海关组织方面。世界海关组织在海关法律规则的国际融合性方面做了很多工作。它从一些发达国家海关实践中吸收了很多海关法律规则,形成世界海关组织自身的工具、指针、标准等,向各成员方推广,大大促进了各国海关法律规则的协调和接近。它也通过《京都公约》(全称《关于简化和协调海关业务制度的国际公约》,International Convention on the Simplification and Harmonization of Customs Procedures)及其《京都公约修正案议定书》《商品归类于编码协调制度公约》等国际条约使得各国海关法律制度在条约法义务下实现了统一或协调。

如果是在WTO成立之前的GATT阶段,世界海关组织在贸易便利化方面是最有成效的。但自从配备了强大的争端解决机制的WTO成立以后,世界海关组织由于缺乏WTO争端解决机制那样的具有强制性争端管辖的权限,只是在国际法中的软法机制下进行的海关法律规则的国际融合的弱点显现出来。世界海关组织成员方可以在世界海关组织推出的规则中根据本国的国情有所选择。即使在加入《京都公约》及其《修正案议定书》的场合,也可以在加入主约的同时,有选择地加入部分或者全部附约。即使加入了这样的海关国际条约,也可以进行条约保留。即使加入后违反了某些条约条款的规定,也没有相应的强制机制或制裁机制。

贸易便利化也是世界海关组织和WTO共同的目标。纳入到

① 盛建明、钟楹:《关于WTO“协商一致”与“一揽子协定”决策原则的实证分析和改革路径研究》,载《河北法学》2015年第8期。

WTO协定体系中,就可以利用WTO的“一揽子协定”和争端解决机制,将贸易便利化的相关规则硬法化,达到同样的目的。所以,在世界海关组织多年累积的基础之上的WTO的《贸易便利化协定》的谈判成功,就意味着贸易便利化水准一下子提升到比较高的水准上了。很多海关规则的问题才开始得到解决。它将贸易便利化相关的海关规则从世界海关组织的软法机制转化为WTO的硬法机制,使其成为了各成员方海关当局代表国家应该遵守的义务。《贸易便利化协定》属于WTO协定体系中的附件1A《货物贸易多边协定》名单的一员。而列入附件1A的各项协定都是“一揽子协定”,即所有成员无保留全部参加的。并且,该协定一旦生效,就成为争端解决机制具有强制管辖权的《涵盖协定》中的一部分,有关争端和遵守协定的义务问题是要受到争端解决机构的强制管辖。这一机制就使得WTO各成员方必须要根据《贸易便利化协定》梳理国内的相关海关法规,否则一旦出现了国内海关法规违反了《贸易便利化协定》的事态,或者国内海关当局的行政行为与该协定规定相冲突,就有可能成为WTO争端解决机制中的被诉一方。如果败诉,就要承担相应的国际法责任。

也就是说,在有关海关法律规则的国际标准及其协调方面,WTO的《贸易便利化协定》的签订已经基本上解决了问题。而TPP规则在于WTO规则相互重合的部分,并不排斥WTO规则,而是给当事国提供了可供选择的争端解决方法。既然TPP的海关法律规则相比WTO并没有根本性不同,那么可以说在海关法律规则方面,TPP并无重大作为和进一步提升的余地。TPP的成员国同时也都是WTO的成员,WTO《贸易便利化协定》也同样适用于它们,故TPP在这方面也没有必要另搞一套更高标准的贸易便利化措施和规则。即使美国和欧盟谈判TTIP成功,它可以在投资、环境、劳工、知识产权、争端解决机制等方面获得重大突破,但在海关法律规则方面也只能有限发展。

四、海关法律规则在TPP中的拓展

虽然我们不能从TPP第5章中直接规定海关当局和贸易便利化

内容中找出有重大突破,但也要看到海关法律规则并非只有这些内容。如前所述,广义的海关法规则也包含从第2章到第8章所规定的各种关税和非关税措施的实施。在这方面,就不能下结论认为TPP海关法律规则也同样没有作为了。

第2章第4条规定的关税不是很多FTA等贸易协定所说的削减,而是要求最终实现零关税的目标。本来原则上是没有例外的,但后来谈判的结果,大约2%的商品品目列入进口限制的清单里面。对于这些产品,需要单独规定撤销关税的日程计划,以及关税配额和发动特别保障措施的条件。比如,列入清单的有日本向美国和加拿大出口的汽车,以及美国等国出口的农产品及其补贴问题。

第3章原产地规则及其原产地手续。A部分为原产地规则。B部分为原产地手续。其中A部分对于原产地实质认定的规则有了比较大的改变,将原材料纳入原产地认定的严格标准之中。第3章第2条规定了原产地认定标准:在缔约方生产,并使用缔约方原材料生产的产品。如果生产于缔约方,但不是非缔约方的原材料生产的产品,则必须要满足商品目录规制的要件。第3条规定了农产品和矿产品等必须完全原产于缔约方。回收再利用产品也要回收利用缔约方的回收材料。第11条规定,即使不改变商品归类的非缔约方原材料含量也要在10%以下才算作缔约方原产。

第4章纺织品与服装。本来WTO的《纺织品与服装协定》规定的10年过渡期早已期满,纺织品与服装已成为普通商品,但TPP将其重新进行专章规定。第2条是纺织品与服装的原产地规则及其相关事项。第3条是纺织品特别保障措施。第4条和第5条规定了纺织品贸易违反海关法规的缔约方之间海关合作规则以及监督。TPP恢复纺织品与服装贸易的限制体现了它是一个纵向的经济一体化,既包含有经济发展水平高的发达国家,也包含像越南那样的经济发展水平低的发展中国家,对其依靠极其低廉劳动力的纺织品与服装不得不规定若干纪律。这从自由贸易的角度看,TPP比起WTO来有所倒退。

第6章是贸易救济。A部分为保障措施,第2条处理与WTO《保障措施协定》的关系,规定不得与 WTO 规则实行重复救济。第 3 条规定保障措施期间为 3 年,比 WTO 规则的 4 年有所缩短,有所进步。B 部分则将反倾销和反补贴规则放到一起,也同样规定了不得与 WTO 规则重复适用的原则。

第 7 章为动植物检疫检验措施。为了保护人类、动物或植物的生命和健康实施动植物检疫检验措施与 WTO 规则基本上是同一级别,并规定了与 WTO 规则程序的关系。在实现单一窗口的情况下,动植物检疫检验是有可能与海关通关一元化实施的。

第 8 章是贸易技术壁垒。除了一般性规定外,专门对于葡萄酒以及蒸馏酒、信息技术产品、医药品、化妆品、医疗机械、包装食品及其食物添加剂专用的制造方法、有机产品七大类产品的技术壁垒的规则各自用附件的方式加以明确而具体的规定,可以说实行了高标准的规则。

总而言之,这些相关的海关法律规则方面与 WTO 规则比较有进有退,但总体上是有了比较大的进展,有了若干新标准和高标准。但无论如何,TPP 的海关法律规则都是在充分意识到 WTO 相关规则的存在前提下制定的。在具体规定上经常都要规定或厘清与 WTO 相关规则的关系。

五、TPP 关于海关的规定对中国的影响

中国不是 TPP 的缔约方,但 TPP 的动向与中国的经济贸易密切相关,不能无视。关于 TPP 的海关措施,即使没有对海关法律规则的重大突破,但也会出生贸易转移效应,影响中国对 TPP 成员的贸易,特别是能够取得巨额贸易顺差的对美贸易。面对中国经济增长速度放缓的现实状况,这样的贸易转移效应对于中国而言并非正面。TPP 的原产地规则中的原材料规则就是一个例子。TPP 第 3 章是原产地规则规定,但在第 4 章《纺织品与服装》中专门规定了纺织品和服装的原产地特别规则。第 2 条第 4 款规定了前面两款规定的纺织品和服装中包含有弹性纱线,则只有在此类纱线是在一个或多

个缔约方领土内全部制成的,该货物方可视为属于原产货物。实际上阻碍了中国原材料向越南、马来西亚、秘鲁、墨西哥等国迂回生产出纺织品与服装成品再出口到美国的途径,势必大大打击中国的纱线作为纺织品与服装的原材料的出口,使得这些国家向美国这样的纺织品或服装的世界最大进口市场的纺织品原材料将会从中国大规模向日本转移。TPP第5章的贸易便利化措施再加上第2章的市场准入和原则上的零关税措施,也会大大降低TPP成员国对美出口的成本和价格,使得大量中国对美出口贸易会转移到这些国家,特别是那些与中国高度竞合的产品。

但是也要看到,TPP无论提出了多么高的标准,无论多么引领国际贸易投资规则的新潮流,它也是一个在亚太经合组织框架(APEC)下的协定。中国作为一个APEC成员,TPP没有任何理由和可能排除中国。中国之所以没有参加TPP谈判,并不是美国主导下的排挤中国的行为,而是中国基于自身的条件和考虑作出的自主决定。而中国实行的包括建立几个自由贸易实验区在内的深化改革的实践和措施,恰恰能够让中国自身具备适应高标准TPP规则的体质。如果将《中美投资协定》谈判和《中欧投资协定》谈判联系起来,再结合"一带一路"战略的推广,我们可以清楚看到中国绝不是走一条对抗的孤立道路,而是进一步跟上经济全球化的步伐,进一步开放,与中国作为一个经济大国的地位和责任相称。2016年2月4日,TPP缔约方共12国在新西兰的奥克兰举行了正式签约仪式,从此以后便开始了国内批准程序。商务部专门就此发表谈话,表明了中国对TPP的积极态度。① 所以,站在这个角度审视TPP的海关法律规则,我们是可以更积极、更乐观地看到其进一步发展的。

---

① 商务部新闻办公室:《商务部国际司负责人就〈跨太平洋伙伴关系协定〉正式签署表态》,载 http://www.mofcom.gov.cn/article/ae/ai/201602/20160201251518.shtml,访问日期:2016年9月14日。

Development of the Customs Law Rules in the Perspective of TPP's Customs Regulations

HE Li

[**Abstract**] TPP is comtemporong high standard of international trade and investment rules. Its customs rules are provided in the fifth chapter named "Customs authorities and trade facilitation". In addition, There are many customs rules scattered from its Chapter II to Chapter VIII. Compared with the relevant provisions of WTO "Trade Facilitation Agreement," the customs rules of TPP have a lot of overlap and a number of differences. In trade facilitation rules, TPP's customs rules did not make a major breakthrough like the other parts of TPP rules. The customs law rules of TPP are fully aware of the existence of WTO rules under the premise of making. And we can often find TPP's provisions specifically determine its relationship with the relevant rules of WTO. Although China is not a member of TPP yet now, but it is necessary to fully assess the impact of TPP on China's customs law.

[**Key words**] TPP, Customs, Trade Facilitation, WTO

法国法律审查的多种方式

——兼谈法国海关没收条款的合宪性审查*

万曙春** 米歇尔·韦尔波***

[摘 要] 法国1958宪法创设的宪法委员会,履行着法国法律审查的司法职能。从1958年起的50年间,法国只有法律事前审查,即对经两院投票未正式颁布的法律进行合宪性审查。直到2008年,对已颁布法律的事后审查才引入法国。这两种审查方式构成法国的法律审查制度,它们共同存在且相互不能替代,各有其独立功能。2011年宪法委员会受理一起关于就《法国海关法典》中海关没收条款的合宪性先决问题审查申请(案号:n°2011-208-QPC),要求对海关没收货物职权的合宪性问题予以审查。该审查申请特别提到,海关没收制度的规定侵犯了货主的财产所有权和司法救济权。宪法委员会做出了予以审查的决定,并做出了否定性判决。

[关键词] 宪法委员会;合宪性审查先决问题;海关没收

---

* 上海市哲学社会科学规划项目:《中国(上海)自贸试验区海关法难题破解及创新》(编号:2015BFX009),上海市教委创新课题《中国(上海)自由贸易试验区海关法制问题及创新研究》(项目编号:15ZS089)资助,海关法科研团队工作成果。

** 万曙春,上海海关学院副教授,宪法学与行政法学博士,海关法实验中心主任。

*** [法]米歇尔·韦尔波,法国巴黎索邦第一大学宪法学教授,公法研究中心主任。

对法国法律审查问题进行探讨,首先必须谈到宪法委员会,它履行着法国法律审查的司法职能,对该项权能的考察应当把它放回到宪法委员会所履行的全部权能中。1958年10月4日通过的法国宪法,为了加强对国会的限制并消减其角色影响,创设了宪法委员会。宪法委员会由9名成员构成,他们分别由法国最高政治权力机关中的共和国总统、国民议会议长及参议院议长任命产生。对委员的任命无任何条件设定,是一种完全自由的选择。这些委员可以是从政治生涯中退休的政治人物、也可以是不同领域的法学家、律师、行政官员、法官及法学教授。委员们的构成应形成来自不同领域间的平衡,至今看来都较好地实现了。委员任期9年,不得连任,这种做法是避免委员为获取连任而向有权任命主体寻求依附从而丧失独立性。但每三年内,这些委员中的三分之一将被重新任命。也就是说,每位有权任命主体通常是每三年任命一名新成员,除非有意外情况发生。比如说死亡,这种情形有过几次;或者是辞职,但这种情况相当少,至今发生过的最后一次辞职,涉及罗兰·杜马先生,他是宪法委员会自1995年至2000年期间的前主席,因为预审法官对其展开的一项调查而必须提出辞职。宪法委员会委员不得兼任其他职务,2013年10月11日法国通过一项公共生活透明化的法律后,他们不得兼任的范围扩大到任何职业性活动。当然他们也不能成为政治性选举的候选人,无论是全国性还是地方性的选举,均不得参与。

宪法委员会履行多项职能。首先,它组织法国每五年一次的共和国总统选举。它确认候选人资格,对候选人获得500张选票支持予以认定、组织投票活动、确认和宣布投票结果。其次,它是法国全国性选举活动(国民议会代表的选举及参议会议员的选举)及全国性公投活动的选举法官。在这些选举中如果发生争议,将由宪法委员会裁决。再次,它也是某些特定立法活动合宪性裁判的法官,如对经签署的国际条约与协定,在它们尚未生效前,对它们进行合宪性审查。如果发现有与宪法相冲突或相矛盾的情形,该条约必须等国家宪法修改后才能批准生效。1959年以来,宪法委员会一共审查了13个有关国际协定的案件。宪法委员会不是行政行为的裁判法官,在法国这项审查权能归属于国家行政法院,但它是对国家法律合宪性进行裁决的法官。最后,这项职能从1958年起的50年间,法国只能就法律进行事前审查,即对经过两院投票但正式颁布前的法律进行合宪性审查。从2008年起,法国有了对已颁布法律的事后审查,即在法律颁布日期后进行的审查。这两种审查方式共同存在且相互不能替代,各有其独立功能,也可以说它们各有各的优点与不足。

一、事前审查

法国法律审查的事前审查存在两种形式,即强制性审查和非强制性审查。

(一)针对组织法的强制性审查

《法国宪法》第61条第1款规定,对组织法必须作出合宪性宣告,组织法是补充和细化宪法的法律。之所以对其进行强制性审查,是因为必须保证组织法与宪法相一致。这种情形下谁来确保对该法律的整体审查得到实施?在法国是内阁总理有义务提交申请,实际情形中就是内阁总理将国会通过的组织法提交到宪法委员会。内阁总理不可能不作为,直到今天,也从未发生过内阁总理拒绝履行其提交职责的情形。至今,法国宪法委员会对组织法展开的审查合计约80例。

(二)适用于一般性法律的非强制性审查

这种形式的审查与前种形式共同规定在《法国宪法》第61条中,该条第2款规定,对一般性法律可以提出非强制性审查申请。这里所称一般性法律是指除国家组织法之外的其他法律,但这一概念在宪法条文中并没有出现。国家4个高等权力主体即共和国总统、总理及两会议长,可以向宪法委员会提交审查请求。从1959年宪法委员会成立当年到1974年间,经他们提出的审查申请仅五十几个,应该说相当少。1974年10月29日法国宪法进行了修订,当时的法国总统吉斯卡尔·德斯坦希望加强对国会的反对权,这次修订规定60名国民议会代表及参议会议员可向宪法委员会提交法律审查的申请。从此,他们作为新的申请主体加入已有的4类有权主体中。这些提出申请的国民议会代表或者参议院议员并不必须是反对派,我们看到过,有些法律审查的申请就是由国会两院中占多数派的议员们提出的。从那天起,法国法律审查申请的数量大幅提高,经国会两院议员们提出的申请,每年有20个左右。

非强制性的法律审查形式下,所有一般性法律都可能被诉至宪法委员会,但经公投的法律除外。经公投的法律是人民自治的直接意思表示,也就是说是人民通过选民代表的自我表达。这种否定性的排除由宪法委员会1962年做出的一个判例所确立,1992年在一个有关公投法律的审查案件中宪法委员会再次确认这个结果,宪法委员会以对该法律无权管辖为由拒绝对其审查。但在1959年到2014年之间,法国经公投的法律只有8个。这种情形的实质也就是说,经国会通过的一般性法律,也就是大多数的法律都可以成为法律审查的对象。

一旦宪法委员会受理申请,它并不仅限于审查经申请主体提出质疑的几项条款,而是对整部法律进行审查,宪法委员会认为,即使有些问题并未经申请主体提出,但它有对所有需要进行审查的合宪性问题展开审查的职责。

当宪法委员会对某项法律的合宪性进行审查后,有三种可能结果:一是它裁判该法律合宪,法律将由宪法规定的法律颁布宣告主体共和国总统颁布实施;二是它裁判该法律违宪而不能颁布。该情形下,政府(多数情形下政府都是法律的最初动议者)必须重拟新法案并重新经过投票程序,或者就是政府彻底放弃该计划。从1959年以来,经宪法委员会裁决的法律完全违宪而不得颁布的案例不满20个。宪法委员会事实上不会去裁定废除一个对将来存在问题的法律,因为该法律并未生效;它也不会去裁定取消该法律,因为该法律从未存在过,不会产生任何溯及既往的效力。三是宪法委员会裁决被审查的法律中有几个条款违宪,这部法律在删除违宪条款后就可以颁布实施。此时,这部法律与当时经国会两院投票通过的文本相比,已经“不完整”,

但它接受对删除的条款保持沉默或留有空白。

宪法委员会依据法国宪法进行法律审查,但应当注意到,法国的宪法文本很短并且技术性较强,而且跟其他很多国家的宪法文本不同的是,公民享有的权利和自由通常是宪法的主要内容,但法国宪法中却没有明确列举该部分内容。因此,最初阶段,宪法委员会仅依据这部单一的宪法而进行的法律审查只能非常有限。但是,在 1958 年宪法中有一个很短的序言,它提到应当参考法国政治和宪政历史上非常重要的两个法律文件,即 1789 年人权宣言以及法国前一部宪法的序言,也就是 1946 年宪法的序言(这部宪法是在第二次世界大战结束后的第二天通过的)。1789 年人权宣言确认了公民的政治权利和民事权利,后一法律文件则确认了更多的社会权与经济权。法学家们及司法者对"宪法序言是否是宪法的一部分"提出过询问,宪法委员会在它 1971 年做出的一个非常重要的裁决中表示,序言应当为宪法文本所吸收,它与宪法文本其他部分一样具有同等的宪法价值。所以,这两个法律文本就不能仅被看作对先前文本的政治性或历史性的简单回顾,而应当成为现今具有直接适用性的法律规范。

后来法理学说中创设了"宪法团"这样一个词语,用来涵盖所有具有宪法价值的原则和规则的集合。自此以后,法国的法律就可以被宣布,比如说与 1789 年人权宣言保障的自由表达权的原则不相符。从 1971 年开始,有相当数量的法律都经过了与"宪法团"条款的对照。整个时期以来,宪法委员会经事前审查做出的裁决不到 700 件。

二、事后审查

法国只有法律事前审查的情形一致持续到 2000 年代的中期,在这一点上,法国与欧洲其他国家相比显得比较落后,因为在那些国家几乎都可以对已向公众发布或司法中已适用的法律进行事后审查。法律的事后审查,是一直等到 2008 年 7 月 23 日的宪法修订才被引入法国,具体规定在《法国宪法》第 61 条第 1 款的新增内容中。后来 2009 年 12 月 10 日颁布实施的组织法中,对实施《法国宪法》第 61 条第1款的内容进一步予以完备。以下谈到的主要规则就规定在这部组织法中。

(一)宪法委员会的间接诉讼

事后法律审查方式,允许任何诉讼类型及诉讼层级(一审、上诉审或者终审)中的诉讼双方,都可以对其案件所适用法律的合宪性提出质疑。例如,可以是对刑法典或者民法典中的一个条款,也可以是其他任何法律文本。被提出合宪性质疑的法律,在时间上也没有任何限定,这部法律可以是16世纪的一项法律,也可以是20世纪初期也就是说在1958年宪法生效前通过的法律。法律合宪性的质疑被提至法官面前时,该法官就必须将合宪性审查问题置于其他所有问题之前,故而这也被称为"合宪性先决问题"(通常用字母缩写QPC来表示)。但是,这个合宪性的问题必须与宪法所保障的权利和自由相关,这里的宪法当然就是指前面已提到的"宪法团"。对立法程序问题是不能提起事后审查申请的,因为它们与普通诉讼参与人无利害关联,该问题只是关涉到公共权力机关相互的关系。在法国有两种序列或者说两套司法组织体系,行政法院司法体系和普通法院司法体系,行政法院或普通法院的法官,在审理案件过程中,收到合宪性先决问题的审查请求后,就会将该请求转至其所在司法系统的最高司法机关,此时,案件的本诉程序就会中止。一般的说法就是,在合宪性问题被以某种方式予以解决之前,本诉法官必须延迟做出裁决。接下来,合宪性问题的审查请求会被送到审理行政案件的最高行政法院或审理普通诉讼案件的最高法院,这两个最高法院,它们拥有是否将其受理的宪法性先决问题移交宪法委员会的决定权。因而它们必须审查,第一是该合宪性问题是否曾经已被宪法委员会裁决过,理由就是必须尊重宪法委员会已经作出裁决的法律权威;第二是判断该问题是否足够作为一个合宪性问题进行提交。这是一个确保合宪性先决问题是否适格的审核程序,这仿若一幅过滤的画面。最高法院或最高行政法院有三个月的时间来决定是否移送,如果它们决定不移送,那么当初提出该合宪性先决问题的本诉程序将重启;相反,则宪法委员会将展开对合宪性先决问题的审查。

（二）宪法委员会对法律合宪性的审查

宪法委员会收到最高行政法院或最高法院移送的合宪性先决问题后,应当在三个月的时限内审查完毕,它收到的案件数量约占两个最高法院受理申请总数的五分之一。宪法委员会事实上决断性地掌控着对法律条款是否合宪的决定权。对两个移送申请的司法机关(最高行政法院或最高法院)来说,它们不能以认为该法未与宪法相冲突而拒绝移送申请,它们对合宪性问题是处于消极状态。宪法委员会将从它这一方面来核实的仅是该项移送是否符合各项条件。一旦受理后,宪法委员会裁判结果一般是两种解决途径:一是认为没有任何宪法上的不解问题,从而认定合宪性问题不成立。这种情形下,本诉程序将重启,对诉讼双方来说,就是丧失了时间,最长限度是6个月(在最高法院或最高行政法院审查的3个月和在宪法委员会审查的3个月)。二是宪法委员会裁判该法律条款确实违宪因而合宪性先决问题有效成立了。这种情形下,这个法律条款经认定将产生被废止的效力,也就是将来任何情形下它都不再适用,并且原则上它也不再适用于提出该合宪性先决问题的案件,根据宪法委员会的观点,当事人应当受惠于提出该问题的有利结果。宪法委员会在认定法律违宪的情形下,也可以做出决定让这个法律条款稍迟一些才产生被废止的效果,这个推延时限由宪法委员会自己直接决定,通常来说是几个月的时间。这种做法在于留给立法者时间,允许其对法律自行进行修改。该做法被理解为对司法安定性的尊重,也是一种不愿搅乱现存法律并避免采取过度方式去修改已形成的司法秩序的意愿表达。

从2010年3月1日起至今,宪法委员会经事后审查方式已作出近400个裁决,据此可说这种审查方式取得了巨大的成功。

三、法国宪法委员会对海关法典没收条款的合宪性审查

2011年宪法委员会受理一起关于就《法国海关法典》有关海关没收规定的合宪性先决问题的审查申请(案号:n°2011 - 208 - QPC)

(QPC:合宪性先决问题),要求对海关没收货物的职权中对所有权人申请发还没收标的物的权利限定是否合宪予以审查。该审查申请特别提出,海关没收制度的条款侵犯了当事人的财产所有权和司法救济权。宪法委员会做出了予以审查的决定,并于2012年1月13日作出裁决,其裁决意见全文刊载于法国达鲁兹出版社出版的达鲁兹2012年集刊①。

宪法委员会经查认为:首先,《法国海关法典》第374条②赋予海关对货物运输人和申报人的被扣货物予以没收的权能,并且规定海关采取以上没收措施时无需考虑这些货物的所有权,即便出现案外人主张并指明所有权的情形也是如此;同时,该条款并未赋予财产所有权人对侵犯其财产权的行为寻求司法救济的权利,因此,这些条款显然违反了1789年人权宣言的第16条③。

其次,同一《法国海关法典》第376条规定,禁止被扣押或没收货物的所有权人申请发还货物;这一禁止性规定的目的在于打击违反海关法的行为,并且货物所有权人负有对其选择运输人和履行财税义务的相应法律责任,从这一点看,显然这些条款的设定是以保障公共利益为目标。但即便如此,宪法委员会提出,《法国海关法典》第376条事实上排除了财产所有人任何情形之下申请发还被扣押或被没收标的的可能,因此,即使是为了追诉违法行为,但仍然构成对财产权比例不当的损害。

---

① Citations Dalloz:L'inconstitutionnalité de la confiscation douanière, n° 2011 - 208 - QPC, Revues:Recueil Dalloz 2012, p. 449.(达鲁兹出版社引用:海关没收违宪性,摘自杂志达鲁兹2012年集刊第449页。)

② 参见《法国海关法典》第374条规定:海关有关直接从运输工具驾驶人或报关人手中没收被扣押物品,无义务与货主发生联系.黄胜强译:《法国海关法典》,中国社会科学出版社1999年版,第157页。

③ 参见 Thierry S. Renoux, Michel de Villiers, Code constitutionnel, edition 2005, Litec, pp. 179 - 182。1789年人权宣言(暨人权和公民权利宣言)第16条规定;任何社会对权利予以保障和进行明确分权是宪法的本质。其中对权利予以保障的含义之一就是保障司法救济权。

从《法国海关法典》的内容来看,没收可适用于数种违法情形。没收除了具有惩罚性功能,同时还具有调整当事人因违法行为给国家带来损害进行赔偿的功能。没收不仅可施加于走私货物,也包括了对掩盖走私的货物及走私运输工具的没收。《法国海关法典》第374条所规定的没收,可适用于货主并非货物所有权人的情形,海关没有法定义务需要对货主是否是所有权人予以质疑,即使是所有权人身份已向海关指明海关也无需理会。此外,《法国海关法典》第376条禁止财产所有权人为恢复其所有权能对被没收的标的物提出返还申请。从中可见,海关没收制度对被没收货物的所有权人来说,极为严厉,这意味着他们对货物的财产权绝对丧失。

终审法院曾在一项刑事判决(Crim. 7 juill. 2005)中认为,该没收条款的内容,不仅限制了善意的财产所有权人的权益,更大程度上是它违背了《欧洲人权公约》第6条、第13条及《第1修正案》第1条明确保障的正当程序权利、司法救济权和财产保障权。

宪法委员会在其做出的裁决中,考量到的更富有逻辑性的事实是:海关无需考虑被没收货物已知的财产所有权人,是剥夺了他们的司法救济权,排除了他们将没收财产行为的合法性提交司法审查的可能。因此,《法国海关法典》第374条被认为违反了1789年《人权宣言》第16条的规定,宪法委员会在有关此条的判例中已确立了正当程序权、防御权和司法救济权(décis. n° 2010-38 QPC)。此外,上述判例还表明,告知被告诉权也是司法救济权的一部分(décis. n° 2011-126 QPC)。

宪法委员会对《法国海关法典》第376条①提出的责难是,它对财产权造成了侵害。终审法院在2005年7月7日做出的判决中并没找

① 《法国海关法典》第376条规定:1. 被扣押或被没收物品第所有人,无权要求海关退还扣押或被没收的物品;债权人(即使是享受优先权的债权人)亦无权向海关对被扣押或被没收物品提出索赔。但本规定不影响债权人向违法行为人提出追偿。2. 涉及上诉期限、第三方异议或逾期变卖问题的退还请求及诉讼,法院概不受理。《法国海关法典》,黄胜强译,中国社会科学出版社1999年版,第158页。

到该条款所带来的任何实质性侵害。但欧洲人权法院认为,这是一种对保障公共利益和保护所有权人财产权之间造成失衡干预而带来的侵害,对善意的所有权人而言更甚(CEDH 23 juill. 2009)。宪法委员会在它当前判决中着重强调:财产权是1789年人权宣言所确立的具有宪法性价值的一项基本权利,同时宪法委员会又援引《人权宣言》第2条①作为海关没收规定给财产权带来损害的衡量依据(décis. n° 2011 – 177 QPC et n° 2011 – 151 QPC),并且从这些条款是否出于维护公共利益的动机以及对违法行为展开追诉是否符合比例性原则的角度来加以阐述。宪法委员会在此明确,海关法典条款对财产所有权人申请发还财产明确禁止,是出于维护公共利益的需要,并且对公共利益的保障就包含了以下的基本要求,即财产所有权人应选用有诚信的运输服务并承诺偿付国库债权。但接下来的内容是,宪法委员会针对该禁止性规定是否对财产权实际带来的损害与海关执法目标之间的平衡展开了论述。

宪法委员会认为,《法国海关法典》条文中使用了"无论何种情形之下"这一表达方式,显示出它表达的禁止具有绝对性。这一禁止性规定对善意所有权人和恶意所有权人显然同等适用。这一绝对性的特征也证实了,在对财产权加以限制和促使当事人尽责并承诺赋税的目标实现之间存在形成有失比例的渊源。这种有失比例就与合宪性问题的审查结合起来。

如果对所有权人参与海关走私行为的程度做出过区分,也许就可以避免这种因逻辑上的问题而招致的审查。此外,宪法委员会已在它2010年11月26日做出的裁决中确认,《法国刑法典》第131 – 21条具有合宪性,该条款规定对违法行为可做出没收财产的决定,但同时该条款也赋予了善意第三人提出异议的权利,据此宪法委员会确认了该

---

① Thierry S. Renoux, Michel de Villiers, Code constitutionnel, edition 2005, Litec, p. 10. 1789年人权宣言(暨人权和公民权利宣言)第2条:一切政治结社的目的在于保护人类自然的和永续发展的权利。这些权利是自由权、财产权、安定权和反对压迫权。

条款的合宪性（décis. n° 2010 – 66 QPC）。

根据《法国海关法典》的一些程序性规定，海关在对违法行为责任人做出最终决定之前，海关可以向法官申请将被扣押的运输工具和货物的权利给予让与（c. douanes, art. 389 abrogé 已废止）。对此，宪法委员会所考虑的是，虽然这一程序规定给予了财产权适当尊重，但它依旧不符合《人权宣言》第16条的规定，因为该程序并不具备对抗性的特征并且也缺乏可直接对抗司法决定的上诉中止程序（décis. n° 2011 – 203 QPC）。事实上，海关有关扣留的规定，在2011年4月14日生效的法律尚未对警方拘留的适用范围进行改革之前，也是经历了合宪性被质疑的时期（décis. n° 2010 – 32 QPC）。海关法典的规定就是在这样的推动之下，逐步地对其主导原则进行了相适应的修正。

最后，我们看到，尽管宪法委员会对海关没收规定做出了以上批评性的裁判，但它也作出了一定的让步，它裁决被审查的条款可以延迟一段时日再废止。因此，尽管《法国海关法典》第374条和第376条具有不合宪的特征，但它们仍旧可以有效适用到2012年12月31日。最终，它们的废止日期与宪法委员会作出的其他数个裁决（décis. n° 2011 – 147 QPC, n° 2011 – 190 QPC pour les frais irrépétibles, n° 2011 – 203 QPC préc）一起，自2013年1月1日起开始计算。这样，立法者赢得了一些时间可对它们进行修改。

2012年12月29日法国国会通过了第2012 – 1510号法律，该法第57条对《法国海关法典》第374条进行了修改，修改后的内容是："海关可以对运输人或报关人所扣押的货物作出没收决定。货物所有权人，可以对依据海关法规则认定其货物为海关违禁品的决定提出抗辩，海关只有在对该所有权人的主张具有否定性判决的情形下才能对被扣押的货物予以没收。"《法国海关法典》第376条修改为："但是，对被扣押的走私货物或为掩护走私的货物以及即使是在刑事司法判决中已被宣布没收但依海关法规仍处于海关监管之下的货物，没有违反《法国海关法典》的善意所有权人有权提出撤销申请。"这些被修改的法律从2013年1月1日起生效。可见，宪法委员会的审理结果直接决定了被诉法律的最终命运,而海关法典相关规定也是在这样的推动下,其合宪性问题得以修正的。

The Multiple Ways of the Judicial Review in France

—A Priority Preliminary Ruling on the issue of Constitutionality of Articles 374 and 376 of the Customs Code

WAN Shuchun Michel Verpeaux

[**Abstract**] On 17 October 2011 the Constitutional Council received an application for a priority preliminary ruling on the issue of constitutionality, raising the conformity of Articles 374 and 376 of the Customs Code with the rights and freedoms guaranteed by the Constitution. Considering that the provisions of Article 374 of the Customs Code permit the customs administration to order the confiscation of goods seized from the parties transporting or declaring such goods without any requirement to inform the owners, even if the latter have been specified; that in thereby depriving the owner of the right to effective judicial relief against a measure infringing upon his rights, these provisions violate Article 16 of the 1789 Declaration; Considering that in depriving the owners under all circumstances of the possibility to reclaim the goods seized or confiscated, the provisions of Article 376 of the Customs Code violate the right of ownership in a manner which is disproportionate to the goal pursued; the Constitutional Council made the held that the Article 1. Articles 374 and 376 of the Customs Code are unconstitutional.

[**Key words**] The Constitutional Council, Priority Preliminary Ruling, Confiscation of Goods Seized

国际单一窗口法律机制构建：以东盟经验为借鉴

王 珉*

[摘 要] 国际贸易单一窗口是实现贸易便利化的方式之一。近年来,联合国(UN)、世界海关组织(WCO)、亚洲发展银行(ADB)以及亚太经合组织(APEC)等国际组织都在积极推动单一窗口在全球范围内的建立,目前50多个国家正在或即将建立单一窗口。我国把建立国际贸易单一窗口作为建设国际贸易强国的重大战略措施和当务之急的任务。迄今为止,世界范围内还未有较为成熟的国际性单一窗口。为此,本文通过对东盟区域性单一窗口项目进行研究,并分析跨境电子交易认可、执法管辖、贸易数据保密、信息安全保护等与实施东盟单一窗口有关的主要法律和监管机制,从而提出在我国推进国际单一窗口实施的建议。

[关键词] 国际单一窗口;东盟;法律机制;贸易便利化

引 言

随着国际贸易在全球范围内的不断扩展,复杂的通关等贸易程序对经济发展带来的不利影响逐渐受到重视,贸易便利化日益成为发达

* 王珉:上海海关学院法律系讲师,法学博士。

国家和发展中国家共同关注的问题。作为国家战略信息系统,“单一窗口”是实现贸易便利化的重要而关键的基础工程,它通过建立贸易商和政府机构之间以及政府机构之间的相关贸易信息交换的“单一”公共平台,实现贸易监管的简化、协调与高效。目前,“单一窗口”已经成为主要贸易国贸易监理与商务运作中的主流形式。①

联合国(UN)、亚太经合组织(APEC)、世界贸易组织(WTO)、世界海关组织(WCO)等诸多国际组织先后提出了在各自范围内建立单一窗口通关模式的构想。1997年WTO正式将贸易便利化纳入其议程。2005年WCO制定并通过了《全球贸易安全与便利标准框架》,要求各国政府应积极建设单一窗口,以实现国际贸易数据的无缝传输和国内、国际间的风险信息交换。联合国贸易便利化与电子业务中心(UN/CEFACT)2005年和2010年先后公布了33号建议书《建立国际贸易单一窗口》和35号建议书《建立国际贸易单一窗口的法律框架》,建议各国政府将建设单一窗口作为加快贸易便利化进程的重要措施来落实,并充分肯定单一窗口的重要性,积极支持和推动单一窗口建设。2008年亚洲发展银行(ADB)召开的第七届海关合作委员会(CCC)会议中,②报告了中亚地区部分国家建立单一窗口的计划与进程。2009年APEC召开的海关与企业界对话会议中,重要议题之一即是利用前瞻科技推进区域贸易便利化。2013年12月7日,WTO第九届部长级会议达成的巴厘岛“一揽子协议”之一《贸易便利化协定》中,也明确要求各成员国应努力建立或维持一个单一窗口,使得贸易商能够通过一个入口,向各相关政府机构提交货物进出口或转运所需要的单证、电子数据。在WCO、联合国欧经委(UNECE)、APEC等国际或区域经济组织的推动下,目前全球已经有50多个经济体实施了单一窗口,但形式不尽相同。新加坡于1989年开始建设“贸易网”(Tradenet);美国于

① 曹杰、武娜:《“单一窗口”:自贸区贸易便利化的重大基础工程》,载《港口经济》2015年第1期。

② Ying Qian, Seventh Customs Cooperation Committee Meeting Progress Report, Asian Development Bank, 8 –9 September 2008.

1994年正式提出了建设国际贸易信息系统(JTDs);东南亚经济联盟(ASEAN)在2003年通过实施单一窗口计划建议书;2005年12月,东盟经济贸易部长签署了《建立和实施东盟单一窗口的协定》。新加坡最新版的单一窗口在2007年已经投入使用,文莱、印尼、马来西亚、菲律宾、泰国五国的单一窗口都已在2008年投入使用,另外四个东盟国家最晚在2012年完成各自的单一窗口建设。①

我国把建立国际贸易单一窗口作为建设国际贸易强国的重大战略措施和当务之急的任务。我国国务院办公厅关于印发电子口岸发展"十二五"规划的通知(以下简称"国办发〔2012〕41号")规定:"到2015年,符合国际'单一窗口'建设管理规则和通行标准、适应经济社会发展需要的中国特色'单一窗口'工程初步建成。"中国提出力争在2018年全面实现国际贸易单一窗口的应用,2020年,实现同东盟、欧盟、美国等主要贸易伙伴国家单一窗口的联接。我国海关把开展国际贸易单一窗口试点作为2014年工作重点。2014年6月18日,上海国际贸易单一窗口率先上线运行。② 建立国际贸易单一窗口,是上海自由贸易试验区监管制度创新的具体举措,是支持外贸稳定增长的一项措施,也是借鉴国际先进经验、遵循国际通行规则、降低企业成本费用、提高贸易便利化的重要途径。③

总结各国实施单一窗口的实践,通常应具备四个基本要素:一是一次申报,即贸易经营企业只需一次性向贸易管理部门提交相关信息和单证;二是通过一个设施申报,该设施拥有统一的平台或一致的计算机界面,对企业提交的信息数据进行一次性处理;三是使用标准的数据元,贸易经营企业提交的信息应为标准化的数据;四是能够满足政府部门和企业的需求。目前国际上单一窗口的运行模式主要有三

① 朱高章等:《世界各国"单一窗口"建设情况研究报告》,载海关总署网站。

② 陈红升、李碧华:《中国—新加坡经济走廊国家单一窗口建设与通关便利化研究》,载《东南亚纵横》2014年第11期。

③ 胡苏敏:《上海国际贸易"单一窗口"上线运行》,载《中国对外贸易》2014年第7期。

种,即"单一机构"、"单一系统"和"公共平台"模式,各国的单一窗口建设卓有成效,多边和双边通关便利化合作得到推进,但进展快慢不一,各国单一窗口建设和通关便利合作的空间仍然巨大。同时,各国还需解决如何应对域内外涉及电子交易跨境承认、数据保护、信息安全等方面的制度问题。对此,东盟为国际单一窗口法律机制的构建提供了经验借鉴。①

一、东盟单一窗口项目(ASW)

作为促进区域贸易便利化的一部分和东盟经济共同体蓝图的重要目标之一,东盟各国海关部门一直优先推行"东盟共同有效优惠关税统一申报表"和"统一进出口制度"。

2003年,东盟在提出建立东盟经济共同体的同时,通过了实施东盟单一窗口(ASW)计划建议书,确定把国际贸易单一窗口作为东盟通关便利化工作的方向。2005年12月,东盟的10个成员签署了一份《建设和实施东盟单一窗口协定》(ASW协定)。2006年12月,他们又签署了《建设和实施东盟单一窗口草案》(ASW草案)。根据这些条约的设想,在实施ASW这一更复杂的任务之前,东盟的成员国将首次在规定期限内实施他们的国家单一窗口(NSWs),而在ASW协定中并没有规定期限。"ASW"被定义为"成员国单一窗口操作和整合环境"。② 根据ASW草案第18(2)条款,他们成立了一个ASW指导委员会,来监控和协调ASW和NSWs的实施,并在ASW指导委员会下,建立了两个工作小组,分别是技术问题工作组(TWG)和法律监管问题工作组(LWG)。工作小组致力于研究如何加快ASW系统建设、如何尽快将各国的国家单一窗口整合为ASW、如何制定包括电子文件跨国认证方面的基本法律框架等。两个工作小组已为加深和推进

---

① 曹杰、武娜:《"单一窗口":自贸区贸易便利化的重大基础工程》,载《港口经济》2015年第1期。

② Article 1(1) of the ASW Agreement; see also Art. 1(1)(a) of the ASW Protocol.

ASW的实施工作多次开展深入合作。

ASW计划也列入了2007年11月签署的《东盟经济共同体蓝图》当中。东盟成员国一致同意,文莱、印度尼西亚、马来西亚、菲律宾、新加坡和泰国等东盟老成员国2008年起实施单一窗口,柬埔寨、老挝、缅甸和越南等东盟新成员国2012年起实施这一系统。然而实际进展缓慢,故东盟推迟了各成员国实施单一窗口的时间表,计划东盟老成员国和新成员国分别于2012年和2015年实现国际贸易单一窗口,这就意味着将于2015年建成ASW系统。ASW允许贸易者在通关系统中一次性提交通关信息,东盟各国相关部门对这些信息进行电子化一次性同步处理以及一次性审批,促使区域内通关畅通。①

二、实施东盟单一窗口的法律和监管机制

鉴于区域或国际单一窗口涉及跨国的信息交流,必然会涉及多个司法管辖权的法律和制度,考虑到跨境所产生的法律和监管问题很有可能对国家单一窗口法律或政策产生影响;同时,单一窗口的技术设计可能对解决或避免某些法律监管问题产生影响,这些法律和监管研究也可能影响或决定单一窗口网络的技术设计。因此,为了避免国内政策和跨境规则、技术与立法之间的矛盾和冲突,需要审查由于区域或国际单一窗口的跨国性质而产生的法律和监管问题。

由于迄今为止区域或国际单一窗口还没有成功实现,东盟并没有先例可循,最接近的模型或许是泛亚洲电子商务联盟的网络。泛亚洲电子商务联盟是一个产业联盟,旨在使跨境贸易传输和物流相关文件能够安全可靠。目前,泛亚洲电子商务联盟已拥有12个成员,其中包括来自东盟5个国家的服务供应商。WCO和联合国国际贸易法委员会(UNCITRAL)已针对这一领域的研究采取重大举措,在2008年,建立了世界海关组织—联合国国际贸易法委员会(WCO-UNCITRAL)联

① 陈红升、李碧华:《中国—新加坡经济走廊国家单一窗口建设与通关便利化研究》,载《东南亚纵横》2014年第11期。

合法律专案小组,结合国际单一窗口协调边境管理。然而,这一专案小组的工作仍在初级阶段。

由区域或国际单一窗口实施产生的法律和监管问题主要有两大类。第一类是与通信和交易的电子形式有关的问题,第二类是与海关及其他管制机构职能相关的监管问题。应该注意的是,有些问题可能共同属于这两类问题。潜在的法律和监管问题主要包括以下几个方面:①

(1)区域或国际单一窗口立法;

(2)电子交易的法律确认(包括涉及区域或国际单一窗口的法律协调);

(3)认证、识别和访问控制(包括涉及区域或国际单一窗口电子签名的跨境确认);

(4)数据保护(数据的访问、完整性和准确性),数据保留和数据再利用的限制(包括为满足电子单证受理规定可能进行的一些协调问题);

(5)信息安全;

(6)贸易数据和信息的保密性;

(7)通过区域或国际单一窗口流动的数据所有权;

(8)国内和跨境单一窗口操作员的可靠性(例如,数据处理错误、数据泄露或数据失准);

(9)执法问题(例如,如果报关员在管辖权外,国外证据和电子证据问题该如何处理)。

本文并未解决国际单一窗口实施带来的所有可能的法律和监管问题,而是将目标主要聚焦在跨境问题上。

(一)跨境环境下电子交易的有效性

在跨境交易时,不同国家的法律对于电子商务和电子交易会设立

---

① Kah-Wei Chong, Legal and Regulatory Aspects of International Single Window Implementation: The ASEAN Experience, Global Trade and Customs Journal, Volume 4, Issue 6.

不同的规定,所以需要对相关的法规作出调整,使之适应多国之间的跨境电子商务和电子交易。例如,如果A国的一个贸易商向B国的一个单一窗口操作员提交电子表单,则可能需要考虑A国和B国两国的相关法律。

许多国家的电子商务规则(包括新加坡的电子交易法案)都是基于联合国国际贸易法委员会(UNCITRAL)关于电子商务的示范法(1996)进行制定的,但示范法并不具有普遍约束力,且各国国内法仍在不同程度上具有不周延性。正是认识到了国家电子商务法律的缺乏而导致的贸易壁垒,UNCITRAL与时俱进地以具有约束力的公约形式,即《关于在国际合同中使用电子通信的联合国公约》(2005)发展了一系列与电子商务相关的规则条款。使用该公约的国家被要求调整本国相关法律,使之与公约相一致。我们可以设想,公约在各国的大范围应用会使得各国电子商务法律得到更大程度的统一和协调。迄今为止,新加坡和其他17个国家签署了这份公约。① 在东盟国家中,菲律宾也签署了该公约。对于东盟的成员国来说,如果协调统一彼此之间电子交易法律是必要的一环,他们完全可以通过签署这份具有全球性标准的公约来实现。

(二)确保强制作用不受阻碍

在国内单一窗口实施中,应确保海关和其他相关职能机构能够发挥他们的强制作用。而当涉及跨境因素时,这个问题具有更高程度的复杂性。在区域或国际单一窗口操作中,确保海关和其他职能机构能够发挥他们的强制作用具有同等的重要性。

对于区域或国际单一窗口的一个假想技术设计和商业流程的讨论会充分阐释出在这一领域法律和技术的交叉点。在这个假想系统中(指"流通申请"的便利模型),一个贸易商希望将大量的货物海运至A国,然后再转运至B国,那么他要服从A、B两国要求的所有贸易许可信息,向A国的国家单一窗口递交一份统一的申请,之后由A国

① 《关于在国际合同中使用电子通信的联合国公约》还未生效。

单一窗口将部分有关数据传达给B国的单一窗口。在这一例子中,强制措施被要求由B国当局来执行(如虚假申报)。B国的强制执法部门需要证实该贸易商声称的申请信息确实是虚假信息,该申请的电子证据属于A国的国家单一窗口,并且A国单一窗口的操作员应对此负有一定责任。对此,可能会要求A国操作员就流程操作和安保问题在B国法庭作证,同时要求其向法院递交一份由该贸易商向A国单一窗口递交的电子申请的复件。此外,由于该贸易商已通过电子方式签署申请,与电子申请和该贸易商身份证明鉴定有关的证据也会被要求递交。由于该贸易商不在B国的管辖范围内,B国的执法部门在起诉开始之前,不得不先确认该贸易商的身份并定位,通过调查获取其公司信息。

由此可见,"流通申请"模式对于跨境单一窗口实施产生了重大困难,致使B国当局执法的有效性大打折扣。这一困难来自对A国证据的严重依赖以及该贸易商不属于B国管辖权范围这一事实。如果在以上假想的方案中,A国的国家单一窗口角色被ASW工具替代,那么所有贸易商在东盟国家范围内进行货物交易都要服从ASW协定。基于ASW协定,一国可以取出申请并将部分数据转送到相关东盟国家的国家单一窗口。同时,ASW项目的技术模型依然需要进一步完善,为ASW项目设计不断努力的工作人员们应确保东盟国家的海关和其他控制机构在ASW项目实施后能够有效强制执法。①

(三)贸易数据和信息的保密性

贸易商提交的贸易申请可能包含敏感的商业信息、贸易信息、金融信息和其他机密信息。许多国家的法律如新加坡在其电子交易法律中禁止政府机构在没有贸易商本人同意的情况下公开这些信息。

在跨境交易的背景下,确保贸易商数据信息的保密性可以通过如下方式来实现:在技术设计和ASW商业流程的选择中,要求贸易商直

---

① Kah-Wei Chong, Legal and Regulatory Aspects of International Single Window Implementation: The ASEAN Experience, *Global Trade and Customs Journal*, Volume 4, Issue 6.

接将他们的贸易申请分享给另一国家或要求贸易商在政府当局被要求分享其交易信息给另一国家时赋予贸易商以优先权。

(四)信息安全

鉴于现代信息系统的安全威胁层出,如恶意软件、黑客侵入以及数据泄露,在ASW设计时信息安全的规制原则是极其重要的,同时,相应法律监管的到位也是保证信息安全的重要环节。应通过完善法律将未经授权访问或修改计算机数据列入犯罪行为的范围内,①并有必要将此类犯罪行为(如黑客和其他利用国家法律或强制力的薄弱环节实施犯罪的罪犯)的刑罚和强制性政策相协调,由此可以在较大程度上降低信息系统安全威胁。

就区域或国际单一窗口的设计而言,应注意到信息安全不仅仅是技术问题,还是一个政策问题。由于信息安全被公认为是一个关键的设计原则,所以在进行技术设计时,应时刻将信息安全问题考虑在内。例如,就信息安全而言,将东盟全部成员国的贸易数据集中处理并存储在同一个地方会大大增加其安全风险,因为某一个错误或一次攻击都会导致严重的安全问题。从2007年4月27日开始并持续三周的黑客袭击事件,使爱沙尼亚重要的网络资源和网站(包括银行和政府网站)在网络攻击中损失严重,导致了国家重要网络资源的瘫痪。② 可以意识到,承载整个东盟地区全部贸易信息的一个集中型ASW设施很可能成为那些出于勒索或政治目的的人进行网络攻击的目标。这样的一次攻击会造成ASW系统的集中瘫痪,其经济损失是不可估量的,而且由于中央ASW系统的失效,货物放行被阻止,运输工具等也都将不能移动。从信息安全的角度来看,避免将所有的贸易申请和贸易数据集中在同一处是极其重要的。

① 为防止未经授权访问或修改计算机数据、保护计算机资料安全,新加坡通过《计算机滥用法案》规定了较为广泛的犯罪行为。

② Tom Espiner, How Estonia's attacks shook the world, ZDNet, www.zdnet.com.au/insight/security/soa/How-Estonia-s-attacks-shook-the-world/0,139023764,339288625,00.htm, 2 May 2008.

三、东盟单一窗口项目的经验借鉴

在未来,研究和解决由区域或国际单一窗口引发的法律和监管问题是一项巨大的挑战,它将会是 ASW 的法律监管问题工作组(LWG)以及东盟成员国进一步完善 ASW 的方向,与此同时,欧盟也已经着手开始其单一窗口项目。世界海关组织—联合国国际贸易法委员会(WCO-UNCITRAL)为此提供了一个很好的平台,在联合法律专案小组协调下将世界各地的专家聚集起来,为研究和解决国际单一窗口问题贡献力量。

虽然在单一窗口项目的过程中目标导向是很有益处的,也就是说,当实施一个国家单一窗口时,考虑到该国单一窗口将会和其他国家单一窗口互联形成区域或国际单一窗口这一事实是有必要的。然而,从实践的角度来看,首先要确定每个国家都可以从他们各自的国家单一窗口实施经验中获益。这似乎和 ASW 协议中设想的一样,实施国家单一窗口的经验将对各个国家互联的区域或国际单一窗口实施具有积极作用。区域或国际单一窗口实施中产生的法律和监管问题的研究本身并不是一个目标,它的目的是给技术设计过程提供指导,保证跨境单一窗口的技术设计考虑到所有相关因素,最终使得世界范围内国际单一窗口和各自国家单一窗口都能建立在健全的法律框架基础上。

就我国而言,我国的单一窗口建设是以电子口岸为基础的,特别是2012年海关总署与国家质检总局合作启动“三个一”改革试点,形成了单一窗口的雏形;随后2014年6月中国(上海)自由贸易试验区探索建立单一窗口试点。目前的试点改革还主要局限于关检合作和进口贸易中,有待于向多部门、多领域扩展。我国应充分利用第二批自贸区建设的大好时机,推动单一窗口通关机制与国际规则接轨,成为自贸区贸易便利化制度创新的重要基础工程。①

---

① 曹杰、武娜:《“单一窗口”:自贸区贸易便利化的重大基础工程》,载《港口经济》2015年第1期。

建立国际单一窗口,既需要中央政府进行宏观决策,将其确立为发展经济,实现与国际通行规则接轨的重要举措,更需要从法律层面对推行单一窗口制度进行确认。而我国尚未将推进单一窗口建设、实施口岸一体化管理纳入立法,且在目前口岸工作中,除法律法规外,各部门的规范性文件大量存在,彼此之间缺乏有效衔接,如海关、检验检疫、边防等口岸管理部门的政策法规多局限于自身的职能定位,法律法规内容及具体执法过程存在交叉、重叠等问题,制约了口岸整体效能的有效发挥。针对这一问题,建议国务院法制部门牵头,由承担推进单一窗口建设的主责部门海关具体负责,对口岸各部门现行的关于办理进出口手续的各类部门行政规章、制度规范、作业流程进行一次全面的梳理,削减存在相互冲突或重复的规定,简化通关手续,提高通关效率。此外,建议研究制定一部统筹口岸综合管理的法律,并以立法的形式确定国际单一窗口涉及的口岸综合管理的目标、原则、措施,明确口岸各部门的职责及在国际单一窗口建设工作中的权利与义务,为国际单一窗口建设提供法律保障。

除顶层设计外,由于国际单一窗口的运行需要对电子数据和信息进行收集、存储、发送以及对其他各国数据信息予以认证、认可,要有一个完备的法律框架确保电子数据和信息交换的透明和安全。采用统一的数据标准是实施国际单一窗口的重要方面,UN/CEFACT 第 34 号建议书《关于国际贸易数据简化和标准化的建议书》为国际贸易单一窗口提供了实现国家层面贸易数据交换的法律框架,用来规定递交电子化单证、电子签名、用户认证、数据共享和数据归档所需要的条件。2010 年 UN/CEFACT 发布的 35 号建议书《建立国际贸易单一窗口的法律框架》①也指出,国际贸易单一窗口必须建立在国际贸易数据简化与标准化的基础上。因而,在建设国际单一窗口中应采用国际规

① 高爽:《完善无纸化贸易发展环境的战略思考》,载《中国经贸》2007 年第 10 期。

则定义标准数据以实现信息在国家层面的交互。[①] 有鉴于此,我国应当进一步健全法律法规建立标准环境,积极参与UNCITRAL等国际组织召开的法律与标准制定会议及讨论,优化海关部门和相关监管部门的服务职能,实现信息数据资料逐步与国际标准接轨。首先,在现有《电子签名法》和《海关法》基础上,进一步出台《电子交易法》及《国际"单一窗口"管理办法》等法律法规,在具体操作细则与业务流程处理等方面继续补充完善,解决国内及跨境贸易电子数据交换和收集的法定授权问题。[②] 其次,应结合国际贸易发展趋势和我国国情,借鉴国际规则与国外发达国家的法律法规,重点研究电子单据、电子物权等相关法律法规与实际建设要求。最后,应从贸易商、运输商及相关从业者的实际需求出发完善单一窗口的系统设计,不断细化金融、物流等国际贸易领域电子化配套法律法规和标准制定。[③]

建设好单一窗口是落实十八届三中全会提出的实现口岸相关部门"信息互换、监管互认、执法互助"要求和自贸区监管制度创新的具体举措,也是支持我国外贸稳定增长的一项措施。当前国际贸易便利化发展的形势决定了实施国际单一窗口将是大势所趋,这对我国如何推动单一窗口建设提供了良好的机会和经验参考。我国海关是WTO、WCO、APEC等的成员,作为积极参与国际海关事务的大国,应该以开放的姿态利用国际合作机制推动单一窗口的建设,并采取"借外推内"的方式,通过周边国家和地区组织单一窗口建设的大趋势推动国内单一窗口的建设。我国在构建国际单一窗口法律机制时也应结合我国口岸管理实际要求,本着先易后难、先基本框架后拓展完善的理念有序推进,逐步扩大到多部门、多领域和周边区域。

---

① 沈焰:《实现国际贸易便利化的重要措施——建立国际贸易单一窗口》,载《商业经济》2015年第4期。

② 张明洲:《国际贸易单一窗口模式、演进及关键要素》,载《对外经贸》2014年第7期。

③ UN/CEFACT, Case Studies on Implementing a Single Window (June 2006).

Construction of International Single Window Legal Mechanism: Refer to Experience of ASEAN

WANG Min

[**Abstract**] International trade single window is one of the ways to realize trade facilitation. In recent years, UN, WCO, ADB, APEC and the other international organizations are actively driving mto establishment of single window worldwide. At present, over 50 countries are establishing or are going to establish single window. china has regarded establishment of international single window as a significant strategic measure and task before everything to build international trade strength. So far, there is no relatively mature international single window yet around the world. Therefore, the suggestion of boosting implementation of international single window in china shall be put forward by studying the ASEAN regional single window project, as well as analyzing trans-boundary E-Commerce recognition, law enforcement and jurisdiction, trade date confidentiality, information safety protection and other main laws and supervision mechanisms related to implementation of ASEAN single window.

[**Key words**] International Single Window, ASEAN, Legal Mechanism, Trade Facilitation

判例研究

Case Study

试论海关进出境寄递监管立法的若干问题

——以海关总署43号公告引发的行政争议为例

林　川　花　蕾*

[摘　要]　海关总署2010年43号公告在具体执法实践中引发周某不服上海浦东国际机场海关不予放行行为的行政复议诉讼案。该案件存在关于“限值”与“限量”的合理性,关于“每次”限值的认定标准,关于超出限值的个人物品按货物形式报关,关于“完税价格”与“限值”界定等争议问题。从案件可见,行邮进出境寄递监管立法相对滞后,执法存在困境。因此,需要加强进出境寄递监管立法,改变立法观念、强化规则意识,构建立法体系、树立法律权威,汇总法律疑难、区分层次解决。

[关键词]　海关;进出境寄递监管;行政争议

2010年,海关总署出台了43号公告(以下简称“43号”公告),对个人邮递进出境物品的税款起征点、每次寄限值、超过限值如何处理

* 林川:海关学会广东分会特约理论研究员、福建省法学会理事、福建省财税法学会理事、福州海关学会常务理事,福州海关驻邮局办事处副主任;花蕾:福州海关驻邮局办事处通关科副科长。

等问题做出了规定。作为近年来海关进出境寄递监管执法的重要依据,“43号”公告对海关规范执法、加强监管力度起到了积极的作用。但是随着邮寄物品监管所面临形势的变化,随着进出境物品收寄件人的具体诉求和物品类型、单位数量、寄递渠道的变化,随着社会各界对海关进出境寄递监管工作的广泛关注,“43号”公告在执法实践中也暴露出不少问题,在执法一线引发不少争议。《海关总署行政复议诉讼案例汇编》中“周某不服上海浦东国际机场海关不予放行行为的行政复议诉讼案”就是一个典型案例。

该案的基本案情为:2012年6月,中国居民周某从英国eBay购物网站购买4台二手DVD,委托快件公司快递回国,并以个人邮寄物品方式(以下简称个人物品)申报进境,申报价格为80英镑。上海浦东机场海关经审核认为,DVD机属于海关总署2012年15号公告中《中华人民共和国进境物品完税价格表》(以下简称《完税价格表》)有列明完税价格的物品,每台应为人民币500元,该票快件4台DVD机的完税价格为人民币2000元。同时根据“43号”公告:“个人寄自或寄往港、澳、台地区的物品,每次限值为800元人民币;寄自或寄往其他国家和地区的物品,每次限值为1000元人民币”的规定,浦东机场海关书面告知周某:“该票物品超过自用合理数量,无法以个人物品形式报关,建议转选其他形式报关”。周某不服,向上海海关申请行政复议,要求撤销机场海关不予放行行政行为,以个人物品形式放行邮包,同时请求对“43号”公告进行合法性审查,主要理由包括:一是“自用合理数量”只是相对模糊的经验标准,不能认为是法律法规执行中的使用依据;二是“43号”公告仅对超过限值的单件物品放行有明确的处理规定,并未规定超出限值的多件物品不予放行;三是“43号”公告中“按货物形式办理通关手续”表述不当,实际中个人也是无法按货物报关,应对从高适用货物税率以个人物品形式办理完税手续;四是海关对个人物品的审核认定缺乏具体细则,“43号”公告仅是临时性的解决方案。该案此后历经了复议、诉讼阶段,最终虽以周某撤诉的方式妥善解决,但是周某在复议诉讼过程中所提出的观点,以及“43号”

公告在海关监管执法中存在的问题,仍然值得我们深思。

一、"43号"公告引发的主要争议

"周某不服上海浦东国际机场海关不予放行行为的行政复议诉讼案"只是一起典型案例。事实上,随着社会经济的不断发展,作为与民生息息相关的进出境邮寄物品监管越发受到重视,成为社会舆论与群众关注的焦点。在执法实践中,社会各界和收寄件人对海关进出境寄递监管执法依据的合理性提出不同的意见甚至质疑,客观上有利于海关进一步完善行政立法,规范行政执法。从这个意义上说,"43号"公告所引发的争议与思考,正是海关逐步依法行政的过程。

(一)关于"限值""限量"的合理性问题

"43号"公告所规定的个人寄自或寄往港、澳、台地区的物品每次限值800元人民币,寄自或寄往其他国家和地区的限值为1000元人民币的标准,所沿用仍是21年前《海关总署关于调整进出境邮件个人物品的限值和免税额的通知》(1994年11月21日实施)中的标准。在执法实践中,社会公众和收寄件人普遍反映,目前这一限值明显过低,已跟不上物价增长的速度。参考在较大程度上影响物价水平的GDP变化来看,1994年全国的GDP总值只有4.85万亿元人民币,2014年已经达到63.61万亿元人民币,增长12倍。此外,通货膨胀、人民币贬值等因素,使得相同面值的人民币所兑换的单位商品大大下降。考虑到人民生活水平的提高,在此消彼长间,"每次限值"过低所引发的矛盾日益凸显,不仅造成海关执法窗口矛盾的激化,挤占了大量的海关行政资源,也大大影响了海关的执法和谐,让海关在执法中处于"吃力不讨好"的尴尬境地。

(二)关于"每次"限值的认定标准问题

如何理解"43号"公告规定的"每次限值"的"每次",在执法实践中也引发较多争议。由于"限值"相对较低等诸多原因,往往出现收寄件人为逃避海关监管而将寄往同一收件人的邮件人为地拆分为多票的情形。由于国际邮件运输的特殊性,同一收件人的邮寄物品特别是运输时程较长的包裹,在航班、船期等客观因素的影响下,可能出现同时寄出的邮件分两到三天抵达的情形。在尚未有对外公布的规范性文件明确规定"每次"的认定标准的情况下,如果海关按照目前通行做法将上述为逃避海关监管而分拆的包裹合并计算①,作出是否退运或者估价征税的决定,一旦收寄件人不服海关行政行为并提出复议诉讼,作出具体行政行为的海关将可能因为"每次"的认定标准缺乏法律依据而处于被动局面。此外,不同的海关和不同的执法关员,对"每次"理解的不同和对"同一批次"把握的尺度不同,也会造成执法上的不统一。

(三)关于超出限值的个人物品按货物形式报关问题

"43号"公告中规定,"个人邮寄进出境物品超出规定限值的,应办理退运手续或者按照货物规定办理通关手续"。该条文在适用中引发广泛争议。由于进出境邮寄物品的收寄件人数量众多、个体差异性大,不少人对于海关的监管规定不尽熟悉,所邮寄的个人物品"超出限值"是颇为普遍的现象,而货物通关与个人物品通关在申报主体、申报形式、征税种类、税率、监管条件等许多方面的要求都明显更高,程序更加烦琐,通关成本更大。在此情形下,简单地将超出限值的物品界定为"货物",并要求个人按货物的形式办理通关手续,这是很多收寄件人在办理海关手续前所始料未及的。与此同时,进出境邮寄过程中常见的如奶粉、化妆品、保健品等物品在办理通关手续时,需要事先领取检验检疫部门出具的《入境货物通关单》方可以办理报关手续。但由于海关与国检之间联系配合的问题,在实际工作中,不少检验检疫部门不给个人物品出具《通关单》,造成超出限值货物的个人物品因无法办理报关手续的而只能退运出境。在收寄件人即使愿意按货物税率征税也无法办理通关手续的情况下,这种巨大的心理落差和对海关执法的不理解,往往造成收寄件人产生过激反应甚至与执法关员冲

① 目前,部分现场海关为加强监管,将同时寄出、同一交通工具运抵、同一收件人的邮件合并计算价值。

突。而这种抵制心理和激烈冲突,容易给外界以海关执法过严,甚至不近人情的感觉,抵销了海关给予的种种通关便利和服务举措。值得一提的是,尽管署监发"475"号文在"限值"问题上给予现场一定的自由裁量权,宽松了执法尺度,但作为未公布的内部文件,其所涉及的法律效力问题、执法统一性问题、自由裁量权规制问题等仍然严重困扰现场执法。在行政执法更加公开、公正、透明的今天,这种以内部文件弥补对外公告不足的做法值得商榷。

(四)关于"完税价格"与"限值"界定问题

海关总署2012年15号公告(以下简称"15号"公告)明确规定了确定进境物品完税价格应遵循的原则。海关审定的完税价格,不仅是目前现场海关对入境个人物品的审价执法依据,也是对于个人物品"限值"的认定依据。但是,无论是"15号"公告、"43号"公告都未明确说明个人物品的"限值"是指海关估定的完税价格而非物品的实际价值。在执法实践中,当收寄件人申报的实际价值在"限值"之内,而海关估定的完税价格超出"限值"的情形下,由于缺乏明确的法律依据,很容易引发行政争议。不少收寄件人向海关提出,"限值"与"完税价格"是两个不同的概念,前者应该是指物品的实际价值,而后者应该是指物品缴纳税款的价格基数。

二、案件所涉争议的法理分析

2010年出台的"43号"公告有着其特定的背景,该公告是在社会经济迅猛发展,新中国成立后长期存在的照顾侨眷的行邮监管政策已经弱化,大部分进境邮件不限于亲友间馈赠而是用于个人消费的情形下制定的,旨在兼顾收件人、寄件人的合理需要,有效打击不法商家以个人物品名义运进大量实为贸易性货物的行为。但随着最近几年来"海淘"与"海外代购"的产生发展,海关在进出境寄递监管渠道所面临的最大执法风险,已是把货物分拆为零星邮件的"蚂蚁搬家式"的走私,而绝非仅是对少量超出"限值"的个人物品的估价征税或者作退运处理。时至今日,重新解读"43号"公告,不难发现有关内容已经无法跟上形势发展的需要,也无法满足进出境寄递监管的实际执法需求。因此,要妥善处理上述争议,归根结底必须从法理的角度出发,从海关的职责与权限出发,明确执法的侧重点,找准潜在的风险点,把握好把关与服务的平衡点,妥善处理好海关与进出境邮件收寄件人的关系,从而推进依法行政,促进执法和谐。

(一)关于"限值"与"限量"问题

关于个人进出境邮寄物品的限值问题,从法理上看,关键是能否把握形式正义和实质正义的有机统一。从形式正义的角度,必须通过立法统一执法尺度,明确界定进出境邮寄物品的"限值",防止大量、高额的物品通过相对宽松的邮递渠道进出境,从而有效加强监管,保证国家税款应收尽收。从实质正义的角度来看,海关在依法行政的同时,也必须强调执法为民,要根据国家社会经济发展的情况,根据民众的现有生活水平与实际需求,充分考量与动态把握"限值"设定的合理性,在立法过程中努力争取主动、争取话语权,让法律规定紧接地气、落到实处,在维护海关执法权威的同时,保证海关的执法更加有理有力。

(二)关于"每次"认定标准问题

关于"每次"的认定标准问题,从法理上看,关键是能否把握立法与执法的有机统一。在立法过程中,应当考虑到可能出现的执法情形,明确需细化的标准,预留可操作的空间。由于"每次"的认定直接关系到收寄件人的权利义务,因此关于"每次"的认定标准必须以规范性文件的形式明确对外公布。在收寄件人屡屡对"每次"的认定标准提出质疑,在现场海关已经总结出"每次"的认定标准为"同一收件人、同一天内、同一运输工具"等经验做法的情况下,应当尽快将这一执法经验转换化立法,避免立法与执法的脱节,避免不必要的执法争议。

(三)关于"货物""物品"性质问题

对于超出"限值"的个人物品,是视为货物并"按货物形式"报关,还是仍视为物品而按货物的税率征税?从法理上看,关键是能否实现执法效率与执法公平的有机统一。从执法公平上看,以"限值"为标准区分货物、物品,这条通过法条"统一划线"的做法,比较容易统一执法的尺度,严格执法的界限。但如前所述,要求所有超出“限值”的个人物品按货物形式报关的做法,不仅进一步模糊了用于商业用途的货物和“个人自用”的物品的界限,客观上也让大量的收寄件人因无法办理通关手续而被迫退运原本计划“自用”的物品,严重影响执法和谐。因此,对于货物、物品的界定,并不应武断地以“限值”的标准简单切线,而应通过明确的立法赋予现场关员一定的自由裁量权,允许其根据是否“自用合理”的实际情形,确定货物、物品的属性,对于超出限值但仍属物品的,征收货物税并仍按照物品形式办理通关手续,从而缓和执法矛盾,提升执法效率。

(四)关于“限值”与“完税价格”关系问题

对于“限值”是否应以海关认定的“完税价格”作为基础确定的问题。从法理上看,关键是能否实现立法严谨与操作便利的有机统一。事实上,从海关对于“限值”的立法本意和执法实践来看,都明确无误地指向海关认定的“完税价格”而非收寄件人提供的物品价值。但在执法实践中,由于法律条文的疏漏及法条衔接的不严谨,造成收寄件人对于“限值”如何界定以及海关是否有权估定存在疑问。尽管对于这一问题,现场往往可以通过解释法理、沟通说明予以解决,但如能在法条中予以明确规定“限值”的概念,理顺与“完税价格”的关系,将大大避免理解认知上的混乱,缓解现场执法压力,有效解决收寄件人的困惑,从而进一步便利操作,提高通关时效。

三、海关进出境寄递监管立法的现状与困境

(一)进出境邮件监管的现状与特点

现阶段,海关在进出境邮件监管过程中所面临的是收寄件主体复杂、物品性质多元、监管业务量大、通关时效要求高等一系列问题,呈现出以下特点:一是收寄件主体更加复杂。从传统的个人为主,渐渐转变为商业主体为主。收寄关系也由单纯的亲友间的相互赠予关系转化、扩大到并不熟识的个人、商家间的相互买卖关系。二是物品性质更加多元化。物品种类从原有的基本生活用品扩大到保养品、奢侈

品;物品价值越来越高;物品的"商业"色彩更加浓厚;货物、物品之间的界限越发模糊。2015年《中国奢侈品报告》显示,2015年中国消费者境外奢侈品消费高达910亿美元,即78%的奢侈品消费都发生在境外,相比去年增加了1000亿元人民币。① 三是监管业务量成倍增长。以福州关区为例,2010年进出境邮件的监管总量为139万件,2014年的监管总量已经达到1459万件,5年时间增长了近10倍。四是通关时效要求更高。现代物流业的提速发展,带动了民众对寄递效率的愿景和需求。无论是物流企业还是收寄件人个人,对进出境邮件的时效要求都很高。如EMS官方网站,就明确公开对其所覆盖通达的国际及台港澳特快专递业务都做出了时限承诺服务,这种承诺时限反过来倒逼着海关加快通关速度。

(二)行邮进出境寄递监管立法相对滞后

相比于进出境寄递业务发展的日新月异,进出境寄递监管立法的相对滞后问题,不仅是长期的,也是全方位的。主要包括以下几个方面:

一是立法步伐的滞后。现有的进出境寄递监管法律法规集中表现为法律层级低,制定过程长,近年新出台规定少:首先,除了《海关法》等少量的法律、行政法规作了原则性规定之外,现场执法依据多以"43号"公告"15号"公告、《海关总署关于做好行邮工作促进社会和谐的通知》和《监管司关于进一步规范进境邮递物品监管的通知》等总署规范性文件甚至内部发文作为执法参考。其次,1984年制定的《海关对进出口邮递物品监管办法》在2003年废止后,作为当前进出境寄递监管主要执法依据的《中华人民共和国海关寄递进出境货物物品监管办法》,长期以来都停留在"酝酿出台"的状态,该办法虽于2015年7月向全社会征求意见,但仍迟迟未正式颁布。此外,2006年制定的《中华人民共和国海关对进出境快件监管办法》虽历经多次修改,但仍

① 新浪财经:《海外代购面临严打:明年两会后出监管新政》,载http://finance.sina.com.cn/consume/20151209/110223972032.shtml,访问日期:2016年9月9日。

无法跟上执法实际的需求,各地海关对跨境电子商务的监管办法,仍还处于摸索试行阶段。作为进出境寄递监管退运、征税、放行等具体行政行为重要依据的"43号"公告自2010年实施后一直未修订;作为邮袋监管依据的《海关对国际邮袋装卸转运监管办法》、作为委托邮局代收税款依据的《对外贸易部、邮电部关于海关委托邮局代收税款办法》,则分别出台于1958年和1964年且长期未更改。多年间执法依据无更新,新出台依据少,造成大量的现实执法问题无法有效解决。

二是立法理念的滞后。具体表现在:首先,长期以来,海关对进出境邮件的监管更加注重保卫国家安全和社会稳定,但对于邮递渠道出现的与民生紧密相连的新情况,对于与限值、限量、税率等民众普遍关心的新问题,尽管海关系统上下普遍有着明确的认知,但受限于多部委联合立法过程有限的话语权,受制于海关在行邮监管过程中既有"先行先试"的压力,又有"依法行政"的要求,这些种种因素的干扰与影响,造成了海关此类立法的举步维艰、掣肘难书。其次,作为海关最传统的基本业务,不少关员在执法中习惯按邮件监管"口口相传"的老做法和经验办事,对于新形势下执法中出现的疑难问题或者执法风险,敏感度不足,主动思考研究的意识不强,对进出境寄递监管的法律指引、业务指导不足,完善立法的紧迫感不足。再次,放眼整个海关监管体系,由于主要面对个人、单件物品价值低、征税数额在海关整体税款收入占比较小等现状,邮递渠道监管业务长期"被边缘化",始终未引起足够的重视,完善立法的危机感不足。最后,现有的进出境寄递监管法律依据,多数都更加强调海关如何监管,但对于邮政企业、收寄件人应当履行的主体责任和享有的义务都没有作出明确规定,致使三方长期处于权责不清晰、信息不对等的状态,存在较大的执法风险。

三是立法手段的滞后。具体表现在:首先,是在立法上缺乏统筹安排。不少法律依据往往在强调"服务"过程中急立急用,在执法实践中修修补补,却未能更加深入地调研实情,充分考虑社会公众的反映和海关的具体执法困难。典型的如近日财政部制定的《关于跨境电子商务零售税收进口政策的通知》发布后,社会上对跨境电商"新政"理解存在较大偏差甚至曲解误读,对“跨境电子商务零售进口商品的单次交易限值为人民币2000元”而行邮渠道的寄递物品限值仍为800元、1000元严重不解,而海关作为一线执法部门,首当其冲地面临着较大的行政争议风险和监督问责压力。这种在普通民众理解上同为“邮寄”性质的物品限值规定的不同,将带来理解上的混乱,需要海关做大量的宣传解释工作,但这些问题与困难,在相关法条中却无法体现或者涉及,也没有更加细化的规定予以法律引导并有效解决。又如《海关对进出境快件监管办法》,在制定后经多次修改仍然无法实现有效监管,立法与执法出现脱节;在修订该办法之后,总署还连续下发了多个通知要求加强监管,但内部发文的形式因效力较低,无法起到明确界定快递企业权利义务,形成防范监管风险的实际威慑力。尽管《海关总署关于启用快件通关系统相关事宜的公告》已于2016年3月9日正式出台,但该公告所涉及的具体操作,以及所指出的《海关对进出境快件监管办法》相关法条的暂停执行等问题,仍需进一步明确规范。其次,是缺少灵敏的立法沟通与执法反馈渠道。在多年的执法过程中,各地海关积累了很多经过实践证明行之有效的工作经验,但由于缺乏一套便捷顺畅的立法沟通与执法反馈途径,致使这些经验做法无法转化为法律形式加以固化、推广。最后,是缺少灵活机动的立法思维与立法手段。在进出境寄递监管形势变化迅速、所涉及货物、物品存在很多不确定因素、收件寄件人复杂多元的情况下,海关对进出境寄递监管的立法往往过于单一死板,有时甚至是简单机械地“一刀切”,法律“留白”不够,预留的自由裁量权不足,比如“按货物方式办理通关手续”,多年不变的“800元”与“1000元”限值。尽管有时总署以内部发文的形式进行了变通处理,如与“43号”公告相配套的《海关总署关于做好行邮工作促进社会和谐的通知》,但此种处理方式由于未明确对外公告,反而易给社会公众造成海关执法随意性大、执法不统一的负面印象,既不利于和谐执法,也不利于保护现场关员。此外根据进出境邮件呈现的不同特点,根据海关监管的重点和目标的不同,还缺乏通过“短平快”的阶段性立法予以有效应对的意愿与办法。

四、加强进出境寄递监管立法

(一)改变立法观念,强化规则意识

加强进出境寄递监管立法,最根本的是要改变长期以来不重视行邮业务、行邮立法的错误观念,改变长期以来在行邮监管中只凭经验办事,忽视依法依规办事的固有习惯。具体应做到以下几点:

第一,深入执法一线,摸清执法状况。海关行政立法工作既不能足不出户、闭门造车,更不能筑空中楼阁或者当沙堆里的鸵鸟。在行邮执法状况发生巨大变化的今天,应当清醒正视存在的问题,倾听基层呼声,体察一线困难,增强危机意识,充分认识到进出境寄递监管立法的相对滞后已经成为加强海关行邮监管工作的巨大障碍。

第二,顺应社会需求,承接地气民气。时代在进步,社会在发展,与民生息息相关的进出境寄递监管立法工作,也应当充分听取民众的意见与呼声,找准执法矛盾,从立法的源头上理顺国家利益与收寄件人的合理诉求之间的关系,不故步自封,不墨守成规,用依法的态度,以创新的思维加强立法工作。

第三,紧跟改革形势,加快立法步伐。随着快件中心的遍地开花,跨境电子商务的蓬勃开展,海关对进出境寄递货物、物品监管的工作,更多的是处于先行先试,"边开车边换轮子"的状态,改革步伐加快而立法步调滞后,一些好的创新举措未能及时转化为立法,使海关的执法处于"于法无据"的尴尬境地,因此要有"顶层设计"思维,放眼长远地推进立法,避免先改革再立法,改变"改革超前、立法落伍"的被动局面。

第四,强化规则意识,提高立法质量。在法治海关建设深入人心的今天,仅凭经验做事显然已经无法跟上海关法治建设步伐,也无法适应业务发展的需要。一方面要善于总结全国海关进出境寄递监管实践中的改革举措和经验做法,及时上升具有约束力的各层级的法律、法规、规章和规范性文件。另一方面还要"关通天下",博采众长,学习其他国家或者地区在进出境寄递监管立法方面的经验做法,在立

法过程中予以参考吸纳。如我国台湾地区近年来为应对“海淘”和“海外代购”行为而推出的,对“同一批次”邮件的认定从原有的“同一航班、同一收寄件人、同一收寄件地址”的“三同”为其中“两同”的做法,值得借鉴参考。①

(二)构建立法体系,树立法律权威

从行邮监管立法的现状来看,目前仍是日臻完善的法律体系中相对薄弱的一环。强化进出境寄递监管立法,应当改变原有“头痛医头,脚痛医脚”的短视做法,全面科学地构建进出境寄递监管立法体系。具体应做到以下几点:

第一,必须加强立法顶层设计。统筹考虑涵盖传统邮件、快件和跨境电子商务等新兴业态在内的各类监管对象,尽快出台《海关寄递进出境货物物品监管办法》(以下简称《寄递办法》);制定个人物品审价管理办法,逐步实现邮件和快件等监管的统一。在总署此前发布的《寄递办法》(征求意见稿)中,涉及的主体既包括海关,也对邮政企业以及个人的权利义务进行了规范,考虑到行邮监管的特点以及各口岸管理部门的职能设置存在的交叉重叠,应当尽可能提升《寄递办法》的法律层次,力争以行政法规的形式予以发布,以便理顺海关与邮政企业、相关口岸管理部门的事权,树立海关执法权威。

第二,应当以《寄递办法》为母法,制定配套法规。对照邮件、快件和跨境电商的监管办法的监管现状和创新成果,及时固化并对外发布。在统一的法律框架内,按照“上位法优于下位法”的原则,逐级而下地制定行政规章、总署规范性文件和直属海关规范性文件,不断完善进出境寄递监管体系。

第三,明确授予并规制自由裁量权。及时将内部发文中规定的“变通”做法,上升为对外发布的法律、法规明确赋予海关的自由裁量权,做到依法放权、依法授权、依法限权,确保海关一线执法于法有据,

---

① 中国新闻网:《台湾每年在淘宝网消费惊人 海关紧盯逃税漏税》,载 http://www.chinanews.com/tw/2015/01-05/6936021.shtml,访问日期:2016年9月9日。

在面对纷繁复杂的行政执法情形时拥有更大的执法空间,改变在目前行邮监管中不敢为、不能为、不想为的现象,避免在可能的行政争议中处于被动的地位。

(三)汇总法律疑难,区分层次解决

完善进出境寄递监管法律体系建设,只是加强行邮监管立法的基础。然而法律的废、改、立往往成本巨大、周期较长。对于行邮监管业务的发展过程中不断涌现的新挑战、新压力,海关必须通过更加灵活的行政执法指引机制,采取更加机动的行政疑难解决方式,更好地应对新情况,解决新问题。具体应从以下几方面着手:

第一,建立寄递监管法律指引制度。如针对各时期的进出境寄递货物、物品的情况特点,动态掌握验放标准、归类标准、公式定价标准;如从监管需要出发,根据舆情动态或者社会各界反映,有意识地放松或收紧执法尺度的,应当根据执法统一性的要求,在全国范围或者某直属海关关区内以行政法律指引的方式统一做法、指导执法,从而确保现场海关更为灵活、更加准确地行使自由裁量权。

第二,建立执法疑难解决机制。对于全国海关普遍反映的执法疑难问题,应当有针对性地收集、整理、研究和解决。寄递监管执法面对民众,牵动千家万户心。在社会舆情特别是网络舆情反映异常灵敏的当下,长期不解决进出境寄递监管执法疑难,长期不正视进出境寄递监管执法争议,其结果必将引发大量行政纠纷,甚至引爆群体性事件。要通过建立执法疑难报送制度、风险分析制度、反馈回应制度,真正汇聚各地海关面临的“疑难杂症”,广开言路、汇聚民智地加以解决。

第三,推广行政执法典型案例制度。尽管中国不是“判例法”国家,但从近年来法院的司法审判实践看,“案例指导”制度已经在不断摸索践行的过程中逐步走向自觉化、规范化。基于进出境寄递监管执法情形复杂的事实,及时收集汇编寄递监管典型案例,以此指导执法、分享经验、推广做法,对于现阶段统一进出境寄递监管执法,有效弥补立法上的严重滞后,将起到非常重要的作用。

Issues in Strengthening the Legislation on Customs Supervision and Control over Inward and Outward Mails

—Administrative Appeal Caused the Implementation of the No. 43 Customs Announcement

LIN Chuan HUA Lei

[**Abstract**] This paper is written based on an administrative appeal raised by a person who is related to receiving a parcel porcel pested from another country into China which was not permitted to be released by the Customs. The result was unacceptable by the person concerned, which focusing on the actual implementing experience of the "NO 43 Customs Announcement". On the basis of nomological analysis, This paper states the reasons for the backward of Customs present supervision procedure, and aiming to strengthen the legislation on Customs supervision and control over inward and outward mails under the current situation of rapid growth in overseas on-line-shopping and overseas purchasing.

[**Key words**] Customs, Supervision and Control, Inward and Outward Mails, Onstoms Egislation

域外视野

Overseas Horizon

边境管理的未来*

Tom Doyle**
张树杰　赵世璐　译　孙向阳　校***

合作边境管理的基础是贸易界与监管部门之间的关系管理,也包括运输和供应链相关伙伴方的合作参与。通过顾客细分(customer segmentation)①和基于情报的风险管理(intelligence driven risk management)②,货物和人员能在实际抵达边境前进行电子通关。

顾客细分使边境管理部门能根据顾客群的需求有针对性地提供信息和服务,主要方式有:

---

* 本文为世界银行2010年出版的《边境管理现代化》一书的第二章。

** 作者Tom Doyle先生著文时是世界银行国际贸易司的边境管理专家,曾在爱尔兰税务署工作多年,也曾服务于欧盟委员会、塞浦路斯政府和国际知名咨询公司埃森哲。

*** 张树杰,上海海关学院培训部副主任,世界海关组织认证专家,曾在世界海关组织亚太地区能力建设办公室工作;赵世璐,上海海关学院学报编辑;孙向阳,中国海关派驻欧盟使团海关处公使衔参赞。

① "顾客细分"原本是市场营销术语,指根据顾客的背景、需求重点,区分不同的顾客群体,并进而有针对性地提供产品和服务,在本章中,主要指根据管理对象的特点、守法水平,按照风险管理原则,适用不同的管理措施并提供有区别的服务。当前,中国海关实施的分类管理和通关制度也是基于此理念。同样,"顾客"主要指与边境管理部门打交道的企业或个人,管理意义上,可译为"管理对象",从作者原意,倾向译为"顾客"。

② "基于情报的风险管理"也是世界海关组织在其政策文件《21世纪海关》中的未来海关改革的十大方向,该文件2008年通过。

(1)按照顾客群对网站信息分类 — 甚至可基于个人需求;

(2)提供有针对性的信息和接入门户;

(3)为大企业顾客制定客户专员(account manager);

(4)提供专业问询服务;

(5)举办研讨会与培训,进行直邮营销和上门咨询等;

(6)直接给重点企业电话联系。

基于情报的风险管理使边境管理部门对可信赖的贸易商和旅客实施准确的到达前和出发前身份和权利确认(identity assurance),从而对其他贸易商和旅客给予干涉(intervention)。监管合法性审查和通关前的信息可通过单一窗口(single window① 见第8章)一次性提交,供所有边境管理部门、伙伴方和顾客使用。合作边境管理给政府带来的益处有:

(1)降低边境管理的总体成本;

(2)加强安全;

(3)提高情报收集使用和执法能力;

(4)提高贸易守法水平;

(5)更高效配置资源;

(6)提高廉政水平和透明度;

合作边境管理对私营部门的益处有:

(1)减少延迟和私下支付的好处费,进而降低成本;

(2)加快通关和放行;

(3)解释规定与规则,使实施更具预见性;

(4)确保资源的高效配置;

(5)提高透明度。

合作边境管理提高了货物和旅客的通关效率,也提高了监管守法水平,其所依赖的主要手段是:在最早时间节点或利用供应链上游环

---

① "(贸易)单一窗口"主要指电子或非电子的平台或安排,贸易商可一次性向边境管理部门提交申报信息和单证,中国电子口岸即属此系统。

节直接获取信息(或使用单一窗口的平台,或直接使用顾客或其指定的信息系统)。在合作边境管理制度下,可信赖的顾客,如经授权经营者(Authorized Economic Operator,AEO),有权享受便利、简化的边境通关管理,允许以不同方式履行监管义务(如到达前通关、清关后定期自我评估和直接联接贸易商的信息系统),这也是世界海关组织(WCO)的建议。

决策者常认为他们须在加强监管和促进贸易便利之间二选一。合作边境管理不同意此观点(Grainger,2008)。如监管制度框架更透明,对产业界更友好,则将促进经济增长,提高竞争力,同时确保守法水平。

一、现有边境管理制度的演化与挑战

过去,海关和其他边境管理部门的作用是将不符合法律规定的货物和人员拒之于国门之外,对允许进入的货物征税。现在则越来越强调便利贸易的重要性。世界海关组织第50次政策会议会通过一份文件①,为边境管理指明了新方向(Gordhan,2007),其中包含的主要原则有:

(1)通过高效益、高效率的海关监管,努力提高国际贸易对经济增长和发展的贡献;

(2)建立清晰、明确标准,增强确定性(certainty)和可预见性;

(3)增强能力以提高守法水平,从而便利合法国际贸易。

目前正在进行的世界贸易组织多哈回合谈判也强调通过改善边境管理(即减少跨境流动货物所遭受的烦琐管理手续),以促进经济发展并减少贫困。

近年来,一些国家试图将海关改组成新的、具有更全面边境管理职能的部门,旨在加强边境安全。一种模式是设立单一的边境管理机构,另一种模式是虚拟模式,即相关部门合作但不拥有共同的组织身

---

① 此文件应指《21世纪海关》,2007年通过的是初稿,见译者注2。

份[但拥有相同愿景(vision)①、目标和电子基础设施等]。

表1　合作边境管理的主要特点

相关领域	传统做法	合作边境管理的做法
政策	◆便利与监管的平衡 ◆对供应链参与方不信任 ◆有限的顾客细分 ◆有限的守法激励手段 ◆偏重于实际边境监管 ◆和商界关系比较对立 ◆合作和数据交换范围有限	◆便利和监管双重最优化 ◆强调与供应链与运输伙伴方的合作 ◆基于顾客区分和服务导向给予顾客不同待遇 ◆为守法给予强有力的激励 ◆强调虚拟边境监管 ◆和商界建立建设性伙伴关系 ◆广泛的合作与信息共享
流程	◆基于产出的组织功能模式 ◆以货物和税收为中心 ◆对所有客户给予无差别的待遇 ◆部门各自为政的风险管理 ◆较高的实际查验率 ◆以单票交易为基础的通关手续	◆基于最终效果的流程模式 ◆以信息为中心 ◆针对不同顾客提供灵活解决方案 ◆跨部门且基于情报的风险管理 ◆最低程度的干涉 ◆基于例外的手续和基于审计的监管
人	◆在边境进行实际监管 ◆透明度有限 ◆组织层次的绩效评估 ◆标准化的培训,着重如何管理	◆通过基于情报的风险管理提高顾客守法 ◆更高的透明度 ◆明确评估个人和集体绩效 ◆关注能力,商业知识和管理培训并重

① "愿景"(vision)指一个组织或单位在未来较长时间关于自身努力方向的展望,属战略管理范畴,一般用凝练的文字表达。

续表

相关领域	传统做法	合作边境管理的做法
信息和通信技术(ICT)	◆黑箱系统—只能从投入、产出观察系统,对系统的内在工作机制所知甚少,使用专门开发的系统 ◆孤立地获取和加工信息 ◆仅应用于某一国家的解决方案 ◆信息通信技术的安全仅限于对非法入侵的保护 ◆注重后台交易处理 ◆依赖过时、现成或只适用单一国家的解决方案	◆尽可能使用开源软件系统 ◆服务导向的系统架构 ◆区域范围内整合、统一的解决方案 ◆通过安全和应急安排,确保业务连续性 ◆逐步转向自我服务、前台解决方案和直接联接商界自用系统 ◆共享服务,使用统一的子系统
基础设施和设备	◆边境管理部门各自为政 ◆贸易商分别和多个政府部门打交道 ◆部门自行提供服务占主导 ◆基于产出的采购政策	◆建立单一窗口,促进跨部门合作 ◆一站式服务 ◆增值的服务外包 ◆基于最终效果的采购政策

资料来源:作者整理。

整合边境管理部门需要大的组织变革,但如此努力并未充分实现在知识共享以及实现政府目标等所期望实现的效率,但或许能通过合作边境管理实现。因为整合往往问题重重,被整合的单位多想保留各自的地位、职能和资源。

二、现有边境管理制度的局限与限制

当前,推动边境管理改革的主要动力有:

(1)对成本更为关注;

(2)私营部门的期待不断提高;

(3)不断增多的政策和手续要求;

(4)吸引外国投资竞争激烈;

(5)对廉政和善治的关注;

(6)管理部门面临提高竞争力的政治压力。

海关和其他边境管理部门应对以上因素给予回应,用有限的资金提供高效且多样的服务。人们普遍认识到,有必要消除国际供应链中的延迟和重复手续,这些问题多肇因于繁复的申报规定和查验制度。明确提出贸易便利化带来的好处将鼓励管理对象遵守规定与标准。然而,海关单个部门的改革不足以应对挑战(见第1章)。

海关和其他边境管理部门不能再一意孤行地以单票交易为基础对跨境货物进行监管,按照该模式,每票货物需单独审核,而不考虑顾客的守法记录,也不使用现成的商业信息,这些信息能使管理部门进行合法性审查并做出通关前决定。每个涉及通关的单独收集和存储信息,部门间的信息共享乏善可陈。顾客需要将相似信息提供给多个部门,这些部门则分别处理信息。更为复杂的是,有些政府部门已采用自动化系统,而其他部门则尚未使用,迫使贸易商既要将相似数据重复提交,又需使用格式不一的纸质或电子表格。

对出口导向型经济高速增长的期待使海关和其他边境部门成为公众的关注焦点,也使这些部门有机会展示有所作为的意愿和能力。比如,欧盟的目标是:到2012年将烦琐管理手续减少25%,东南亚国家联盟(ASEAN)和亚太经合组织(APEC)也制定了相应目标。因此,为迎接挑战,需要进行全面边境管理改革,而非狭隘的技术性修补。毋庸置疑,主要贸易大国的改革进程以及他们对贸易伙伴国提出的严苛要求或许有助于提高发展中国家的管理能力。发展中国家(尤其是最不发达国家)的能力缺陷,往往阻碍海关和其他边境管理部门之间的合作。

三、合作边境管理的概念

国际社会已讨论过整合边境管理(integrated border management)①和

---

① “整合边境管理”最早主要由世界银行提出,强调边境管理的职能整合,“协调边境管理”是《21世纪海关》确立的未来海关十大建设原则之一。

协调边境管理(coordinated border management),本文较少触及“协调”,从而避免因机构整合带来的威胁性暗示,决定使用“合作边境管理”的提法。合作边境管理的基础是:边境管理部门和国际社会同心协力以实现共同目标。这一模式认为边境管理部门既能加强监管又能提供更高效的服务,同时保持各自的法定职能和廉政水平。

在合作边境管理模式下,“虚拟边境”涵盖所有的运输和供应链,能在货物和旅客抵达实际边境前进行合法性审查和通关(见第4章)。边境管理部门协同工作,共享信息,收集、存储和共享更多的数据,对风险和机会的认识更全面,鼓励知识共享的氛围,边境管理基于更积极主动的决策。

合作边境管理不能通过拉郎配的组织变革而实现,因为强迫不可避免地会制造矛盾,需要设立更高规格的治理机构,该机构的职责是制定边境管理的愿景并确保所有利益攸关方同心协力实现这一愿景。为此,需要坚定的政治意愿与承诺,以及合适的正激励和负激励措施。当然合作边境管理也可依赖于单一边境管理部,但设立这样的部门并非成功的先决条件。如推进得当,合作边境管理将会降低单证要求、通过完善的数据收集和分析,妥善对待贸易商,既降低成本,又加监管能力,有助于保持海关和其他边境部门的独立性和特定职能,也有益于顾客,如降低管理和守法成本、节省时间,服务更具预见性。

合作边境管理有可带来的实效有:

(1)提高边境管理部门的工作水平,给商界和产业界带来好处。

(2)在所有重要业务领域提供客观的绩效评估。

(3)避免不必要的重复工作,节省成本。

(4)创造对商业更友好、更具回应性的贸易环境。

四、合作边境管理的主要方面

我们可对合作边境管理的主要方面按政策、过程、人力、信息和通信技术进行归纳(见表1)。尽管不少合作边境管理制度可通过单独改革措施而实现,本章所述模式将相关创新措施给予归纳整理。

(一)政策

按照合作边境管理,边境管理部门的重点将从强调监管和便利的平衡转向更便利和更高水平的守法管理。合作边境管理的基石在于守法管理的有效性,即承认大部分的贸易和旅客是合法的。可信赖的伙伴关系既加强监管,又提高服务质量。更为全面的方法使政府官员工作更高效,对高风险旅客和货物进行布控。给守法顾客带来实在利益,同样明确的执法与惩罚手段给不守法者以警示。

合作边境管理需要完善政府间和部门间的合作网络,这些部门按统一标准合作。信息集中储存,对每个顾客的认知一致,在此基础上,进行顾客细分使政府能提供优化的、高附件值的服务。边境管理部门间的信息一致能确保更准确的情报,使这些部门将资源用于风险的干涉。通过和邻国与参与国家的合作,所有伙伴方都能从零散信息整合获益,最终,顾客将体验到不同边境管理部门间和不同国家管辖范围的高效和一致。

合作边境管理充分利用边境管理部门可以涉入的运输供应链最前端信息。这个端点可以是货物包装起运的工厂,也可是起运港,或者抵达最终目的港的任一时间点。确保虚拟边境中的守法将降低实际边境的通关时间,从而使边境管理部门集中精力对高风险货物和旅客进行审核和查验。

(二)流程

合作边境管理要求边境管理部门制定基于最终效果而非基于产出的过程或流程,最终效果:如更高的顾客守法率和更强的出口竞争力,产出的例子如通关工作量等。从管理部门和工作对象双重角度观察所期望结果,使流程满足双方需求。全面看待边境管理也产生统一的效果,如减少假冒,提高服务效果和效率。

合作边境管理使边境管理部门能更智能地对待顾客。对顾客的统一认知使部门合作分析评估信息,做出明智决策。顾客和多个边境部门打交道会简化与顺畅。可对服务重新设计以提高顾客感受。

对顾客的智能数据分析使边境部门省出精力审核高风险的旅客

和货物,部门间信息共享能提高工作效率。

(三)人

合作边境管理要求相关边境部门的官员具备相应的技能、知识、行为和精力,以管理新的流程,也就是说,技能熟练、经验丰富以及努力认真的官员是改革的重要推动力。对每个边境管理部门的管理能力进行全面评估既确保提高高效服务,又能最大程度地降低守法成本。评估应提出相应的改革措施,如外包有关工作。评估后应制定变革管理计划,促使那些职责不再重要的部门员工适应变化,承担新的责任。如条件许可,应对员工举行培训,分配其承担跨部门性质的工作,减少重复,提高效率。

(四)信息和通信技术

合作边境管理倡导有助于分享信息和辨认风险的技术进步。这些技术对更密切的国家、地区和国际层面的合作至关重要。这些合作可基于能分享和链接信息的技术系统。为此,可能需要拟定双边、地区和多边协议,以促进合作、共享信息,搭建可兼容的系统。

用传统的数据库和数据库挖掘技术,不能实现及时有效的通关和其他边境监管操作。海量信息须在几分钟内分析、甄别,但数据往往有错误、不全面、不符合国际标准(如一个国家要求,另一个国却不要求)。在这种情况下,模糊逻辑更易于身份确认和守法管理,使边境部门得以使用不完全、不准确或错误的信息进行甄别。运用模糊逻辑,对在多样复杂条件下搜索信息尤为有用,如有时需要对以多种格式存储的信息(结构化和非结构化的信息、图像或生物识别编码等)进行分析。

与关系型数据搜索不同,模糊逻辑的搜索和匹配基于以下四个原则:

(1)某些搜索标准比其他标准更重要,因此搜索标准需配以权重。比如,货物品名的权重可能低于原产地和涉及集装箱操作处理的情报。

(2)信息在货物和旅客舱单上有缺失。

(3)信息不准确。比如,不同信息集(data set)系不同机构在不同时间收集,政府没有制定数据集的统一标准。

(4)信息不正确。比如,文本数据(地点、日期、集装箱号和身份号码)较容易出现打字错误。

模糊逻辑能搜索和匹配不同管理部门的风险特征(risk profile),从而在货物实际抵达边境前,提高管理对象身份管理和预通关合法性审查的成功率,改善守法管理的其他侧面,如监控和调查。

不同国家之间、不同组织之间的系统和业务流程应当兼容。对不同边境管理部门结构化和非结构化的信息建立关联,有助于减少重复工作,避免各自为战的信息孤岛带来的低效率。

(五)基础设施和设备

由于口岸基础设施的建设往往早于安全、贸易便利等新要求的提出,设施往往不能满足新要求。通过边境管理部门以及邻国的合作,改善设施,是实现高效贸易便利化和监管改革的重要步骤。

合作边境管理有助于营造一个共享的服务环境,采用先进的工作方法有利于实现合作工作模式和设施共享,较好地实现规模经济。在地区合作背景下,共享的服务环境能节省单个部门、单个国家的建造和维护成本。共享服务模式的主要特点有:

(1)就服务提供和水平达成统一愿景和方向;

(2)持续改进的文化氛围;

(3)强有力的绩效评估指标(performance metrics)。

共享服务模式需达成两项共识:高效的工作模式和共同的核心流程。这使参与部门能迅速提升成为最高效部门的能力,降低运营成本,主导部门能确定改革过程的轻重缓急。不同国家政府及其部门的改革和现代化大多处于不同的阶段。现代技术和设备逐渐成熟,通过共享服务,政府部门可以切实提高效率。为实现共享服务和其他设施设备的管理模式,政治意愿是至关重要的。

外包也使专业服务更高效,比如软件应用系统开发、维护和日常运营就可外包出去。技术基础设施也可外包,如将硬件和相关服务外包后,边境管理部门就能解脱出来,专注于核心业务。当前趋势是进行增加附件值的业务外包,主要目标是:

(1)提供新的技术和专业知识。

(2)对有关业务集中管理和标准化。

(3)提高服务的速度和质量。

(4)促进政府部门改革。

(5)促使政府官员专注于核心业务。

(6)提高应对需求波动的能力。

(7)弥补无法雇到合适员工的问题。

(8)加强纪律和提高透明度。

(9)人头费用支出代替资本支出。

(10)降低成本。

(11)推动组织变革。

(12)增加税收。

外包带来的挑战有:

(1)处理好与承包方的关系。

(2)谈判和合约磋商中的有效性。

(3)人员管理问题。

(4)管理与承包方的关系。

(5)确保承包方较高绩效水平。

(6)灵活性和创新能力的制度化。

外包带来的可能风险有:

(1)经济间谍(economic espionage)。

(2)接触重要且敏感的代码。

(3)数据私密性。

(4)业务的可持续性。

就共享服务而言,外包的主要障碍是政府部门对节省成本缺乏认识,还有这些部门往往不愿意改变现有的采购政策。

公共私营合伙,也即公共部门和私营单位之间达成的契约性协议,使私营部门能更大范围地参与各种类型的项目(见表2)。

建立单一窗口可从公共私营合作中获益(见第8章)。在单一窗口模式下,核心功能归并理顺,使所有使用服务的边境管理部门受益。

例如,共享的单证管理将减少单一部门所存储的单证增长速度。

五、实现合作边境管理的转型过程

实现合作边境管理所需转型,需要深入理解,明确任务,成功转型一般有六个步骤:

步骤1:建立愿景。

步骤2:加强领导和治理。

步骤3:提出业务改革方案。

步骤4:开展诊断性评估。

步骤5:定义业务流程并分析确定相应能力。

步骤6:制订转型的规划。

表2 公共私营合伙的主要形式

<table>
<tr><td colspan="2">公共私营合伙(PPP)是公共部门和私营单位之间达成的契约性协议,使私营部门能更大范围地参与多种类型的项目</td></tr>
<tr><td colspan="2">①②③④⑤⑥</td></tr>
<tr><td>公共部门的责任</td><td>私营部门的责任</td></tr>
<tr><td>1. 设计—建造—投标:20世纪大部分工程所采取的传统方法。
2. 私营承包的收费服务:延伸私营部门的作用,使公共部门能从私营部门的专业性中获益。
3. 设计—建造:将设计和建造分包给私营单位。</td><td>4. 建造—运营—转让(BOT):也称为设计—建造—运营—维护,分包方提供运营和维护责任,公共部门留取剩余的运营收入同时承担风险。
5. 设计—建造—融资—运营:与私营公司签订的打包合同,公共单位拥有所有权,私营公司提供收费运营和维护。
6. 建造—拥有—运营:私营伙伴直接拥有项目的产权,同时承担运营风险并留取多余的运营收入。</td></tr>
</table>

资料来源:选自美国运输部联邦公路管理署,"公共私营合伙",载 http://www.fhwa.dot.gov/ipd/p3/index.htm。

(一)建立愿景

制定清晰的愿景和相应的目标至关重要。愿景需要所有利益攸关方共同制定,并为他们认同。愿景应当简明、易于理解,同时包含必要的内容以指明方向。必须为所有参与方创造共赢的结构,如若不然,愿景就不能以民主的方式所接受和实施。

(二)加强领导和治理

每个边境管理部门的领导层必须认同上述愿景,并努实现达成一致的目标。关键的是,这些部门领导需要获得政府的授权(mandate)。由于需要公共和私营利益攸关方的广泛参与和介入,政策制定者必须认识到变革的时间可能超过任一政府的任期,需要执政和在野两党派对改革措施的支持。

为实现合作边境管理,应建立一定的治理架构(governance structure)以指引并评估工作绩效。每个边境部门都必须获取相应的政治和财力支持以根据自身的需要将合作边境管理的理念具体实施,评估自身能力,制订转型计划,挑选支持该计划的正确伙伴,理顺并改进业务模式和技术策略,以向政府和公众展示合作边境管理的益处。制定为所有参与边境部门所接受的共同使命(mission,即宗旨)。这一治理架构必须有权确定并协调实施过程、日常工作和资源管理等。

(三)制订业务改革方案

为使各利益攸关方认同合作边境管理,需要提出变革的理由。制定清晰的愿景和相应目标只是开端,为获得领导和利益攸关方的重视和支持,制订业务改革方案也很重要。

政府部门,以及贸易供应链中所有和政府部门打交道的利益攸关方,应认识合作边境管理带来的好处。主要的好处有:更具预见性的货物通关和降低的守法成本。在做出资源配置的决定时,要厘清有效投资对整体业务效果的关系。针对某一领域和部门的正面措施(比如增强信息的有效性和通信技术管理等)不能损害其他领域或部门。尽管不断加大对信息和通信技术的投入,常被认为是改进业务效果的主要途径,但如不考虑其他变量如总体生产力(overall productivity)和人员配置,价值就很有限。

(四)开展诊断性评估

对决定转型变革的边境管理部门而言,不能中断日常业务。在变革起始阶段,必须比照变革目标,应用诊断框架对组织现状予以评估。可以借鉴国内外经验。每个部门必须确定实现合作边境管理所需的能力、所需要的解决方案、变革带来的可能影响和变革的路径。

(五)定义业务流程并分析确定相应能力

编制流程目录,即将合作边境管理涉及的核心业务流程列明,实现所有负责贸易便利化和监管的边境部门之间的无缝整合。流程目录可用于对具体流程、流程组以及点到点流程的重组,因而能较快发现业务操作中的重复和多余,发现最佳做法,区分核心和非核心流程。

能力评估为每个部门需要提升何种管理能力奠定了基础。如设计得当,能力评估应关注工作效率、在合适的时间合适的地方拥有有知识、有能力、有干劲的员工队伍。这种评估有利于提高执行的灵活性和速度,增强伙伴方满意度。

(六)制订转型的规划

以上活动设计改革和现代化的问题。就变革过程而言,合理规划、项目测试和准备程度均为重要。规划(最好称为变革路线图)的主要内容应包括:宣传并记录变革的方法(如计划制定和实施应考虑的因素),分析合作边境管理变革过程的本质、范围和影响,具体包括:

(1)路线图最好用表格形式标明新服务和新能力的重要标志(里程碑)。

(2)业务流程改革方案,确定主要业务流程,部门角色,所需立法及政策的变动。

(3)信息和通信技术应用方案,描述未来的系统架构(architecture)。

(4)针对内部和外部受众的沟通计划。

(5)测试和转换计划,以按照新的操作环境调整参数。

(6)培训和支持计划。

变革规划最后的要素是挑选分包伙伴和服务提供商。诸多实例表明,原本想建立公私合伙——有些情况下要求私营部门出资承担整个项目的公共机构,在合同订立时,绕个弯子重新采用传统的、对立的合作谈判。谈判中,非常重要的一点是:客户和承包方团队应对合同中订明的关系有所理解,并且有过以往打交道的经验。如无相互理解,长期建立的关系就会破坏。

服务发包方(一般为政府或某一边境管理部门)应坚持一下标准:

(1)服务提供方在同等类型和规模的变革项目中的经验,包括已完成项目的最低数量和从事类似项目的最低年限要求。

(2)服务提供方现有示范点(reference sites)的优势。要考虑这些师范点所获得的经验及取得的成效。

(3)服务提供方项目管理和执行团队的优势。

(4)服务提供方在当地市场的规模和精力,以保证一个在国际市场上的成员单位能有效工作。

(5)服务提供方支撑相应规模项目的财务能力。

六、合作边境管理模式下货物通关流程的实例

下文讨论的例子列明了合作边境管理模式下的一个核心工作流程——货物通关。单一窗口系统最好和后台通关系统协同工作,便于边境管理部门人员、顾客和其他供应链中的伙伴方对顾客达成统一的认识,用单一渠道输入并分析顾客和交易信息、查验结果等。边境管理部门可协同或单独开展通关工作,如风险分析或单证审核,相应的结果可通过单一窗口系统中获得。比如,共享的单一窗口服务允许顾客注册新的许可申请或递交海关要求提供的通关单证。

下图列出了货物通关的流程模式,单独的流程所包含的次级任务需要进一步明确。

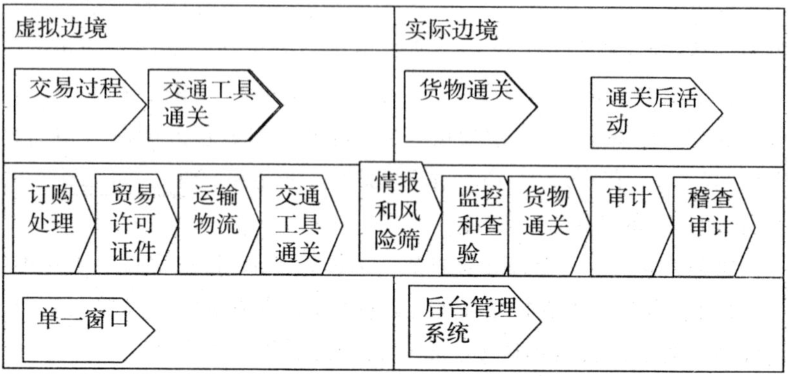

图 合作边境管理模式下的货物通关

(一)贸易交易

贸易交易阶段包括新贸易商的执照许可,初步申报货物运输计划,具体可分解如下:

(1)订单处理。贸易双方谈判并签订合同,对申请贸易许可做准备。

(2)贸易许可文件申请。此阶段,申请并签发贸易许可文件,如许可证,授权和认证文件等。

(3)贸易物流。贸易商组织产品从供应地点至需求地之间的物流或货物运输安排,通知政府监管机构相应贸易单证的相应情况,以便于货物装卸。

(二)运输工具通关

这一阶段包括:提供港口手续单证,船舶、航班和船上和航班工作人员的通关。这些过程往往发生在货物抵达前和起运后。承运方将舱单信息通过单一窗口,用电子方式尽早提供相应商业信息,如条件许可,尽可能在运输工具实际抵达前。

每票货物都分配给单一货物编码(unique consignment reference)。该编码可用作货物在通关和稽查阶段的跟踪号码。港口经营方也可获取舱单信息,包括装卸货物的申请。在获得装卸货物的批准后,港口经营方可以将未卸货物和已提供的舱单比对,并使用此信息编制已卸货物的报表。

(三)货物通关

这一阶段发生在货物实际达到或离开口岸后,具体包括:

(1)情报和风险筛选。通过风险分析后确定需监控和查验的货物,同时完成对货物的搜索并与相应的情报进行匹配。货物、相关进口商和出口商的细节和风险分析系统中存储的观察名单和布控名单进行比对。对可信赖客户分配给初始身份验证的代码,使他们在货物从船舶卸装后立即运往自己的场所。特殊限制性代码将分配给需要通过所有边境部门额外手工查验的货物,实现货物通关模式的统一。

(2)监控和查验。往往是在对舱单筛选后,边境管理部门官员接受指示在指定地点进行货物监控和查验。这一地点可能是可信赖顾客的场所,也可能是口岸经营方提供的查验场所。

(3)货物通关。顾客通过单一窗口提交申报。可跟踪和更新货物申报,从注册、税费估定、税费交付,查验和放行。

(4)可信赖顾客在货物卸装后自动收取货物。如需要,查验官员可在规定的时间在顾客自己的场所进行查验。可允许可信赖顾客对其所收到的货物进行定期申报(比如按月申报)(periodic declaration),并同时缴纳税费。

(5)普通顾客按要求提交货物和相应单证。在查验和缴清相应税费后,货物予以放行。

(四)放行后的工作

在查验结束后,每个边境管理部门仍有充足的数据以评估分析违规情形的趋势,同时按照审计团队的资源和能力,确定审计的对象和时间,制定风险分析的新规则。新的信息,一旦收到后,能在所有部门间共享,以保证对顾客适用一致的待遇。

放行后的流程也是发现常见错误和开展宣传教育的机会,有助于提高顾客和供应链伙伴方的守法水平,可对可信赖顾客制度定期审核,以保证其守法水平不至于降低。

七、结论

合作边境管理,如设计得当且能得到充足资源,能给政府和私营部门带来诸多好处:

(1)增强公众对边境管理廉政和善治的认识;

(2)列明与地区、国际协定相关的政策和程序规定;

(3)为守法商人和旅客提供寻迅捷、可预见的通关手续;

(4)使低效的、过时、繁杂的边境管理手续带来的成本更透明;

(5)增强外国投资的吸引力;

(6)边境管理工作更贴近客户需求,在保护社会安全中起到中坚作用。

为使合作边境管理确有实效,边境管理部门应制定统一的愿景和跨部门的合作模式。尽管具体的监管和贸易便利化职能分散在多个部门,所有职能和组织也应当围绕统一目标而组织,将散落的信息进行无缝整合(当然要符合数据保护和隐私立法的规定)。

将多个部门重组为单一边境部门为合作边境管理带来动力,但潜在的障碍依然需要应对。成功实施的要素有:边境管理职能所应遵循的清晰策略、相应配套政策、能指明长远方向的治理和领导架构。应建立合作业务顶层设计,明确所需的能力、组织结构、流程、技能、技术和基础设施。

合作边境管理将从两方面改变边境管理部门的工作方式:一是通过跨政府、跨部门的网络合作安排;二是通过和顾客的伙伴关系构建。网络合作安排使边境管理部门按照统一认可的标准有效合作。顾客细分使边境管理部门能向守法顾客提供优质服务,将有限资源用于更高附加值的情报和基于风险的介入。国家获得安全和守法的双重利益,发达国家能和不发达国家分享设施和知识,从而增强不发达国家的管理能力,最终,发达国家也将从不发达国家的不断提高的绩效中获益。不像商业和军事领域中每个参与方尽力获得超越对手的竞争优势,合作边境管理带来的是双赢:提高伙伴能力也有利于减轻己方压力。

对《海关估价与转让定价指南》的评析

冯媛媛*

[摘　要]　世界海关组织(WCO)就海关估价与转让定价方面发布了《海关估价与转让定价指南》,介绍了海关估价和转让定价的基本原则和方法,总结了迄今为止WCO所作的相关工作及各成员国海关的优秀实践。该指南对两个问题提出了更具体的建议,一个是在运用销售环境测试法判断关联关系是否影响成交价格时,海关如何借助转让定价资料来判断;另一个是转让定价后续调整的海关估价问题。本文旨在对在《海关估价与转让定价指南》的主要内容进行介绍和评价。

[关键词]　海关估价;转让定价;销售环境测试法;转让定价调整

随着经济全球化的发展、跨国公司业务的扩展,越来越多的国际交易发生在关联公司之间,转让定价与海关估价的关系问题已经引起了社会各界的广泛关注。大家已经意识到,基于税务和海关对于转让定价问题管理的现行法律框架不同,税务和海关的估价方法的趋同或者合并都是不切实际的,那么,为税务目的准备的转让定价材料,能够在多大程度上为海关估价提供有用的信息,从而使得海关最终确定完税价格,将是一个新的问题和挑战。作为世界海关组织"税收一揽子计划(RevenuePackage)"第二阶段行动计划(Phase II Action Plan)第二

* 冯媛媛:上海昊理文律师事务所律师。

系列的举措之一①,2015年6月,应海关与商界的需要,世界海关组织发布了《海关估价与转让定价指南》(以下简称《指南》),试图通过介绍海关估价与转让定价的基本原则和方法,总结迄今为止所做的相关工作,分享各成员国海关的实践经验,提供解决问题可能的途径,从而在此问题上给予海关、税务及跨国公司一定的指引。

《指南》共有六章和八个附件。第一章主要介绍了《指南》的受众、目标以及关注的主要问题;第二章和第三章分别主要介绍了海关估价和转让定价的现有法律框架和基本原则、方法;第四章主要介绍了转让定价文件的实际运用以及社会各界关于海关估价与转让定价问题的工作进展和研究成果;第五章介绍了使用转让定价信息审核关联交易的两个方面:一个是在运用销售环境测试法判断关联关系是否影响成交价格时,海关如何借助转让定价资料来判断;另一个是转让定价后续调整的海关估价问题;第六章介绍了海关估价决策者、企业、税务机关的相关实践经验。本文主要集中介绍《指南》第四章和第五章内容。

一、各界关于海关估价与转让定价问题的工作进展和研究成果

(一)世界海关组织(WCO)与经合组织(OECD)的联合会议

WCO和OECD曾在2006年、2007年开过两次关于海关估价与转让定价的联合会议(Joint WCO-OECD Conferences)。2007年第二次会议结束后,由海关官员、税务官员、商界代表组成了讨论小组(WCO Focus Group)。讨论小组在2007年10月26日在布鲁塞尔召开的转让定价座谈会上,主要提出以下两个技术难点②:

---

① WCO, Revenue Package-Overview and Introduction to new materials – 2015 – FINAL-EN, p. 6, http://www. wcoomd. org/en/topics/key-issues/revenue-package/revenue-package-overview. aspx, December 2, 2015.

② WCO, Meeting of the Focus Group on Transfer Pricing-Brussels, 26 October 2007, p. 2, http://www. wcoomd. org/en/topics/valuation/activities-and-programmes/ –/media/WCO/Public/Global/PDF/Topics/Valuation/Activities%20and%20Programmes/Transfer%20Pricing/RecommendationsTransferPricingpubE. ashx, January 26, 2016.

(1)《WTO 海关估价协定》1.2(a)中“销售环境测试法”对转让定价情形的适用。

(2)当转让定价协议写明,为达到预先设定的利润水平,进口申报价格会在后期进行调整,当该情形发生时,海关估价如何处理。

(二)海关估价技术委员会(TCCV)的工作

从2007年起,转让定价问题纳入海关估价技术委员会的讨论议程,并且从26次会议(2008年春季)开始就一直是常规性议题。

2010年,海关估价技术委员会第31届会议通过了“评论性意见”23.1①(关于运用转让定价资料(transfer pricing studies),对《WTO 海关估价协定》条款1.2(a)项下“销售环境”进行审查的研究意见),提出了对转让定价问题的原则性意见,即转让定价资料对于海关审查销售环境有时有用,转让定价资料可以作为海关判定成交价格是否受到买卖双方关系的参考的信息来源之一,但有时并不相关或者并不适用,需具体案例具体分析。这是迄今为止 WCO 就转让定价的海关估价问题提出的最重要的成果。

在撰写《指南》的同时,海关估价技术委员会正在讨论和审核美国海关与中国海关先后提交的两个转让定价“案例研究”草案,一个案例的转让价格是基于交易净利润法确定的;另一个案例则是基于再销售价格法确定的,这些案例证明了转让定价文档及资料可以为海关判定成交价格是否受到买卖双方影响提供参考信息。

(三)WCO 与 OECD 及世界银行集团(WBG)的合作

从技术层面,OECD 已经多次作为观察员出席海关估价技术委员会的会议,为转让定价与海关估价的讨论提供技术信息。WCO 也以观察员身份参加了 OECD 的第六工作组。WCO、OECD、WBG 分区域展开了海关估价与转让定价的培训与研讨,集结了该领域的海关与税

---

① TCCV, Commentary 23.1: Examination of the expression “circumstances surrounding the sale” under Article 1.2(a) in relation to the use of transfer pricing studies, p.1, http://evaluation.wcoomdpublications.org/DetailsView.aspx? contentid = 157, January 26, 2016.

务官员共同分享理论与实务经验,从国家、区域上,甚至是国际层面上提高了对海关估价与转让定价问题的关注。

(四)国际商会发布政策声明(Policy Statement)

国际商会在2015年2月发布政策声明,提出关联企业之间的交易受海关和税务机关的双重规范,而海关与税务机关对于审定价格的公平性采用不同的目标和规则,即使一家企业同时遵守《OECD转让定价指南》和《WTO海关估价协定》的有关规定,也可能面临两个国家间或者一个国家内海关和税务机关就确定公平价格时产生分歧,在这样不确定的交易环境下,企业的经营成本和违法风险都不断上升。

对此,国际商会提出了六个建议①:

(1)希望海关认可,如果企业已经基于公平交易原则(OECD税收协定范本第九条)制定了关联交易价格,那就基本表明交易双方的关系并未影响到实付或应付价格的成交价格,因此该价格可作为海关完税价格的基础。

(2)希望海关能够认可交易后转让定价的调整(上调或下调),既包括两个关联企业达成合意后主动达成的补偿性调整,也包括税务审计后作出的调整。

(3)在发生交易后转让定价的调整(上调或下调)时,建议海关同意根据进口商所选择的下列任一种方法来审定完税价格,通过采用加权平均关税税率或者根据税则目录中的具体税号进行分配。

(4)在发生交易后转让定价调整(上调或下调)时,建议免于企业针对每份最初提交的报关单再提供一份修改后的报关单的程序;如果企业主动及时地向海关修改申报,可免于罚款处罚。

(5)建议海关认可在依照OECD转让定价方法而进行的转让定价中,当事人所承担的职能和风险对销售环境的评估至关重要。

---

① ICC, FINAL180 _ 104 - 536 Transfer Pricing and Customs Valuation-Revision _ Jan2015, p. 2, http://www. iccwbo. org/Advocacy-Codes-and-Rules/Document-centre/2015/ICC-Policy-Statement-Transfer-Pricing-and-Customs-Valuation - (2015)/, January 26, 2016.

(6)建议海关认可将转让定价材料作为证明进口产品未受到交易双方关系影响的证据。

二、《指南》关注的两个核心问题

《指南》的第五章,对两个问题提出了更具体的建议,一个是在运用销售环境测试法判断关联关系是否影响成交价格时,海关如何借助转让定价资料来判断;另一个是对于转让定价后续调整的海关估价问题。

(一)运用转让定价材料审查"进口货物的销售环境"

《WTO估价协定》要求当货物的成交价格受到了关联关系的影响时,需要在海关估价时考虑货物的销售环境。《指南》建议,由于转让定价资料中包含了功能风险分析的信息(包括对各方执行的职能、使用的资产及承担的风险的审查)对海关审查销售环境有所帮助。

1. 有关审查"销售环境"的规定和实例

(1)《WTO海关估价协定》(Agreement on Implementation of Article VII of the General Agreement on Tariffs and Trade 1944)第1.2(a)的规定

在判断成交价格是否符合成交价格定义时,买卖双方有关联关系并不必然导致成交价格不被接受,在这种情况下需要审查交易的销售环境,如果关联关系未影响成交价格,则海关可以接受申报的成交价格。

(2)《WTO海关估价协定》第1.2(a)释义(Explanatory Note to Paragraph 2 of Article 1)有关"销售环境"的规定和实例

并不是所有情况下都要因为买卖双方是关联关系而对"销售环境"进行审查,只有在海关对成交价格可接受性存疑的情况下才进行审查。如果海关认为价格是可以接受的,则不必要求进口商提供更多的信息。比如,海关已经事先对关联关系进行过调查,或者对于买卖双方已经有详尽的信息,通过这些调查和信息可以认为关联关系没有影响成交价格。

如果海关不进一步调查就无法确定成交价格是否可以接受,则应当让进口商提供更详尽的信息来审查"销售环境"。在此种情况下,海关应当审查交易的相关方面,比如买卖双方是如何建立商业关系的,被质疑的成交价格是如何达成的等,来判断关联关系是否影响成交价格。

该释义还以举例形式提出判断成交价格未受关联关系影响的三种方法:①关联关系双方的定价方式与所涉行业的正常定价做法相一致;②关联关系双方的定价方式与卖方制定的,销售给无关联关系买方的价格的方法相一致;③如果有证据表明交易价格已经包含了该货物的全部成本和利润,该利润又代表了该公司在一段时期(如某一年度)销售同级别或同种类货物的整体利润。

(3)案例研究10.1(Case Study 10.1:Application of Article 1.2)

海关估价技术委员会在案例研究10.1中讨论了对两个关联公司销售两个产品的情况进行审查,第一个案例中,卖方将货物既销售给关联方,也销售给非关联方,但是销售给非关联方的价格更高,卖给关联方和非关联方的成本是相同的,进口商不能解释为什么进口价格比非关联方的价格更低。第二个案例中,在销售另一个产品时,产品仅在关联方之间销售,海关认为买方向卖方支付的费用已经包含了采购成本、重新包装、处理费用及运费,以及企业一段时间内的所有利润,海关认为这种情况下,进口交易价格是可以接受的。这个案例是对《WTO海关估价协定》释义中第三个实例的应用,如果能证明交易价格已经包含了卖方的所有成本和利润,则可以认为关联关系未影响成交价格。

2. 可用转让定价材料审查"进口货物的销售环境"的理论依据——评论性意见23.1

进口商提供的为税务目的而准备的转让定价资料是否可作为海关审查"销售环境"的基础?海关估价技术委员会在评论性意见23.1指出:一方面,转让定价资料如果包含审查"销售环境"所需的相关材料,进口商提供的转让定价资料是一个很好信息来源;另一方面,因为

《WTO海关估价协定》对进口货物的估价方法和《OECD转让定价指南》的方法存在实质和重大的差别,转让定价资料可能与审查"销售环境"并不相关或者并不能适用。是否能使用转让定价资料来审查"销售环境"需要具体案例具体分析,总之,任何进口商提供的相关信息和文件都可能用来审查"销售环境",转让定价资料可以是其中一种信息来源,该意见为转让定价材料审查"销售环境"奠定了理论基础。

3.《指南》对海关运用转让定价资料审查"销售环境"的建议

(1)应当注意到产品范围的差异(单一产品还是一系列产品)

转让定价资料很可能覆盖了一系列产品,其反映的可能是多批次的多种类的产品的交易价格和利润,而海关往往关注的是每批货物,每一种类进口货物的交易价格是否符合海关估价要求,这时海关需要谨慎考虑转让定价资料中的成本、利润率等信息是否与进口产品有关。

但同时,《指南》认为,即使转让定价资料覆盖了一系列产品,转让定价资料可能会让海关相信待估价产品和其他产品可被认为是同级或同类货物,所以这一系列产品的成本和利润也可能与待估价产品有关。

(2)应当注意到数据范围的差异

海关和税务审计时间段不同,海关应确保使用的转让定价数据必须是与海关审计时间段有关的,例如海关审计2013年进口的货物,则转让定价资料中参照的有关信息也必须是与2013年交易有关的信息。

(3)对《WTO海关估价协定》第1.2(a)释义中有关审查"销售环境"的三种实例的具体适用评价

对于第一个实例,判断关联关系双方的定价方式是否与所涉产业的正常定价做法相一致,《指南》认为,此类信息可以先将转让定价资料中已有的信息纳入参考范围;对于第二个实例,判断关联关系双方的定价方式与卖方制定的,销售给无关联关系买方的价格的方法是否相一致,《指南》认为该种方法有局限,因为很多关联交易的进口商可能是某商品在某地区内唯一经销商,可能并不存在与无关联方之间的交易。

对于第三个实例,如果有证据表明交易价格已经包含了该货物的全部成本和利润,该利润又代表了该公司在一段时期(如某一年度)销售同级别或同种类货物的整体利润的方法,《指南》认为,这个方法说的是卖方的利润,海关可能会要求进口商提供出口商的利润信息,但是关联企业可能不愿与自己的经销商或进口商分享利润信息,建议海关先考虑进口国已有信息,尤其是转让定价同期资料。另外,《指南》还认为,该实例并没有定义是毛利润还是营业利润,海关有一定弹性自由去选取何种利润更加有用,一般营业利润更能反映真实利润,在可比利润法和交易净利润法中营业利润是最常见的利润水平指标,而且独立企业的营业利润信息很容易获得。

《指南》还指出,转让定价方法数据仅与进口商利润相关,与卖方无关,但是转让定价数据可能仍与海关有关,因为进口商的利润是进口商利润计算的基础,从进口商衍生出来的信息可能会使得海关确信卖方的利润是可以接受的,从而确认进口货物的价格足以覆盖所有成本加利润,认定该价格没有受到买卖双方之间关系的影响。

最后,《指南》还强调了《WTO 海关估价协定》释义列举的三种方法并不是完全列举,海关可以考虑其他方法来审查销售环境,要求进口人提供所有与被质疑的交易有关的证据来审查。

(二)转让定价后续调整(Transfer pricing adjustments)的海关估价问题

《指南》提出,转让定价调整是跨国企业定价策略的共同特征,这些调整分为不同类型,海关有必要理解不同类型调整,并判断哪些调整会对完税价格产生影响,从而考虑如何处理这些调整。

1. 转让定价后续调整的种类

转让定价后续调整存在多种类型,主要包括:

(1)初次调整(Primary adjustment):税务机关根据独立交易原则,对纳税人应税收入的调增或调减。

(2)实际价格调整的补偿调整(Compensating adjustment, actual price adjustment):纳税人自行调整,根据公平交易原则对实际转让价格作出的调整。这种调整体现在纳税人的账目上,以及借记/贷记单上。

(3)仅为税收目的补偿调整(Compensating adjustment, for tax purpose only):纳税人自行调整,纳税人基于税收目的,汇报一个符合独立交易原则的,但与关联方实际成交价格不同的转让价格。

(4)相应调整(Corresponding adjustment):对一个关联企业的税收义务所做的调整,使其与另一个关联企业与第一个关联企业之间的初次调整相一致,确保利润在企业之间的分配是一致性的。

(5)二次调整:(Secondary adjustment)这类调整源于对二次交易课税(所谓二次交易,即采取推定交易的方式使得利润的实际分配与初次调整相一致)。

2. 转让定价后续调整是否对进口实付或应付价格产生影响的判断

《指南》指出,当调整由纳税人发起,并被记录在其账目及签发的借记或贷记单上时,站在海关估价的角度,根据该调整的性质,上述调整可能被认为对进口货物实付或者应付的价格产生了影响。而在其他情况下,尤其是税务机关发起的调整,该调整可能仅仅对纳税义务产生影响,而不涉及货物的实付或应付价格。

对于发生在货物进口之前的调整,应当被纳入海关申报价格之中。对于发生在货物进口之后的调整,例如调整在海关放行后,被记录在纳税人的账目及签发的借记或贷记单上,则海关可能会根据评论性意见4.1"价格复核条款[①]"确立的原则,认为完税价格应以调整后的价格为基础。

3. 海关按调整后价格估价的理论依据

《指南》认为,进口时按转让价格向海关申报,转让价格随后可能

① TCCV, Commentary 4.1: Price review clauses, p. 1, http://evaluation.wcoomdpublications.org/DetailsView.aspx? contentid =74, January 26, 2016.

会调整(例如为了达到预期利润)的这种情形,类似于海关估价技术委员会在评论性意见4.1"价格复核条款"描述的情形,即有的合同会写明"合同价格只是暂时的价格,最终价格取决于合同约定的特定情形是否发生",这种情况不应当排除在《WTO海关估价协定》第1条规定之外,即应属于实付或应付的成交价格,计入完税价格。

4.最终如何确定转让定价调整后海关完税价格

就估价的程序上,《指南》认为,如果海关认为进口货物完税价格应当以转让定价后续调整后的价格为基础,那么海关就有必要设定适当的程序,例如提交临时申报的报关单以及提交相应税款担保,但是上述操作会动用大量的资源,例如处理报关单,海关和企业都会被其所累,目前,国际上还没有统一意见,各国海关可自行制定海关程序。《指南》还认为,海关判断转让定价调整的影响时,要求企业提供转让定价方法是基本要求,海关可能会要求进口商在进口前就提交现有的转让定价方法(公式),也可能会要求企业报告最终转让价格及其调整的细节。

就转让定价后续调整的性质判断上,《指南》提示到,海关还应当注意,进口后的转让定价调整,是否有可能是构成《WTO海关估价协定》第8条列举的成交价格的调整项目,从而需要计入完税价格之中。

《指南》对转让定价调整的计算问题并没有给予具体建议,而是列举了国际商会对转让定价后续调整的计算的建议(ICC Proposal 3)。就如何计算一笔应当计入完税价格的转让定价调整费用,国际商会提出海关关注的是单笔交易,而转让定价数据基本体现的是总体水平,因此有必要找到一种方法,将该费用合理地分摊到每批货物上。例如,可以采用加权平均关税率,比如转让定价调整产生一笔额外费用需支付给卖方,国际商会建议进口商就该笔费用进行申报,海关将该金额分配到年度申报的所有进口货物上,适用加权平均关税税率。还可以参照税则目录和根据进口商或海关提供所有商品税号和统计数据中的进口数据信息,进行转让定价调整的分配。

三、对《指南》的评价

(一)明确了WCO坚持在《WTO海关估价协定》法律框架下,利用转让定价资料上有用信息帮助海关审价的原则

WCO已经意识到对《WTO海关估价协定》和《OECD转让定价指南》的估价方法进行互认或者合并,在当前看来是不切实际的,而且《WTO海关估价协定》中的估价方法是WTO成员的应遵守的一项义务,短时间内也没有计划修改或者更新,因此只能从《WTO海关估价协定》的框架下寻找可行性方案。

《WTO海关估价协定》对审查关联交易是否影响成交价格,规定了两种方法,一个是测试价格法,另一个是审查"销售环境"法,即销售环境测试法,而测试价格法往往不适用于那些只销售特定商品的跨国公司,对于这类情况,很难找到符合《WTO海关估价协定》下"相同或类似货物"标准的测试价格,因此,只能从尚未有明确审查方法的"销售环境测试法"入手,引入海关可借助转让定价资料上的信息审查进口货物销售环境的方法。

另外,WCO也间接地回应了国际商会政策声明中的第一个建议:并不是采用OECD的转让定价方法的企业申报的进口价格,海关就一定会认可,而是海关坚持按照《WTO海关估价协定》的规定,从现有规定入手,从审查"销售环境"判断关联关系是否影响成交价格的角度,让企业提供为税务机关审查转让定价情况而准备的有关资料,海关从中获取对审价有用的信息。

(二)反映了WCO对转让定价材料的利用持谨慎态度

早在2005年4月,海关估价技术委员会就举办了以"海关估价与转让定价的关系"为主题的会议①,转让定价问题从2008年开始就作为海关估价技术委员会的常规议题,在2010年的评论性意见23.1就

① Bastin, Lucas, Transfer Pricing and the WTO, *Journal of World Trade*, 2014, 48 (1), pp. 59 – 80.

已经提出转让定价材料可以作为审查销售环境的信息来源之一,也认识到转让定价调整的海关估价问题,但是在将近 10 年的时间内,海关估价技术委员会并没有就转让定价方面,提出过任何明确的、具有可操作性的规定或建议。

由于海关估价技术委员会的会议内容不对外公开,这么多年来各国海关是如何讨论的,为何迟迟没有具体的操作规定产生,我们不得而知,但是从《指南》将国际商会的政策建议及各国海关操作实践作为附件的做法,可以看出,WCO 并不是没有注意到这些具有可操作性的建议和实践,而是对于利用转让定价资料帮助海关估价的态度还是谨慎的,所以海关估价技术委员会选择了以退为进方法,只认可转让定价资料对海关估价有一定参考作用,而不明确制定如何参考的具体操作规定和办法,通过介绍各国海关现有的实践经验以及国际商会的建议方式,供各国海关自行参考。

(三)有关建议缺乏实践可操作性

如上文所述,《指南》对如何利用转让定价资料审核关联交易提出了一些建议,但是在具体如何操作的问题上态度仍然持开放性,并没有制定明确的原则,建议缺乏实践可操作性。

例如,虽然《WTO 海关估价协定》及其释义提出了通过审查"销售环境"来判断成交价格是否受到成交价格的方法,也举出三个实例表达哪种情形可以认为关联关系为影响成交价格,但是这三个实例仍然较为抽象,现实中无法执行。例如,关联关系双方的定价方式与所涉行业的正常定价做法相一致,如何理解所涉行业的范围;再如,进口一块高档手表,是考虑手表行业的定价模式,还是奢侈品行业的定价模式;又如,如何证明是行业里通用的定价模式,是选取一个行业内多家企业的定价情况,总结出共性得出行业的定价模式,还是由行业协会提供数据或有关证明作证?

《指南》并没有对这些问题进行进一步澄清,而是在如何利用转让定价资料审查"销售环境"的问题上,仅仅罗列抽象的理论,例如,"可以先将转让定价资料中已有的信息纳入参考范围"。但是,这些问题不明确将会限制海关利用转让定价材料审查“销售环境”。并不是每一个海关关员都具备良好的转让定价背景知识,在审查“销售环境”的规定尚且不明确的情况下,如何从转让定价资料中发现一些对海关估价分析有帮助的用于审查销售环境的信息,无疑又是一个巨大的挑战。

如何利用转让定价资料审查“销售环境”的规定不明确,同时也限制了企业提前做好规避海关重新估价风险的可能。企业已经认识到了转让定价问题存在海关重新估价的风险,为规避此类风险,希望可以在制定转让定价政策时尽可能把海关估价的风险也考虑进来,但是因为海关对于有关利用转让定价资料审查“销售环境”的规定尚不明确,企业也无法提前做好规避海关风险的准备,一旦海关认为关联交易影响成交价格,在无法提出《WTO 海关估价协定》下符合标准的测试价格的情况下,企业甚至不知该提供何种材料证明关联关系并未影响成交价格,也无法通过销售环境测试法的标准证明成交价格未受关联关系影响,更无法提前评估提交给海关的转让定价文档是否已经隐含了海关重新估价的风险。

Comments on WCO Guide on Customs Valuation and Transfer Pricing

FENG Yuanyuan

[**Abstract**] World Customs Organization (WCO) has launched "WCO Guide on Customs Valuation and Transfer Pricing" ("Guide") in terms of customs valuation and transfer pricing which introduces the basic principles and methods of customs valuation and transfer pricing, and summarizes all related works of WCO and outstanding customs practices of Member States conducted. The Guide has made more specific recommendations on the two issues, one of which is when using the Sales Environment Testing Method to decide whether related relationship would affect the transaction price, how customs determint it by using transfer pricing information. The other issue is customs valuation of subsequent transfer pricing adjustments. This paper is intended to introduce and comment the main content of the Guide.

[**Key words**] Customs Valuation, Transfer Pricing, Sales Environment Testing Method, Transfer Pricing Adjustment

新欧盟海关法*

汉斯–迈克尔· 沃尔夫冈
克丝汀·哈尔登**
徐晨理***　译

[摘　要]　变化了的框架条件,特别是经济和法律层面上的变化,促使欧盟海关法必须再次改革。现代海关法典在启用之前即已显陈旧。欧盟海关法典由此产生。该法典于2013年10月生效并于2016年5月1日正式启用。除结构上的调整外还有实质内容上的改动和变化,特别是在以下几个领域:关税债的形成和消灭,关税债务人,关税处罚,免除和退还,海关程序以及经认证的经营者(AEO)。这几点将在下文详细阐述。

---

* 本文《新欧盟海关法》(《the new European customs law》)首次发表于《世界海关期刊》(《World Customs Journal》)第10卷第1期,第2页至第16页。此次翻译与再次发表征得了出版社,世界海关大学网(INCU)以及作者的同意。

** 汉斯–迈克尔·沃尔夫冈(Hans-Michael Wolffgang),德国明斯特大学海关与国际贸易法学院院长,教授,外部贸易,关税与消费税欧洲论坛咨询委员会主席,国际海关院校网络副主席;德国外贸实务杂志AW-Prax主编,世界海关杂志副主编;克丝汀·哈尔登(Kerstin Harden)德国明斯特大学海关与国际贸易法学院研究助理。

*** 徐晨理,德国明斯特大学海关法专业博士生。

一、改革起因

对欧盟海关法进行彻底改革的必要性源于欧洲联盟(欧盟)变化了的框架条件。基于实际经济情况、欧盟法律以及海关任务的变化产生了调整需求,对现有法律条文的小范围修改已不能满足这一需求。

早在2008年6月24日现代欧盟海关法典(MZK)[①]就已生效。该法典本应最迟从2013年6月起在全欧盟范围内适用并取代1994年的海关法典(ZK)。但是,该法典的几个部分在其适用之前已不适应实际情况了,所以必须重新制定海关法典。2013年10月9日,在欧盟的法律公报上以规章形式公布了新的欧盟海关法典(UZK)[②]并于2016年5月1日起予以实施。

(一)经济状况的变化

从其经济运行过程来看,国际贸易产生了根本性的变化。在全球化的进程中,国际贸易变得十分复杂。随着联系的日益紧密,国际货物买卖、运输流量不断增多,与之相适应的也就增加了管理成本。[③]通过现代化的通信交流渠道和高度发展的信息技术,货物流和消费进一步加快。与此同时,在越来越短的时间内发送越来越多的货物,这对企业和海关来说是一个物流上和技术上的挑战。尤其是欧盟边界在东部的扩展使得欧盟内部的经济实况发生了变化。另外,基于国际恐怖主义带来的威胁,有必要优化运输链安全措施、增强海关和经济界之间的相互信任并在欧盟海关法中巩固和扩大相应的监控措施和手段。

(二)欧盟法律的变化

随着里斯本条约的生效,在欧盟基本法领域里发生了根本性的变化。对欧盟海关法有重要意义的是《欧洲联盟运作条约》(AEUV)中

---

① 现代欧盟海关法典 VO(EG) Nr. 450/2008, ABl. EU 2008 Nr. L 145/1。

② 欧盟海关法典 VO(EU) Nr. 952/2013, ABl. EU 2013 Nr. L 269/1。

③ *Lux*,《外贸实践》(AW-Prax)2008年,第283(284)页。

新增的第290条和第291条。这两条规定赋予了欧盟委员会受委托立法权和执行立法权的权利。尽管早已存在一个有普遍约束力的海关法典执行规章(ZK-DVO),但新的变化是,在将来应区分根据AEUV第290条委托立法权而制定的法律条文和根据AEUV第291条产生的执行性法律条文。基于这一“分化操作”(*Splitting Exercise*)[①],现有的执行规章应当分为授权性规章和执行性规章。这样一来,新颁布的法律规章的委托授权和法律根据在整个欧盟海关法典也应当分离开来。

这两条规定的融入带来的后果是海关法律的调整范围不再一目了然了,其原因在于:在将来,为了得到某一条款的信息有可能必须查阅三个信息源。尽管欧委会的委托规章(UZK-DelVO)[②]和执行规章(UZK-DVO)[③]在很大程度上是并行的,但仍然必须首先在欧盟海关法典中找到正确的授权依据,然后才能找到准确的规定。

过渡时期的法律运用甚至会更困难。在今后几年内,各成员国或者还不能提供欧盟海关法典规定的电子化基础设施,或者只能陆陆续续地推进其基础设施。因此,现有过渡规章允许使用纸质程序,直到电子化程序投入使用。[④]这一过渡规章包含了在UZK-DelVO生效前即被修订的条款。

(三)海关角色的变化

海关早已不再仅仅是进出口税收的征税人了。事实表明,在一个

---

① *Gellert*,《外贸实践》(AW-Prax)2014,第72(74)页。

② 欧委会的委托规章(EU)Nr. 2015/2446,2015年7月28日,关于欧洲议会和欧盟理事会规章(EU)Nr. 952/2013的补充,对欧盟海关法典条例的具体化,详细化,ABl. EU 2015 Nr. L 343/1;[引用注释“UZK-DelVO第××条”]。

③ 欧委会的执行规章(EU)Nr. 2015/2447,2015年11月24日,关于欧洲议会和欧盟理事会的制定欧盟海关法典之规章(EU)Nr. 952/2013的实施细节,ABl. EU 2015 Nr. L 343/558;[引用注释“UZK-DVO第××条”]。

④ 欧委会的执行规章(EU)Nr. 2016/341,2015年12月17日,关于欧洲议会和欧盟理事会的规章(EU)Nr. 952/2013的补充,关于欧盟海关法典有关条款的过渡规定,以防成员国相应的电子化系统尚未建成使用以及修订委托规章(EU)Nr. 2015/2446,ABl. EU 2016 Nr. L 69/1。

不断扩大的、多层面的、全球化的、同时带有繁多的国际协定和持续增长的安全需求的贸易化过程中,“海关作为欧盟范围内运作的安全管理机构取得了‘外部边界哨兵’的任务。”①

据此,UZK第3条确定了海关机构的任务。在这里详细阐述了海关作为自由贸易的检查员和监督员的职位并且确立了四项具体目标,该四项目标应当是海关机构运作的指导方针。根据这四项目标,海关应当一方面确保欧盟的经济利益和内部市场的安全,但另一方面也应当作为经营者的伙伴支持促进合作。这一点在UZK第16项详述原因中表现得很明确。在这里海关被称为“竞争力的催化剂”。这样,海关机构在运输链上就占了一个很重要的位置,即把监督和命令的任务与斡旋和支持的任务相互结合起来。在这里,UZK第3条就构建了一个统一的框架。各个成员国和其海关机构以及欧委会都应以此为准。②

(四)现代化的目标

海关法的再一次更新应当更加深化在MZK中已考虑到的目标。一方面,这些目标涉及对合法贸易的便利化;另一方面,涉及提高运输链的安全性。贸易便利化包含了降低复杂化程度,在海关债的产生,海关程序,期限和手续方面的简化和协调。③这里的目标一直是提高效率,降低成本和提高速度。基于同样原因,根据UZK第6条第1款,在原则上电子通关成为了义务。

这一目标的另一方面包含了提高程序运作过程的安全性。提高安全尤其包括了打击非法贸易,同时还规定了大量的货物流监控途径以及一个共同的风险管理框架。④通过降低可能的风险和危险源既可以确保欧盟及其公民的利益又能保护运输链参与者的利益。在这一

① 参见*Kammerzell*:Witte/Henke/Kemmerzell,欧盟海关法典(Der UZK)第28页。

② *Lux*,《关税与消费税期刊》(ZfZ)2014年,第178(180)页;*Larrieu*,《关税与消费税期刊》(ZfZ)2006年,第329(335)页。

③ VO(EU)Nr. 952/2013第5项详述原因,ABl. EU 2013 Nr. L 269/1。

④ VO(EU)Nr. 952/2013第28项和第29项详述原因,ABl. EU 2013 Nr. L 269/5。

点上有迹象表明，所追求的目标和与其相结合的措施有时是对立的甚至是相互排斥的。海关机构的利益和经营者的利益总是自然而然对立的。这一对立应当在实践中得到妥善的处理。

二、欧盟海关法典的变更和修改

(一)框架和结构

UZK共分九卷。与ZK(第253条)和MZK(第188条)相比，它的篇幅更长，有281条。这首先归因于UZK包含了对欧委会的授权规定。与之前的海关法一样，UZK也能分为三个部分，分别是海关程序法(第四卷到第八卷)、海关实体法(第二卷、第三卷以及第六卷和第八卷的部分内容)和总则(第一卷和第九卷)。①

第一卷是关于海关法的总则部分。在这一卷里确定了海关法规的适用范围。UZK第5条里扩大了定义目录，除此之外主要是规定了经营者②的一般权利和义务，关于海关法中的代理事宜和惩处法规。本卷的UZK第6条第1款奠定了电子化数据处理的基石，UZK第23条第5款规定了海关机构对所有许可进行全面监控。

第二卷规定征税基础，具体是海关税率③、原产地规定和完税价格④。

不同于ZK，这里的第三卷是关于关税债和担保的内容。在这里出现了第一个重要的结构上的变化，即海关债法被规定在单个的海关程序之前。由于海关债的规定对所有海关程序都适用，所以从系统性

---

① 参见*Witte*,《外贸实践》(AW-Prax)2014年，第373(374)页。

② 参见*Lux*,《关税与消费税期刊》(ZfZ),2014年，第178(182及以下)页。

③ 在这点上UZK没有制定有重要意义的新规定。

④ 在这一点上重要的新规定主要是前一购买价不再被允许作为成交价格(参见UZK-DVO第128条第1款)。另外，许可证费用与买卖方之间的关系被分离开(参见UZK-DVO第136条第4款c),决定性的是各个关境内客观的法律规定。而不再是取决于交易双方谁是主导的考虑；参见*Rinnert*,《关税与消费税期刊》(ZfZ)2015年，第142(146及下一页)页。

角度来说,这一调整是正确的。①

第四卷的主题是货物进入欧盟关税区。该卷包含了简要进关登记、货物进入关境、提货备验和暂时保管的程序规定。

在第五卷里规定了关于货物的海关法律身份,货物转入特定海关程序和货物放行的总的规则。在这里,尤其是对标准报关,但同时也对简化的标准报关作出了规定。

第六卷和第七卷的内容是海关程序。第六卷首先对货物经放行进入自由流通和免除进口税收作了规定。与此对应,第七卷阐述了UZK的特殊海关程序,首先规定了适用于所有程序的一般规则。在这里可以清楚地看到,立法者采用的立法技术是运用括号方法把规则区分开来,并且把一般规则放到特殊规则前。在今后必须首先阅读特殊程序的一般规则部分,然后再阅读各个特殊规则部分。

第八卷对货物离开关境作了规定。作为结尾,第九卷主要包括了对执行权的转授,受委托立法权而制定的法律条文,委员会程序以及数据化发展的规定。②

(二)欧盟海关法典中的关税债的形成

UZK第77条到第88条规定了海关债的产生,既包括了由进口产生的也包括了由出口产生的海关债。③引人注目的是,与ZK相比,产生债的构成要件有了明显地减少。在ZK里有六个以上单独规定的情况,这些情况原则上都可以引发海关债的产生。在UZK里只有少量几条条款规定了海关债的形成。这样一来,与现有的法律情况相比,海关债法实现了一个重要的结构上的变化即变得更紧凑了。这一变化在MZK中已经被确定了。④

---

① *Lux*,《关税与消费税期刊》(ZfZ)特刊2009年,第1(17)页。

② 参见海关数据化发展工作计划:欧委会执行决定,关于制定欧盟海关法典的工作计划,(2014/255/EU),2014年4月29日,ABl. EU 2014 Nr. L 134/46,以及*Weerth*,《外贸实践》(AW-Prax)2015年,第235(235及下一页)页。

③ 参见*Lux*,《关税与消费税期刊》(ZfZ)2014年,第243(243及以下)页。

④ *Witte*,《外贸实践》(AW-Prax)2013年,第373(377)页。

1.进口关税债的产生

进口关税债的产生包括了两个占中心位置的构成要件整体。一方面,在一般情况下,根据UZK第77条产生进口关税债;另一方面,在触犯法规的情况下,根据UZK第79条也会产生进口关税债。UZK第78条作为一特殊条款在这里只起次要的作用。

(1)一般情况

UZK第77条第1款规定了在正常情况下海关债的产生。根据该条,当负有进口关税义务的非欧盟货物被放行进入自由流通中包括进入特定最终用途海关程序或者进入减免部分关税的临时进口海关程序时即产生进口关税债。

在这一部分,除了新的关于特定最终用途海关程序的规定之外没有实体上的变化。引人注目的是措辞上的变化,在UZK第77条第1款中使用的是"经放行进入海关法意义上的自由通行"而在ZK第201条第1款a)中采用的是"经转入"。尽管有了措辞上的变化,在海关债产生的时间问题上还是与之前一样没有明确的立场。这样一来,立法者并没有平息关于备受争议的欧洲法院之汪德尔判决(Wandel)的讨论。①

(2)违法情况

所有海关债产生的构成要件都在UZK第79条这一个法条中被概括了。以前在ZK第202~205条中分散规定的违法情况都出现在这条规定中。在补救可能性、债务人和债的消灭这些问题上,上述构成要件在未来就有了统一的规定。今后,在ZK中各个债产生的构成要件的微弱区别应当不再存在了。② UZK第79条第1款规定了三个债产生的构成要件,它们分别是:

①未履行义务;

②在特定最终用途程序中违反规定;

① 欧洲法院判决,2001年2月1日,Rs. C-66/99(Wandel)。

② 欧盟规章(EU)Nr. 952/2013第32条详述原因,ABl. EU 2013 Nr. L 269/5。

③未满足进入某一海关程序的前提条件。

2. 出口关税债的产生

关于出口关税债的规定几乎与进口关税债产生的规定有着一样的结构。与关于进口关税债的规定相同,在出口关税债问题上也分为一般情况下(UZK 第 81 条)和 违法情况下(UZK 第 82 条)债的产生。这两条规定与 ZK 第 209 条 ~ 211 条大体上非常相似。在这里,非欧盟货物的再出口也有可能产生出口税,因为根据 UZK 第 87 条第 1 款,再出口也必须报关。

(三)关税债的消除

UZK 第 124 条 ~ 126 条确定的海关债之消除的规定几乎全部被重新拟定了。[①] UZK 第 124 条详细历数了各种债之消除的构成要件。据此,尤其在没收、毁灭、上缴国库和不可弥补之损失这几种情况下海关债会被消除。

ZK 第 204 条和第 206 条规定的补救情况在 UZK 中不再以同样的形式出现。但立法者把它们归入了债之消除的规定中,甚至扩充了其规定。

1. 在轻微违法情况下关税债的消除

特别值得注意的是 UZK 中有一条新的宽容条款即第 124 条第 1 款 h。这一债之消除的形式针对的是 UZK 第 79 条和第 82 条中的产生债的构成要件。在有违法情况下,如果一方面违法行为没有对相关海关程序的正常运作产生重大影响,并且另一方面没有欺诈的企图时,海关债可以被消除。另外,所有必要的程序上的步骤必须被补齐,以使相关货物得到清理。只要所有的条件都齐备了,债的消除就不受海关债产生的原因的影响了。[②]

ZK-DVO 第 859 条中的前提条件基本上都被移植到了规章的法律条文中,但不具备重大过失这一前提条件不在其中,这一前提条件

---

① 参见 *Witte*,《外贸实践》(AW-Prax)2014 年,第 229(229 页及以下)页。

② *Witte*,《外贸实践》(AW-Prax),2013 年,第 373(378)页。

也没有出现在根据UZK第126条授权规定制定的欧委会的授权法律文本UZK-DelVO中。另外,UZK-DelVO第103条压缩了对海关程序不产生重大影响的过失目录。从现在起,界线是欺诈企图。在这一点上,海关债务人的过失行为的后果应被降低到最小程度的要求被满足了。①

但这里有一问题,即UZK第124条第1款h仅针对海关程序而言。这样,该条款就不适用于UZK第79条第1款a中规定的过失,包括引进货物和暂时保管中产生的过失。这里的一个解决方法是针对所有海关债的类推运用,不考虑过失是在放行之前、在海关程序中还是在其结束之后产生的。②此外,立法者在UZK-DelVO第103条中明确提及了暂时保管,因此可以据此推论,暂时保管也应当作为UZK第124条第1款h中涉及的海关程序来理解。

2. 在可证明的复出口情况下的关税债的消除

UZK第124条第1款k关注了另一个到目前为止在法院判决中存在的问题。它规定如果海关债务人能够证明相关货物既没有被使用也没有被消耗掉,而是被运离出欧盟领域,并且不存在欺诈的企图,那海关债同样可以被消除。

这样,在将来,ZK第204条第1款涉及的争议情况至少在海关债的产生这一问题上就有了一个规定。经营者对欧洲法院到目前为止的判决并不满意。③在这两个案子中,尽管相关货物被证明已复出口并根本没有进入经济流通领域,但由于过失和规避监督,仍然产生了海关债。

通过UZK的这一条款鲜明地显示,海关债法不应当像欧洲法院一直以来让人理解的那样是一个惩罚性的法律。这一部分经济海关的概念其实更应被推到前台来。根据经济海关概念,海关债产生的标

---

① 欧盟规章(EU) Nr. 952/2013 第38条详述原因,ABl. EU 2013 Nr. L 269/6。

② *Witte*,《外贸实践》(AW-Prax)2014年,第197(197)页。

③ 欧洲法院判决:2012年9月6日,Rs. C－262/10(Döhler Neuenkirchen);2012年9月6日,Rs. C－28/11(Eurogate)。

准是货物进入欧盟的经济流通领域里。将来应通过专门的处罚目录,比如罚金,来惩治违法行为。但在UZK中仍然有几处体现了海关债法的惩罚性质。比如,从UZK第124条第4~6款就可以看出,在特定情况下不是对所有海关债务人来说海关债都能被完全消除的。此外,UZK第125条特别指出,即使在根据UZK第124条第1款h在海关债消除的情况下,原则上仍然可以施予各成员国的惩罚。

(四)关税债务人

在关于海关债务人的这一领域里,UZK做出了重要的变动,并且其规定变得更严厉了。基于法律上的区别,必须严格区分一般进口关税债的债务人和违法情况下的关税债务人。

1. 一般情况下的关税债务人

与之前一样,UZK第79条第3款仍首先考虑报关人以及在间接代理的情况下被代理人,作为海关债务人。根据UZK第77条第3款第2段,在明知或者在合理情况下应知的情况下,不正确提供报关所必需信息的所有人员都被认作为海关债务人。这在今后对所有成员国不再是可选择性的而是硬性的规定。因为每个海关程序的参与者在理论上都可能提供错误的信息,所以预计这一规定会大大扩大潜在海关税债务人的数量。存在的问题是,在将来有疑问的情况下,对违法行为的主观因素的解释和确定应该有多严格。

2. 违法情况下的关税债务人

到目前为止,一直是ZK规定关税债产生的构成要件条款的第3款确定每个违法行为的海关税债务人。这些规定现在分布在UZK第79条的第3款和第4款,这两款与规定三个相应构成要件的UZK第79条的第1款相对应。关于有可能成为海关债务人的人员的规定与ZK的规定相似,即义务人、明知的代理人或明知的货物占有人或买方。但此处也有新的规定,即在违反义务的情况下,如果满足相应的主观因素条件,那明知的参与者和直接或间接的代理人也有可能成为债务人。这一变化可以被理解为对到目前为止的ZK第204条第3款的一个极大的严格化。据此,在理论上,义务人在履行其海关法上的义务时借助的所有人员(比如员工,仓库人员,运输人员或工厂人员)都可能被牵连。[①]

(五)处罚

欧委会原本奉行的在整个欧盟内建立统一的处罚是 UZK 立法过程中的一个中心争议点。这一争论导致了在 UZK 中没有设定关于应受处罚的违法行为及其处罚的统一的规定。由于刑法性的处罚及其实施仍然属于成员国本国性的规定,所以单立法权限问题就很棘手。

1. 欧盟海关法典第 42 条中的措施

总的来说,UZK 第 42 条第 2 款规定了两种给予行政处罚的形式。一是进行经济上的制裁;二是撤销、暂时中止或变更已发放的许可证。在此,根据 UZK 第 42 条第 1 款,由成员国制定的处罚应当"有效,合适恰当以及有警戒性"。立法者的这一表述与欧洲法院历来的判决相吻合。欧洲法院在以往就提出这一实践要求。[②]

2. 欧盟委员会的法律框架性指令

同时,由 UZK 第 42 条可以预测,在将来会有 28 个不同的处罚体系。这 28 个体系在违法行为的种类和程度以及在其处罚程度上都预计会有不同的答案。为了避免海关法惩处的大相径庭,以及为避免欧盟内部市场统一竞争条件这一原则落空,欧委会在 2013 年 12 月 13 日提出了一项法律框架性指令的建议。[③]借助这一指令,原本应当在欧盟内部统一各成员国对违反海关法的惩处规定。但这一建议最终没有被采纳。欧委会是否会再提出另一个框架性建议,以及这一建议包括哪些内容,只能等将来才能揭晓了。无论如何可以预计的是,各成员国的惩处体系将被修改,重新制定,甚至被加强,以便公正实现统一的

① *Witte*:Witte/Henke/Kammerzell,《欧盟海关法典》(Der UZK),第 101 页。

② 比如,欧洲法院判决,2000 年 12 月 7 日,Rs. C-213/99(De Andrade),Rn. 19;2003 年 10 月 16 日,Rs. C-91/02(Hannl/Hofstetter),Rn. 17;1995 年 10 月 26 日,Rs. C-36/94(Sieße),Rn. 20。

③ 欧委会文件 COM(2013)884 final,2013 年 12 月 13 日。

操作。

(六)免税和退税

UZK第116条~123条概括了关于免税和退税的规定。之前在ZK第235条中包含的法定定义现被移入UZK第5条法定定义目录之第28项和第29项,并被浓缩至核心内容。与之前的规定一样,这两项规定既可以运用于全部税款也可以运用于部分税款。在这里“退税”是指归还已经支付的进出口税,“免税”是指在涉及的税款尚未缴付的情况下,免去缴税的义务。在UZK中出现的变化和新规定主要体现在对相关行政机构的错误过失和对公平合理原则的规定上。

1. 欧盟海关法典第116条——总则

作为总则,UZK第116条新近规定了五项免除和退还进出口关税的构成要件。接下来的条款具体规定了构成要件的细节。这一事先排列的目的在于使之前在ZK第236条~239条中严格区分开的四个构成要件组融合起来。[①] 这五项新的构成要件分别是:

(1)多计算的进出口税(UZK第116条第1款a)结合第117条);

(2)货物破损或不符合合同规定(UZK第116条第1款b)结合第118条);

(3)相关行政机构出错(UZK第116条第1款c)结合第119条);

(4)符合公平合理的原则(UZK第116条第1款d)结合第120条);

(5)申明报关登记作废,退回已缴付的税款(UZK第116条第1款 第2段结合第174条)。

UZK第116条以下的条款包含了其他的一系列总则:关于可退税款的额度(第2款)、关于行政机关的自发操作(第4款)、在欺诈的情况下不适用这些规定(第5款)、利息问题(第6款)以及关于恢复海关税债的问题(第7款)。

2. 主管机构差错

如果由于相关行政机构的差错使得经营者上交过高的税,那根据

① *Lux*,《关税与消费税期刊》(ZfZ)特刊2009年,第1(第20页及下一页)页。

UZK第119条可以退免税。根据第1款必须满足的前提条件是,海关税债务人无法合理察觉这一差错并且同样是善意行为。

引人注目的首先是:现在不再要求满足ZK第220条第2款b规定的条件即必须遵守所有有关报关的有效条款。之前有规定,报关人必须根据欧盟法律或各成员国关于海关法的补充规定呈报所有规定的内容。[①]如果严格实施这一规定的话,在绝大多数案例中会由于略微的报关呈报内容上的不精确而导致不再满足这一构成要件,从而使UZK第119条落空,所以立法者在UZK里放弃了这第三个条件作为满足主管机构差错的前提条件。[②]

UZK第119条第3款规定了关于优惠关税的实施。与该规定相对应的ZK条款分布在关于海关债额登记入账的一节中。这样,UZK就统一了一向分离处理的程序流程和行政流程,并把放弃事后登记入账的情况归入免税和退税的构成要件中。由于在这里系统性地形成了法律上、形式上和实质上的统一,在将来就不再需要在同一案件中基于不同的退税理由而同时办理不同的手续。在实践中可以减轻从海关税债务人直到欧委会所有参与人在各审级中程序经济和行政经济上的负担。

3. 公平合理的理由

在满足公平合理的理由的情况下,同样可以退免税。根据UZK第120条第1款,如果有特殊情况而且不存在欺诈或明显的过失,可以退免税。之前,ZK第239条第1款规定的特殊情况定义不明,并且在实际操作中一直对此款规定的理解有争议。现在在UZK第120条第2款中加进了对特殊情况的法定定义。特殊情况,是指当事人与同一经济领域的其他经营者相比处于非常状况。这样一来,立法者在一定程度上在字面上采用了欧洲法院到目前为止的判决

① 欧洲法院判决,1989年5月23日,Rs. C－378/87(Top Hit),Rn. 22,26;1991年6月27日,Rs. C－348/89(Mecanarte),Rn. 28。

② *Gellert*,《外贸实践》(AW Prax)2014年,第72(73)页。

主文和基本原则。①

UZK第120条还在另外一点上与之前的ZK第239条不同,即只有在满足特殊情况的条件下,它才允许退免税。之前,根据ZK第239条,除了特殊情况能满足公平合理的条件之外,还有其他一些个别情况也适用这一规定。这些个别情况通过欧盟委员会的委员会程序确定并收录在ZK-DVO第900条及以下条款的可扩充目录里。在UZK中这一授权被取消了。UZK第122条和第123条都没有明确规定授权给欧委会以使这一目录中规定的情况继续有效。在实践中,这一点可能会对申请的数量和处理申请的工作实践产生深远的影响。②

在这里要提到的一点是,欧委会原本在其制定ZK新版本的提案中规定自身有权确定UZK第120条中的特殊情况并对其具体化。③但这一建议没有出现在现已生效的UZK中,所以推定该建议被自行放弃了。但可以想象的是,在以特殊情况的法律定义和欧洲法院到目前为止的判决为基础的情况下,司法审判仍将与之前一样,在其司法解释中参考在ZK-DVO中列出的情况。

(七)海关程序

根据到目前为止的法律有八种海关程序④,从中又分为经济性的和非经济性的程序。根据UZK第5条第16项原则上只有三种海关程序:

(1)经放行进入自由流通;

(2)出口;

(3)特别程序,从中又分为四组即转运、仓储、特别使用和加工。

改革的目的在于对不透明和错综复杂的程序法进行重新组织并

---

① 欧洲法院判决1999年2月25日C-86/97(Trans-Ex-Import),Rn. 21;1999年9月7日,Rs. C-61/98(De Haan Beheer BV),Rn. 50-52。

② *Gellert*,《外贸实践》(AW Prax)2014年,第72(73)页。

③ 欧委会文件COM(2012)64 final,2012/0027,2012年2月20日,第109条d,第118页。

④ 参见*Witte*,《外贸实践》(AW-Prax)2015年,第77(77页及以下)页。

使其简单化。[①]但也要注意的是,虽然要重新组织,但不能不利于经营者,破坏程序的多样性。[②]根据UZK第150条经营者继续拥有选择海关程序的自由。

1.经放行进入自由流通

UZK第201条规定了经放行进入自由流通这一程序。在内容上这一条款与ZK第79条相似。在措词上有更新处,即把"转入"改为"放行"。这样UZK的德文版译文就更接近英文的原文术语"free release for circulation"。[③]这一措辞上的变化并不改变其法律状态和程序方法。

2.特别程序

特别程序分为四组,每组又分为两个分组。很明显,以前的海关程序并没有明显减少,只是采取了另一个分类方式。

(1)转运

与海关程序的其他形式相比,在UZK第226条~236条规定的关于转运的特别程序上并没有值得一提的变化。其原因在于,这一规定受国际条约约束因而不能由欧盟单方面修改。与之前一样,外部和内部转运还各自再分不同的转运类型,但在将来它们将被称为外部欧盟和内部欧盟转运。

(2)仓储

UZK第237条~249条规定了仓储这一特别程序。根据UZK第210条b)这一程序包含了海关仓库和免税区。对照MZK,在这里有一个变化,就是在MZK第151条至第152条中暂时保管还是一个完全的海关程序,但在UZK中只是海关法上的一个状态或情况。[④]与免税仓库一样,暂时保管不再是一个独立的程序了。

在海关仓库的使用上有关于其不同种类的新规定。借助ZK-

---

① 欧盟规章(EU)Nr.952/2013第46~51条详述原因,ABl. EU 2013 Nr. L 269/6-7。

② 欧盟规章(EU)Nr.952/2013第10条详述原因,ABl. EU 2013 Nr. L 269/3。

③ *Lux*,《关税与消费税期刊》(ZfZ)特刊2009年,第1(29)页。

④ *Witte*,《外贸实践》(AW-Prax)2013年,第373(374)页。

DVO的第525条,ZK对公共和私有海关仓库的类型作了一系列的区别,UZK对此的区分就很少。在受委托立法权而制定的欧盟法律条文中对公共仓库只区分两种类型。在类型1(UZK-DelVO第1条第32点)中,许可证所有人和程序所有人担负责任;而在类型2(UZK-DelVO第1条第33点)中,仅程序所有人担负责任。UZK-DVO第1条第11点规定了另一个公共海关仓库类型3。这一仓库类型由海关操作运行。关于私有海关仓库没有进一步的定义和具体规定。但可以预测,根据新的法律规定,仍可以设立私有海关仓库类型C和D。

在UZK中,关于免税区的规定变得更为严格了。考虑到2005年在海关法中出现的安全动议,以及该动议中所有与安全有关的条文都适用于免税区这一背景,会产生这样的印象,即免税区在欧盟海关法中已不再适用了,因为其施展空间越来越小,并且对其规定越来越严格了。[①]

(3)特别使用

特别使用规定了两种形式,即临时进口和特定最终用途。

在UZK第250条~253条中规定了临时进口。根据UZK第250条第1款,该程序的特点是在欧盟领域被使用的最终再出口的非欧盟货物可以全部或部分免除进口海关税。

在这里的变化如下:一是如果有特殊情况的话,期限可以从24个月延长到10年(UZK第251条第3款和第4款)。二是在通常情况下,只能由在欧盟领域外设立驻扎的经营者运用这一程序。例外情况需由受委托立法权而制定的欧盟法律条文规定。目前没有规定此类例外情况。

一个重要的变化在于不再允许对估量关税的依据有不同的的计算。UZK第85条第1款规定这一依据应当在关税债产生之时被确定。因为估量关税的依据不再像之前那样以登记申请临时进口之时为准,所以这在实践中将是对经营者一个有利的宽松措施。比如,这

---

① 欧盟规章EG Nr. 648/2005第7条详述原因,ABl. EG 2005 Nr. L 117/14; *Henke*: Witte/Henke/Kammerzell,《欧盟海关法典》(Der UZK),第206页及下一页。

一变化对出售处于临时进口状态下但受损的货物有利害关系。

特定最终用途是特别适用程序的另一个形式。它受UZK第254条规定。这一程序允许一些货物基于其特别的用途而在免税或部分免税的情况下进入自由流通(UZK第254条第1款)。

(4)加工

加工程序被规定在UZK第255条~263条中。与之前一样分为进口加工和出口加工。

①进口加工

根据UZK第256条第1款规定在进口加工程序中,非欧盟货物在欧盟关境内被免税加工且不受贸易政策规定的影响。UZK第5条第37项规定加工的形式有组装、加工、销毁、维修和使用。将来进口加工将只能以非税收程序形式存在。除了销毁归入该领域外,目前在ZK第130条中规定的海关监管下的加工也被归入进口加工中了。[①]

②出口加工

UZK第259条第1款中的出口加工正好是进口加工的反面镜像。在这一程序下,欧盟货物被运出欧盟关境,在关境外被加工。当被运回欧盟关境内时,全免或部分免除进口关税。这一程序在大体上没有变化。只是取消了差别收税,以及新增了UZK第86条第5款中的对增加值征税的可能性。

③关于替代物的规定

值得注意的是,关于替代物的规定不再仅仅适用于加工制成品,作为一般规定,UZK第223条的运用范围扩大到了除转运程序之外的所有程序。这样就大大扩大了该条文的适用范围并有可能在将来的实践操作中与UZK第223条第3款中提及的进口税优势产生根本矛盾。[②]

---

① 欧盟规章(EU)Nr. 952/2013 第50条详述原因,ABl. EU 2013 Nr. L 269/7。

② *Witte/Kammerzell*:Witte/Henke/Kammerzell,《欧盟海关法典》(Der UZK),第194页及下一页。

3. 出口

出口是UZK中的第三个海关程序。仅是其规定的排列顺序是新的。①与之前的海关法相一致,出口报关的义务仍被保留。受委托立法权而制定的欧盟法律条文及欧委会的执行规章对该义务规定了例外情况。在UZK-DelVO第245条中规定了众多的构成要件。与之前的ZK-DVO第592a条相比,增加了例外情况,这样新的规定就包括了全部的情况。

(八)AEO作为海关法的一个组成部分

UZK第38条~41条规定了关于经认证的经营者(英文:Authorized Economic Operator,AEO),与ZK第5a条这一全面的集中型条文相比明显扩充了内容。UZK区分两种AEO形式并且是在UZK的自身法律条文上做出了区别,而不是像之前通过ZK-DVO第14a条第1款区分经认证的经营者的不同类型。一方面可以申请简化海关手续认证经营者的法律地位(AEO-C,UZK第38条第2款a))。另一方面可以申请安全认证经营企业的法律地位(AEO-S,UZK第38条第2款b)。根据UZK第38条第3款,这两种认证不是互相排斥的而是可互相合并使用(AEO-F)的。

1. 认证的前提条件

为获得AEO的法律地位,经营者必须提交认证申请并满足相应的条件(参阅UZK第38条第1款第22条及以下条款)。对已授予的认证的监管将根据UZK第23条第5款由海关在全方位监管的框架下执行。②同时根据UZK第23条第2款,作为AEO,它有义务向海关通报对其AEO法律地位有影响的事件和变化。

根据UZK第38条第1款,如果满足了UZK第39条的前提条件,

① 参见*Böhne*,《外贸实践》(AW-Prax)2014年,第343页及以下。

② 参见比较:*Witte*,《欧盟海关法典中的AEO》(Der AEO im UZK),第1部,《外贸实践》(AW-Prax),2016年第75页及下一页和Witte,《外贸实践》(AW-Prax)2015年,第109页,他在这里提请注意,基于UZK第23条第5款,经营者会自动成为匿名的AEO且无法反抗。

每个在欧盟设立驻扎的经营者都可获得 AEO 的法律地位。根据 UZK 第 38 条第 4 款,所有成员国保证在欧盟范围内承认该法律地位。获得 AEO 法律地位的前提条件与 ZK 第 5a 条的规定一致,但在表述上更精确,并且在措辞上更严格。根据 UZK 第 39 条,获得 AEO 的法律地位的必要条件是申请人:

(1)不得有严重的或重复性的触犯海关法和税法规定的行为并不得有与其经济活动相关的严重犯罪行为;

(2)通过妥当的账目证明对其货物流的更严格的监控;

(3)证明有支付能力;

(4)新的规定是根据不同的 AEO 法律地位,或者具有与其经营活动直接密切相关的实践或职业能力,或者能证明能恰当保证与货物链相关的安全标准。

通过吸收实践或职业能力作为标准,明显表明了立法者的用意,即保证申请者在海关法上的能力并确保质量标准。根据 UZK-DVO 第 27 条第 1 款 a 要求的能力紧扣在至少有三年在海关领域的实践经验或者由被正式认可的认证机构证明其运用一定的质量标准。

根据 UZK-DVO 第 27 条第 1 款 b 职业能力将由证书来证明。该证书证明申请人在海关法领域及与海关法相关的活动上是受过培训的。能够授予此类证书的机构是海关或者通过海关认证的培训机构或专业协会。根据不同情况,申请人本人、负责海关业务方面的雇员以及在一定情况下海关代理人必须提供此类证明。这一新规定一定会对实践操作带来重大影响。一方面,在企业中大量人员必须定期学习,接受培训;另一方面,相关的培训机构自身必须接受海关或由国内法规定的机构的认证。

2. 优势

UZK 扩大了 AEO 的优势。除了根据 ZK-DVO 第 14b 已知的益处外,比如容易取得海关简便程序或者在海关监管上能获得优先处理,AEO 第一次有了专属的、只有它才能获得的优势。这里要提及的特别是海关法上的新规定,如根据 UZK 第 185 条第 2 款的自我评估,根据

UZK 第95条第3款的降低担保的许可,根据 UZK 第179条第2款的集中报关,以及根据 UZK 第182条第3款 a 的申请免除提货备验手续。UZK 借此树立的发展趋势是;在将来,没有 AEO 的法律地位,对企业建立简单高效的运行程序有重大作用的简便措施就不再被适用了。

另外,在表述 AEO-S 和 AEO-C 的优势上,与之前相比,有了明显的区别。在将来,后一个能获得的好处会减少。①此外,在受委托立法权而制定的欧盟法律条文中也体现了这一点,在这里享有便利措施要求至少要有 AEO-S 法律地位②。很明显,欧盟希望把 AEO-S 作为常规巩固起来,而 AEO-S 法律地位的意义则会日益削弱。获取 AEO-S 证书将对企业来说将愈加成为一项不可逃避的义务。

三、总结和前景展望

欧盟的海关法将既在实质上又在结构上有明显的变化。在此,对这一新的纲领应给予积极的评价。ZK 的基本纲领和结构都是多年来积累巩固起来的,因此,不出意外的,对这些理所当然没有作根本的改变。并且修改海关法的目的也不在于创立一个全新的海关法,而是让欧盟的海关法适应法律上的、经济上的和安全政策上的新的现实情况。

一个相当大的变化在 UZK 的结构层面上。规章的措辞和其体系分类显得比之前更紧凑,更有条理并且更有机相连。在这里特别要提及的是经常使用括号方法,有利于海关税债的重新分类以及增加发布授委托立法权而制定的法律条文和发布执行规章的授权。这些构成了 MZK 和 UZK 最显而易见的区别。

在实质内容层面上,海关税债法的改革和海关法程序的精简是新纲领的一个重要组成部分。同时一个明显的趋势是:立法者不但要使

---

① *Weerth*,《外贸实践》(AW-Prax),2015年,第90(94)页。

② 参见 UZK-DelVO 第23~25条。

欧盟的海关法在一些地方协调起来,还要使它更严格起来。除了在关于 AEO 的规定中可以找到这样的例子外,还可以在惩处法规和关于海关债务人的规定中看到。

此外,UZK 还对在 ZK 时期经常出现的司法判决和海关法实践中的问题、趋势以及发展做出了回应。UZK 展现了愿意借鉴学习的意愿,并且尝试解决到目前为止不能圆满解决的问题。这里要提及的是力争协调惩处法规,简化海关债产生的构成要件,强调经济海关的概念以及弱化过失行为的后果。这样,UZK 考虑到了新的现实情况关系和法律上的挑战。在这一点上,它当然以其前任为参照,但仍然不失其自身在法律上的特色和重点。它的起步显得很有成功的潜力,并且承诺了一个更好、更高效并且更统一的海关和经营者的工作方式。

The New European Customs Law

Hans-Michael Wolffgang Kerstin Harden

[**Abstract**] Profound economic and legal changes have made it necessary to reform European customs law. The Modernised European Customs Code (MCC) was outdated before it had even entered into force and was therefore recast as the Union Customs Code (UCC). It entered into force in October 2013 and will take effect from 1 May 2016. Besides structural changes, the UCC features substantive changes and amendments, particularly concerning the incurrence and extinguishment of the customs debt, the customs debtor, penalties, repayment and remission, customs procedures as well as the Authorised Economic Operator (AEO). This paper provides an overview of these changes.

多边主义前途未卜？新地方主义，反多边主义及世界贸易组织之前景展望*

弗兰克·阿尔特莫勒**
徐晨理***　译

世界贸易组织的成员国在世界贸易体系中获益可观。但令人惊讶的是，当前多哈回合框架下的多边贸易谈判进展艰难，历经重重阻碍并已多次徘徊在失败的边缘。本文旨在探讨谈判过程曲折困难的原因。由此得出的结论是，谈判之路之所以坎坷并不归咎于世界贸易组织成员国缺乏在单项谈判条款上达成协定的意向。其原因在更深层处，在于多边主义自身。多边主义在一个今日多变的全球环境下不再像以往一样被广泛认可。取而代之的是越来越多的其他形式的经济一体化。在其基础上贸易自由化得以更进一步发展。

---

* 本文源于作者于2014年5月在阿塞拜疆巴库举行的“First Inaugural INCU Global Conference”上所作的德文报告“Trade Facilitation Post-Bali: Putting Policy into Practice”。该报告的英文版本为A Future for Multilateralism?: New Regionalism, Counter-Multilateralism and Perspectives for the World Trade System after the Bali Ministerial Conference, Global Trade and Customs Journal, Volume 10, Issue 1。

** 弗兰克·阿尔特莫勒(Frank Altemöller)教授任教于哈茨大学公共管理系，并受聘于明斯特大学法学院。

*** 徐晨理，德国明斯特大学海关法专业博士生。

一、多哈回合框架下的多边贸易谈判现状以及巴厘决议

多边主义前景如何？没有人会想到在乌拉圭回合结束之后提出这一问题。借助乌拉圭回合,经济上的多边主义在那时正在经历一个史无前例的一体化。相比之下,令人惊讶的是,当前多哈回合框架下的关于世界贸易体系进一步发展的谈判如此艰难并多次面临失败的危机。鉴于此,于2013年12月在巴厘结束的世界贸易组织成员国的部长级会议就更受关注了。至于会议的成果是否能对谈判起到推动作用,对这一问题有着不同的答案:在经过多次反复协商谈判后达成的是“巴厘部长宣言”——一个最小程度上的共识,即应保障多边谈判的进行。[①] 但即使在达成此项共识之后,仍然不能确定当前的多边贸易谈判是否能取得成果。[②]多哈回合的经历是否得视为 一个新的与多边主义反道而行的发展趋势呢？

世界贸易组织巴厘部长级会议的决议是当前谈判的基础。中心议题是贸易便利化协议(“贸易便利化”)。[③]该协议应是对现有世贸组织规则的补充,且重点是针对技术层面上的贸易自由化。比如,该协议应通过简化的海关手续实现更便捷的货物运输。如果能做到海关手续更透明,高效通关,那这不仅是对投资者,还对所有世贸组织成员国是一大福利。贸易便利化起到连接世贸组织全面的自由化规则和其具体实施的作用。由此,该草案需包含广泛的措施规定:比如,实施电子海关程

---

① Bali Ministerial Decision, WTO-Document WT/MIN(13)/DEC 于2013年12月11日,于2013年12月7日收入,以及2014年11月27日决议,WTO-Document WT/L/941。

② 关于目前的谈判进程,参见NZZ 2014年10月22日第245期,第25页(《世贸组织寻找出路》“Die WTO sucht einen Ausweg”);Kapp在NZZ 2014年7月25日第170期,第23页(《印度危及巴厘谈判的进行》“Indien gefaehrdet Umsetzung von Bali-Verhandlungen”)。

③ Agreement on Trade Facilitation, Ministerial Decision,于2013年12月7日,WTO Document WT/MIN(13)/36, WT/L/911 于2013年12月11日,以及 Protocol Amending the Marrakesh Agreement Establishing the World Trade Organization, General Council Decision 于2014年11月27日,WTO Document WT/L/940 于2014年11月28日。

序,能够通过互联网可获取重要信息、建立信息站,还包括能够获取具有法律约束力的行政答复以及建立司法诉讼程序。这些措施在工业化国家早已成形,但对许多发展中国家和新工业化国家仍是一个巨大的挑战。考虑到现代化的体系带来的这些明显优势和由此产生的对投资者的吸引力,许多世贸成员国目前拒绝在这方面合作就更令人惊讶。①

基于世贸组织理事会2014年11月27日的决议和巴厘部长级会议,贸易便利化协定成为世贸组织规则的一个组成部分。但不仅仅只有世贸组织关注贸易便利化这一主题。世界海关组织以及众多发展合作领域中的地方组织和机构已在这一课题上努力多年。②在此背景下,世贸组织的着手点在于多边层面上的一个附加控制、系统化和调节。发展中国家和最不发达国家仍需证明其实施世贸组织分类措施的积极性。这些国家拥有充分的自主权来决定"是否"以及"如何"具体执行贯彻上述措施。③

二、多边层面谈判举步维艰的原因

在早期,多哈回合谈判就被笼罩在参差不齐的保留条件氛围下。

(一)发展中国家和农产品补贴

在这一氛围下,许多发展中国家改变了其对世界贸易体系的态度。④

---

① 参见 Altemoeller,EuZW 2014年第41页,及 Helble,NZZ 2014年5月15日第111期副刊公司实践(Equity Unternehmenspraxis)(《在海关官僚主义的丛林中》"Im Dickicht der Zollbuerokratie")。

② 法律根据是 Revised Kyoto Convention (International Convention on the Simplification and Harmonization of Customs procedures)。

③ 特别是参见第16~19条。

④ 部长声明(Ministerial Declaration)奠定了多哈谈判的基础,WTO-Document WT/MIN(01)/DEC/1,于2001年11月14日。关于背景情况,参见 Cottier/Elsig, Governing the World Trade Organization,Past,Present and Beyong Doha,2014年;Evenett,外贸(Aussenwirtschaft),2010年,第7页;Gantz, Liberalizing International Trade after Doha,Multilateral, Plurilateral, Regional, and Unilateral Initiatives,2013年;Ismail, World Economics,2006年,第133页;Jones,The Doha Blues,Institutional Crisis and Reform in the WTO,2009年。

到20世纪90年代止,发展中国家在世贸谈判上带有较少的批判态度,并且在谈判对手让步的情况下承认谈判的结果。在这之后,众多发展中国家的自我形象和自信发生了变化。它们有了越来越多的自己的立场点。这些立场点与工业化国家的立场点是完全矛盾的。

在当前的谈判中,产生这一利益矛盾的一个重要原因在于补贴,尤其在于农产品补贴及其依据关贸总协定和"农产品协定"的合法性问题。工业化国家比发展中国家更有能力补贴出口货物。这样一来,尤其是农产品领域中在发展中国家市场上的竞争力就被建立起来了。一旦补贴产品在当地市场上排挤了当地竞争产品,其价格就经常上涨,这对当地居民往往是个难以承受的价格,所以发展中国家抨击这一合乎世贸法律的补贴政策。补贴不仅仅对贸易政策有众多负面影响。在许多案例中,它还与保护资源的概念矛盾,违背了持续化发展的准则,误导分配并且保护了不借助补贴无法独立生存的经济部门。①

(二)关税结构

另一个冲突领域在于关税结构。进口原材料是工业化国家的一个根本利益。因此,对从发展中国家出口到工业国家的原材料征收的关税是很低的。与此相反,对发展中国家来说,更重要的不在于原材料的出口而在于其加工和深加工。这样就可以形成产业链并在一个更优化的环境下获得附加值。但如在特定的领域,工业国家对加工品和深加工品征收比该类产品的原材料更高的关税,上述的这种发展在该领域就会受到阻碍。②

---

① 关于对农产品协定的批评:Rosset, Food is Different, Why we must get the WTO out of Agriculture, 2006年;关于背景情况参见 Melédenz-Ortiz/Bellmann/Hepburn, Agricultural Subsidies in the WTO Green Box, Ensuring Coherence with Sustainable Development Goals, 2009年,以及 Orden/Blandford/Josling, WTO Disciplines on Agricultural Support, Seeking a Fair Basis for Trade, 2014年。

② 关于讨论参见 Singer, NZZ 第138期,2014年6月18日,国际副刊,第7页(《非洲从前现代化到数字化的飞跃》"Afrikas Sprung von der Praemoderne ins digitale Zeitalter")。

(三)冲突:工业国家——新兴工业国家

这一冲突潜质不仅存在于工业化国家和发展中国家之间,还存在于南——南冲突中的发展中国家和新兴工业国家。由于经济相关性的原因,新兴工业国家和工业化国家的冲突有着更重大的影响力。新兴工业国家面对工业化国家越来越具有竞争力。尤其是中国、巴西、印度和俄罗斯的发展动力使得货物流变化扩大。新兴工业国家在经济政治力量上不断增长和在地缘政治学上的地位日趋重要,这就使得西方工业国家越来越感受到压力。这些新参与者要求参与构建世界贸易的框架,以与其扩大的影响力相适应。比如,它们能生产越来越多的之前只有西方工业国家才能生产的产品。由于它们竞争力越来越强,甚至在相当可观的领域早已远超西方工业国家,它们和西方工业国家在自由化上的利益分歧就越来越大。世界贸易体系长期以来一直是建立在主导世界经济的西方国家的利益基础之上的。①

因此,目前谈判的很大部分实际上是影响力日增的新参与者能否实现其新的在自由化上的利益。工业化国家力争保持对己有利的现有体系,上升的新参与者希望按照自身利益修改该体系。如工业化国家在这一点上不够配合,它们的对手就回以各种形式的封锁。在NAMA(非农产品市场准入,Non-Agricultural Market Access)谈判上,这一点表现的尤其明显。该谈判属于目前多哈回合的主领域,至今仍没有取得一致结果。

(四)谈判的不断复杂化

这就形象地说明,随着新进参与者影响力的扩大,在国际贸易领域里出现了一个比之前更复杂的关系网。更多更具影响力的参与者相对而立,争取在更大程度上实现自身在自由化上的多样的、对立的利益,有时甚至限制自由化。相应地,对世界贸易组织作为这一进程

---

① 参见Graetz,NZZ第230期,2014年10月4日,第9页(《西方丧失了对全球化的领导?》"Verliert der Westen die Kontrolle ueber die Globalisierung?"),以及Stephen,WZB通知第141期,2013年,第9~13页;另外Thraenert,Strategic Trends 2013,Key Developments in Global Affairs,Center for Security Studies,2013。

的主持人的期待也提高了。在这里,联盟有着特别的意义。结盟使得不同的参与者有机会达到共同的结果。单独行动有可能就无法获得这一结果。①谈判主张能否被接受在很大程度上取决于在何种联盟里单个参与者能否实现其特定的主张。这就意味着在世界贸易体系里存在着更复杂的冲突潜在。

目前多哈谈判尚未取得成果的另一个原因在于谈判由而且只能由世贸组织成员国的政府进行,因为只有它们是协议方。但谈判总是建立在给予和获得之上的,这些政府不能只为"它们的"产业争取积极结果,必要时也要接受消极决定。谈判达成的自由化导致出现胜利者和失败者是不可避免的。但受消极面影响的产业会起来反对谈判结果。这就令政府立场艰难并有可能阻碍谈判取得突破性进展。

(五)世贸组织协议文本的一贯性与国际社会的目标及与马拉喀什协议

再有一点是关于跨国际社会的目标与世界贸易组织的一致性问题:国际社会在各种不同的协议中制定了许多与贸易紧密联系的目标。比如联合国的千年发展目标就属于此。无可置疑,世界贸易的自由化会影响到比如人权、消灭贫困或受教育机会等领域。但在国际协定中其关系不明确,尤其是缺少政策措施来规定不同目标之间的关系以及各体系之间如何互相支持而不是互相阻碍。

同时还要注重世界贸易组织自行树立的目标,特别是在"马拉喀什建立世界贸易组织协定"的序言中明确的目标。据此,世界贸易组织协定文本应实施重要的具有广泛性的目标,比如可持续性发展和环境保护目标。这里的缺点在于:世界贸易组织的下一级的协定文本大多没有相应的规定措施来实现相关的目标。世贸组织的裁判委员会虽然多次裁定,在解释单个世贸组织协议中不确定的法律概念时,应参考具有广泛性的目标。但这些出现在序言中的具有广泛性的目标

---

① 参见 Patel, Building Coalitions and Consensus in the WTO, International Centre for Trade and Sustainable Development, 2007。

是太过抽象的大概念,与其下的协议文本联系太单薄。单个的协议文本必须配有具体的调控措施,以便实现具有广泛性的目标。世界贸易组织协议在这一点上还很欠缺。

在过去的几年中,世贸组织很少提及贸易政策对其他政治领域的影响,这更加重了人们对世贸组织的不信任。其中心观点在于政府在与世贸组织签订协议时,不仅确定了贸易规则,部分还深层介入了单个国家各自的主权范围。贸易自由化规则可以对其他政治领域产生很巨大的影响。比如,规定了发放补贴的法律框架的“农产品协定”对受补贴影响的国家的劳动力市场和社会福利政策有着相当可观的影响。另外一个例子是,一个通过统一市场而扩大了的市场自由化给拥有更严格环境保护要求的国家带来了压力,其原因在于与环境保护要求不高的国家的贸易增长了。①

(六)贸易自由化、环境保护以及其他“非贸易政策目标”自相矛盾?

要求世界贸易组织讨论与此相关联问题的压力正越来越大。如果世界贸易组织能更明确地确定贸易自由化和非贸易政策领域之间的关系,它就可以赢得更多的支持。在反对一体化方式的批评者的眼中,对于作为一个保障经济自由的体系来说,世界贸易组织的问题在于对非贸易政策目标作相应的考虑会削弱自由化的容量。世界贸易体系的根本目标会基于这一体化的措施而落空。

多哈议程明确地提到了各种非贸易政策目标的一体化,比如环境保护。但在这里有一个进退维谷的困境:即使世贸组织成员国有加强一体化考虑的政治意愿,这一意愿也会使得谈判更多元化和更复杂化。在目前的条件下达成协议将会更加困难。如果世贸组织在这一问题做得太少,又会被批评不作为。

世贸组织是一个由成员国主导的组织,这一实际情况有着特别的意义。这表明该组织的行动须由成员国授权。但这一点在多哈议程上有多明显很有疑问。在多边谈判的实践中,对“非贸易政策目标”的

---

① 参见Altemoeller,RabelsZ 2000年,第213页。

考虑大多只是一个“软性立场”。在谈判中首要的是捍卫“硬性”政治立场,在参与者看来这才是决定谈判胜负的关键。因此,非贸易政策性目标经常成为一种附加剂,只是补充在一些决议中。

(七)贸易谈判透明化和合法性的问题

这一冲突表明,在多边贸易谈判中实力平衡产生了变化。基于上升参与者影响力的扩大,各类不同利益的增多和自由化利益的复杂交融,使得谈判日益困难。这里不仅有关多边谈判中的实际内容,而且还涉及进行谈判的方式方法。

早在乌拉圭回合中,关贸总协定秘书处就被指责谈判进程不够透明化。人们猜测它只与最发达国家商讨了谈判建议。这一批评特别指出,小国家被边缘化了,它们的合法利益没有得到应有的重视。对大多数的成员国来说,参与拟定谈判过程及其准备工作的机会很小。最终,这一过程使得整个程序缺乏其合法性,尤其是在强势成员国的强大政治和经济压力下才投赞成票的。

三、经济一体化的其他谈判策略

在针对世界贸易体系的批评日益鲜明的同时,地区性的经济和贸易谈判越来越重要了。自20世纪90年代初起,其数量有了大大的增加。截至2014年6月15日共有585项地区性贸易协定框架下的贸易和服务自由化协议在世界贸易组织登记,其中379项已经生效。①

(一)参与地区性经济贸易协定的原因

参与地区性经济一体化的原因是多样性的。从原则上来讲,根据经典外贸理论,外贸自由化带来的优势是支持地区性贸易协定的一个中心论点。在这一点上,地区性和多边性层面上的情况是相似的。

但一个重要的区别在于在多边性层面上的参与者要明显多于地

---

① 数据来源于“WTO-RTA Database”;另一个关于地方性贸易协定的一览表参见Santander在Teló主笔的European Union and New Regionalism,中的附件,2007年第2版,第327~356页。

区性层面上的参与者。因此,在地区性层面上与不多的参与者达成协议经常是比在多边贸易体系框架下简单得多。与世界贸易体系中的关税相比,在关税同盟和自由贸易区的框架下,关税被全免。这一实际情况构成了支持地区层面上的贸易自由化的一个重要理由。这就刺激了参与国更愿意与其他地方性协议国进行贸易,而不是其他第三国。通过免除关税,地区性贸易协定的成员国能在背离世贸组织的基本准则即《关贸总协定》第1条最惠国待遇上获利。这一特殊优势在于:地区性贸易协定的成员国不必把协定涉及的相互间提供的优惠向众多的世贸组织成员国提供。更确切地说,这些优惠只是针对该贸易协定的成员国。

(二)共同对外关税作为贸易政策调控的措施

对关税同盟形式下的地区性贸易协定的成员国来说,还有另一个优势即它们必须对由第三国进口的货物设定统一的对外关税。这就使得这些成员国经常能在极大的程度上针对第三国协调它们的市场影响力。比如,其市场越有吸引力,就越能设定更高的关税,取得更多的税收,并保护当地经济,封锁令人不快的竞争对手。相反,如果特定物品的廉价进口是战略所需,也可以统一降低关税。在所有的范例中都存在制约前提:市场准入可根据利益原则来确定。

由此,对第三国就产生了一个相当大的吸引力去参加一个临近地缘的贸易协定。对它们来说加入协定在多数情况下是一个比处于外围立场更有利的选择。但这一参与也可能对一个国家提出了一个战略性的问题,特别是当要在两个重要的地区集团中作出选择时。这一点尤其涉及关税同盟,因为共同对外关税不同于自由贸易区,只能允许加入一个地方团体的唯一决定。另外,参加地区性贸易协定可以使成员国有机会从其他关键性成员国处获利。比如,有特别自然资源或强大的国防军工业的国家。地区性资源可以更有效地分配,战略性联盟能更好地落实。因此,已有许多国家在"附加性地区主义"旗号下同时参加了多个自由贸易区。除此之外,地区性贸易协定还提供更好的战略合作机会,比如税收和海关机构。①

(三)地区性经济一体化的特殊挑战

对地区性贸易协定的成员国来说,一个明显的劣势在于其收入由于取消或降低关税而减少了。这一点成了实施相应的协议的重要阻碍。尤其对发展中国家来说这一点很重要,因为关税收入通常构成其最重要的国家收入。对成员国的政府来说就提出了相应的损失能否以及如何弥补的问题。如上所述,参与协定虽然会带来极大的优势。但问题是对不同的参与者来说,产生的优势劣势是不同的,而且,优劣势相互弥补远不是那么简单直接的。

另一个对签订或推进地区性贸易协定的极重要的阻碍是主权国部分主权的损失。虽然政府希望获得地区性贸易协定带来的特殊的经济利益。但另一方面,在把重要的政治调控措施移交给超国家组织这一点上,各政府表现出各式各样的谨慎小心。比如,直接税收(如收入税)就属于这一经典单个国家主权"领域"。

(四)地区性贸易协定和世界贸易体系

对于世界贸易体系来说,地区性一体化,即在多边体系中出现小型的关税同盟和自由贸易区,实质上代表了与多边主义方式的决裂。《关贸总协定》第24条是关于关税区和自由贸易区的规定。世界贸易体系试图借此来调节地区性贸易协定。大批的地方性贸易协定被一再假定为不违背《关贸总协定》第24条。②总的来说,地区性贸易协定促使相应地区内的贸易趋向上升。反之,与第三国的贸易就趋向下降了。地区性的贸易协定可以达到一个在多边层面上无法达到的更高

---

① 关于背景情况参见 Baldwin, The World Economy 1997 年,第 865 页; Baldwin/Low, Multilateralizing Regionalism, Challenges for the Global Trading System, 2009 年; Lester/Mercurio, Bilateral and Regional Trade Agreements, Commentary and Analysis, 2009 年。

② 关于地方性贸易协符合 WTO 的论文 Bartels/Ortino, Regional Trade Agreements and the WTO Legal System, 2006 年; Senti, 关于地方性贸易协定的十课(Regionale Handelsabkommen in zehn Lektionen)2013 年,第 35 ~ 41 页。

一层的贸易自由化。[①]地区性的经济一体化越密集,某些协定与关贸总协定不一致的可能性就越大。在这一背景下,关键性的问题是,这一类形式是否在将来能在世界贸易组织的框架下被限制住。也就是说,世贸组织能否集合政治力量在法律上禁止与《关贸总协定》第24条不符合的这些形式?这里要注意的是,世贸组织是一个受成员国指挥的组织。重要的世贸组织成员国将越来越多地参与地方性贸易协定并从中在政治上、经济上和战略上获利。禁止某一特定协定会带来一系列其他协定合法性的问题,其结果不可预测。因此,考虑到世贸组织成员国日益密切参与地区性贸易协定,它们没有太大的兴趣来运用《关贸总协定》第24条作为贸易政策调节和限制的措施来遏制地区一体化。

四、对多边主义前途的影响

以上问题对多边主义的未来有哪些影响呢?以上提到的要点表明,预测一个即将到来的多边主义的终结是不中肯的。

(一)世界贸易体系日益处于多边一体化的紧张领域和相反的趋势

世界贸易体系奠定了一个对经济有着巨大影响的世界贸易基础。世贸法为国际贸易自由化建立了一个法律框架,这一框架超越于现行的多边贸易谈判,在极大的程度上推动了国际经济实践。这一现行的法律框架应被认定是巴厘部长级会议决议和未来世贸组织协定文本的基础。

但现行的谈判过程表明,世贸组织成员国目前并不准备扩大世贸体系。相反,现在正处于一个谨慎的局部性继续发展的阶段。同时,现行谈判中的挫折给这一发展打上了烙印。在20世纪90年代,世界贸易体系几乎还毫无异议的是进一步发展国际经济管理的中心论坛,但现实表明,经济一体化是多元化和有选择性的。一个建立在双边的、地区性的和跨地区性层面上的发展动力早已取代了以前建立在多

---

① 详细参见 Schiff/Winters, Regional Integration and Development, 2003年。

边层面上的发展动力。

与此相连的是几个基本问题:目前的相反潮流("反——多边主义")是否只是一个暂时的过渡期,在这之后将又是否加强了的多边一体化呢?或者在这逆反趋势之后将是进一步的反经济一体化的步伐?在未来,经济一体化的占压倒性的模式是否会是多边地区性的和跨地区性的经济一体化,而不是多边一体化?

(二)联盟的建立和确定决策的过程

目前,这些问题的答案还不明确。尽管在巴厘部长级会议上,世贸组织成员国明确授权世贸组织继续组织多哈谈判。因此,多哈谈判并没有失败,而是要继续下去。为此,成员国拟定了一个议程。[①]但这一继续谈判的决议还不能确定谈判的结果或成果。毫无疑问重要的是,个别的世贸组织成员国在作出决定时,是否能把其利益捆绑起来并且最终建立足够多的自愿联盟。与此同时,起决定性作用的是这些自愿联盟是否能对其他世贸成员国产生足够的影响,使它们也同意拟订的结果。从以下两方面来看,这一过程是很有挑战性的:

(1)在世贸组织内部作出决定需要一个特定的程序,仅一个(如同绝大多数国家的议会)简单多数或特定多数是不够的。这在《马拉喀什协议》第9条中有明确规定:"世贸组织应继续实行1947关贸总协定所遵循的经协商一致作出决定的做法",第9条的注释1作了补充解释:"如在作出决定时,出席会议的成员均未正式反对拟议的决定,则有关机构应被视为经协商一致对提交其审议的事项作出了决定。"由于这种强制性的协商一致或者说确定没有反对意见使得作出决定变得困难,所以,这点正处于讨论中心。但一个基于多数赞同作出的决定会带来的结果是:一定的决定将会违背某些成员国或成员国集团的意志坚定地贯彻下去。在这种情况下,对负面受影响的国家来说,世贸体系将不再是一个有意义的经济一体化论坛。

---

① Post Bali Work, General Council Decision, 2014年11月27日, WTO Document WT/L/941。

(2)对在谈判回合中提出的草案的投票是以“一揽子”建议的形式进行的。也就是说,所有单个的草案都将被捆绑在一个“一揽子”建议里,只能对这个“一揽子”建议投赞同或反对票。这样就不可能对单个的提案进行表决了。为了能在这个“一揽子承诺(single undertaking)”的框架下达到全面赞同,“赞成者”必须说服“仍不赞成者”完全赞同这“一揽子”建议。利益格局相差越大,说服就越难。

(三)在多边层面上无法实现的利益的日益重要性

有观点认为,在新兴工业国家崛起的过程中,西方国家越来越少按其自身利益举行贸易自由化谈判。但如果大成员国在世界贸易体系中越来越难实现其自身利益的话,那凭借其他的经济一体化形式来实现相应的自由化利益就是顺理成章的了。在这里,未来形成哪种一体化形式或现有的一体化形式将如何发展有着重要意义。相应的发展趋势越看好,多边体系受到的压力就越大。在这一背景下,比如对欧盟来说,就提出了扩大战略(邻国政策)的可能性或双边协定,比如正在与美国谈判的自由贸易协定的成果的问题。在欧盟邻国政策上可以看出,经济政治的利益和地缘政治的利益是紧密联接的。在地区层面上,可以通过一定的方式奉行在多边层面上不可能实行的策略。

五、结语

总的来说,参与者尝试通过特定的最能实现其自由化的需求的经济一体化的形式来实现未来的贸易自由化。由此,继续发展推进世界贸易体系的意志就取决于参与者能在多大程度上采用其他方式更好地实现自由化策略。其他方式越成功,那世贸组织成员国将越少利用世贸组织和多边贸易体系作为经济一体化的论坛和工具。

如果目前世界贸易体系在深入贸易自由化上无法进一步发展的话,那把重心放在更好地落实执行现有多边规则体系就是理所当然的了。在这一点上,在多哈回合下的“促贸援助(Aid for Trade)”倡议以及新的贸易便利化协定可以大大改善现有规则的实践操作。但这些方法的基准点只能是现有世贸组织的规则。这些规则也包括上文提到的,越来越不受各成员国赞同的世界贸易法领域的规则。贸易便利化与其基础规则的不可变更的联系表明,对这一目标也不是只有毫无保留的赞同。①

经济一体化的基础结构,比如降低关税和减少非关税贸易壁垒,在多边和地区层面上是非常相似的。但众多的世贸组织成员国在其贸易关系中仍然趋向新的重点并把与众多贸易伙伴在多边层面上的贸易转为在小范围内的紧密联系。但双边、地区性和跨地区性的经济一体化的发展提出了一个问题,即哪种形式的一体化最能真正代表国家及其居民的利益?如果与之相连的期望值得以实现的话,那把兴趣转移到双边、地区性和跨地区性的层面是否就能建立一个更合理的贸易世界呢?

---

① 参见 Creskoff, Global Trade and Customs Journal 2008 年,第 1 页;Hamanaka, Global Trade and Customs Journal 2014 年,第 341 页;Lux/Malone, Global Trade and Customs Journal 2006 年,第 39 页;Neufeld, Facilitation in Regional Trade Agreements-Traits and Trends, 2014 年。

研究综述

Research Summary

海关法视角下跨越大型区域性经贸协议障碍研究述评

朱秋沅*

[摘　要]　TPP、TTIP等大型区域性经贸协议对于非成员方所形成的经贸壁垒问题引起了国内外研究的广泛关注。有关文献的主要视角与观点包括了大型区域性经贸协议对全球治理的制度性影响与未来趋势的研判、以经济学量化分析大型区域性协议对谈判方的影响以及溢出效应、大型区域性经贸协议对特定国家的影响及其建议、大型区域性经贸协议对中国的整体性影响与建议、基于TPP相关规则而对我国海关制度分析与建议等。从宏观层面对大型区域性经贸协议及其我国的障碍方面的研究较为丰富,中英文献存在立场与视角的差异。但是此类文献中缺乏以海关法治创新促进我国跨越大型区域性经贸协议障碍方面的研究,并未提出在海关法领域落实"内外兼修"对策的具体路径与方法。因此我国需要根据新政经情势,加强对更新我国传统的关税制度,推行高标准的单边贸易自由化,全国协调统一地提高贸易开放水平,对于服务贸易、投资与加工贸易转型的实质性支持与促进等方面的研究。

[关键词]　大型区域性经贸协议;TPP;TTIP;海关法

* 朱秋沅:法学博士,上海海关学院法律系教授。

一、"海关法"与"跨越大型区域性经贸协议障碍"两者关系

大型区域性(mega regional)经贸协议障碍是指以《跨太平洋伙伴关系协议》(TPP)、《跨大西洋贸易与投资伙伴协定》(TTIP)等大型区域性经贸协议对于非成员方所形成的经贸壁垒以及对于国际供应链畅通和国际价值链嵌入所形成的障碍。

在下文中,FTA(Free Trade Area)是指根据各关境区(Customs Territory)之间所达成的自由贸易协议(Free Trade Agreement)所形成的不同程度的贸易一体化或协调化区域。FAZ(Free Trade Zone)是指一国在其国境内自主设立的,一般具有保税功能和多种优惠政策的自由贸易区域,如中国(上海)自由贸易试验区。

有效利用海关法律制度,是推动我国经贸深度嵌入全球价值链的有效工具。创新性海关法治可以使得即使将我国排除在一些经贸协议之外,也难以将我国排除在这些经济体的经济循环之外。其中:

第一,原产地标准是大型区域经贸协议的核心。善用原产地规则,可使我国攻防有道,不仅有利于我国产品获得其他 FTA 的关税优惠,且有利于我国的对外投资高端深度的嵌入其他经济体的价值链。

第二,适合于新型贸易领域与方式的贸易便利化规则和关税制度,不仅可深挖货物贸易潜力,促进贸易结构调整,且能培育我国服务贸易与投资(包括伴随着大型设备与产品进出境的产能合作型投资)的健康发展。

第三,适合我国知识经济发展目标的知识产权海关保护规则与执法不仅有利于提升外贸竞争新优势,而且有利于培育与支持本土知识型产业与创新型企业的发展。

第四,完整适当的保税与加工贸易制度不仅可促进我国制造业转型向高端发展,也可培育生产性服务业发展,并促进我国区域总部经济的形成。出境加工制度还可支持我国对外投资与传统产业梯度转移。

第五,在国际层面,海关法治创新使得我国具备深度参与国际海

关规则制定的能力,并具有形成面向全球的高标准自由贸易区网络的规则基础和最佳实践。具体如下:(1)具有成熟先进而高标准的国内海关法治,才具备提出科学合理的国际海关规则提案的能力,才具备与贸易伙伴磋商高标准的经贸协议规则的基础与资本。(2)具备公平有效地运用与实施高标准国际海关规则的能力,才能有效管理和实施我国的自贸协议,进而实现全球的高标准自由贸易区网络的目标。(3)具有成熟而先进的国内海关法治最佳实践,才具备构建和实施国际海关合作与能力建设的能力。

二、国内外相关研究及动态的梳理综述

TPP与TTIP等对全球经济发展与经贸秩序存在重要影响,涉及该主题的经济、法律、政治、管理、国际关系类分析评论的中英文文献都较丰富,但鲜见从海关法的角度切入分析的文献。下文围绕着"海关法"与"促进我国跨越大型区域性经贸协议障碍"两个着眼点及其结合点,对相关文献进行梳理综述。

此类文献虽视角与立场各异,即使有论及被排除在大型区域性经贸协议之外的发展中国家如何应对的文献,但一般都较为宏观。

(一)大型区域性经贸协议对全球治理的制度性影响与未来趋势的研判

在TPP约文议定之前,大型区域性FTA日趋纷繁[Indian Ocean Rim-Association for Regional Cooperation (IOR-ARC), The ASEAN Trade in Goods Agreement (ATIGA), a Free Trade Area of the Asia-Pacific(FTAAP)]、WTO的弱化使得国际经济进一步碎片化的趋势已现①。后随TPP的签署与TTIP谈判的深入,以及美国贸易代表Michael Froman在内罗毕的WTO第十次部长级会议前表示"我们已

① Vinod K. Aggarwal, Simon J. Evenett, A Fragmenting Global Economy: A Weakened WTO, Mega FTAs, and Murky Protectionism, *Swiss Political Science Review* 19 (4), pp. 550 - 557.

经在多哈回合的尽头"①,有观点认为未来WTO将具有更多软法规则②,其贸易便利化协议即使生效,其实质约束性也存在问题。③

在全球多边主义未来暗淡④或最多维持现状的情势下⑤,以TPP等为代表的大型区域性经贸协议的不断发展意味着以WTO为代表的全球多边主义正在或已死亡⑥。无论TPP与TTIP是否会最后生效,都将改变WTO规则⑦,也将改变全球经济制度的格局与制度。

自2008年美国加入P-4的TPP谈判起,国际社会就开始了对其利益得失的关注评判以及其对全球经济治理与规则秩序的影响进行分析⑧。

从全球经济治理角度,认为以区域主义实现经济一体化的路径实为反多边主义⑨,大型区域经贸协议无论是谈判过程还是其产生的结

---

① Michael Froman, We are at the end of the line on the Doha Round of trade talks, http://www.ft.com/intl/cms/s/0/4ccf5356-9eaa-11e5-8ce1-f6219b685d74.html, Dec. 28, 2015.

② Mitsuo Matsushita, A View on Future Roles of The WTO: Should There be More Soft Law in The WTO? Journal of International Economic Law, 1 September 2014, J Int Economic Law(2014)17(3):701.

③ Finger, Joseph Michael. "The WTO Trade Facilitation Agreement: Form without Substance Again?". *Journal of World Trade* 48, No. 6(2014), pp. 1279-1288.

④ By Clara Brandi, The Doha Round is dead-long live the WTO? German Development Institute.

⑤ Thomas Cottier, The Common Law of International Trade and the Future of the World Trade Organization, *Journal of International Economic Law*, 2015, 18, pp. 3-20.

⑥ Zaki Laïdi, Opinion, Trade Deal Show Power Politics is Back, FIN. TIMES(Mar. 31, 2013), http://www.ft.com/intl/cms/s/0/e2aae9f4-9254-11e2-851f-00144feabdc0.html#axzz2PGbI4Atv.

⑦ Gary Clyde Hufbauer, Cathleen Cimino-Isaacs, How will TPP and TTIP Change the WTO System? *Journal of International Economic Law*, 2015, 0, pp. 1-18.

⑧ Larry Catá Backer, The Trans-Pacific Partnership: Japan, China, the U.S., and the Emerging Shape of a New World Trade Regulatory Order, *Washington University Global Studies Law Review*, 13 Wash. U. Global Stud. L. Rev. 49.

⑨ Frank Altemöller, A Future for Multilateralism?: New Regionalism, Counter-Multilateralism and Perspectives for the World Trade System after the Bali Ministerial Conference.

果都是对民主的挑战①。TPP与TTIP的优惠性限制性规则使得国际经济法从贸易自由化向贸易规范化转型。②

TPP等协议在亚太地区对中国开启了竞争性一体化或自由化之路③,通过定量分析TPP轨道和RCEP轨道下中美主/倡导的利益的博弈与竞争关系④以及两种轨道的优势比较⑤,寻求亚太经济一体化、协调化的路径;同时,寻求重新评估并强化APEC的机制构建和监督制度⑥,在APEC2014年北京路线图框架下实现FTAAP的可能性。⑦

(二)经济学量化分析大型区域性协议对谈判方的影响以及溢出效应

大量文献以引力模型及其变形(an augmented panel gravity model)⑧,可计算一般均衡模型⑨、系统性异质化模型等计算TPP或

---

① Eyal Benvenisti, Democracy Captured: The Mega-Regional Agreements and the Future of Global Public Law, *GlobalTrust Working Paper* 08/2015, http://globaltrust. tau. ac. il/publications.

② Thomas Cottier, International Economic Law in Transition from Trade Liberalization to Trade Regulation, J *Int Economic Law*(2014)17(3):671.

③ Claude Barfield, "The United States and East Asian Regionalism: Competing Paths to Integration", XVI(2) International Journal of Korea Studies 157(2012), at 167.

④ Yifei Xiao, Competitive Mega-regional Trade Agreements: Regional Comprehensive Economic Partnership (RCEP) vs. Trans-Pacific Partnership (TPP), Curej-College Undergraduate Research Electronic Journal, 4 - 20 - 2015. 刘均胜:《TPP和RCEP双轨竞争自由化下CAFTA的建设》,载《国际经济合作》2015年第12期。

⑤ 孟猛、郑昭阳:《TPP与RCEP贸易自由化阻力的分析——基于亚太地区相关国家关税结构的视角》,载《商业经济研究》2015年第6期。

⑥ Pasha L. Hsieh, Reassessing APEC's Role As A Trans-Regional Economic Architecture: Legal And Policy Dimensions.

⑦ Peter A. Petri, Christopher Findlay, Michael G. Plummer and Ganeshan Wignaraja, The FTAAP Opportunity A Report to ABAC, October 2015. Petri, P. A., Plummer, M. G., & Zhai, F. (2014b). The TPP, China and the FTAAP: The Case for Convergence.

⑧ Evelyn S. Devadason The Trans-Pacific Partnership (TPP): the Chinese perspective, *Journal of Contemporary China*, *Volume* 23, *Issue* 87, 2014.

⑨ Petri, Peter A., Michael G. Plummer, and Fan Zhai. "The Trans-Pacific Partnership and Asia-Pacific Integration: A Quantitative Assessment." East-West Center Working Paper 119(24 October 2011, updated 2012). https://www. usitc. gov/research_and_analysis/documents/petri-plummer-zhai%20EWC%20TPP%20WP%20oct11. pdf.

TTIP对谈判方的影响或中国等的溢出效应[①]。其中Peter A. Petri[②]与中国学者翟凡的可计算一般均衡模型方法对此后的中外研究[③]很有影响力。Dan Ciuriak虽然希望通过经济学量化利益得失而在区域主义或全球主义中作出选择,却发现结论不是非黑即白的答案,而是区域化趋势下少于预期的实际收益。[④] 也有的文献在零和博弈的思路下,以及系统性异质化模型在取样产业中对(具体)国家或产业利益的异质化影响,认为中国所得即为美国所失,从未为美国亚太再平衡战略提供经济论证[⑤]。

---

① Dan Ciuriak and Jingliang Xiao, Quantifying Mega-regional Spillovers on Excluded Countries: Impacts on East Africa, 2015Dan Ciuriak, Mega Regionals and the Developing Countries – 2014Badri Narayanan G., Harsha Vardhana Singh and Dan Ciuriak, Quantifying TPP and TTIP Spillovers on India, 17 August 2015Dan Ciuriak and Harsha Vardhana Singh, Mega Regional Trade Agreements: How Excluded Countries can Meet the Challenge, 18 August 2015Dan Ciuriak and Harsha Vardhana Singh, Mega-regionals and the Regulation of Trade: Implications for Industrial Policy, March 2015.

② Peter A. Petri教授是Brandeis大学国际商学院国际金融教授、东西方中心高级研究员和彼得森国际经济研究所客座研究员, Petri's study in 2012 shows that the TPP will reduce China's GDP by USD 1 billion by 2014, by USD 28 billion by 2020 and by USD 47 billion by 2025, ultimately lowering China's GDP by roughly 0.3%. Such a negative impact on China's GDP mainly results from the 'trade diversion effects' caused by the TPP. By 2025, those effects will lead to a loss of 1.2% of China's exports, an equivalent of USD 57 billion。

③ 孟猛、郑昭阳:《TPP与RCEP贸易自由化经济效果的可计算一般均衡分析》,载《国际经贸探索》2015年第4期;中国人民银行研究局首席经济学家马骏、上海发展研究基金会研究员肖明智:《TPP影响之量化分析》,载《上海证券报》2015年10月9日A08版。Chunding Li1, John Whalley, China and the Trans-Pacific Partnership: A Numerical Simulation Assessment of the Effects Involved, Volume 37, Issue 2, pp. 169 – 192, February 2014。

④ Antimiani, Alessandro & Salvatici, Luca. "Regionalism versus Multilateralism: The Case of the European Union Trade Policy". *Journal of World Trade* 49, No. 2(2015), pp. 253 – 276.

⑤ Kari E. R. Heerman, Shawn Arita, And Munisamy Gopinath, Asia-Pacific Integration With china Versus The united States: Examining trade Patterns Under heterogeneous Agricultural Sectors.

(三)大型区域性经贸协议对特定国家的影响及其建议

对美国而言,即使以可计算一般均衡模型量化计算TPP扩容将使中美都成为最大的受益者①,但为了满足其政治战略,偏离了其标准的自贸协议模式②,在发展水平悬殊的亚太国家间强行捏合TPP。

对欧盟而言,从2009年后,倾向于与发达国家贸易伙伴(美、日、加)之间谈判协议,TTIP就是其从多边主义转向区域与双边的范例。③对此,我国学者建议欧盟应更为友善地接受多种选择,使得TTIP成为全球多边主义的基石而非障碍。④

对于其他(亚太)国家而言,大型区域性经贸协议对发展中国家(尤其是BRICS)存在明显的消极影响,但即使如此,与中国进行贸易自由化的谈判仍然被认为是危险的。⑤ 在此情势下,其他被既包括在TPP协议内也包括在RCEP协议内的亚太经济体(如日本)可左右逢源,从两种轨道的竞争中获取自身利益最大化,⑥而被排除在外的(发展中)国家的内外双重应对策略可包括:加深南南合作型FTA合作与

---

① Peter A. Petri, Michael G. Plummer and Fan Zhai, the TPP, China and The FTAAP: The Case For Convergence, To appear as Chapter 6, pp. 78 – 89 in Tang, Guoqiang and Peter A. Petri, eds. New Directions in Asia-Pacific Economic Integration, May 19, 2014, Honolulu: East-West Center, 2014.

② Meredith Kolsky Lewis, The Trans-Pacific Partnership: New Paradigm Or Wolf In Sheep's Clothing? *Boston College International and Comparative Law Review*, Winter, 2011, 34 B. C. Int'l & Comp. L. Rev. 27.

③ Patricia Garcia-Duran, Montserrat Millet, Efficient multilateralism or bilateralism? The TTIP from an EU Trade Policy perspective, Universitat de Barcelona Economics Working Papers 2015/321.

④ Xiaotong, Zhang; Ping, Zhang & Xiaoyan, Yang. 'The EU's New FTA Adventures and Their Implications for China'. *Journal of World Trade* 48, no. 3(2014), pp. 525 – 552.

⑤ Dan Ciuriak, Mega Regionals and the Developing Countries, the Trade Workshop held under the auspices of the Center for Global Development and the International Institute for Sustainable Development, Washington, D. C., 24 June 2014.

⑥ Shintaro Hamanaka, TPP versus RCEP: Control of Membership and Agenda Setting, *Journal of East Asian Economic Integration* Vol. 18, No. 2(June 2014), pp. 163 – 186.

ASEAN类似的区域合作,最不发达国家的产品利用WTO的普惠制进入TPP经济体后获得其,发展中国家尝试TPP中所倡导的并对其具有共同利益的领域等①。

(四)大型区域性经贸协议对中国的整体性影响与建议

奥巴马放言"不能让中国书写国际规则"声犹在耳,而全球多边主义已死,大型区域性协议将形成对中国的包围的论调又喧嚣尘上。现在对TPP的多数观点是其对中国经贸的不利影响和对全球贸易体制的损害,而严格的原产地规则使得中国的传统产品很难通过在TPP区域中经过简单加工或装配就能搭上TPP自贸区低税率的"便车"②。但中国加入TPP却又面临着国际政治上的障碍以及对于TPP条款过高标准的顾虑。中外不少评论者认为TPP不仅是区域贸易和开放出口市场的问题,而是美国在构建针对中国的联盟网络③,犹如经济上的北约。④

对此,中国应激而起,制定了《加快实施自由贸易区战略的若干意见》之政策,对内加速国内市场化改革⑤,对外掀起FTA的第四次浪潮。⑥ 在国际层面上,中国虽然作为新兴大国,必须着眼于继承发展既有的国际法律体制,构建作为新兴现代化世界强国的国际法体系⑦,但自订规则

---

① Dan Ciuriak and Harsha Vardhana Singh, Mega Regional Trade Agreements: How Excluded Countries can Meet the Challenge, 18 August 2015. Dan Ciuriak and Harsha Vardhana Singh, Mega-regionals and the Regulation of Trade: Implications for Industrial Policy, March 2015.

② Daniel Kiselbach, Alizee Bilbey, William E. Perry & Ryan Brady, Demystifying the Trans-Pacific Partnership: An American and Canadian Perspective.

③ Larry Catá Backer, the Trans-Pacific Partnership: Japan, China, the U. S. And The Emerging Shape Of A New World Trade Regulatory Order.

④ 吴思科:《TPP:是自贸区还是'经济北约'?》, http://cn.chinausfocus.com/finance-economy/20151030/1477.html,访问日期:2015年12月28日。

⑤ Ming Du, Explaining China's Tripartite Strategy Toward the Trans-Pacific Partnership Agreement, Journal of International Economic Law, 2015, 18, pp. 407 – 432.

⑥ Shintaro Hamanaka, The Fourth Wave of FTAs in 2015 – 2016?, Global Trade and Customs Journal.

⑦ 何志鹏:《国际经济法治格局的研判与应对——兼论TPP的中国立场》,载《当代法学》2016年第1期。

却又缺乏能力。[①] 如有文献认为,针对中国不负责任地利用WTO等规则,因而是国际经贸规则的破坏者的论调,中西方都有学者撰文反对[②]。但并未提出如果通过制度创新进一步彰显我国是国际贸易便利化的重要贡献者的实质性观点。

(五)基于TPP相关规则而对我国海关制度分析与建议

将TPP规则与海关制度相联系的文献有三方面:第一,贸易便利化方面,TPP规则会倒逼中国以改革适应高标准的新国际规则,我国应注重从贸易便利化到营商环境的全面提升,[③]在中国(上海)自由贸易试验区先行先试[④],继续深化改革口岸管理体制,简化海关通关程序。[⑤] 第二,原产地规则方面,中国在全球价值链中占据重要地位,但也存在不平衡的现象,主要是后向联系占比过高,而前向联系不足[⑥]。在纺织品方面,美国以往惯用的"纱后规则"会抑制我国纺织品服装企业升级,阻碍在全球价值链条上向高端环节攀升[⑦]。第三,知识产权海关保护方面,TPP的知识产权边境措施在很多方面超出了TRIPs的规定且合法性存疑。中国可在多边贸易谈判中联合抵制超TRIPs知识产权执法规则的扩张并可向WTO提起审查TPP最终达成的条款及其

---

① Henry S. Gao. Selected Issues in TPP Negotiations and Implications for China, Research Paper 32/2014.

② James; Wilkinson, Rorden. "China Threat? Evidence from the WTO". Journal of World Trade 47, no. 4(2013), pp. 761 – 782.

③ 陆丽萍:《TPP协议与上海自贸试验区先行先试改革开放建议》,载《科学发展》2016年第1期。

④ 匡增杰:《加快推进中国(上海)自由贸易试验区海关监管制度创新:贸易便利化的视角》,载《经济体制改革》2015年第4期。

⑤ 沈玉昊、康青青:《TPP透视:"海关管理和贸易便利化"议题及其影响》,载《国际经济合作》2015年第12期。

⑥ 金中夏、李良松:《TPP原产地规则对中国的影响及对策——基于全球价值链角度》,载《国际金融研究》2014年第12期。

⑦ 翟立强:《TPP原产地规则对中国纺织服装业的潜在影响及应对策略》,载《对外经贸实务》2015年第5期。

他相关超 TRIPs 边境措施合法性的诉讼。[①]

三、国内外相关研究评析

(一)从宏观层面对大型区域性经贸协议及其我国的障碍方面的研究较为丰富,中英文献存在立场与视角的差异

具体有以下两点:第一,中英文献都充分深入分析了大型区域性经贸协议对全球经贸治理秩序的重要作用。其中"世界贸易杂志"与"国际经济法"等国际法与世界经贸类同行评审期刊成为此类文献的主论坛。同时,中国学者的英文文献的质与量不断提升,但从研究成果发表时间上看,就相同相近观点而言中文文献略晚于外文文献;从研究方法上看,尤其是经济学定量分析方面(一般均衡模型、引力模型等),中文文献延续了外文文献的研究方法和思路,结论也与外文文献相近。

第二,中英文献都对大型区域性经贸协议(尤其是 TPP)对我国可能产生的消极影响具有较为深入的考虑,但中外文献的立场与视角不同,因此内容也存在差异。外国学者的英文文献重于从全球或外部视角评析大型区域性协议不同于亚太经贸协议谈判之间的竞争性以及对中国的障碍性作用。而我国十分关注对 TPP 与 TTIP 的研究,不仅有唐国强大使和一般均衡模型系列论文的作者 Peter A. Petri 合编的《亚太一体化新方向》[②]一书(Tang Guoqiang,2014)汇集了近期的代表性文献,同时也有中国学者的不少中英文文献更倾向于以忧患意识分析其对中国的不利与束缚,并且大多数研究提出了"内外兼修"的框架性对策。

---

① 梁意:《论"超 TRIPs"边境措施及其合法性问题——以〈TPP 知识产权草案〉为视角》,载《国际商务》(对外经济贸易大学学报)2015 年第 2 期。

② In G. Tang & P. A. Petri (Eds.), New Directions in Asia Pacific Economic Integration(Vol. 2014). Honolulu:East-West Center.

(二)明显缺乏以海关法治创新促进我国跨越大型区域性经贸协议障碍方面的研究,没有提出如何在海关法领域落实"内外兼修"对策的具体路径与方法

具体有以下三点:第一,虽然海关规则是大型区域性经贸协议必不可少的组成,但缺乏对协议中海关规则本身内容的深入理解与剖析。对于TPP中涉及海关制度规则分析的文献极少,至今尚无将大型区域性经贸协议与海关制度相结合的专题英文文献,仅有少量涉及海关制度的文献提及在多边或区域贸易体制下出口加工区(海关特殊监管区域的一种)与优惠性原产地规则及其最惠国待遇相符合。① 结合国内海关制度进行比较研究并提出建议的中文文献较为宏观,缺乏可操作性及合理可行性论证。即使由于维基解密,研究者可较早接触到对TPP知识产权条款②,而知识产权海关保护条款也在TPP知识产权章中具有独立的地位,但国内相关发表文献仅有1篇,且为涉及与国内知识产权边境保护规则的比较。

第二,在国别海关法方面,虽然有关国别海关法律制度改革的文献不少,例如AEO、单一窗口、通关便利化改革等。③ 但其中既无论及海关法与突破大型区域性经贸协议障碍之间重要关系的文献,也无如何通过具体的国内海关法改革与创新突破大型区域性经贸协议障碍的分析与建议。具体建议类文献没有理论支撑,理论类文献不能将具有高度专业性和技术性具体海关制度进行融合运用。

第三,在国际海关法方面,虽然在国际实践中,双/多边经贸协议一般都会要进行涉关类制度的协调化与一体化,但目前有关国际海关

---

① Qureshi, Asif H. "The FTA Paradigm for the Configuration of World Trade and Foreign Investment: The Case of Outward Processing Zones". *Journal of World Trade* 48, No. 1(2014), pp. 111 - 134.

② Miriam Bitton, Examining The Trans-Pacific Partnership Agreement, *Journal of Internet Law*, March, 2014.

③ 国外主平台在于威科集团所主办的"全球贸易和关税杂志"以及世界海关组织(WCO)和国际海关高校网络主办的"世界海关杂志",国内相关文献主要集中于国际经贸类期刊以及"海关法评论"与"海关与经贸研究"。

法律与规则的研究文献不多,而且既无论及对于我国海关制度是否与国际海关法协调,也无从国际海关制度的一体化和协调化角度促进我国跨越大型区域性经贸协议障碍的研究。

(三)今后研究的可能建议

上述研究状态犹如在大型区域经贸协议丛生的竞争场上,虽然远远地竖起了一个跨越障碍的目标,也知道实现目标的艰难,却没有如何跨越障碍实现目标的具体路径与方法,也没有如何与周边海关规则环境兼容并蓄并进行优势竞争的可落实与操作的措施。

今后的研究可以着力于透彻分析我国传统海关法中不利于助推我国经济嵌入全球价值链问题所在。可能需要进一步深化研究的方向可以是:

1. 国内海关法层面的研究

(1)根据新政经情势,更新我国传统的关税制度

具体如下:第一,重新认识原产地规则的作用与价值,突破了原产地规则仅与关税优惠有关的狭隘理解,制定攻防有道且有度的优惠性原产地规则。第二,制定符合处于价值链高端的产品与企业实际情况的海关估价制度。将有关特殊权使用费、加工贸易产品内销估价、关联企业价格转移等问题国际软法规则国内化。第三,充分实施关税中的预裁定制度。第四,完善跨境电商进出口环节税和国内税的制度衔接,落实抵扣与退税制度。第五,增进进口环节税与国内税协同,避免双重征收增值税,在进口环节落实营改增的改革成果,以及普遍赋予FTZ区内企业的一般纳税人法律地位。

(2)推行高标准的单边贸易自由化,全国协调统一地提高贸易开放水平

具体如下:第一,有序构建进口自由化。进一步调整(日用消费品)进口税率;调整加工贸易产品内销征税政策(税率、估价、归类等)。第二,统一统筹全国的通关便利化改革措施。第三,克服边境管理体制障碍,构建全国统一的真正的单一窗口。我国单一窗口构建应协调口岸体制,打破部门利益壁垒,以"供应链"为核心,以物联网为依托。第四,针

对性制定新常态下贸易新领域新方式的有效监管规则,并在全国统一实施。

(3)对于服务贸易、投资与加工贸易转型的实质性支持与促进

具体如下:第一,针对多种具体新型贸易形式、业态及业务种类(如大型成套设备制造跨境租赁,分离和外包非核心业务,寄售维修研发),制定适应各类业务特点,满足其严格监管需求的通关程序法与实体法。第二,将以海关特殊监管区域制度为基础的中国自由贸易(试验)区(FTZ)作为促进加工贸易转型的示范区域。加快区域保税加工、保税物流和保税服务多元化协调发展,促进新兴业态"保税+"模式发展,推动加工贸易尽快向产业链两端延伸。第三,创新跨境电商关税制度和监管制度,引导本地跨境电子商务产业向规模化、标准化、集群化、规范化方向发展,简化与完善跨境电子商务货物返修与退运通关流程。第四,创设出境加工的普遍适用性规则。出境加工制度应在灵活便利的保税制度基础上,促进保税产品或保税设备的输出,减少企业资金负担和守法成本,促进我国从产品输出向产业输出的提升。

2. 国际海关法层面的研究

第一,深入研究与评估国际海关规则,例如,TPP协议按照HS品目综合使用了完全获得、四位税号与六位税号改变、增值百分比、加工工序等原产地规则,又结合了累积规则与原产地程序性规则。如期望我国产品不被此类原产地规则排除在外,必须进行深入详细的逐一研究,而非根据约文正文内容泛泛而论。第二,娴熟利用国际海关规则,在知晓大型区域性经贸协议中海关规则的关键与诀窍所在的基础上,(指导)我国企业在需在满足各类FTA海关规则与关税优惠幅度之间作出权衡,在贸易与投资中充分享受到关税优惠与贸易便利化。第三,为"一带一路"战略之目的,对已经加入的或将要加入的如UNECE体系下的国际跨境运输便利化的海关公约等(如《国际公路运输公约》,TIR Convention)进行深入的比较研究,从而在海关法环境方面贯通欧亚陆路供应链。第四,与我国并非成员方的排斥性FTA中各个经济体达成

AEO 互认安排,绕开壁垒,最大程度地获得贸易便利化待遇。

但由于海关法的高度专业性、技术性与实践性,必须同时具备深厚海关法的理论与实践能力,才能洞悉此中的真实问题,也才能得出既有理论高度又有切实可能的研究成果与建议。

Comments from the Perspective of the Customs Law on the Researches of Barriers Caused by the Mega Regional Trade and Economic Agreements

ZHU Qiuyuan

[**Abstract**] The barriers to the non-contracting parties resulted from the mega regional trade and economic agreements (mega regional), such as TPP and TTIP, summons extensive attention by the academic researches globally. The major perspectives and opinions in some studies include the studying and prediction to the institutionalized impact and the future trend, the quantitative analysis of influence to the contracting parties and the spillover effect from the view of Economics, the overall influence to China and the suggestions thereof, and the specific analyses and suggestions from the view of customs affairs compared with TPP relevant rules, ect. The researches, which discuss the barriers to China at macro level, are relatively rich, and the opinions and perspectives are various. But it is lack of the studies which focus on how to surpass the barriers caused by these mega regionals through the creation of the customs law, and lack of the detailed and practicable approaches and methods to realize the suggested countermeasures. Therefore, Chinese research should pay more attention to policies and methods related to the area of upgrading of the traditional tariff system, improving the unilateral standard of trade liberalization, humanizing and unifying the level of Trade opening up, and substantial promoting and supporting to trade in service, investment, and processing trade transformation.

[**Key words**] Mega Regionals, TPP, TTIP, Customs Law

《海关法评论》稿约

《海关法评论》是上海海关学院海关法研究中心主办,面向国内外公开发行的年度性海关法学类专业学术刊物。本评论的宗旨在于推动海关法研究的多元学术思维,及时传播海关法领域的创造性研究成果,动态性地反映国内外海关法发展最新动态,为海关法法学人和实务工作者之间建立一个交流学术思想、探讨海关法律制度理论与实践的平台。本评论设有"海关法专题研究""海关法比较研究""海关法判例研究""海关法域外视野""海关法研究综述"等专题栏目,热忱欢迎所有海关法学研究相关的学人、实务工作者及海关法制发展的关注者赐稿。

本评论采取电子投稿的方式,来稿请以 WORD 格式发送至电子邮箱:customslawreview@ 126. com。来稿字数一般应在 8 千字以上 2 万字以下为宜。译文请附原文稿。本评论的用稿标准是论文的选题具有理论深度或实践价值、内容富有合理创见、分析说理透彻、文字表达通畅、注释和参考文献规范。对决定采用的稿件,本评论在尊重作者观点的前提下有权做技术性修改或处理,不同意者务请声明。本评论已被《中国学术期刊网络出版总库》及 CNKI 系列数据库收录。如作者不同意将文章编入上述网络数据库,请在投稿时向本评论以书面形式明确声明。作者在向上海海关学院海关法研究中心所主办的海关法论坛的投稿同时也视为对本评论的投稿。

因本评论人手所限,对来稿一律不退,请作者自留底稿或做好备份。凡投稿 3 个月内未收到编辑部用稿通知者,可自行处理。同时,

有效投稿请作者注意提供如下信息:

(1)中英文对应的论文标题

(2)中英文摘要

摘要应为论文主要内容的浓缩和提炼,要求以“[摘要]”表示,不应使用诸如“本文认为”“笔者认为”等评价性语言,字数在300字以内。

(3)中英文关键词

关键词是反映论文主题概念的词或词组,关键词前以“[关键词]”作为标识,一般每篇可选3~8个。

(4)基金项目资助的论文

如果来稿系基金项目资助的论文,请在首页论文题名后以“*”符号标注,并链接至论文首页地脚中表明基金项目的类别、名称、项目编号。

(5)作者简介

对文章主要作者的姓名、出生年、性别、民族(汉族可省略)、籍贯、职称、学位等作出介绍,其前以“[作者简介]”作为标识,排在篇首页地脚,基金项目之下。同一篇文章的其他主要作者简介可在同一“[作者简介]”标识后相继列出,其间以分号隔开。

(6)注释与参考文献

本刊论文注释一律采用页下脚注,每篇文章注释每页重新编号。正文中标注用序号标注于相应语句标点后的右上角。脚注内容以小五号宋体排在每页地脚。具体格式为:责任者(责任方式),题名/卷册,出版者,出版时间,页码。责任方式与题名之间一律用冒号。

本评论不实行注释与参考文献分离的论文格式。

1.解释说明类注释

本类注释是对论著正文中某一特定内容的进一步解释或补充说明,或者各种不宜列入参考文献的引文,如档案资料,转引类文献。没有公开出版的内部资料不得在公开出版物中引用。

2.引证文献类注释

引证文献类注释作者在正文中直接引用或作为重要参考的文献

目录,包括专著、编著、译著、论文集、学位论文、期刊文章、报纸文章、电子文献等。本评论的引证文献类注释采用实引形式,请注明引证文献的具体出处与页码。

3. 注释示例

中文文献类

(1)专著类

高融昆:《中国海关的制度创新和管理变革》,经济管理出版社2002年版,第10页。

(2)外文译著类:译者作为第二责任者放在作者之后。

[法]克劳德诺·贝尔、亨利·特雷莫:《海关法学》,黄胜强译,中国社会科学出版社1991年版,第33页。

(3)期刊类:一般不需要注明页码,如果需要,引用期刊时,也可标注页码。

陈晖:《两岸走私犯罪立法比较与借鉴》,载《河北法学》2008年第8期。

周阳:《我国海关在贸易摩擦中的地位重构》,载《国际商务研究》2009年第5期。

(4)文集析出文献类

朱秋沅:《论世博期间的临时性扩张性知识产权海关保护》,载王立民、黄武双主编:《知识产权法研究》(第7卷),北京大学出版社2009年版,第271页。

(5)报纸类

屠新泉:《多哈回合步履蹒跚》,载《国际商报》2005年7月12日第3版。

(6)电子文献类

国平:《欧盟扩大之后……》,载 http://www.people.com.cn/GB/paper2836/1078936.html,访问日期:2011年6月23日。

外文文献类:原则上以该文种通行的引证标注方式为准。英文注释体例如下:

(1)期刊类

Jaemin Lee, "Juggling Counter-Terrorism and Trade, the APEC Way", in U. C. *Davis Journal of International Law and Policy*, *Spring*, 2006, pp. 257 - 260.

(2)著作类

Indiar Carr, *International Trade Law* (Fourth edition), Routledge-Cavendish Publishing Limited, 2010, pp. 405 - 408.

(3)电子文献类

CBP, C - TPAT 5 Step Risk Assessment Process Guide, p. 12, http://www.cbp.gov/linkhandler/cgov/trade/cargo_security/ctpat/supply_chain/ctpat_assessment.ctt/ctpat_assessment.pdf, June 2, 2011.

由于本评论脚注实行每页脚注重新编号的编排方式,所以请不要采用"同上注12"或"super note 12"之类的脚注标注方式。

上海海关学院海关法研究中心介绍

海关法研究中心是上海海关学院所属的学术研究机构。其宗旨是通过组织海关法领域的学术活动,架起与国内外海关法学者相互沟通的桥梁,创造国内外海关法学者进行学术交流与研究合作的机会和环境,推动海关法研究的深入开展,加强海关法与法律实务的结合,促进中国海关法领域各项法律和制度的健全和完善,为中国法治的发展做贡献。

海关法研究中心主要从事的学术活动有:(1)编辑和出版《海关法评论》;(2)主办《海关法研究》网站;(3)每年定期举办海关法论坛;(4)举办其他各种形式的学术研讨会。同时,海关法研究中心通过组织研究课题,与国内各有关学术机构和单位开展科研合作,并与国内外学术研究机构、教育机构和其他有关机构开展各种形式的学术交流活动。

海关法研究中心将继续发展同相关研究机构与研究人士的交流与合作。值此,我们也期待着国内外致力于海关法理论与实务研究的人士对中心的关注与参与。

图书在版编目(CIP)数据

海关法评论. 第6卷 / 陈晖主编. —北京:法律出版社,2016. 11
ISBN 978 - 7 - 5197 - 0309 - 7

Ⅰ. ①海… Ⅱ. ①陈… Ⅲ. ①海关法—文集 Ⅳ. ①D912. 204 - 53

中国版本图书馆CIP数据核字(2016)第280228号

海关法评论(第6卷) | 陈 晖 主编 | 责任编辑 刘秀丽 装帧设计 汪奇峰

开本 A5
印张 16 **字数** 407千
版本 2016年12月第1版
印次 2016年12月第1次印刷
出版 法律出版社
编辑统筹 独立项目策划部
总发行 中国法律图书有限公司
经销 新华书店
印刷 北京北苑印刷有限责任公司
责任印制 张建伟

法律出版社/北京市丰台区莲花池西里7号(100073)
电子邮件/info@ lawpress. com. cn
销售热线/010 - 63939792/9779
网址/www. lawpress. com. cn
咨询电话/010 - 63939796

中国法律图书有限公司/北京市丰台区莲花池西里7号(100073)
全国各地中法图分、子公司电话:
第一法律书店/010 - 63939781/9782
西安分公司/029 - 85388843
重庆公司/023 - 65382816/2908
上海公司/021 - 62071010/1636
北京分公司/010 - 62534456
深圳公司/0755 - 83072995

书号:ISBN 978 - 7 - 5197 - 0309 - 7
定价:48. 00元
(如有缺页或倒装,中国法律图书有限公司负责退换)